北京市教育委员会共建项目专项资助
清华大学马克思主义理论教学与研究系列
清华大学马克思主义研究生辅助教材

马克思主义基本观点 18 讲

赵甲明　韦正翔◎主编

中国社会科学出版社

图书在版编目（CIP）数据

马克思主义基本观点18讲／赵甲明、韦正翔主编．
—北京：中国社会科学出版社，2011.1（2012.7 重印）
ISBN 978-7-5004-9484-3

Ⅰ．①马…　Ⅱ．①赵…②韦…　Ⅲ．①马克思主义 –
研究生 – 教材　Ⅳ．①A81

中国版本图书馆 CIP 数据核字（2011）第 012130 号

出 版 人	赵剑英
责任编辑	李炳青
责任校对	张玉霞
责任印制	张汉林

出　　版	中国社会科学出版社
社　　址	北京鼓楼西大街甲 158 号（邮编 100720）
网　　址	http://www.csspw.com.cn
	中文域名：中国社科网　　010 – 64070619
发 行 部	010 – 84083685
门 市 部	010 – 84029450
经　　销	新华书店及其他书店

印　　刷	北京新魏印刷厂
装　　订	广增装订厂
版　　次	2011 年 1 月第 1 版
印　　次	2012 年 7 月第 2 次印刷

开　　本	710×1000　1/16
印　　张	30.5
插　　页	2
字　　数	455 千字
定　　价	56.00 元

主 编 简 介

　　韦正翔，出生于 1963 年 12 月 4 日。现为清华大学马克思主义学院马克思主义原理组副负责人、马克思主义理论专业外语课组负责人、教授、博士生导师、博士后流动站专家、共家学派的倡立者。曾为北京师范大学哲学系学士，中国人民大学硕士生和博士。英文达同传水平，能够用德文、法文、日文阅读，正准备学习和陆续录制俄语、希伯来语、古希腊语、拉丁语、阿拉伯语和梵语的课文录音。主要讲授《马克思主义基本原理》、《〈共产党宣言〉英文版研究（对照德文版）》、《追寻幸福：中国伦理史视角》、《追寻幸福：西方伦理史视角》。将开设《〈资本论〉英文版研究（对照德文和法文版）》。曾随清华校长顾秉林和副校长袁驷率领的清华大型访美团在美国的哈佛大学、斯坦福大学、哥伦比亚大学、芝加哥大学、麻省理工学院、加州伯克利大学、联合国大学做关于"马克思主义与中国传统哲学的现代化"的英文演讲和会谈。

目　　录

第一讲　马克思主义实践观 …………………………… 赵甲明（1）

一　劳动实践与人类社会的产生 ………………………… （1）

二　人在实践活动中认识和改造自然 …………………… （5）

三　人类实践活动的本质和实践活动规律 ……………… （8）

四　马克思主义实践观的当代意义 ……………………… （13）

第二讲　马克思主义发展观 …………………………… 刘新刚（22）

一　马克思哲学的实践论转向与社会发展观的革命 ……… （23）

二　资本批判与马克思主义发展观的经济哲学视域 ……… （31）

三　当代意义 ……………………………………………… （40）

第三讲　马克思主义真理观 …………………………… 臧峰宇（52）

一　马克思主义经典作家论"真理" …………………… （52）

二　马克思主义真理观的基本理论 ……………………… （61）

三　马克思主义真理观的实践意义 ……………………… （68）

第四讲　马克思主义价值观 …………………………… 吴　倬（73）

一　马克思关于价值问题的经典表述举要 ……………… （73）

二　我国学术界关于马克思主义价值观基本理论的
　　现代表述 ……………………………………………… （75）

三　马克思主义价值观理论的方法论意义和实践意义 ……… （90）

第五讲　马克思主义历史观 ················ 刘新刚　盛卫国（96）

　一　历史与逻辑的起点：实践与人的统一性 ················（96）

　二　实践的历史展开：劳动（生产）与交往 ···········（99）

　三　人的发展的历史展开：全面而自由的人的生成 ·····（120）

第六讲　马克思主义意识形态观 ················ 赵甲明（127）

　一　马克思考察意识形态的方法论 ···············（127）

　二　社会意识形成发展的一般规律 ···············（137）

　三　社会意识的结构和功能 ·················（141）

　四　社会主义核心价值体系是社会主义意识形态的

　　　本质体现 ·······················（149）

第七讲　马克思主义国家观 ················ 王代月（151）

　一　社会优先于国家的方法论 ················（152）

　二　从共同体到虚幻的共同体：马克思对国家认识的深入 ······（156）

　三　阶级性与公共性：国家的二重性 ··············（162）

　四　社会发展与国家消亡 ··················（166）

第八讲　马克思主义民主观 ················ 刘敬东（172）

　一　马克思主义经典作家的民主理论 ··············（172）

　二　中国共产党人的民主观点和民主理论 ···········（187）

　三　当代中国关于民主的基本立场和基本态度 ·········（196）

第九讲　马克思主义自由观 ················ 韦正翔（202）

　一　对马克思和恩格斯的自由观的阐发 ············（202）

　二　马克思主义与中国的自由观 ···············（216）

第十讲　马克思主义人权观 ················ 刘敬东（225）

　一　马克思、恩格斯人权理论 ················（226）

　二　列宁的人权观点和人权理论 ···············（237）

三 中国共产党人的人权观点和人权理论 …………… （244）

四 当代中国关于人权问题的基本立场 …………… （255）

第十一讲 马克思主义公平正义观 ………… 韦正翔（259）

一 对马克思和恩格斯的公平正义观的阐发 …………（259）

二 马克思主义与中国的公平正义观 …………………（273）

第十二讲 马克思主义宗教观 ………………… 吴 倬（285）

一 马克思主义宗教观的经典表述 …………………（287）

二 马克思主义宗教观在当代中国的发展 …………（296）

三 马克思主义宗教观对当代中国社会主义实践的

指导意义 …………………………………（303）

第十三讲 马克思主义伦理道德观 ………… 韦正翔（312）

一 马克思、恩格斯伦理道德观的形成 …………（312）

二 对马克思、恩格斯伦理道德观的阐发 …………（323）

三 马克思主义与中国的伦理道德观 …………………（333）

第十四讲 马克思主义人生价值观 ………… 赵甲明（339）

一 人生价值观产生和演变的现实基础 …………（339）

二 剥削阶级利己主义的人生价值观 …………………（341）

三 社会主义和共产主义的人生价值观 …………（345）

四 科学地回答人生价值观的基本问题 …………（349）

第十五讲 马克思的商品观 ………………… 王峰明（367）

一 商品与使用价值 …………………………………（367）

二 商品与交换价值和价值 …………………………（372）

三 商品的两个因素与劳动的二重性 …………………（377）

四 商品拜物教:根由与出路 …………………………（389）

第十六讲　马克思的货币观 ………………………… 王峰明（393）
　　一　价值形式:货币分析的基础 ……………………（393）
　　二　价值形式的历史发展与货币的产生 ……………（401）
　　三　货币商品的本质规定 ……………………………（419）

第十七讲　马克思的资本观 ………………………… 王峰明（423）
　　一　"资本的真正本性" ………………………………（423）
　　二　资本的"文明面"及其"悖论" ……………………（431）
　　三　"利用资本本身来消灭资本" ……………………（444）

第十八讲　马克思主义人性和人的本质观 ………… 吴　倬（454）
　　一　马克思关于人性和人的本质理论的经典表述 ………（455）
　　二　马克思主义关于人性和人的本质思想在当代中国的
　　　　发展和丰富 …………………………………………（459）
　　三　马克思主义关于人性和人的本质学说的当代意义 ………（467）

后　　记 ………………………………………………………（478）

第 一 讲

马克思主义实践观

马克思主义哲学的创立，是人类哲学思想史上的伟大革命，而实现这次哲学思想史上伟大革命的关键点，就在于它以科学的实践观为基础，正确地回答了人类社会如何产生和人类社会生活的本质，解决了人与自然、人与社会的关系，找到了理解全部社会史的钥匙，揭示了人类社会历史演变的客观规律。科学的实践观是马克思主义首要的和基本的观点。

一　劳动实践与人类社会的产生

马克思主义哲学在人类和社会产生问题上的伟大贡献，就在于它确立了劳动实践观点，从而既从自然进化又从社会进化的结合上，揭示了由猿向人、由自然向社会转变的基础和机制。人和社会的产生与劳动的产生有着密不可分的关系。劳动的产生是人及其社会形成和发展的基础，在从猿转变到人的过程中起着决定性作用。人就是在漫长的劳动中，作为自然进化和社会进化统一过程的产物。恩格斯指出，劳动是"一切人类生活的第一个基本条件，而且达到这样的程度，以致我们在某种意义上不得不说：劳动创造了人本身"①。

首先，劳动创造了人的手，变动物的身体结构为人的身体结构。

① 《马克思恩格斯选集》第 4 卷，人民出版社 1995 年版，第 373—374 页。

古猿最初是成群地生活在树上的，它们以臂行方式移动身体，上肢和拇指相当发达，上肢和下肢的运用已有某种分工。大约在 2000 万年前，由于大地和气候条件的巨大变化，森林面积大量减少，古猿不得不改变习性，由树栖改为地面生活。在新的生存条件下，古猿凭借灵活的前肢频繁使用天然工具从事广泛的活动。由于前肢需要经常抓握天然工具，从事活动，使它逐渐成为"劳动"的器官，并在劳动的过程中，使猿手的肌肉、韧带、骨骼也发生了变化，终于"手变得自由了"①，量变导致了质变，猿的手变成了人的手。正如恩格斯所说："手不仅是劳动的器官，它还是劳动的产物。"② 与此同时，猿的后肢开始向脚的方向发展，变得越来越有力。这样古猿渐渐摆脱了用前肢帮助行走的习惯，开始了直立行走，"迈出了从猿转变到人的具有决定意义的一步"③。直立行走促进了古猿的身体结构向人的身体的转变。

其次，劳动创造了人脑，推动了语言和意识的产生和发展。恩格斯说："首先是劳动，然后是语言和劳动一起，成了两个最主要的推动力，在它们的影响下，猿的脑就逐渐地过渡到人脑。"④ 人脑是思维的器官，意识是人脑的机能。在从猿到人、从猿脑到人脑、从猿的动物心理到人类意识的发展过程中，劳动起了决定性的作用。从猿到人的转变是以制造工具为标志的，当原始人学会制造简单的工具从事劳动的时候，就不像动物那样只是适应自然界，而是能够有目的地改造自然了。而原始人正是在改造自然的生产劳动中，使群体的生活得到了加强。共同的协作活动和集体的生活，需要经常协调行动、交流思想、表达感情。总之，这些正在形成中的人已经到了彼此间有些什么非说不可的地步了。在这种需要的推动下，相应的发音器官逐步得到发展，终于产生了人类的语言。同时，生产劳动也提供给原始人认识外部自然界的机会和条件，促使猿人的大脑在重量上发生了根本的

---

① 《马克思恩格斯选集》第 4 卷，人民出版社 1995 年版，第 375 页。
② 同上。
③ 同上书，第 374 页。
④ 同上书，第 377 页。

转变。现代脑科学的研究成果表明，正常的成年人脑重约 1500 克，高等猿类平均脑重只有 540 克；脑和体重的比例：人是 1∶50，黑猩猩是 1∶150，大猩猩是 1∶500，人脑的相对重量高于任何动物；尤其是人类大脑的两半球特别发达，其重量约占人脑的 90%，大脑皮层表面凸凹皱褶，沟回密布，平铺开来总面积可达 2360 平方厘米，是现代黑猩猩的四倍多；而且，人脑比动物脑具有更为严密、复杂和完善的结构。总而言之，古猿人在似本能的劳动中，发展了感觉和思维器官，形成了初步的意识的现实表现——语言，并开始萌发出人类特有的自觉能动性。与此同时，古猿人的活动区别于动物本能式的活动，开始了以思维为基础的、有目的地制造生产工具的劳动实践。

最后，在劳动的基础上开始形成人类的社会关系。古猿的本能式活动是以自发的群体形式进行的，它与人类社会不同，但人类社会却是由猿群转变来的。人作为一切动物中最社会化的动物，显然不可能从一种非社会化的最近的祖先直接发展而来。而猿群向社会转变的决定力量还是劳动。在从猿到人的漫长历程中，由于劳动分工和协作的需要，古猿之间的相互联系逐渐摆脱了个体间单纯的生物联系，开始形成各种各样的社会关系，丰富了彼此的交往，加强了彼此的依赖。这种在劳动基础上建立的各种社会关系的有机整体，就是人类社会。人类社会及其社会关系的形成，标志着古猿向人转化的完成。从此，自然界孕育和演进出一种新的物质存在和运动方式即社会。

人和社会的形成过程证明，人类社会并不是一种自然以外的存在，而是统一的物质世界演进过程的一个现实的组成部分，是一种采取社会历史形式运动着的高级物质形态。但是，人和社会又是不同于其他自然存在的一种特殊存在，它在根本性质、进化方式和运动规律等方面，都与纯粹自然界有着本质上的区别。而构成这种本质区别的基础依然是人类的劳动实践。

首先，劳动实践赋予人的社会性，是人区别于纯粹自然物的根本特性。人类的劳动或生产实践，是人和社会所特有的生存和活动方式，它构成了一个人类共同生存和活动的有序系统，即社会有机体，并使个人之间通过分工与协作的交互作用，形成一定的社会关系。因而使人类群体超越了自然界其他物种之间单纯的自然或生物联系，使人不再孤立地以单个人的能力与自然相对立，而是以一定的社会关系结合成的群体，以社会的整体力量与自然界相对立。自然界中的某些物种也有群体的存在形式，但社会群体的特殊性在于，它是人类在能动地改造自然的实践活动中，凝聚交融每个人及其活动而形成的有机统一体。没有人能够离开社会而生存。正是在这个意义上，社会与自然界从根本上区别开来。

其次，在劳动实践中，自觉地制造和使用工具，能动地利用和改造自然，是人和社会与自然界对立的根本基础。劳动实践之所以作为人特有的生存和活动方式，并造就了人和社会的特殊本质，就是因为人在满足生存和其他需要时，不像其他自然物种那样，从外部环境中摄取自然提供的现成的物质和能量，不靠消极适应和等待自然环境的"恩赐"来维持自己的生存和发展，而是依靠积极主动的劳动生产去创造自己所需要的物质生活资料，通过有目的、有计划、能动地改造自然的实践活动来满足人和社会生存与发展的需要。当人类在生产实践中用社会的方式和手段，自觉地制造和使用工具，这就超越了动物那种消极利用自然界和它自身的结构与器官所进行的本能活动。它不仅标志着作为社会生活基础的物质生产活动的开始，而且显示了不同于其他动物存在和活动的本质。

最后，劳动实践的发展作为人和社会进化与发展的基础，使社会运动区别于自然界其他运动形式。纯粹自然界的各种运动形式的主体是盲目的、没有意识和意志的自然物。由它们之间的相互作用而产生的各种各样的运动变化，仅仅受自然规律或生物进化规律的支配，人类社会则不同。社会运动的主体是有意识、能动地从事生产实践的人。由人构成的社会是不同于一般自然界的特殊的社会运动的物质系统。无论是社会结构、功能，还是社会运动规律都有其自身的特点。人和社会既是劳动实践的产物，也是随劳动实践的发展而发展的。这种依赖关系决定了人和社会的进化，主要是生产力的发展，以及由生产力决定的社会的经济、政治、科技、道德、文学、艺术和各种思想文化的发展，即人类文明程度的不断提高和进步。在这里，起作用的主要是一系列的社会规律。它们才是人类社会发挥作用的主导规律。因此，马克思主义社会历史观才把社会运动确定为物质世界统一体运动中最高级的、最复杂的运动形态。

总之，透过人类及其社会形成的历史，可以清楚地看到劳动实践的决定作用。人的手、脑、意识、思维、语言、社会关系和社会运动规律，等等，这些人和社会所特有的标志，都是在人类祖先的动物本能式活动向真正人类劳动的转化过程中逐步形成的，也是在劳动实践的发展中不断完善的。据此，马克思主义做出了"劳动创造了人本身"这一唯物主义的科学论断。

二　人在实践活动中认识和改造自然

劳动实践和在劳动实践的发展中产生和发展着认识，是人类的两种相关的活动方式。人对自然界的认识和改造，创造了人类生存和发展的条件，并推动着社会文明的进步。

生产劳动的实践是人类生存和发展的永恒的必然性。自然界不能自动地满足人，人类为了生存和发展就必须改造自然，与自然界按照人的活动方式进行物质、能量和信息的交换。在这里，人既同自然界相对立，又依赖于自然界，并与自然界相统一。

在这个过程中，人从自然界中分化出来，虽然对自然界仍然有本体性的依赖，但已形成社会的主体，成为自然界的主人和能动的改造者与享用者；而大自然及其各种对象，相应地成为人类认识和改造的客体。主体和客体的分化，是人类和社会发展的历史前提。

生产劳动和其他的实践形式的产生和发展，是主客体分化的基础，也是实践和认识继续发展的重要条件。在肯定主体的劳动实践，即对自然界的改造是基础性的活动的同时，也要看到，劳动实践与认识活动，是主客体相互作用的两种互为前提、互相包容、互相促进的历史性活动。认识活动要以实践为基础，实践活动也要以一定的认识活动为前提。认识是客体的主体化，实践是主体的客体化。即是说，劳动实践中也有精神因素的参与，是人的一种有目的、能动地改造客观世界的感性活动。只有对自然界的认识、对客观规律的把握有了历史性的进步，人类才能更有效地改造客观世界，劳动实践才能向前发展。

首先，必须肯定人对自然的认识发生在劳动生产中，没有人类的劳动实践也就没有人类对自然的认识。这是因为：劳动实践把自然对象化，为人类的认识确定了现实的对象。在人和社会形成的早期，原始人刚刚脱离自然母体的"脐带"，虽然能进行原始思维，但最初的思维活动没有主客体的分化，无论对自己还是对外部自然都没有明确的意识，表现出主客不分、混沌不清的特点。处于蒙昧时代的人类，主要还是本能地依赖自然而生存，所从事的社会生产活动仅仅是采集和狩猎。面对强大的异己的自然力以及神秘莫测的自然现象，人只能用原始思维的拟人观和万物有灵论来加以解释，并怀着对自然的崇敬、恐惧和膜拜的心理，任其摆布。因此，早期人类对自然的认识仅限于一些虚妄荒诞的图腾神话，充满了神秘、混沌、盲目和本能的色彩。人类活动和意识中主客体的分化，是人从事较发达的生产实践的结果。从旧石器时代开始，氏族社会中的原始的采集狩猎式劳动，逐渐过渡到以种植业和畜牧业为主的生产。第一次社会分工促进了农业的发展。随后，金属工具的发明和广泛使用，带来了工具制造业的革命，又导致了手工业、商业和农牧业的社会分工。这两次社会大分工，导致人们的职业和社会角色的日益明确化、固定化。一方面使人确定了认识和改造自然的对象即客体，同时也因随之产生的脑力和体力劳动开始分化，而使人的主体意识和能力得到了发展和确证，并在生产实践中积累了大量的对于自然客体的经验性认识。但是，由于社会生产实践水平和思维能力的局限，各种对自然的认识都主要是人们运用直观、猜测的方式去解释自然现象。因此，尽管人类进入野蛮时代后，对自然的认识和经验在不断地丰富和发展，但自然宗教还是占据着人类认识的统治地位。

其次，劳动实践的发展，使人类对自然的认识逐渐深化，认识能力和认识手段日益提高和进步。伴随着社会分工的不断扩大，社会生产力的迅速增长，人类生产实践的范围和规模都得到了空前的发展。尤其是铁制工具的广泛使用，文字的创造和大量使用，以及阶级产生带来的体力劳动和脑力劳动的分工的专门化，导致社会上出现了一批专门从事精神和社会管理的知识分子，使社会生产实践中产生的丰富的经验得以被加工整理，开始出现了人对自然认识的科学理论，各种社会意识形式也随之产生和发展起来。生产技术和科学理论转而又推动了生产实践的进一步发展。封建社会末期，开始从手工业中产生出近代工业，商品经济也随之发展起来，并随之产生了资本主义生产方式和资产阶级革命。到资本主义社会，大工业生产和商品经济取代了农业自然经济的统治地位，人类社会产生了近代文明。近代机器大工业发展的需要，大量的海外贸易和商业竞争的刺激，促进了科学认识的发展。人类自近代以来对自然力和自然资源的开发与商业应用，不但提供了科学研究的新材料，"也提供了以往完全不同的实验手段，并使新的工具成为可能。可以说，真正有系统的实验科学，这时候才成为可能"①。从此，科学实验终于从生产实践中分化出来，成为一种人类对自然进行认识的相对独立的实践活动。也正是从这个时候起，"经验科学变成了理论科学，并且由于把所得到的成果加以概括，又转化成唯物主义的自然认识体系"②。人类从此开始了认识和改造自然的新时代，推动着近现代文明的快速发展。虽然，人类在奴隶社会、封建社会和资本主义社会的历史进程中，曾以牺牲多数人的全面发展为代价，而使少数人的这种发展成为可能。但是，由此却造就了劳动实践和科学认识的进步。历史走着曲折的路。

　　探索自然的奥秘，揭示自然现象之间的联系及其运动变化的内在规律，对于人和社会的生存与发展来说固然重要。但更为重要的还是人对自然界进行的实践改造。正是改造自然的生产实践变革了人类社会与自然界的联系方式，加强了社会和自然的相互作用，使人和社会独具的本质得到充分的完善与发展。可以说，一部人类认识史，只不

---

① 《马克思恩格斯选集》第 4 卷，人民出版社 1995 年版，第 280 页。

② 同上书，第 304 页。

过是人类改造自然和社会的实践活动过程的展开和深化。

　　人和社会自诞生之日起，至今已经有几百万年的发展历史。从捕鱼猎兽的原始工具到工业大机器，从人力机械到蒸汽、电动机械，以至计算机、自动化机器的飞跃发展，都是人的本质力量的展示和确证。从原始人的蒙昧、野蛮状态，经历漫长的社会进化，到形成近现代化的社会文明，使人类一步步地远离动物的生存方式，而有了属于人的劳动方式和生活方式。人类的实践和智慧已使人从茹毛饮血的动物生活方式，发展到今天遨游太空、控制核能、复制生命物质等创造性的活动，显示人类在对自然的关系中，获得了更大的自由。在整个人类社会的历史演进中，起主导作用的始终是改造自然的实践活动，是它使人类社会关系不断变更，科学技术不断发展，工具、设备、材料不断更新和完善，生存环境和活动范围不断扩大。同时，它也使人的主体性、能动性和创造性得到了空前的发展。

三　人类实践活动的本质和实践活动规律

1. 人类实践活动的本质和主要特征

　　在中外思想史上，虽然实践概念由来已久，但只有马克思才赋予实践概念科学的内涵。在西方近代哲学，特别是德国哲学中对实践概念的理解，为马克思科学理解实践概念提供了思想资源和思考前提。康德从意志支配的自主活动去理解，把实践看成是理性自主的道德活动。费希特从自我设立非我的哲学出发，把实践从道德领域扩展到整个理性领域，赋予了实践鲜明的"创造性"的性质和内容。黑格尔总结吸收了这些思想成果，把实践理解为主观改造客观对象的创造性的精神活动。而且在黑格尔的理解中，还触摸到了劳动生产活动的意义。但是在近代德国哲学上述所有这些对实践的理解中，终究都只限制在精神活动的范围之内。只有费尔巴哈在黑格尔之后，才开始把实践同生活联系起来理解为物质性的活动，然而他所理解的实践又只限于起居饮食的日常生活活动，并等同于生物适应环境的活动。有时甚至专指犹太人的商业谋利活动，看不到实践活动所内含的创造性的能动性质。

对近代古典哲学对实践内涵的这两种类型的片面理解的错误，马克思在《关于费尔巴哈的提纲》中作了透彻入髓的分析："从前的一切唯物主义（包括费尔巴哈的唯物主义）的主要缺点是：对对象、现实、感性，只是从客体的或者直观的方式去理解，而不是把它们当做感性的人们活动，当做实践去理解，不是从主体方面去理解。因此，和唯物主义相反，能动的方面却被唯心主义抽象地发展了，当然，唯心主义是不知道现实的、感性的活动本身的。费尔巴哈想要研究跟思想客体确实不同的感性客体，但是他没有把人的活动本身理解为对象性的（gegenständliche）。因此，他在《基督教的本质》中仅仅把理论的活动看做是真正人的活动，而对于实践则是从它的卑污的犹太人的表现形式去理解和确定。因此，他不了解'革命的'、'实践批判的'活动的意义。"①

马克思在这个精辟论断中，极其深刻地揭示出旧哲学，不论是旧唯物主义还是唯心主义，都是因为不了解人的实践活动的科学内涵，不了解人的实践活动的真正意义，而都不能真正理解对象、现实和感性，即都不能真正理解周围的感性世界。旧唯物主义只是从客体的或者直观的形式上去理解，而没有把周围的感性世界看做是历史的产物，是人的世世代代活动的结果，是人们一代又一代的历史实践所造成的；看不到人们的实践活动、这种连续不断的感性劳动和创造、这种生产，正是整个现存的感性世界的基础。而唯心主义却抽象地发展了人的活动的能动的方面，把对象、现实、感性都看成人的精神的创造物，即把人们的实践活动理解为创造性的精神活动。唯心主义看不到人活动的能动性并没有创造物质本质，甚至人创造物质的这种或那种生产能力，也只有在物质本身预先存在的条件下才能进行。

马克思既批判了唯心主义把实践归结为某种精神活动的错误，也

---

① 《马克思恩格斯选集》第 1 卷，人民出版社 1995 年版，第 54 页。

不同意旧唯物主义把实践理解为同动物活动没有区别的物质性活动，认为必须从主体和客体的对立统一关系中去把握实践。在马克思主义哲学看来，实践是人们有目的地改造和探索外部世界的一切社会性的客观的物质活动。实践的主体是有意识有目的的人；实践的手段是人所创造的工具；实践的对象是被人认识和改造的客观事物。实践的主要特征是：第一，实践是具有客观现实性的感性活动。人们的实践活动虽然都是在一定目的支配下的有意识的活动，但绝不能因此把实践归结为纯粹的精神活动。实践活动已走出了精神活动的范围，指向了主观领域之外的世界，它必然引起客观世界的某种变化。实践的主体、手段、结果等要素是客观的，同时实践的过程受着客观的历史条件和客观规律的制约。因此，人的社会实践活动具有客观实在性。第二，实践是主观见之于客观的能动活动。与动物的被动地适应外部环境的本能活动不同，人的实践活动是有目的性的活动，其目的就是要使客观世界按照人的意志和要求得到改造。实践是专属于人的能动活动。第三，实践是社会性的活动。任何实践都不是抽象的孤立的个人的生物性活动，而是社会的人在一定社会关系中的活动，一定的社会条件和社会关系是实践的前提。第四，实践是历史性活动。人的实践力量是历史地形成和发展的，同时实践又必然受到一定历史条件的制约。在不同历史条件下，实践活动的对象、内容、水平、规模、深度和广度都不同。因此，实践不是一成不变的，而是不断发展着的世代延续的历史性活动。

具有多方面特征的社会实践，其形式也是多样的。人类社会实践活动的基本形式有：改造自然的物质生产活动；处理人与人之间社会关系的活动，这种活动在阶级社会里主要表现为阶级斗争；科学实验活动，其中物质生产活动是最基本的实践活动，它决定着其他一切实践活动的产生和发展。

2. 人类实践活动的规律

人类的实践活动有没有客观规律？如果没有客观规律，人们的实践活动就没有需要遵循的规则，人们在实践活动中就可以任意妄行，所从事的每项实践活动也就没有成功与失败、对与错的区分了。历史已经证明，这种状态是不存在的。如果有客观规律，这个客观规律与自然规律有什么区别，有什么特殊性。而要搞清楚这些问题，必须先搞清楚人类实践活动所遵循的客观规律的内涵。

马克思曾谈到，在实践活动中，实践的目的是实践者所知道的，是作为规律决定其活动方式和方法的，他必须使他的意志服从这个目的。马克思的这个重要思想是我们搞清楚人类实践活动所遵循的客观规律内涵的一把钥匙。

只有把实践的目的放到实践活动的全过程中，即放到人与对象、主体与客体相互作用的全过程中，才能理解为什么实践的目的是作为规律决定实践者活动方式和方法的。首先看实践目的的形成。实践是实践的主体与客体之间的相互作用，这种相互作用必须借助于一定的手段、工具，即实践的中介。实践的主体、客体和中介是实践活动的三项基本要素。但如果没有实践目的的形成，实践活动就发动不起来，实践活动的三项基本要素的相互作用就不会进行。在实践活动中，人是活动的主动者，是实践活动的主体。实践主体是实践活动中自主性和能动性的因素，担负着设定实践目的，并进而按照实践目的操纵实践中介、改造实践客体，以期实现实践的目的。实践目的设定，既意味着主体对自身的需要有了一定的认识，同时也意味着对客观对象的本质和规律以及实践手段有了一定的认识。实践目的的形成过程，是主体人的意识对客观对象的预先改造，是在观念中主体把自身的内在尺度运用到客体上。主体只有对实践对象、实践手段和主体人有了一定的认识，才能按照主体人的需要，同时根据实践对象的本性和规律以及实践手段所提供的可能性等的综合考量提出实践的目的。实践目的是人们的实践活动所追求的目标，它是对实践结果的超前意识，鲜明地体现了实践的自觉性和自主性。而实践目的一旦形成，作为实践主体能力结构中精神因素的情感和意志，就受实践目的的驱使，成为"强烈追求自己对象的本质力量"，虽然实践目的的形成是实践过程的第一个环节，但实践目的一旦形成，它就成为实践运行过程的内部控制因素而渗透和贯穿于整个实践运行过程和结果之中。

由于实践目的本身在实践运行的初始阶段仍然是观念形态的东西，它要在外部对象中实现自身，必须依靠客观的手段或中介使实践目的付诸实现。手段之所以能够实现主观的目的，是因为它是能够作用于对象的现实的客观力量。实践手段或中介作用于实践对象这个现实的物质改造过程既否定了实践目的自身的单纯主观性，也否定了实践客体对实践目的的外在性，使实践目的对象化在被改变了存在形式的实践客体中，即对象化在实践结果之中。实践结果是实践目的的物化，其中凝结和体现着主体人的目的、意志，但它一经产生就又同其他客观事物一样成为不以人的主观意志为转移的客观存在。

由于主体人的各种局限性，由于实践过程中所出现的没有预测到的复杂情况，使实践活动的结果往往不完全符合甚至背离作为实践活动出发点的实践目的。这就使实践活动结果具有了成败、好坏的属性。这就需要对实践活动的结果进行评价，并通过实践结果反思实践目的和过程，从实践结果的好坏、优劣上对实践目的、实践具体方案、实践操作手段等进行再认识，进而调整、修正实践目的和实践活动运行的方案。这实际上就是实践的反馈调节机制。

上面以实践目的的形成、功能及其实现为线索，具体分析了实践活动过程的目的、手段、结果三个基本环节；而这三个基本环节所展开的，实质上是实践主体和客体相互作用的三个基本环节和方式，所揭示的是实践主体和客体相互作用的某种规律性的特点。在这个实践主体和实践客体通过手段相互作用的过程中，既改变了外部世界的客观对象，同时也改变了人自身，不断在发生着客体主体化和主体客体化的演变。这样，人类一代又一代的连续不断地改造自然的实践活动，就否定了自然的单纯自在性，使之变成了"人化的自然"、"属人的自然"，变成了人类生活的历史文化的世界。这就是人类实践活动所带来的自然界的二重化。人类的实践活动不仅带来了自然界的二重化，也带来了人类自身的二重性。人类作为自然界链条上的特定环节，是自然的存在或自在的存在；人类作为认识自然和改造自然的主体，则是自觉的或自为的存在。人类在世代连续不断地改造自然的过程中，一方面把自身的需要以目的的形式注入"自然"、"物"的存在中，把观念的东西转化为物质的东西，使"自然"、"物"变成从属人需要的存在；另一方面，人又把"自然"、"物"的内容潜移默化到自身之中，使自身映射着"自然"、"物"的某些属性。这种双向变化最集中地反映着实践的主体和实践客体之间的相互作用的实质内容。

从以上对实践目的的形成及功能、实践手段或中介的作用、实践结果的成败好坏，特别是实践主客体所发生的双向变化的分析表明，实践过程的各个环节都是从不同的方面表现着主体和客体的矛盾运动和相互作用。因此，从抽象概括的意义上讲，人类实践活动的规律实质上就是主体和客体相互作用的规律。

四　马克思主义实践观的当代意义

世纪之交，中国马克思主义理论界提出了"重读马克思"的话题，其历史内涵的厚重与时代意义的鲜明是不言而喻的。但"重读马克思"不是停留在对经典文献的历史考证性解读上，而是要着力于把"重读马克思"的返本与开新统一起来，把正确理解马克思大量精辟论断的本质精神与把握其当代价值统一起来，从而为诸多重大社会现实问题的解决提供指导。

1. 工业文明的实践已经具有了世界观的意义

在包含着新世界观天才萌芽的第一个文件《关于费尔巴哈的提纲》中，马克思以实践为基石，实现了从自然思维方式到实践思维方式、从抽象认识论到历史认识论的转换。但这种转换不是建立在一般意义的实践基础上的，而是建立在大工业生产实践基础上的，在《关于费尔巴哈的提纲》写作之前，马克思在对古典经济学的研究中，就把研究视角投向了大工业生产实践的社会历史意义。发现正是在大工业中，人类才摆脱了对自然界的消极依赖性，才在自然界中真正站起来，才以真正意义上的主体性进入物质世界的运动变化之中。在大工业生产实践中，随着科学技术的迅猛发展，人类的主体能动性发生了质的飞跃，农业文明含义的那种自然对象消解了，自然世界在越来越广的范围内和越来越深的程度上转化为人化的世界，即由人类的活动及其产物所建构的物化世界，人类实际上已经生活在由他们自己所创造的世界之中。工业文明的实践，已经使人们不能再像农业文明中那样简单地直观自然对象，不能只从客体的或直观的形式去理解"事物、现实、感性"，而要同时把它们当做人的感性活动，当做实践去理解①。费尔巴哈直观唯物主义，虽然承认和肯定感性存在的东西，但却不理解感性存在的东西，原因就在于他仍然停留在直观的、自然的思维方式上，只把人看成等同于自然存在物的感性存在，而没有看做感性活动；不是把人理解为实践活动的主体和产物，不是把感性世界理解为实践活动的对象和结果，费尔巴哈正是由于不懂得工业和商业文明，不懂得大工业生产实践的社会历史意义，才不能走出直观的、自然的思维方式。马克思和恩格斯针对"费尔巴哈特别谈到的自然科学直观"，进一步揭示了工业文明实践的世界观意义，指出："费尔巴哈特别谈到自然科学的直观，提到一些只有物理学家和化学家的眼睛才能识破的秘密，但是如果没有工业和商业，哪里有自然科学呢？甚至这个'纯粹的'自然科学也只是由于商业和工业，由于人们的感性活动才达到自己的目的和获得自己的材料的。这种活动、这种连续不断的感性劳动和创造、这种生产，正是整个现存的感性世界的基础。"②由此我们可以进一步理解到，工业文明实践活动及其产物已经成为整个现存感性世界的重要"构件"（物化劳动），整个现存感性世界，在一定意义上已经成为人类实践的世界图景，只有立足于工业文明实践这个"非常深刻的基础"，才能认识和把握现存感性世界的历史形成和演变，认识和把握其各个领域、部分之间的真实联系及其矛盾结构，也才能在总体上认识和把握其运动规律。

---

① 《马克思恩格斯选集》第 1 卷，人民出版社 1995 年版，第 58 页。

② 同上书，第 77 页。

2. 工业文明以来，人类实践活动的产物和结果，已经成为一代又一代人的生命活动的前提和基础

现代大工业文明中，"外部自然界的优先地位仍然会保存着"①，但是人类生命活动的前提和基础，已经不是纯粹自然的前提和基础，那种先于人类历史而存在的自然界，并不是现代文明条件下人们在其中生活的自然界。因为，现代文明的工业和商业活动是整个现存感性世界的非常深刻的基础，具有优先地位的外部自然界，已经在越来越广的范围内和越来越深的程度上凝结着人类的物化劳动，即大工业的发展已经使人类劳动在越来越广的范围和越来越深的程度上对象化成了外部自然界的有机构成部分。所以，从现实意义上讲，所谓外部自然界的优先地位，并不是简单指那个先于人类而存在的纯粹的外部自然界是当代人类生命活动的前提和基础，而是应更要强调"人化自然"及其大工业生产、市场交换、商业活动的产物和结果，是当代人类生命活动的前提和基础，对于这个问题，马克思和恩格斯在《德意志意识形态》中是非常明确和强调的："历史的每一阶段都遇到一定的物质结果，一定的生产力总和，人对自然以及个人之间历史地形成的关系，都遇到前一代传给后一代的大量生产力、资金和环境，尽管一方面这些生产力、资金和环境为新的一代所改变；但另一方面，它们也预先规定新的一代本身的生活条件，使它得到一定的发展和具有特殊的性质。由此可见，这种观点表明：人创造环境，同样，环境也创造人。"②

马克思和恩格斯通过着眼现代文明的工业和商业活动给人类生存状态带来的变化，而对现代人类生活活动的前提和基础的确认，在更深、更现实、更具体的历史层次上，深刻揭示了人类的实践活动和受制约性及其内涵。诚然，实践体现着人对自然界的能动关系，体现着人的创造天赋，但是马克思的实践观表明的绝不是对人的能动性的这种抽象一般的表述，而是强调在人类历史每个特定的社会发展阶段，人的主体能动性和创造性的实现和发展，都取决于现实的社会历史因

---

① 《马克思恩格斯选集》第 1 卷，人民出版社 1995 年版，第 77 页。
② 同上书，第 92 页。

素，取决于人的生命活动的前提和基础的现实状况。任何主体连同他的活动，都一方面受现实的外部自然和自身的自然的制约，另一方面又受现实的一定的社会物质生活条件的制约。正是这些制约着一定的社会历史发展阶段的人的实践活动的自然因素和社会因素，为人的能动性和创造性的实现和发展设置了界限。所以，马克思和恩格斯在《德意志意识形态》中一开始就明确申明："我们开始要谈的前提不是任意提出的，不是教条，而是一些只有在想象中才能撇开的现实前提。这是一些现实的个人，是他们的活动和他们的物质生活条件，包括他们已有的和由他们自己的活动创造出来的物质生活条件。"① "也就是说，这些个人是从事活动的，进行物质生产的，因而在一定的物质的、不受他们任意支配的界限、前提和条件下活动着的。"② 当代中国，正是客观存在的这些"现实前提"，决定着我国还处于社会主义初级阶段。这是当前中国社会一切实践活动的根本前提和基础。一切从社会主义初级阶段出发来制定路线、规划、方针、政策，也就是一切从我国客观存在的这些"现实的前提"出发来制定路线、规划、方针、政策。只有这样，在改革开放和社会主义现代化事业中，才能始终坚持唯物主义，坚持实事求是，坚持一切从实际出发。

3. 工业文明以来的实践使当代人类生存和发展所面对的主要矛盾，转化为人与自己的活动、产物和结果的矛盾

在工业文明以来的人与世界的关系中，由于工业和商业活动已经成为"整个现存世界感性的非常深刻的基础"，使人与纯粹的自然界的关系越来越变成间接的，越来越转化为人类生存和发展的背景；而人与自己所创造的世界的关系越来越直接，越来越成为人类生存和发展的主题。这个由人类创造出来的世界，对自然来说是人化世界，即自然的人化；而对人来说又是物化世界，即劳动的物化。当代人类生存和发展的状态、处境和特点，正是通过这种既有创造性又有依赖性

---

① 《马克思恩格斯选集》第 1 卷，人民出版社 1995 年版，第 65—66 页。
② 同上书，第 71—72 页。

的矛盾关系表现出来。

在漫长的农业文明社会，自然必然性居于支配地位，人类的主体能力还不强，人们主要是适应和利用自然界，开发利用可再生资源，人类生产和生活的废弃物基本上还能再回到土地，自然界的再生能力基本上还能修复自身、保持自身动态的生态平衡。也就是说，人的实践活动的主体性效应还不大，与之相对是人的实践活动的反主体性效应也不大，即人类实践活动的过程、产物和结果，对人类自身的生存和发展基本上还没有构成危害和威胁。

而进入工业文明社会以来，经济必然性上升为支配地位，对交换价值的获取主导人们的生产和经济活动，科学技术加速发展，人类的主体能力空前增强。大工业文明所创造的生产力、所积累的财富，比过去一切时代所创造和积累的总和还要多多少倍。工业文明实践的主体性效应与反主体性效应的矛盾突出出来：一方面是经济的巨大发展；另一方面却是生态环境的破坏在威胁着人类的健康和生存，资源匮乏和能源危机在制约着人类社会的进一步发展。一方面是科学技术成为人类创造世界的强大手段和重要内容，另一方面却是人类对高科技力量异化的恐惧和"我们终将无法驾驭自己创造物"的忧患。一方面是人所创造的庞大的堆积如山的商品和物的世界，另一方面却是人们对这个自己所创造的物的世界的深深依赖及这个"物的世界"对人的压抑和对人生意义的遮蔽。一方面是人类所创造的社会财富总和的高速积累和急剧膨胀，另一方面却是南北贫富差距的拉大和悬殊。一方面是市场经济活动所形成的普遍的社会物质交换，全面的关系，另一方面却是这种人与人全面关系的物化性（以货币为纽带建立起来的人与人的关系）。总之，人与自己的活动及其产物和结果的矛盾，已经展开为当代社会生活各个领域的矛盾，而当代人类生存和发展的状态、处境和特点，正是由这些矛盾所决定的。

4. 社会实践的历史性、现实性、具体性与社会物质规律的历史性、现实性、具体性

可以说，《关于费尔巴哈的提纲》是整个马克思主义哲学的骨架，而社会实践范畴就是骨架的支点。但是，马克思绝不是从一般的抽象的实践概念出发，而是从历史的现实的具体的社会实践出发，非历史非现实的抽象的实践观恰恰是马克思主义所要批判和否定的。

需要特别强调马克思在《关于费尔巴哈的提纲》中以萌芽形式包含的对社会实践的历史性、现实性、具体性的规定：（1）社会实践的革命性和批判性，而社会实践的这种功能规定性，正是在一定的历史的现实的具体的社会生活中，特别是社会变革生活中表现出来的。（2）环境的改变和人的活动的一致，即环境的改变和人的活动的具体的历史统一；而这个一致和统一的历史过程，正是变革的实践。（3）马克思以人的现实本质、人的历史存在、人的属于一定社会形式的具体社会性，批判和否定了费尔巴哈的不属于任何时代和任何社会的非现实的抽象的人，同时也就批判和否定了非历史和非现实的抽象的实践观。

《关于费尔巴哈的提纲》所包含的"新的世界观的天才萌芽"，在《德意志意识形态》中生长和成熟。马克思通过深入到历史辩证法的实践结构的第一级——直接生活的物质生产。并"从直接生活的物质生产出发来阐述现实的生产过程"[1]。把社会实践的历史性、现实性和具体性进一步深化和展开。马克思考察分析现实的生产过程，十分强调"一定的"，例如，他强调："以一定的方式进行生产活动的一定的个人，发生一定的社会关系和政治关系。"[2] 马克思在1846年《致安年柯夫》的信中更具体深入地揭示和强调了这种"一定的"社会历史内涵："在人们的生产力发展的一定状况下，就会有一定的交换［commerce］和消费形式。在生产、交换和消费发展的一定阶段上，就会有相应的社会制度、相应的家庭、等级或阶级组织，一句话，就会有相应的市民社会。有一定的市民社会，就会有不过是市民社会的正式表现的相应的政治国家。"[3] 这种对人和社会的历史的现

---

① 《马克思恩格斯选集》第 1 卷，人民出版社 1995 年版，第 92 页。

② 同上书，第 71 页。

③ 《马克思恩格斯选集》第 4 卷，人民出版社 1995 年版，第 532—533 页。

实的具体的分析方法，正是社会实践的历史性、现实性和具体性所要求的，正是历史唯物主义的活的灵魂的体现。

由于"社会规律就是人们自己活动的规律"，社会运动所遵循的客观规律实质上是人们实践活动的内在规律，因此社会实践的历史性、现实性、具体性必然形成社会物质规律的历史性、现实性、具体性。也是在《致安年柯夫》的信中，马克思批评蒲鲁东先生陷入资产阶级经济学家的错误之中，把经济范畴"看做永恒的规律，而不是看做历史性的规律——只是适用于一定的历史发展阶段、一定的生产力发展阶段的规律"[①]。所以，马克思明确指出，"不能把社会的一个特定历史阶段的物质规律看成同样支配一切社会形式的抽象的规律"[②]。马克思关于社会实践和社会物质规律的历史性、现实性、具体性的论断，对我们如何进行社会主义现代化建设和发展社会主义市场经济具有极其深刻的历史方法的指导意义。

第一，当代中国社会主义现代化并没有脱离世界历史的现代化进程，并且是其重要的组成部分，但是，中国社会主义现代化又有其特殊的本质和特殊的规律。拒绝抽象的现代化理念，探索和把握当代中国社会主义现代化的特殊本质和特殊规律，是取得现代化成功的关键。

当代中国的现代化与西方发达国家的现代化相比，在社会历史条件下，起码有两个层次的本质区别：一是我国是"后发"的现代化；二是我国是社会主义初级阶段的现代化。在第一个层次上，作为"先发"或"原发式"国家的现代化，基本上是一种市场自发过程，而"后发"国家的现代化，则是一种基于经济必然性基础上的自觉设计和选择的过程。在第二个层次区别上，更是使我国的现代化具有了自己的特殊本质和特殊规律。从 20 世纪初到 20 世纪中叶，俄国等经济相对落后国家先后走上社会主义道路，同时也开辟了社会主义现代化道路。这是整个资本主义世界历史时代演变发展到一定阶段的必然产物。这时，从世界历史的共时态上看，经济相对落后国家的社会主义

---

① 《马克思恩格斯选集》第 4 卷，人民出版社 1995 年版，第 536—537 页。
② 马克思：《剩余价值理论》，人民出版社 1975 年版，第 15 页。

现代化与西方发达国家的资本主义现代化开始并存发展；而从世界历史的历时态上看，作为制度的社会主义，虽然在一般经济、社会发展指标上还远远落后于发达资本主义的现代化水平，但就其历史地位和发展指向看，却是高于资本主义现代化的崭新的现代化形态。这种崭新的现代化形态的本质内涵，就是要扬弃和超越资本主义现代化形态：一方面要吸取资本主义现代化的一切肯定成果，另一方面又要克服和避免资本主义现代化的弊病和历史灾难，从而在世界历史的现代化进程中最终实现高于资本主义现代化的现代化形态。这就决定我国社会主义现代化的实现方式，绝不能像历史上资本主义现代化那样以牺牲广大人民的利益为代价，而是一切要以"三个有利于"为基点和标准，全面实施以经济发展为核心的人和社会、人和自然、物质文明和精神文明协调发展的战略方针。

第二，需要从普遍性与特殊性的联结上，把握中国特色的社会主义市场经济。

当代世界经济运行体制的重要特征，是世界市场经济一体化趋势与市场经济模式多元化趋势并存。所谓市场经济一体化趋势，是指当代世界除极个别国家外，都纷纷走上市场经济道路。所谓市场经济模式多元化趋势，是指由于各国的经济制度、政治制度、社会意识等方面的不同，市场经济体制必然有很大的不同；就是社会制度相同或相近，由于历史、文化、地域的不同，也会形成各方面的差异。

在当代世界市场经济模式的比较中，着眼普遍性和特殊性的联结，我们起码可以从两个层面来把握中国特色的社会主义市场经济。一是中国特色社会主义市场经济虽然具有市场经济的一般特征，但却是"不成熟"的。这种"不成熟"表现为：（1）市场机制的培育和作用不成熟；（2）市场竞争不成熟；（3）市场体系发育不成熟；（4）市场的法制秩序不成熟；（5）与市场经济相适应的产权制度不成熟；（6）与市场经济相适应的观念、文化和政治体制的不成熟。二是当代世界发展市场经济比较成功的国家，在各自的市场经济发展中，都既十分注意各自社会制度特征又十分注意各自的国情特点。中国特色的社会主义市场经济的发展，尤为鲜明而突出地表现了这种世界历史发展的必然。中国特色社会主义市场经济既没有离开世界文明发展大道，又扎根于中国社会主义初级阶段的国情，是市场经济与我国社会主义基本制度的有机结合。这也正是中国特色社会主义市场经济的最重要的"中国特色"。它表现在市场"法人"结构上，即所有制结构上，以公有制为主体，多种所有制经济共同发展；表现在市场分配方式上，以按劳分配为主体，按劳分配与按生产要素分配相结合，兼顾效率和公平，既合理又拉开收入差距，并防止两极分化，在经济不断发展的基础上逐步实现共同富裕；表现在宏观调控上，"中央行使权力，是在大的问题上，是在方向问题上"，一切从人民的根本利益出发，更好地发挥计划与市场两种手段的长处，促进社会资源的优化配置，集中力量办大事。因此，发展中国特色的社会主义市场经济，既使我们融入世界历史的发展，又使我们利用世界历史所积累和提供的市场力量来实现自己的民族利益和"够格的"社会主义的发展目标。

（赵甲明　清华大学马克思主义学院教授、博士生导师）

第 二 讲

马克思主义发展观

　　物质财富的增长与人的发展的不同步这一现代社会发展实践中的难题彰显出发展的理论研究。当前，要开发出具有中国气派的发展理论，需要到马克思主义理论中去寻找资源。然而，马克思主义发展理论并不是自然显现出来的，而是需要我们的自觉把握。要真正完成对马克思现代社会发展理论的深层把握，需要从马克思哲学的实践论转向入手进行深入研究。学者高清海在论述建构新的发展理论时，曾说过："新的社会发展理论，必须以人类历史发展经验的总结和现代理论成就为基础。马克思是现代哲学理论的开创人和奠基者，他所提出的实践观点应当是这一理论的核心思想。"① 从马克思的实践论入手对马克思发展哲学的范式革命进行考察是关于马克思主义发展观研究的唯一正确的路径。

　　这一工作的完成需建立在对马克思文本的深层研究的基础之上，但这种研究不应当是无意识的。科学哲学界有一个重要的理论——"观察渗透理论"②，其对文本学研究是有一定指导意义的。我们在研究马克思主义发展观的过程中是带着当今的社会发展实践所凸显出来的现实问题的。当今社会发展实践中，人们经常会面临发展的理性诉

---

① 高清海：《社会发展理论的演化趋向及其面临的问题》，《天津社会科学》1994 年第 2 期，第 9 页。

② "观察渗透理论"是著名科学哲学家 N. 汉森提出来的一个著名的理论，其主旨是：观察方式本身受到理论的影响，感觉经验里面隐藏着理论，观察描述带有理论语言。用在本文，意在说明本文对马克思经典文本的解读是带着当代社会发展实践难题的视角而展开的。

求和价值诉求的冲突问题，这一问题的真正解决只能依靠从马克思实践论所蕴涵的关于发展的理性维度和价值维度的相关理论中去寻求答案。

一 马克思哲学的实践论转向与 社会发展观的革命

马克思批判和分析现代社会发展问题的方法论革命来自于其实践论转向，正是实践论的转向，使马克思超越了唯心主义和机械唯物主义的发展观，找到了打开现代社会发展秘密之门的钥匙。

1. 马克思哲学的实践论转向

"哲学家只是用不同的方式解释世界，问题在于改变世界。"[①] 马克思的实践方法论是达到改变世界的通途，是将马克思哲学与传统西方哲学区别开来的根本之所在。其实践论是在对德国哲学的批判中逐渐生成的，并在《关于费尔巴哈的提纲》中得以正式形成。

在《关于费尔巴哈的提纲》中，马克思对以黑格尔为代表的唯心主义和以费尔巴哈为代表的旧唯物主义进行了彻底的清算。[②] 马克思指出：

> 从前的一切唯物主义（包括费尔巴哈的唯物主义）的主要缺点是：对对象、现实、感性，只是从客体的或者直观的形式去理解，而不是把它们当做感性的人的活动，当做实践去理解，不是从主体方面去理解。因此，和唯物主义相反，能动的方面却被唯

---

① 《马克思恩格斯选集》第 1 卷，人民出版社 1995 年版，第 56 页。
② 从时间的意义上来看，马克思主要清算的是新唯物主义诞生前的唯心主义和旧唯物主义。但是本文认为，从某种意义上来看，西方现代社会发展理论的哲学观点与马克思之前的唯心主义和旧唯物主义之间没有本质上的区别。

心主义抽象地发展了。①

　　马克思抓住了唯心主义和旧唯物主义的缺陷，认为它们只是抓住了主客关系中的一端，不能真正理解人类的活动。

　　对唯心主义和旧唯物主义的批判工作在马克思随后的著作《德意志意识形态》中被延续下来。马克思认为唯心主义哲学对现实的批判是无力的，"德国的批判，直至它最近所作的种种努力，都没有离开过哲学的基地"②。认为这些批判都是在"黑格尔体系的基地上产生的"③。尽管有青年黑格尔派和老年黑格尔派的区分，但是他们都没有跳出意识形态本身的窠臼："老年黑格尔派认为，只要把一切归入黑格尔的逻辑范畴，他们就理解了一切。青年黑格尔派则通过以宗教观念代替一切或者宣布一切都是神学上的东西来批判一切。青年黑格尔派同意老年黑格尔派的这样一个信念，即认为宗教、概念、普遍的东西统治着现存世界。不过一派认为这种统治是篡夺而加以反对，另一派则认为这种统治是合法的而加以赞扬。"④ 循其理论，青年黑格尔派是通过同意识作斗争而消除束缚自己的限制。所以，马克思毫不客气地对青年黑格尔派批判道：他们仍然是一些意识形态家，尽管他们"满口讲的都是所谓'震撼世界的'词句，却是最大的保守派"⑤。因为他们"仅仅反对这个世界的词句"，他们"绝对不是反对现实的现存世界"⑥。

　　这样的哲学批判是无力的，马克思强烈批判道："这些哲学家没有一个想到要提出关于德国哲学和德国现实之间的联系问题，关于他们所作的批判和他们自身的物质环境之间的联系问题。"⑦ 马克思认为，沉湎于"词句"批判的哲学家们在现实面前是无力的，或者说

---

① 《马克思恩格斯选集》第 1 卷，人民出版社 1995 年版，第 54 页。
② 马克思、恩格斯：《德意志意识形态》节选本，人民出版社 2003 年版，第 8 页。
③ 同上。
④ 同上书，第 9 页。
⑤ 同上书，第 10 页。
⑥ 同上。
⑦ 同上。

跟现实是无关的，这种哲学根本找不到实现人的解放的路径，马克思论述道："如果他们把哲学、神学、实体和一切废物消融在'自我意识'中，如果他们把'人'从这些词句的统治下——而人从来没有受过这些词句的奴役——解放出来，那么'人'的'解放'也并没有前进一步。"① 所以，对这种不能实现社会发展从而完成人的解放的唯心主义哲学，是必定会被马克思所抛弃的。

而费尔巴哈等旧唯物主义把一切都诉诸感性的直观，把自然和人看做直观对象，他没有看到，"甚至连最简单的'感性确定性'的对象也只是由于社会发展、由于工业和商业交往才提供给他的"②。马克思认为这种感性直观由于"从来没有把感性世界理解为构成这一世界的个人的全部活生生的感性活动"，因此，当遇到社会问题时，费尔巴哈"便不得不求助于'最高的直观'和观念上的'类的平等化'"而变成一个唯心主义者，所以"当费尔巴哈是一个唯物主义者的时候，历史在他的视野之外；当他去探讨历史的时候，他不是一个唯物主义者"③。

由此可见，唯心主义者和旧唯物主义者在解决社会问题时，都是唯心主义的。在他们的理论中无法找到实现人的解放的科学的途径。因为"'解放'是一种历史活动，不是思想活动，'解放'是由历史的关系，是由工业状况、商业状况、农业状况、交往状况促成的"④。

对唯心主义和旧唯物主义的强烈批判，再加上对现实经济社会发展的直接洞见和对政治经济学的研究，使马克思的视域定格在社会历史现实。他认识到，"人的本质不是单个人所固有的抽象物，在其现实性上，它是一切社会关系的总和"。人是社会的，而"全部社会生活在本质上是实践的"，"凡是把理论引向神秘主义的神秘东西，都能在人的实践中以及对这个实践的理解中得到合理的解决"⑤。在实

① 马克思、恩格斯：《德意志意识形态》节选本，人民出版社 2003 年版，第 18 页。
② 同上书，第 20 页。
③ 同上书，第 22 页。
④ 同上书，第 19 页。
⑤ 《马克思恩格斯选集》第 1 卷，人民出版社 1995 年版，第 56 页。

践中人、自然和社会达到了辩证的统一，"环境的改变和人的活动或自我改变的一致，只能被看做是并合理地理解为革命的实践"①。在主体客体化和客体主体化的辩证发展过程中实现人、经济和社会的协调变革。

马克思的实践论哲学彻底超越了传统哲学的形而上学特质，脱离了传统哲学的静观的思辨的思维方式，创造了真正意义上的实践论哲学。哲学在马克思这里发生了实践论的转向。这种变革是一种范式的转换，其影响是巨大而深远的。

不理解马克思的实践论转向，就不可能理解马克思社会发展哲学的范式革命，从而就不可能根本理解马克思主义发展观，在本章开篇就对马克思实践转向进行详细论述其深意也就在于此。

2. 实践论转向所带来的社会发展观革命

哲学的实践论转向是哲学史上的一次革命，这一革命也带来了发展哲学的范式革命。哲学的实践论转向带来了关于"人的本质"、"社会的本质"、"解决人和社会问题的方法"以及"发展的价值诉求"等理论的根本变革。这些变革共同构建了发展哲学的范式革命。

其一，关于"人的本质"。

以实践为立论之基，马克思对人的本质进行了科学的界定。在《关于费尔巴哈的提纲》中，马克思论述道："人的本质不是单个人所固有的抽象物，在其现实性上，它是一切社会关系的总和。"② 在《德意志意识形态》中，马克思又进行了详细的阐释："个人怎样表现自己的生活，他们自己就是怎样。因此，他们是什么样的，这同他们的生产是一致的——既和他们生产什么一致，又和他们怎样生产一致。因此，个人是什么样的，这取决于他们进行生产的物质条件。"③ 人是社会关系的产物，人是由各种实践活动生成的。作为我们考察问

---

① 《马克思恩格斯选集》第1卷，人民出版社1995年版，第55页。

② 同上书，第56页。

③ 马克思、恩格斯：《德意志意识形态》节选本，人民出版社2003年版，第12页。

题前提的人，"不是处在某种虚幻的离群索居和固定不变状态中的人，而是处在现实的、可以通过经验观察到的、在一定条件下进行的发展过程中的人"。所以，马克思认为，"只要描绘出这个能动的生活过程，历史就不再像那些本身还是抽象的经验论者所认为的那样，是一些僵死的事实的汇集，也不再像唯心主义者所认为的那样，是想象的主体的想象活动"①。

从实践的角度，马克思认识到人的实践生成性，是现实的实践活动生成着现实的人。所以分析问题不是"从天国降到人间"，而是"从人间升到天国。"② 从进行实践活动的现实的人出发来分析问题，马克思论述道："这就是说，我们不是从人们所说的、所设想的、所想象的东西出发，也不是从口头说的、思考出来的、设想出来的、想象出来的人出发，去理解有血有肉的人。我们的出发点是从事实际活动的人。"③

其二，关于"社会的本质"。

"全部社会生活在本质上是实践的。"④ 社会是人与人之间关系的总和，人的实践生成性决定着社会的实践性。"在任何情况下，个人总是'从自己出发的'……由于他们的需要即他们的本性，以及他们求得满足的方式，把他们联系起来（两性关系、交换、分工），所以他们必然要发生相互关系。但由于他们相互间不是作为纯粹的"我"，而是作为处在生产力和需要的一定发展阶段上的个人发生交往的，同时由于这种交往又决定着生产和需要，所以正是个人相互间的这种私人的个人关系、他们作为个人的相互关系，创立了——并且每天都在创新着——现存的关系。"⑤ 社会发端于处于生产力的一定发展阶段上的个人的需要。正是个人的需要，使他们相互间结合成了各种各样的关系，并随着需要的改变而创新着这种关系。而这种需要

---

① 马克思、恩格斯：《德意志意识形态》节选本，人民出版社 2003 年版，第 17 页。
② 同上。
③ 同上。
④ 《马克思恩格斯选集》第 1 卷，人民出版社 1995 年版，第 56 页。
⑤ 《马克思恩格斯全集》第 3 卷，人民出版社 1960 年版，第 514—515 页。

都是由特定的生产力状况决定的。所以社会发展是具体的，是由具体的人，进而由具体的生产力发展状况决定的。马克思清晰地论述道："历史的每一阶段都遇到有一定的物质结果、一定数量的生产力总和，人和自然以及人和人之间在历史上形成的关系，都遇到有前一代传给后一代的大量生产力、资金和环境。"①

全部社会生活在本质上是实践的。"实践"本身就蕴涵着"发展"，"对实践的唯物主义者即共产主义者来说，全部问题都在于使现存世界革命化，实际地反对并改变现存的事物"②。所以，虽然人是社会生产实践生成的，但是人也是能动的，人要"使现存世界革命化，实际地反对并改变现存的事物"，使社会得以发展。

其三，关于"解决人与社会问题的方法"。

马克思认为人和社会都是实践的、具体的，这决定了其解决社会问题的方法的独特性。认为解决人和社会发展中的问题都应该从"人与人的关系"——社会的角度入手，而不应该从孤立的人的角度入手。因为造成人和社会问题的原因不是人的抽象本性，而是具体的人与人之间的现实关系。所以，马克思认为，必须从人的实践生成性的视角去破解人与社会的问题。面对现代社会发展难题，马克思的旨趣，是深入现实的物质生产实践，去考察人与人之间的经济关系。

以此为视角，马克思考察出了现代社会发展难题的根本起因——资本的逻辑。资本内含着对劳动力的剥削，其间经济上占统治地位的阶级靠劳动者"得到了发展的垄断权"，而劳动者"为满足最必不可少的需要而不断拼搏"，因而暂时"被排斥在一切发展之外"。③所以，对资本的态度问题成为解决现代社会发展难题的核心问题。而资本关系代表的正是人与人之间的现实的社会关系。这是马克思的一贯的主张，只有从现实的社会关系入手才能破解社会和人的问题。

其四，关于"发展的价值诉求"。

---

① 《马克思恩格斯选集》第1卷，人民出版社1995年版，第92页。
② 马克思、恩格斯：《德意志意识形态》节选本，人民出版社2003年版，第19页。
③ 同上书，第96页。

发展的价值诉求，包括人的发展的价值诉求和社会发展的价值诉求，马克思关于人与社会的实践生成性观点，决定了其价值诉求的实践性，人的发展的价值诉求——全面而自由的发展和社会发展的价值诉求——社会和谐不是一种乌托邦式的迷梦，而是一种消灭现实问题的生成式的发展过程。

随着物质生产实践的发展，"全面而自由发展的人"会逐渐生成。在私有制存在的生产实践中，人们在生产中的地位是不平等的。人们会在已有的生产力发展的基础上寻求自己的解放，这种解放会带来生产力的进一步发展，历史发展的理性尺度和价值尺度在这种辩证的统一中不断地进行下去，最终在共产主义社会绝对地实现了人的全面而自由的发展。

正是一定的生产交往方式生成着一定的人，建立在特定的生产交往方式之上的人结合成特定的社会关系。人的现实性决定了社会发展的现实性。绝对的和谐社会的建立需要人与人之间的利益差别的绝对消灭，这需要有两个条件：一个是生产力的高度发展，另一个是私有制的消除。满足这两个条件，共产主义也就实现了。但是如果不满足这两个条件，并不是说构建和谐社会就是没有意义的，恰恰相反，意义是非常重大的。马克思认为："共产主义对我们来说不是应当确立的状况，不是现实应当与之相适应的理想。我们所称为共产主义的是那种消灭现存状况的现实的运动。这个运动的条件是由现有的前提产生的。"① 所以，和谐社会的构建对我们来说是一种消灭现实状况的现实的运动。

马克思研究人和社会问题的实践论视角所带来的发展理论的方法论革命为人类解决当前发展中的理性诉求和价值诉求的冲突问题提供了方法论的指导。实践本身既是一个客体性的概念，同时也是一个主体性的概念，既有合规律性，也有合目的性，所以发展既是主体的，也是客体的；既是合规律的，也是合目的的，是历史和价值的统一。这一问题是现代社会发展中的一个难题，本文将重点阐释。

---

① 《马克思恩格斯选集》第 1 卷，人民出版社 1995 年版，第 87 页。

3. 马克思考察现代社会发展问题的两个维度：理性维度和价值维度

如前所述，马克思哲学思想的实践论转向缘起于对唯心主义和旧唯物主义的批判。马克思认为，"从前的一切唯物主义（包括费尔巴哈的唯物主义）的主要缺点是：对对象、现实、感性，只是从客体的或者直观的形式去理解，而不是把它们当做感性的人的活动，当做实践去理解，不是从主体方面去理解。因此，和唯物主义相反，能动的方面却被唯心主义抽象地发展了，当然唯心主义是不知道现实的、感性的活动本身的"①。

旧唯物主义只是从客体的形式去理解对象、现实、感性，而唯心主义却只从能动的形式也就是只从主体的形式来理解对象、现实和感性。所以，旧唯物主义和唯心主义对人的活动都不能进行全面的把握。只有马克思的实践唯物主义，才从主体和客体两种形式来认识人类的活动。"环境的改变和人的活动或自我改变的一致，只能被看做是并合理地理解为革命的实践。"② 在实践过程中，环境的改变和人的自我改变是一致的，共同构成了实践的过程。

实践的两种形式：客体的形式和主体的形式，便构成了实践的两个维度。客体形式反映的是环境被改变的情况；而主体形式反映的是人的自我改变。这两个维度是交织在一起的，是辩证统一的。一方面主体根据规律来改造客体，是合规律性的，可以称其为实践的理性维度；另一方面，被改造的客体对主体应该是有意义的，是合目的性的，可以称其为实践的价值维度。主体客体化，遵循理性尺度；客体主体化，遵循价值尺度。这两者辩证统一于人类的实践活动。主体按照规律更好地改造客体，才可以更好地为主体的发展服务，而主体的更好发展，又可以使主体更好地认识客观规律，改造客观世界。但是，如果主体改造的客体不符合主体的需求，或者没有用于主体的提

---

① 《马克思恩格斯选集》第 1 卷，人民出版社 1995 年版，第 54 页。
② 同上书，第 55 页。

高，这样的活动是没有意义的；而为了人类的需求不按照客观规律改造客体，也是会造成灾难的。所以，两者之间要保持一定的张力。

以实践论为立论之基，马克思解决了发展中理性缺失或价值缺失的问题，实现了发展的理性维度和价值维度的辩证统一，从而找到了实现人类解放的社会发展之路。

马克思在《关于费尔巴哈的提纲》和《德意志意识形态》中完成了其实践论转向，并开辟了发展哲学的新范式。这是其分析发展问题的哲学方法论。按照这一方法论，马克思将其一生的绝大部分研究时间都投入到对现代社会发展的研究之中。在其经济学手稿和《资本论》中，马克思以人的全面而自由的发展为价值理想，对现实的社会发展进行理性的分析和价值的考量。现代社会发展实践在理性与价值的冲突与消解的过程中言说着人的生存境遇。资本逻辑带来的人的价值贫困似乎是历史的必然，但理论的探索和社会发展主体的自觉能够"缩短和减轻分娩的痛苦"，而要达到全面而自由的人的生成，单纯的价值指引是不够的，扎根现实社会发展的现实价值批判分析是必需的。马克思是通过对资本主义社会发展的揭蔽完成对资本主义社会发展的现实批判，提升人的价值，在新的高度实现社会发展的理性和价值的辩证统一。

二　资本批判与马克思主义发展观的经济哲学视域

马克思在形成其研究社会问题的方法论后，开始将其研究视角深入到物质利益深处，从政治经济学中探寻现代社会发展的奥秘。以其建立在实践论基础上的考察现代社会发展问题的方法论为理论视角，马克思将其一生的绝大部分时间投入到对现代社会发展问题的探索中。为了揭示现代社会中隐藏在物与物的关系背后的人与人之间的关系，马克思所做的第一项工作就是揭蔽物化的世界。

系。正像产品的实际交换产生产品的交换价值，产品的交换价值产生货币。"① 货币作为"一般等价物"，具有一种"直接"的和"普遍"的"可交换性"，这便造成一种假象——"好像"是"金银"这种作为货币物质载体的自然物本身具有"直接"的和"普遍"的可交换性，而与人的一般劳动的耗费和劳动的社会性的表现没有任何关系。"正是商品世界的这个完成的形式——货币形式，用物的形式掩盖了私人劳动的社会性质以及私人劳动者的社会关系，而不是把它们揭示出来。"② 所以，从本质上说，货币是重要的生产关系，它代表着对别人的劳动的支配的权力，"人的衣袋里装着自己的社会权力和自己同社会的联系"③。这样，"货币本来是一切价值的代表；在实践中情况却颠倒过来，一切实在的产品和劳动竟成为货币的代表"④。所以，随着资本主义商品经济的发展，人们信赖的是物（商品和货币），而不是作为人的自身。

劳动者和生产条件之间出现分离之后，开始出现雇佣劳动，价值形式相应地发展为资本。人不但受制于社会，而且出现了人与人之间的剥削。因为从本质上说，资本是活劳动与死劳动相交换。"价值的增加无非就是对象化劳动的增加，但是，只有通过活劳动，才能保存或增加对象化劳动"⑤，因而"价值即货币只有同活的劳动能力相交换才能转化为资本"⑥。所以，资本是一种关系，而且是一种对活劳动能力的关系，是死劳动剥削活劳动的关系。

从上面的分析，我们能够探索出资本主义社会发展的内在机制：商品的社会性将人与人联系在一起，每个人的劳动组成社会劳动体系的一部分。一个人能否从社会获得自我发展的物质财富，就在于自己的劳动能否得到社会的承认，从而成为整个社会劳动体系的一部分。

---

① 《马克思恩格斯全集》第 30 卷，人民出版社 1995 年版，第 96 页。
② 《马克思恩格斯全集》第 44 卷，人民出版社 2001 年版，第 93 页。
③ 《马克思恩格斯全集》第 30 卷，人民出版社 1995 年版，第 106 页。
④ 同上书，第 99 页。
⑤ 《马克思恩格斯全集》第 32 卷，人民出版社 1998 年版，第 40 页。
⑥ 同上。

而这种承认的表现就是获得交换价值或货币的量。"每个个人行使支配别人的活动或支配社会财富的权力，就在于他是交换价值的或货币的所有者。他的衣袋里装着自己的社会权力和自己同社会的联系。"① 所以，在商品经济社会，是商品和货币将人与人结合起来。人不是自由的，人为了获得私人利益，就必须放弃个人的自由，因为"私人利益本身已经是社会所决定的利益，而且只有在社会所设定的条件下并使用社会所提供的手段，才能达到"②。从理性的角度来说，正是这一机制完成了资源的配置，使资源得到合理利用；但从价值的角度来说，这一机制妨碍了人的自由而全面的发展。更有甚者，随着价值关系运动到资本阶段，社会的发展更是建立在剥削的基础上，虽然从理性的角度来看，在适应生产力发展的情况下，资本的内在逻辑推动了经济的发展。

马克思对资本主义社会物化发展而带来人的价值贫困这一社会历史现象高度重视。从现实出发，马克思对其进行了强烈的价值批判。

2. 价值批判：扎根于现代社会发展的现实批判

马克思通过其独到的分析，揭示出了物化（商品—货币—资本）背后的人与人的关系。探索出了资本主义社会发展的本质。与资产阶级经济学家不同，马克思经济学更加注重对经济运行中的人与人的关系的研究。马克思对物化逻辑带来的人的生存境遇进行了深刻的揭示和激烈的价值批判。

首先马克思批判了商品和货币逻辑带来的人的无自由、无个性状态。商品和货币的逻辑使人失去了自由而全面发展的可能。一些经济学家认为："每个人追求自己的私人利益，而且仅仅是自己的私人利益；这样，也就不知不觉地为一切人的私人利益服务。"③ 如此看来，似乎人们在追求自己私人利益的过程中达到了个人和社会的和谐。从

---

① 《马克思恩格斯全集》第 30 卷，人民出版社 1995 年版，第 106 页。

② 同上。

③ 同上。

资源配置的角度来说的确如此，但马克思却从商品经济发展中人的生存境遇进行分析，认为不是每个人互相帮助别人实现利益，而是"每个人都互相妨碍别人利益的实现，这种一切人反对一切人的战争所造成的结果，不是普遍的肯定，而是普遍的否定。关键倒是在于：私人利益本身已经是社会所决定的利益，而且只有在社会所设定的条件下并使用社会所提供的手段，才能达到；也就是说，私人利益是与这些条件和手段的再生产相联系的。这是私人利益；但它的内容以及实现的形式和手段则是由不以任何人为转移的社会条件决定的"①。斯密所认为的万能的"看不见的手"，从配置资源的角度来说对经济的发展的确意义非凡。但是从社会发展的价值的角度来看，私人利益的"内容以及实现的形式和手段则是由不以任何人为转移的社会条件决定的"②。所以，商品和货币的内在属性使人没有了"个性自由"，失去了全面而自由发展的可能性。

　　马克思在批判了商品和货币给人带来无个性、不自由的状态之后，开始转到对资本逻辑拒斥人的发展的价值批判之中。马克思认为资本的内在逻辑使现代社会发展是以极高的代价进行的："一些人靠另一些人来满足自己的需要，因而一些人（少数）得到了发展的垄断权；而另一些人（多数）为满足最必不可少的需要而不断拼搏，因而暂时（即在新的革命的生产力产生以前）被排斥在一切发展之外。"③ 在资本逻辑的展现中，"劳动力的价值和价格转化为工资形式，即转化为劳动本身的价值和价格，具有决定性的重要意义"④。因为"这种表现形式掩盖了现实关系，正好显示出它的反面。工人和资本家的一切法的观念，资本主义生产方式的一切神秘性，这一生产方式所产生的一切自由幻觉，庸俗经济学的一切辩护遁词，都是以这个表现形式为依据的"⑤。将劳动力的价值看成劳动本身的价值，从

---

① 《马克思恩格斯全集》第 30 卷，人民出版社 1995 年版，第 106 页。
② 同上。
③ 马克思、恩格斯：《德意志意识形态》节选本，人民出版社 2003 年版，第 96 页。
④ 《马克思恩格斯全集》第 44 卷，人民出版社 2001 年版，第 619 页。
⑤ 同上。

而心安理得地占有劳动者的剩余价值，来完成自己的发展，而使劳动者的发展失去了可能。更有甚者，"资本由于无限度地盲目追逐剩余价值，像狼一般地贪求剩余劳动，不仅突破了工作日的道德极限，而且突破了工作日的纯粹身体的极限。它侵占人体的成长、发育和维持健康所需要的时间。它掠夺工人呼吸新鲜空气和接触阳光所需要的时间"[1]。工人没有了自由时间，根本就无法实现自我的价值，使自己得到自由而全面的发展。因为，在这种情况下，工人的体力和智力都极端退化。[2]在这种情况下，人的个性和价值无法实现，失去自由发挥的空间。

由于资本内含的剥削本性，带来了历史主体的极端价值贫困。马克思的现代社会发展研究是从主客体辩证统一的向度展开的。其对资本主义社会发展进行价值批判的深意在于探讨在资本主义社会发展状况下人的存在状况，其目的是寻求实现"自由而全面发展的人"的生成的社会发展之路。

3. 社会发展：理性维度与价值维度的辩证统一

马克思对资本主义社会发展进行强烈的价值批判，但这种批判不是一种乌托邦式的迷梦，而是建立在与理性现实的辩证统一的基础之上的。

前面我们考察了马克思分析现代社会发展问题的方法论：建立在实践论基础上的发展观。其发展观中内含着辩证统一的两个维度：理性维度和价值维度。本文也详细考察了马克思对资本主义社会发展的价值批判，即考察了社会发展对历史主体的意义。但是本文在这里无意于造成一种对现代社会发展全盘否定的态势，这也不是马克思的初衷。因为马克思以其实践论作为考察现代社会发展问题的哲学方法论，而实践本身是内含着两个维度的。从理性的维度来度量，马克思对现代社会发展是充分肯定的。

① 《马克思恩格斯全集》第44卷，人民出版社2001年版，第306页。
② 《马克思恩格斯选集》第2卷，人民出版社1995年版，第90页。

马克思认为商品—货币—资本的内在逻辑将人的发展带入了人对物的依赖阶段，马克思对这一发展阶段的评价是从理性和价值两个方面展开的。马克思将人的发展分为三个阶段，第一个阶段是对人的依赖的阶段，第二个阶段是对物的依赖的阶段，第三个阶段是人的全面而自由的发展的阶段。第二阶段为第三阶段创造条件。①

所以，从现代社会发展的理性维度看，资本主义这一人被片面物化的时代是现代社会发展的必经阶段，正是这个阶段的发展，为人的自由而全面的发展提供了空间。而且，马克思还分析道："毫无疑问，这种物的联系比单个人之间没有联系要好，或者比只是以自然血缘关系和统治从属关系为基础的地方性联系要好。"② 所以马克思对现代社会发展也是高度肯定的，认为它是社会发展的必经阶段。

问题研究到这里就会出现一个必须回答的问题：马克思对现代社会发展的价值批判的意义何在？这是一个具有重大理论和实践意义的问题。

按照前面的分析，实践包括两个维度：理性维度和价值维度。实践活动要有序地进行下去，其理性层面和价值层面之间必须保持一定的张力。因此，作为一种实践活动的现代社会发展，其理性层面和价值层面之间也必须保持一定的张力，才能使其有序地进行下去。现代社会发展的理性维度，是从实践的客体的角度来考察现代社会发展的，人类按照规律开发自然界，进行物质生产活动，也就是进行经济活动。其言说的是物质世界的丰富性。马克思从理性的维度对资本主义社会发展给予高度评价："资产阶级在它的不到一百年的阶级统治中所创造的生产力，比过去一切世代创造的全部生产力还要多，还要大。"③ 而现代社会发展的价值维度，是从实践的主体的角度来考察现代社会发展的。人类开发自然界是为了主体的提升，为了主体获得更全面而自由的发展。它言说的是现代社会发展成果对现代社会发展

---

① 《马克思恩格斯全集》第30卷，人民出版社1995年版，第107—108页。
② 同上书，第111页。
③ 《马克思恩格斯选集》第1卷，人民出版社1995年版，第277页。

主体的意义。正如本文在前面分析过的，马克思在《资本论》及其手稿中对现代社会发展进行了强烈的价值批判。

马克思现代社会发展理论之所以是合理的，在于其从实践论的角度将现代社会发展的理性维度和价值维度辩证统一起来，"环境的改变和人的活动或自我改变的一致，只能被看做是并合理地理解为革命的实践"①。马克思在对资本主义社会进行分析的过程中始终保持着理性和价值辩证统一的视角。其对现代社会发展的理性分析中，内含着价值批判，而其对现代社会发展的价值批判也不是没有边界的，而是以理性为基础。现代社会发展中这两个维度必须保持必要的张力。在资本主义时代，如果一味地只注重物质财富的增加，而不顾历史主体的境遇，使其处于一种"极端退化的境地"②。那对经济的发展是极端不利的。因为财富毕竟是由历史主体来创造的，历史主体不能得到发展，必定会从根本上制约社会物质财富的增加。而一味地强调历史主体的地位，对资本主义社会发展进行伦理批判，则社会发展又会回到历史的起点。

正是马克思的这一社会发展思想，得到了资本主义国家社会发展实践的重视，其在社会发展过程中进行有意识的调整，使得社会发展的理性维度和价值维度之间保持在一个必要的张力的限度之内。

但是，只要资本存在，社会发展的理性维度和价值维度之间就会有矛盾。所以在资本主义政权体系内，这一矛盾是不可能得到真正解决的，马克思在分析保障工人 500 立方英尺的空间的工厂法立法时论述道："既然工厂法通过它的各种强制性规定间接地加速了较小的工场向工厂的转化，从而间接地侵害了较小的资本家的所有权，并确保了大资本家的垄断权，那么，法律关于工厂中的每个工人应占有必要空间的强制规定，就会一下子直接剥夺成千上万的小资本家！就会动摇资本主义生产方式的根基，也就是说，会破坏大小资本通过劳动力的'自由'购买和消费而实现自行增值。因此，工厂立法在 500 立方

---

① 《马克思恩格斯选集》第 1 卷，人民出版社 1995 年版，第 55 页。
② 《马克思恩格斯选集》第 2 卷，人民出版社 1995 年版，第 90 页。

英尺的空间面前碰壁了。卫生机关、工业调查委员会、工厂视察员，都一再强调 500 立方英尺的必要性，又一再述说不可能强迫资本接受这一点。这样他们实际上就宣布，工人的肺结核和其他肺部疾病是资本生存的一个条件。"①

由此可见，资本主义国家的内在调整不会动摇"资本主义生产方式的根基"，也就是不会动摇资本的统治地位，那么现代社会发展理性维度和价值维度的矛盾便不会从根本上得到解决。而只有在共产主义社会，社会发展的理性维度和价值维度的矛盾才会得到解决，其带来的是社会的真正和谐和人的全面而自由的发展。

三　当代意义

马克思主义发展观的当代研究对中国的社会发展具有重大的理论意义和现实意义。首先，其是科学发展观的方法论指导，因为科学发展观的本质也是寻求一种发展的价值维度转向。当然作为社会主义的中国和西方资本主义国家的发展的范式转换是有本质区别的（其核心区别体现在对资本的态度：社会主义国家将资本作为发展的手段，而资本主义国家将资本作为发展的目的）。其次，从马克思的现代社会发展理论的视角对中国的科技—分工—大工业的发展进行审视，将对发展中的一些分歧起到正本清源的作用。

科学发展观的方法论

对社会发展本质的理解经历了一个曲折的过程。很长一段时间，"社会发展"一直被理解为"经济增长"，理解为商品世界本身的丰富，循此信念所进行的发展，引发了一系列的社会问题：能源危机、环境污染、贫富分化，等等。原有的发展观念缺乏对人的观照。发展实践急需新的发展理论。正是在这一背景下，社会发展研究完成了转

---

① 《马克思恩格斯全集》第 44 卷，人民出版社 2001 年版，第 555 页。

向：由重视"经济增长"（商品本身）到重视"人的价值"（人与商品的关系）的转向。发展的价值转向在中国的表现就是科学发展观的提出。科学发展观蕴涵着丰富的价值维度思想。对其进行马克思现代社会发展理论的价值论式的解读和反思是正确理解和执行科学发展观的必要路径。

（1）科学发展观的价值维度特质

科学发展观的价值维度特质，体现在"以人为本"的价值论内容和"实践论"的价值实现方法论上。

第一，"以人为本"：科学发展观的价值维度内容。

价值问题在发展中凸显有两个原因——评价性原因和实效性原因。即人的价值的实现程度是发展的评价标准；人的价值的实现是发展的动力。科学发展观也内含着这两层意思。"坚持以人为本，要把解决人民群众切身利益问题放在首位，在治国理政的过程中充分体现和代表人民的意愿，坚持发展为了人民、发展依靠人民、发展成果由人民共享，不断让人民群众得到实实在在的利益，使全体人民朝着共同富裕的方向稳步前进。"① 在关于"以人为本"的表述中内含着两个方面的意思："发展为了人民"和"发展依靠人民"。"发展为了人民"言说的是发展的评价性因素；"发展依靠人民"言说的是发展的实效性因素。中央提出的科学发展观所内含的这两个层面的意思保障了中国的发展由重经济增长到重视人—文化—价值的进步的范式转换的全面展开。

"发展为了人民"言说的是发展的评价性因素，用人民的价值实现的程度来评价发展的结果。"坚持发展为了人民，就是要把实现好、维护好、发展好最广大人民的根本利益，作为党和政府一切方针政策和各项工作的根本出发点和落脚点，坚持用人民拥护不拥护、赞成不赞成、高兴不高兴、答应不答应来衡量一切决策，把发展的目的真正落实到满足人民需要、实现人民利益、提高人民生活水平上。"② 政

---

① 中共中央宣传部理论局组织编写：《科学发展观学习读本》，学习出版社 2006 年版，第 22 页。

② 同上书，第 22—23 页。

府的表述中，其价值评价性是一目了然的。

"以人为本"的提出不是一蹴而就的，只有在社会主义国家其提出才具有制度上的可能性。"以人为本"不是哲学本体论的概念，而是哲学价值论的概念，其关注的是在我们的实践活动中，什么最重要，什么最根本，什么是我们追求的目标。在哲学史上，"人本"是和"物本"、"神本"相对的。文艺复兴时，提出人本思想是相对于神本思想而言的，将人的尊严还给人，但这种对人的尊重主要体现在对人的理性的尊重。文艺复兴后，推翻了神的僭越，人们开始痴迷于自己的能力，在科技的支撑下，人类觉得自己无所不能。大量的物质财富的创造，遮迷了人们的视线，工具理性趁机泛滥开来。但是"工人生产的财富越多，他的产品的力量和数量越大，他就越贫穷。工人创造的商品越多，他就越变成廉价的商品。物的世界的增值同人的世界的贬值成正比"①。以私有制为基础的发展，物质世界越是发展，人越是贬值，资本自身的发展逻辑是见物不见人的，人被物所役。在私有制出现以来的阶级社会，发展的理性尺度和价值尺度一直不能真正地融合，主要体现在历史的发展是以广大劳动人民利益的牺牲为代价的。资本的逻辑必然限制人的逻辑展开。只有以公有制为主体的社会主义制度才使得以人为本的发展变得具有了现实性。

"发展依靠人民"言说的是发展的实效性因素，即发展的动力。"坚持发展依靠人民，就是要尊重人民的主体地位和首创精神，密切联系群众，始终相信群众，紧紧依靠群众，最充分地调动人民群众的积极性、主动性、创造性，最大限度地集中全社会全民族的智慧和力量，最广泛地动员和组织亿万群众投身中国特色社会主义伟大事业。"② 这一表述清晰地表达了发展的实效性来自于人民群众的积极性、主动性、创造性，发展的动力来自于人民群众。马克思认为进行

---

① 《马克思恩格斯选集》第 1 卷，人民出版社 1995 年版，第 40 页。
② 中共中央宣传部理论局组织编写：《科学发展观学习读本》，学习出版社 2006 年版，第 24 页。

物质生产的现实的人既是价值主体，同时也是物质生产实践的主体。在生产实践中人既是目的又是手段，人是实现自身目的的手段。"'历史'并不是把人当做达到自己目的的工具来利用的某种特殊的人格。历史不过是追求着自己目的的人的活动而已。"① 所以，历史是人民群众自身的发展史，随着物质生产实践的发展，群众队伍必将逐步扩大。

科学发展观的理论力量在于其不仅揭示出了发展的目的（评价性因素），而且揭示出了发展的主体，也就是发展的动力（实效性因素）。在资本主义社会，人作为发展的目的和手段是互相分离的，只有在社会主义制度下，人作为发展的目的和手段才是统一的，价值主体和实践主体才是重合为一的。

"以人为本"是科学发展观的核心价值理念。发展的终极价值诉求是人的全面而自由的发展。为了实现这一价值诉求必须构建和谐社会，因为和谐社会是保证"每个人的自由发展是一切人的自由发展的条件"②。所以说，以人为本、和谐社会、人的解放与全面自由发展都是科学发展观的题中应有之义。

第二，"实践论"：科学发展观价值实现方法论。

科学发展观的提出标志着中国社会发展范式的价值论转向。为了实现"以人为本"这一科学发展观的核心价值理念，党和政府提出了大量的举措，比如："科学发展观是用来指导发展的，全面协调可持续发展是科学发展观的基本要求。要坚持以经济建设为中心，按照'五个统筹'的要求，促进经济社会发展和人的全面发展相统一，实现经济发展与人口、资源、环境相协调。"③ 再如："统筹城乡发展、统筹区域发展、统筹经济社会发展、统筹人与自然和谐发展、统筹国内发展和对外开放，使各方面的发展相适应，各个

---

① 《马克思恩格斯全集》第 2 卷，人民出版社 1957 年版，第 118—119 页。

② 《马克思恩格斯选集》第 1 卷，人民出版社 1995 年版，第 294 页。

③ 中共中央宣传部理论局组织编写：《科学发展观学习读本》，学习出版社 2006 年版，第 30 页。

发展环节相协调。"①

这些表述可以概括为：全面协调可持续。其是马克思实践论在发展现实中的外在反映。从根本上说，发展问题解决的是人的发展，而人的发展又依赖于经济和社会的发展。人在发展中的价值实现是通过实践逐步生成的。实践有主体向度和客体向度。发展的价值论转向就是实践的主体向度转向。对于这一转向必须站在实践的高度才能把握住。实践论是科学发展观价值实现的方法论。本文前面提到过的实践体现了主体和客体之间的辩证关系，人按照规律改造环境（自然），当然这种改造也体现了人的目的，同时创造出来的物质文化成果又增强了人的创造力，使人在新的起点上来完成对自然社会的改造。在这个过程中，主体是有能动性的。主体的能动性就表现在改造客体的方法的选择上，其在当前的具体表现就是对发展的"全面协调"式展开。

"全面"就是要坚持以经济建设为中心，全面推进经济、政治、文化建设，实现经济发展和社会的全面进步，促进经济社会的发展与促进人的发展统一起来。"协调"，就是统筹城乡发展、统筹区域发展、统筹经济社会发展、统筹人与自然和谐发展、统筹国内发展和对外开放，推进生产力和生产关系、经济基础和上层建筑相协调，推进经济、政治、文化建设的各个环节、各个方面相协调。"全面协调"式展开使主体改造客体和客体满足主体能够有机地结合在一起，对立统一于"革命的实践"②。这是发展在现实中的最佳展开方式，正是这一方式保证了发展的物质增长的尺度（理性维度）和人—文化—价值进步的尺度（价值维度）从长期的分离状态统一了起来，从而保证发展的成果真正地为全体人民所享有，保证了发展中人的价值的实现。

（2）科学发展观的价值维度反思

上文的分析中能够得出结论：科学发展观的内容及其实现方法都

---

① 中共中央宣传部理论局组织编写：《科学发展观学习读本》，学习出版社2006年版，第33页。

② 《马克思恩格斯选集》第1卷，人民出版社1995年版，第55页。

全面体现了马克思的价值论要求。但同时我们要重视一个问题：对科学发展观的价值实现必须注意其实践生成性，才能避免乌托邦式的断想，从而走上一条真正的可持续发展之路。

第一，"和谐社会"反思：经济社会发展价值目标的现实性。

实现人的发展需要社会的和谐，社会和谐是科学发展观的题中应有之义。但和谐社会的构建必须建立在马克思价值论式的理解之上，否则容易进入乌托邦式的迷梦。

"全部社会生活在本质上是实践的。"① 社会是人与人之间关系的总和，"在任何情况下，个人总是'从自己出发的'……由于他们的需要即他们的本性，以及他们求得满足的方式，把他们联系起来（两性关系、交换、分工），所以他们必然要发生相互关系。但由于他们相互间不是作为纯粹的我，而是作为处在生产力和需要的一定发展阶段上的个人发生交往的，同时由于这种交往又决定着生产和需要，所以正是个人相互间的这种私人的个人关系、他们作为个人的相互关系，创立了——并且每天都在创新着——现存的关系"②。社会发端于处于生产力和需要的一定发展阶段上的个人的需要。正是个人的需要，使他们相互间结合成了各种各样的关系，并随着需要的改变而创新着这种关系。而这种需要都是由特定的生产力状况决定的。所以社会发展是一个具体的问题，是由具体的人进而由具体的生产力发展状况决定的。马克思清晰地论述道："历史的每一阶段都遇到有一定的物质结果、一定数量的生产力总和，人和自然以及人和人之间在历史上形成的关系，都遇到有前一代传给后一代的大量生产力、资金和环境。"③

正是一定的生产交往方式生成着一定的人，建立在特定的生产交往方式之上的人结合成一定的社会关系。所以，社会发展的价值目标的实现是受当时具体的生产状况决定的。绝对的和谐社会的建立需要

① 《马克思恩格斯选集》第1卷，人民出版社1995年版，第56页。
② 《马克思恩格斯全集》第3卷，人民出版社1960年版，第514—515页。
③ 《马克思恩格斯选集》第1卷，人民出版社1995年版，第92页。

人与人之间的利益差别的绝对消灭，其建立必须有两个条件：一个是生产力的高度发展；另一个是私有制的消除。

满足这两个条件，共产主义也就实现了。但是如果不满足这两个条件，也不是说提出和谐社会建设是没有意义的，恰恰相反，意义是非常重大的。马克思认为："共产主义对我们来说不是应当确立的状况，不是现实应当与之相适应的理想。我们所称为共产主义的是那种消灭现存状况的现实的运动。这个运动的条件是由现有的前提产生的。"①

所以和谐社会的构建对我们来说是一种消灭现实状况的现实的运动。中国社会当前存在不少影响社会和谐的矛盾和问题，主要是："城乡、区域、经济社会发展很不平衡，人口资源环境压力加大；就业、社会保障、收入分配、教育、医疗、住房、安全生产、社会治安等方面关系群众切身利益的问题比较突出；体制机制尚不完善，民主法制还不健全；一些社会成员诚信缺失、道德失范，一些领导干部的素质、能力和作风与新形势新任务的要求还不适应；一些领域的腐败现象仍然比较严重；敌对势力的渗透破坏活动危及国家安全和社会稳定等。"（《中共中央关于构建社会主义和谐社会若干重大问题的决定》）所以追求和谐社会建设这一价值理想，就是在现实中以和谐社会的六条价值判断标准——民主法治、公平正义、诚信友爱、充满活力、安定有序、人与自然和谐相处，来消除上述不和谐现象的现实的运动的过程。如此，关于和谐社会的理解才是建立在现实的基础之上的。从而使我们远离乌托邦式的价值迷梦，开辟出一条可持续的社会发展之路。

第二，"人的全面发展"反思：社会发展价值诉求的现实性。

"人的全面发展"是一个实践中的逐渐生成的过程，不是一个空洞的价值诉求。它是马克思一生致力于追求的目标，马克思在其中学作文中就论述道：为人类谋幸福是自己将来的职业选择。围绕着这一主题马克思开始了自己一生的理论探索。在其理论探索的前期，马克

---

① 《马克思恩格斯选集》第1卷，人民出版社1995年版，第87页。

思一直诉诸"异化"理论来寻求人的解放。马克思试图将人从宗教异化、政治异化和经济异化中解放出来。但是随着马克思对理论探索和实践活动的参与，他逐渐认识到，从抽象的人的本质出发，无法找到人的解放的途径。人是现实中的人，是从事生产实践的经验中的人，在社会实践发展的过程中，人的规定性是发展的。马克思将其探索人的解放的目标诉诸实践，从而找到了科学的人的解放的路径。人是实践，是生产交往的产物。而私有制存在的生产实践中，人们在生产中的地位是不平等的。人们会在已有的生产力发展的基础上寻求自己的解放，这种解放会带来生产力的进一步发展，历史发展的理性和价值尺度在这种辩证的统一中不断地进行下去，最终在共产主义社会实现了人的全面而自由的发展。

所以，人的全面发展是马克思社会发展理论的核心价值诉求，而人的现实发展状况是马克思考察社会发展状况的视角。马克思将人的发展分为三个阶段，第一个阶段是对人的依赖的阶段，第二个阶段是对物的依赖的阶段，第三个阶段是人的全面而自由的发展的阶段。第二阶段为第三阶段创造条件。①

在第二个阶段，绝大部分人民群众是没有发展权的。马克思曾经论述道："实际上，事情是这样的：人们每次都不是在他们关于人的理想所决定和所容许的范围内，而是在现有的生产力所决定和所容许的范围之内取得自由的。而到现在为止取得的一切自由的基础是有限的生产力；靠这种生产力进行的不能满足整个社会的生产，使得发展只在下述情况下成为可能，即：一些人靠另一些人来满足自己的需要，因而一些人（少数）得到了发展的垄断权；而另一些人（多数）为满足最必不可少的需要而不断拼搏，因而暂时（即在新的革命的生产力产生以前）被排斥在一切发展之外。"②

所以如果生产力有限，大部分人就失去了发展的可能性，发展成为有产者的特权。中国现在是社会主义初级阶段，在这个阶段人的发

---

① 《马克思恩格斯全集》第 30 卷，人民出版社 1995 年版，第 107—108 页。

② 马克思、恩格斯：《德意志意识形态》节选本，人民出版社 2003 年版，第 96 页。

展是处于由第二个阶段向第三个阶段过渡时期。一方面剥夺剥夺者，建立了公有制经济，这就有了绝大部分人能够得到发展的经济社会基础；另一方面由于当前生产力发展有限，私有制还有存在的必要，这样就决定了有些人的发展是要受到限制的。

要使更多的人得到发展，就对我们的社会主义政权提出了要求。而我们党提出的科学发展观，则表达了政府在诉求人的发展方面的执政自觉。我党在关于科学发展观的理论中论述道：坚持以人为本，就是把促进人的全面发展作为经济社会发展的最终目的，既着眼于人民现实的物质文化生活需要，又着眼于促进人民素质的提高，把促进人的全面发展落实到经济社会发展的全过程，贯穿到各项工作中去。这种执政自觉对于人的发展由第二阶段向第三阶段的过渡具有重大的意义。但是根据本文的研究，关于人的全面发展价值的实现必须要建立在具体实践的基础之上。

第三，发展的范式转换反思：理性维度和价值维度之间必须保持必要的张力。

科学发展观标志着中国社会发展价值转向的全面启动，但按照本文的分析，在发展的理性维度和价值维度之间应该保持一个合理的张力。

当然我们将发展理性维度和价值维度保持一个必要的张力，并不是说对发展的理性维度和价值维度同等重视。而是要根据具体的社会发展实践进行具体的发展范式选择。当社会财富极端匮乏，发展的理性问题就是发展的主要问题，此时的一系列发展政策就应该凸显发展的理性色彩，比如，强调"效率优先，兼顾公平"；强调"科学技术是第一生产力"；强调"发展是硬道理"等。与此相关的经济社会发展的评价指标就是 GDP 等。而当社会财富开始充盈，贫富差距问题和能源枯竭问题开始显现时，发展的价值问题就成为发展的主要问题。此时的一系列发展政策就应该凸显发展的价值色彩，比如，强调"以人为本"、"科学发展"、"构建和谐社会"；强调"公平优先，兼顾效率"；强调"发展的成果要落实到人民生活水平的提高"；强调社会保障制度的重要性；强调弱势群体的利益保护等。与此相关的经济社会发展的评价指标就是绿色 GDP 和社会和谐 GDP① 等。

所以发展的价值论转向，并不是只重视发展的价值问题，而不重视发展的理性问题。根据本文前面对马克思实践两个维度，特别是发展实践两个维度的分析，我们从学理上能够认清：发展中的两个维度之间必须保持一定的合理张力。所以，我们在理解发展范式的转换这一问题的时候，一定要辩证地理解，因为发展的理性维度和价值维度是对立统一的。

（3）科技—分工—大工业发展的独特价值实现路径

关于科技—分工—大工业发展需要注意的第一个问题就是中国的国家形态和特殊发展阶段决定了中国应该有独特的科技—分工—大工业的发展理念。西方社会在发展范式的转换过程中，是伴随着对发展的批判而展开的。但是在中国，这一问题却有其特殊性，不但因为中国社会发展的理性层面——科技、分工、大工业和市场经济等——的发育还不成熟，还因为，中国是社会主义国家，由资本同劳动的对抗性而决定的科技、分工、大工业和市场经济等发展的负面影响在中国不会成为主流。这使中国社会发展范式的转换面临着一个特殊的问题——如何在构建追求价值的新发展范式过程中实现科技、分工、大工业和市场经济等的成熟发展。我们既不能借鉴西方在现代化初期对科技、分工、大工业和市场经济等的高度赞扬的积极态度，也不能采用西方现在的批判和审视的态度。

这决定了对社会发展的理性层面——科技、分工、大工业和市场经济等——的发展应采取一种独特的态度。第一，要认识到，现在批判并制约科技、分工、大工业和市场经济等发展的时机还尚早。这是由中国现代化发展水平不高这一发展现实所决定的。中国当前科技、

---

① "社会和谐 GDP"指一国（或地区）所有常驻单位在一定时期内所生产的符合和谐社会与科学发展观要求的全部社会最终产品和劳务的市场价值的总和。其数值等于在现行 GDP 基础上剔除那些导致社会不和谐（包括人和自然的不和谐、经济和社会的不和谐、城市和乡村的不和谐、区域结构的不和谐、国内发展和对外开放等关系的不和谐）的产出价值。这个学术概念是基于现行 GDP 和绿色 GDP 既不能适应和谐社会的建设需要同时又不能全面地体现科学发展观的发展理念而提出来的。参见陈南岳《和谐社会引发的经济学思考》，《财贸研究》2006 年第 1 期，第 2 页。

分工、大工业和市场经济等的发展水平还不高，现代化发展的程度还不高，所以不应急于引进西方的后现代思想。西方的后现代性思潮对现代性社会中由科技、分工、大工业和市场经济等的发展给人带来的消极影响进行了集中的批判，如科学知识社会学派和法兰克福学派对科学技术的批判。对后现代思想进行学术研究当然是应该的，但如果上升到决策和宣传层面，还为时尚早；第二，要制定合理机制，避免科技、分工、大工业和市场经济等的负面影响。在西方国家的发展进程中，能源和环境问题还没有上升为发展的焦点问题，所以它们在发展过程中，经济增长受到的牵制比较少。但今天中国的发展必须高度重视贫富差距、能源和环境问题，注意避免科技、分工、大工业和市场经济等发展的负面效应，合理规范市场竞争带来的贫富分化、通过合理分工和科技创新提高工业发展的效率等。

从深层次来讲，关键的一个问题是要在科技—分工—大工业发展的人本导向和资本导向之间保持一个必要的张力。

还有一个需要注意的问题，那就是警惕"趋同理论"的危害。西方很多理论家认为，社会主义国家和资本主义国家建立在共同的科技理性的原则之上，进行着相同的工业化的过程，它们正在逐步走向趋同。如马尔库塞在《苏联马克思主义》中提出了"趋同理论"，认为：无论是资本主义国家还是社会主义国家，为了竞争，都要将科技理性作为规则，从而产生了"趋同"的倾向。丹尼尔·贝尔认为，"苏联和美国都是工业社会，它们之间是彼此一致的"，因此，可以"把这两种制度归入同一标题"。[①]

他们认为，资本主义通过社会理性的全面发育，使得人们"服从于一个统一的经济过程，并且社会的每个成员的命运都是由统一的规律所决定"[②]。科技理性与资本的勾结在经济领域大发神威，使得科技理性成为霸主，整个社会的政治、经济和文化生活都按照科技理性

---

① 丹尼尔·贝尔：《后工业社会的来临》，高铦、王宏周、魏章玲译，商务印书馆1984年版，第17—18页。

② 霍克海默：《批判理论》，李小兵等译，重庆出版社1989年版，第192页。

来组织。技术的合理性正在转化为技术的拜物教。不仅如此，技术的霸权还渗透到政治生活领域。"不仅技术理性的应用，而且技术本身就是对自然和人的统治，就是方法的、科学的、筹划好了的和正在筹划着的统治。统治的既定目的和利益，不是'后来追加的'和从技术之外强加上的，它们早就已包含在技术设备的结构中。技术始终是一种历史和社会的设计，一个社会和这个社会的占统治地位的兴趣企图借助人和物而要做的事情，都要用技术来加以设计。统治的这种目的是'物质的'，因此它属于技术理性的形式本身。"[①] 所以，"技术的合理性已经成为政治的合理性"。[②]

对技术的过度崇拜必然弱化人们对人与人之间关系的注视，使人们淡化了对生产关系的思考，从而迷失方向。因此，对于西方这一理论必须保持高度的警惕。

社会主义和资本主义的趋同只是表面现象，它们还是有本质区别的，其本质区别必须从人与人之间的关系进行考察：社会主义的本质认为人与人之间在生产中应该是平等的关系，而资本主义认为人与人之间由于与生产资料的关系不同而导致了经济上的不平等关系。两种制度的差别在政治国家层面中的表现就是对待资本的不同态度。资本主义国家发展资本是目的，社会主义国家发展资本只是手段。所以，技术异化的力量，技术的霸主地位，在资本主义国家将长期存在，在社会主义国家的存在只是暂时的，社会主义国家的"霸主"只能是人的本质诉求，其所追求的主题只能是人的全面而自由的发展。

（刘新刚　北京理工大学人文与社会科学学院讲师、法学博士）

---

① 哈贝马斯：《作为"意识形态"的技术与科学》，李黎、郭官义译，学林出版社1999年版，第39—40页。

② 马尔库塞：《单向度的人》，张峰译，上海译文出版社1989年版，第8页。

第 三 讲

马克思主义真理观

　　纵观漫长的哲学发展史，"真理"始终是哲学家高度重视的话语，因为它关乎哲学研究的目的本身。"把哲学称为真理的知识是正确的，因为理论知识的目的是真理。"① 亚里士多德对哲学的这种规定彰显了真理的价值，缺乏真理阐释的哲学因而是值得质疑的。无独有偶，赫拉克利特也指出："思想是最大的优点，智慧在于说出真理"。② 自古希腊以来的哲学家对真理及其功能做出深刻的阐释，为人们的实践探索提供了高远的价值诉求。在论述人类解放、自由与全面发展的过程中，马克思主义经典作家对"真理"的表述频率很高，是否符合"真理性"的规定是他们判断历史事件的重要尺度，同时他们在实践语境中阐述真理的标准，即真理不是自明的，而要随着时代的发展完善自身，这种阐述沿承了古典哲学真理观的精华，同时使之具有现实的形式，历史而实践地阐释了真理观的社会功能。

一　马克思主义经典作家论"真理"

　　马克思对真理的最初表述是在少年时代讽刺特里尔地方工业学校

---

　　① ［古希腊］亚里士多德：《形而上学》，吴寿彭译，商务印书馆1993年版，第20页。
　　② 北京大学哲学系外国哲学史教研室编译：《西方哲学原著选读》上卷，商务印书馆1999年版，第25页。

的学监弗·奎德诺的短诗《致真理的太阳》中，"灯火的辉煌，星星的闪亮，内心的深邃，美丽的霞光，白皙的皮肤，心灵的慈祥——你从来都把这一切弄得不清不楚，因此你把自己当做真理，像太阳一样普照四方，就像每个新娘都有一个新郎。你尽可自称为太阳的真理，可惜，真理却是：太阳也会把阴影投在地上"①。这段诗意的表述已经显示出马克思审视真理的辩证视野，他在讽刺奎德诺将真理极端化的同时表明，真理既具有太阳般的光芒，同时"也会把阴影投在地上"，忽视"阴影"是对真理的单向度诠释。正是因为奎德诺对真理的理解失真，所以他"从来都把这一切弄得不清不楚"，这种做法实则违背了真理的基本要求。

在论及"德谟克里特的自然哲学与伊壁鸠鲁的自然哲学的差别"的《博士论文》的"献词"中，马克思用"真理"的话语描述"慈父般的朋友"路德维希·冯·威斯特华伦先生，认为他"用真理所固有的热情和严肃性来欢迎时代的每一进步；他深怀着令人坚信不疑的、光明灿烂的唯心主义，唯有唯心主义才知道那能唤起世界上一切英才的真理；他从不在倒退着的幽灵所投下的阴影前面畏缩，也不被时代上空常见的浓云密雾所吓倒，相反，他始终以神一般的精力和刚毅坚定的目光，透过一切风云变幻，看到那在世人心中燃烧着的九重天。您，我的慈父般的朋友，对于我始终是一个活生生的明显证据，证明唯心主义不是幻想，而是真理"②。这里提到的唯心主义（idealism）主要指的是理想主义，即持有理想并在实践中印证理想的光芒，是符合真理性规定的进步之举。

当普鲁士的书报检查令将对真理的探讨转换为严肃和谦逊的探讨，马克思的反驳是清楚而明确的，他指出："这是以对真理本身的完全歪曲的和抽象的观点为出发点的"，而"精神的实质始终就是真理本身"。③ 马克思沿用斯宾诺莎《伦理学》的命题以格言般的语言

---

① 《马克思恩格斯全集》第1卷，人民出版社1995年版，第787页。
② 同上书，第9页。
③ 同上书，第111—112页。

说明，"真理像光一样，它很难谦逊；而且要它对谁谦逊呢？对它本身吗？真理是检验它自身和谬误的试金石"，"真理是普遍的，它不属于我一个人，而为大家所有；真理占有我，而不是我占有真理"。①即个人只能追求真理而不能占有真理，真理的光芒并不为某个人所独占，它具有鲜明的公共性，自由个性是真理的表现形式。为此，"最好把真理比做燧石，它受到的敲打越厉害，发射出的光芒就越灿烂"②。

以往的哲学不乏对真理的规定，但大多缺乏现实内容，马克思在《〈科隆日报〉第 179 号的社论》中指出，"哲学是问：什么是真实的？而不是问：什么是有效的？它所关心的是一切人的真理，而不是个别人的真理；哲学的形而上学真理不知道政治地理的界限；至于'界限'从哪里开始，哲学的政治真理知道得非常清楚，而不会把特殊的世界观和民族观的虚幻视野和人的精神的真实视野混淆起来。"③较之形而上学真理而言，哲学的政治真理才是唯一可以确信的存在，为了与以往的哲学相区别，马克思规定了"当代的真正哲学"的现实功能，认为："当代的真正哲学并不因为自己的这种命运而与过去的真正哲学有所不同。相反，这种命运是历史必然要提出的证明哲学真理性的证据"④。

马克思认为真理必须具有现实的内容，他在青年时代写给卢格的一封信中指出，"从政治国家同它自身的这个冲突中到处都可以展示出社会的真理"⑤。这个观点在稍后写作的《〈黑格尔法哲学批判〉导言》中更加明晰了："真理的彼岸世界消逝以后，历史的任务就是确立此岸世界的真理。"⑥ 马克思看重真理在此岸世界确立的过程与结果，认为真理应在彼岸世界消逝，继而在此岸世界呈现社会功能。从马克思的上

---

① 《马克思恩格斯全集》第 1 卷，人民出版社 1995 年版，第 110 页。
② 同上书，第 174 页。
③ 同上书，第 215 页。
④ 同上书，第 221 页。
⑤ 《马克思恩格斯选集》第 47 卷，人民出版社 2004 年版，第 65 页。
⑥ 《马克思恩格斯选集》第 1 卷，人民出版社 1995 年版，第 2 页。

述阐释中可见，他对真理的理解初始便以辩证的方式把握真理的现实功能，但这些表述还夹杂着实践语境以外的内容，对真理的实践规定是在《关于费尔巴哈的提纲》（以下简称《提纲》）中完善的。

马克思在《提纲》第二条中指出，"人的思维是否具有客观的（gegenständliche）真理性，这不是一个理论的问题，而是一个实践的问题。人应该在实践中证明自己思维的真理性，即自己思维的现实性和力量，自己思维的此岸性"①。这个表述与他此前在《〈黑格尔法哲学批判〉导言》中的表述都提到了真理的"此岸"规定，但这里更明确地说明实践的作用，而这种表述主要指向费尔巴哈的真理观。其实，对费尔巴哈的这种批评在《提纲》第一条中就已经明确了，"从前的一切唯物主义——包括费尔巴哈的唯物主义——的主要缺点是：对对象、现实、感性，只是从客体的或者直观的形式去理解，而不是把它们当做人的感性活动，当做实践去理解，不是从主体方面去理解"②。费尔巴哈认为，真理的"唯一标准，乃是直观"，"只有那通过感性直观而确定自身，而修正自身的思维，才是……具有客观真理性的思维"③。别人跟我的观点一致，"是真理的第一象征，而这却只是因为类是真理之最终尺度"④。诚然，费尔巴哈看到，"明白事物存在的真相"要"从先前的思辨哲学的概念和偏见中解放出来"，"只有通过火流才能走向真理和自由，其他的路是没有的"，但费尔巴哈并不"是我们时代的涤罪所"⑤。马克思以辩证的真理观扬弃了费尔巴哈对真理的直观思考，将真理的生成引向实践视域，即真理的产生、发展与检验都在实践过程中也只能在实践过程中展开。

由于"真理"始终是哲学家看重的话语，很多意识形态家也乐于使用"真理"的词汇，在为驳斥蒲鲁东的谬误而写作的《哲学的贫

---

① 《马克思恩格斯选集》第 1 卷，人民出版社 1995 年版，第 58 页。

② 同上。

③ 《费尔巴哈哲学著作选集》上卷，荣震华等译，上海三联书店 1959 年版，第 178—179 页。

④ 《费尔巴哈哲学著作选集》下卷，荣震华等译，上海三联书店 1959 年版，第 194 页。

⑤ 《马克思恩格斯全集》第 1 卷，人民出版社 1956 年版，第 33—34 页。

困》中，马克思指出："'人类理性不创造真理'，真理蕴藏在绝对的永恒的理性的深处。它只能发现真理。但是直到现在它所发现的真理是不完备的，不充足的，因而是矛盾的。经济范畴本身是人类理性、社会天才所发现和揭示出来的真理"①。经济范畴是现实的，其中蕴涵着真理的规定，而缺乏现实性的真理是一种虚假的意识形态，这种观点在《共产党宣言》中得到进一步的说明："不代表真实的要求，而代表真理的要求，不代表无产者的利益，而代表人的本质的利益，即一般人的利益，这种人不属于任何阶级，根本不存在于现实界，而只存在于云雾弥漫的哲学幻想的太空"②。

可见，实践地面对现实的真理是马克思真理观最为重要的指向，在起草国际工人协会的"共同章程"时，他指出协会的成员应"承认真理、正义和道德是他们彼此间和对一切人的关系的基础，而不分肤色、信仰或民族"。③ 较之这种现实的真理而言，宣扬"政治冷淡主义"的意识形态家的真理观是虚伪的，当"工人阶级的运动现在已经十分强大"的时候，"这些慈善的宗派主义者在经济斗争方面已经不敢再重复他们在政治斗争方面所不断宣扬的那些伟大真理。他们过于胆怯，不敢把这些真理应用到罢工、同盟、工会、关于女工和童工的法律、关于限制工作日的法律等等方面去"④。马克思关于真理的基本观点在恩格斯的表述中也可以得到印证，尽管二者在学术研究上分工不同，理论旨趣也具有一定的差别，但是关于真理的基本观点从大体上看是基本一致的。

恩格斯主要是在晚年系统阐发马克思主义哲学原理的过程中表述对真理的规定的，而这种表述是在扬弃黑格尔真理观的规定与批判欧根·杜林关于真理的谬见时呈现的。在《反杜林论》中，恩格斯这样讽刺杜林："杜林先生却给我们提出了由他宣布为最后的终极的真理的那些原理，因此，这些原理以外的任何其他意见一开始就是错误

---

① 《马克思恩格斯选集》第 1 卷，人民出版社 1995 年版，第 148 页。
② 同上书，第 299 页。
③ 《马克思恩格斯选集》第 2 卷，人民出版社 1995 年版，第 610 页。
④ 《马克思恩格斯选集》第 3 卷，人民出版社 1995 年版，第 230 页。

的；正像他拥有独一无二的真理一样，他也拥有唯一的严格科学的研究方法，这种方法以外的一切其他方法都是不科学的。或者他是对的，那么我们面对的是一切时代最伟大的天才，第一位超人，因为他是没有谬误的人。或者他是不对的，那么不管我们作出怎样的判断，即便好心地认为他可能出于善良的愿望，这也是对杜林先生的最致命的侮辱。"① 杜林遭到侮辱的原因是妄称"终极真理"，且认为自己的研究结论与方法都是"独一无二的"、"唯一的"，这个"最伟大的天才"、"超人"正如马克思早年讽刺的奎德诺一样，对真理的理解严重失真。

晚年恩格斯用了很多篇幅来论述黑格尔真理观存在的问题，这些论述对其后马克思主义理论家的影响深远。"真理"同样是黑格尔喜欢使用的词汇，他使真理达到体系化的程度，在黑格尔看来，"我的哲学的劳作一般地所曾趋赴和所欲趋赴的目的就是关于真理的科学知识"，"真理不仅是哲学所追求的目标，而且应是哲学研究的绝对对象"，"通常我们称一个对象与我们对此对象的表象相符合为真理……真理乃是思想的内容与其自身的符合"。② "实体作为主体是纯粹的简单的否定，惟其如此，它是单一的东西的分裂为二的过程或树立对立面的双重化过程，而这种过程则又是这种漠不相关的区别及其对立的否定。所以唯有这种正在重建其自身的同一性或在他物中的自身反映，才是绝对的真理，而原始的或直接的同一性，就其本身而言，则不是一个绝对的真理。真理就是它自己的完成过程，就是这样一个圆圈，预悬它的终点为目的并以它的终点为起点，而且只当它实现了并达到了它的终点它才是实现的。"③ 这种体系化的规定束缚思想的发挥，马克思、恩格斯在《德意志意识形态》中对"思想体系"的批评深刻地表明此体系的限度，而真理的生成是面向现实的视域敞开的。

恩格斯在《费尔巴哈论》中明确指出黑格尔真理观的问题所在，

---

① 《马克思恩格斯选集》第3卷，人民出版社1995年版，第369页。
② ［德］黑格尔：《小逻辑》，贺麟译，商务印书馆1980年版，第5、93、96页。
③ ［德］黑格尔：《精神现象学》，贺麟、王玖兴译，商务印书馆1979年版，第11页。

"哲学所应当认识的真理，在黑格尔看来，不再是一堆现成的、一经发现就只要熟读死记的教条了；现在，真理是在认识过程本身中，在科学的长期的历史发展中，而科学从认识的较低阶段向越来越高的阶段上升，但是永远不能通过所谓绝对真理的发现而达到这样一点，在这一点上它再也不能前进一步，除了袖手一旁惊愕地望着这个已经获得的绝对真理，就再也无事可做了"①。这种缺陷正是辩证的"新唯物主义"致力于扬弃的，现代工业和自然科学的发展为扬弃黑格尔绝对真理观创造了现实条件，"辩证哲学推翻了一切关于最终的绝对真理和与之相应的绝对的人类状态的观念。在它面前，不存在任何最终的东西、绝对的东西、神圣的东西；它指出所有一切事物的暂时性"，甚至"它本身就是这个过程在思维者的头脑中的反映"。② 这种表述与马克思一样以实践的思维方式"颠倒"了黑格尔真理观，恩格斯表明，真理始终处于生成的过程中，它不可能是绝对的、终极的、永恒的、完全的、纯粹抽象的，而是相对的、现实的、有条件的，在事物发生发展过程中，既有的真理若不与时俱进、完善自身，那么，"真理变成谬误，谬误变成真理"的情形是很常见的。

马克思、恩格斯之后的马克思主义经典作家进一步阐发了马克思真理观的实践内涵，这些阐发在列宁和毛泽东的经典文献中颇为常见，这里因篇幅所限而择要述之。

列宁对真理的阐释主要表现在《唯物主义与经验批判主义》（以下简称《唯批》）和《哲学笔记》中。在《唯批》的第二章第四节和第五节，列宁结合恩格斯的《反杜林论》来阐述"绝对真理和相对真理"，批评波格丹诺夫指责恩格斯的错误，或者说他通过解构谬误来建构真理的辩证观念。列宁以提问的方式给出真理的答案，"（1）有没有客观真理？就是说，在人的表象中能否有不依赖于主体、不依赖于人、不依赖于人类的内容？（2）如果有客观真理，那么表现客观真理的人的表象能否立即地、完全地、无条件

---

① 《马克思恩格斯选集》第 4 卷，人民出版社 1995 年版，第 216 页。
② 同上书，第 217 页。

地、绝对地表现它，或者只能近似地、相对地表现它？这第二个问题就是关于绝对真理和相对真理的相互关系问题"。接着，列宁分析了波格丹诺夫对上述问题的回答，结论是："波格丹诺夫对客观真理的否定，就是不可知论和主观主义。"① 列宁指出，论述真理的问题不能"唱高调"，"承认客观的即不依赖于人和人类的真理，也就是这样或那样地承认绝对真理"。② 在论及"最近的自然科学革命和哲学唯心主义"的第五章中，列宁再次指出："绝对真理是由发展中的相对真理的总和构成的；相对真理是不依赖于人类而存在的客体的相对正确的反映；这些反映愈来愈正确；每一个科学真理尽管有相对性，其中都含有绝对真理的成分。"③ 总的来说，人们对真理的认识不断发展着，真理随着科技进步而完善自身。"人类思维按其本性是能够给我们提供并且正在提供由相对真理的总和所构成的绝对真理的。科学发展的每一阶段，都在给绝对真理这一总和增添新的一粟，可是每一科学原理的真理的界限都是相对的，它随着知识的增加时而扩张、时而缩小"，"在辩证唯物主义看来，相对真理和绝对真理之间没有不可逾越的鸿沟"。④

基于对黑格尔哲学著作的研读，列宁在《哲学笔记》中分析了黑格尔真理观的得失，进一步将黑格尔真理观引入实践语境。黑格尔认为："真理是逻辑学研究的对象。真理是一个高尚的名词，而它的实质尤为高尚，只要人的精神和心灵是健康的，则对真理的追求必会引起人心境中高度的热忱"⑤。"客观思想一词最能够表明真理。"⑥ 列宁看到了黑格尔真理观的深邃之处，认为"黑格尔实质上也是正确的：价值是没有感性材料的范畴，可是它比供求规律更具有真理性"⑦。但他也指出黑格尔真理观"听起来是彻头彻尾唯心主义的、是神秘主

① 《列宁选集》第 2 卷，人民出版社 1995 年版，第 82 页。
② 同上书，第 91—92 页。
③ 同上书，第 212 页。
④ 同上书，第 95—96 页。
⑤ ［德］黑格尔：《小逻辑》，贺麟译，商务印书馆 1980 年版，第 64 页。
⑥ 同上书，第 93 页。
⑦ 《列宁全集》第 55 卷，人民出版社 1990 年版，第 144 页。

义的"①。人们对真理的"认识是思维对客体的永远的、无止境的接近"②，"从生动的直观到抽象的思维，并从抽象的思维到实践，这就是认识真理，认识客观实在的辩证途径"③。在列宁看来，真理始终处于生成的过程中，他规定了真理发展过程的三个阶段，"（1）生命；（2）认识过程，其中包括人的实践和技术；（3）绝对观念（即完全真理）阶段"④。真理在这些阶段都要经过实践的检验，为此，"必须把人的全部实践——作为真理的标准，也作为事物同人所需要它的那一点的联系的实际确定者——包括到事物的完整的'定义'中去"⑤。列宁的《哲学笔记》曾对毛泽东产生重要影响，毛泽东在《实践论》、《矛盾论》中多次引用《哲学笔记》中的相关阐述，并使之与中国社会的具体实际相结合，进一步发展了马克思主义真理观。

　　毛泽东在《实践论》中深入阐发了马克思主义认识论的基本观点，认为"马克思列宁主义并没有结束真理，而是在实践中不断地开辟认识真理的道路"，为此要"通过实践而发现真理，又通过实践而证实真理和发展真理。从感性认识而能动地发展到理性认识，又从理性认识而能动地指导革命实践，改造主观世界和客观世界"⑥。毛泽东强调人们应在社会实践中认识真理，认为真理不是检验自身的尺度，他认为："只有人们的社会实践，才是人们对于外界认识的真理性的标准……判定认识或理论之是否真理，不是依主观上觉得如何而定；而是依客观上社会实践的结果如何而定。真理的标准只能是社会实践"⑦。这种对实践标准的论述在此后写作的《新民主主义论》中再次得到强调，他指出："真理只有一个，而究竟谁发现了真理，不依靠主观的夸张，而依靠客观的实践。只有千百万人民的革命实践，

---

① 《列宁全集》第55卷，人民出版社1990年版，第106页。
② 同上书，第165页。
③ 同上书，第142页。
④ 同上书，第170页。
⑤ 同上书，第419页。
⑥ 《毛泽东选集》第1卷，人民出版社1991年版，第296页。
⑦ 同上书，第284页。

才是检验真理的尺度"①。值得提及的是，这个表述是多年后《实践是检验真理的唯一标准》这篇《光明日报》特约评论员文章的重要文本根据之一。

此外，毛泽东在新中国成立后写作的《人的正确思想是从哪里来的?》、《学习马克思主义的认识论和辩证法》等文章中再次阐述真理及其检验标准问题。他认为："所谓认识客观真理，即是人在实践中，反映客观外界的现象和本质，经过渐变和突变，成为尚未经过考验的主观真理。要认识这一过程中所得到的主观真理是不是真正反映了客观真理（即规律性），还得回到实践中去，看是不是行得通。"② 在毛泽东看来，对真理的认识和检验都要通过社会实践，而实践活动是无止境的，"人们的认识经过实践的考验，又会产生一个飞跃。这次飞越，比起前一次飞跃来，意义更加伟大。因为只有这一次飞跃，才能证明认识的第一次飞跃……此外再无别的检验真理的办法"③。这种对真理的辩证阐释至今仍是我们认识真理、分辨相对真理与绝对真理、检验真理进而发展真理的重要思想资源。

二　马克思主义真理观的基本理论

马克思主义经典作家对真理的辩证阐述与实践规定影响深远，他们对真理的阐述形成了马克思主义真理观的基本理论，对我们认识世界和改造世界提供了重要的理论指导。多年来，中国学界围绕真理问题展开过诸多层面的讨论，关于真理的主观性与客观性的关系、绝对真理与相对真理的关系、真理与价值的关系、真理的现实功能以及实践是检验真理的唯一标准等已为人们所了解。在当今时代，重审马克思主义真理观的基本理论，应结合当代哲学家关于真理问题的阐述，

---

① 《毛泽东选集》第 2 卷，人民出版社 1991 年版，第 663 页。
② 《毛泽东文集》第 8 卷，人民出版社 1999 年版，第 324—325 页。
③ 同上书，第 321 页。

在哲学对话中推陈出新，为马克思主义真理观赋予与时俱进的表述方式，以符合时代精神的语言使之在当代日常生活世界为人们所喜闻乐见，从而生发马克思主义真理观的现实力量，成为人们诉求自由与全面发展的精神武器。

人们对真理的认识和把握体现了真理的主观性和客观性的统一。尽管人们对真理的认识能力和水平不同，对真理的实践达到不同的层次，但真理的规定是相对确定的。在当今时代，社会生活发生了深刻的变化，但马克思主义经典作家关于真理的基本观点对人们的实践仍然具有深远的指导意义。正如爱因斯坦在科学研究过程中所看到的，"真理具有一种超乎人类的客观性，这种离开我们的存在、我们的经验以及我们的精神而独立的实在，是我们必不可少的"[1]。真理当然要通过人们的主观把握才能呈现出来，但它并不因为人们认识的差异而改换容颜，"真理这个哲学范畴反映的是主客体之间的一种统一关系，即主体的认识同客体的本质和规律相符合或相接近。真理虽然属于思想意识的主观范畴，但真理的内容是客观的"[2]。对真理的主观性与客观性的探讨实则表现为哲学关于认识论的研究，如何认识自然界和人类社会，反映了人们对真理的理解程度和实践水平。

中国古代思想家关于"知行合一"的论述以及关于"知先行后"，抑或"行先知后"与"行而知之"，抑或"不行而知"的探讨对认识的来源、途径和方式做出了实用的规定，这些探讨体现了认识与实践的关系问题，对后世学者理解与体验知行互动提供了重要的思想参照。西方古代思想家关于先验论与反映论的论争、对经验论与唯理论的探讨、围绕可知论与不可知论展开的辩论基本上都表现在认识的理念层面，即对"什么是认识"、"如何理解认识"做出一般规定，这些探讨在黑格尔哲学中达到了顶峰。黑格尔在体系化的哲学中辩证地规定本质和现象、共性和个性、感性和感性的关系，在阐述认识问题的过程中解释真理的意义，他的哲学研究方法对马克思具有深远的

---

① 《爱因斯坦文集》第1卷，许良英等译，商务印书馆1976年版，第271页。
② 肖前主编：《马克思主义哲学原理》，中国人民大学出版社1994年版，第643页。

影响，马克思借鉴黑格尔哲学研究的辩证方法，扬弃了黑格尔哲学的绝对化倾向与体系化障碍，对认识的功能做出深刻的实践规定。

马克思对辩证的、历史的、实践的认识论做出经典阐释，强调认识的来源、目的、标准等具有实践规定，驳斥否定真理客观性的各种论调。更为重要的是，马克思特别指出真理不是意识形态家的呓语，它必须具有现实功能，必须反映每个"现实的个人"的利益和要求，这种要求只能在实践中得到满足。马克思对认识及其与真理之间关系的阐述影响深远，在马克思主义中国化的历史进程中，以毛泽东为代表的中国马克思主义哲学家为之赋予中国风格和中国特色，《实践论》、《认识论》等名篇是马克思主义真理观中国化的经典之作。

绝对真理和相对真理体现了真理的辩证特质。绝对地看待任何变化发展的事物是传统形而上学的基本思维方式，绝对真理指的并不是传统形而上学真理，而要表明的是作为主客体统一的真理在内容上是确定的，同时处于永恒的发展进程中。马克思主义真理观强调绝对真理，意在说明任何真理都是具体的，体现了主体向客体的无限接近。但真理是在日常生活实践中认识事物的过程，并不表现为暂时的结论，曾经的结论对以后的岁月而言只是过去的真理。因而，真理同时具有相对性。相对真理表明，真理是有条件的且具有自身的限度，因为人们对世界的认识过程是无穷尽的，人们对真理的把握也只能是无限地接近真理。这极好地印证了亚里士多德关于"哲学称为真理的知识"的论断，哲学对智慧的爱处于永恒的追寻过程中，所有暂时的规定都只是哲学史上的"路标"。

绝对真理和相对真理的共在并不矛盾，这恰恰表明马克思主义理论家对真理的理解是辩证的，超越了非此即彼的极端思维方式。正如列宁所指出的："人不能完全地把握＝反映＝描绘整个自然界、它的'直接的总体'，人不能通过创立抽象、概念、规律、科学的世界图景等等永远地接近于这一点。"[①] 具体的真理涵盖自身的限度，真理的限度反映的是人的认识能力的限度，对这种限度的超越是人之生成

---

① 《列宁全集》第55卷，人民出版社1990年版，第153页。

的明证。绝对真理和相对真理并非独断论真理与相对主义真理的别名，马克思主义真理观否定任何宣称真理没有发展余地的论说，同样否定模糊真理标准的相对主义态度。马克思主义真理观辩证审视真理的两重维度，认为对真理的认识体现为发展的过程，"肯定真理的相对性是以肯定真理的绝对性为前提的。这就是真理的绝对性对相对性的制约，就是相对中有绝对，相对性依存于绝对性。真理的绝对性与相对性的统一，是真理具有无限发展活力的内部源泉"①。

随着人类认识能力的发展，相对真理与绝对真理相互转化，"真理的发展是相对真理走向绝对真理的无限过程。真理是相对性和绝对性的统一，还表现为真理的发展是一个由相对真理向绝对真理转化的过程"②。所谓"绝对真理"的体系化建构实则抑制了真理的发展过程，使之停留在历史层面，若忽视社会发展的现实层面，强调历史层面的真理，则可能将真理引致谬误。"任何真理，如果把它说得'过火'……加以夸大，把它运用到实际适用的范围之外，甚至必然会变成荒谬绝伦的东西。"③人的实践生成表明对真理认识水平的提升，当我们回顾历史上很多关于真理的论断时，会看到不同时代的痕迹，我们之所以不能苛责古人的科学探索及其结论，正是因为对真理的认识处于永恒的探索过程中。

真理与价值是人们生活实践中秉持的两个基本尺度。我们不仅要追求事实层面的真理，还要诉求意义层面的价值，即我们要在审视日常生活世界的过程中探寻其"意义"。我们的生活实践要能动地符合真理的要求，并自觉地反思实践的意义，把握日常生活世界的价值维度。"哲学的真理论是教人分辨真假，追求真理的专门性理论，它应当具有宽广的视野和高超的意境，全面去表现生活中的求真活动，不仅要说明实然性的、手段性的、理论性的真理活动，也应说明应然性的、目的性的、实践性的真理追求，以及它们之间的相互关系，决不

---

①　肖前主编：《马克思主义哲学原理》，中国人民大学出版社 1994 年版，第 653 页。

②　吴倬主编：《马克思主义哲学导论》，当代中国出版社 2002 年版，第 177 页。

③　《列宁选集》第 4 卷，人民出版社 1995 年版，第 172 页。

能也不应该把自己的视野仅仅局限于某一种真理问题上面。"① 其实，价值诉求同样是真理的要求，缺乏价值诉求的真理是没有意义可言的，在日常生活中，人们应自觉地融通实践的真理尺度与价值尺度，应该认识到："真理既是制约实践的客观尺度，又是实践追求的价值目标之一，即通过实践获取关于外部世界的科学认识；而价值则是实践追求的根本目标，同时又是制约实践的主体尺度，真理和价值是在实践基础上辩证统一的"②。

在日常生活的公共领域，真理和价值具有鲜明的公共性，即对真理与价值的概括并非个体的专利。"'真理'不是少数的精英或少数的精神贵族所专有的对象，而是公共生活中的每个成员都可以而且应当参与的对象，这也就是说所谓'真理'与每个人的价值诉求是分不开的，'真理'与'价值'的二分法乃是根本不必要的形而上学独断，二者其实完全是同一概念的不同表达。"③ "这二者标志着'真理的祛魅'，标志着真理从令人敬畏的神秘符咒中解脱开来，回归到了人们的现实生活。"④ 真理与价值之间的差异实则表现为实践尺度的两个方面，对任何方面作唯一的强调都会导致实践的失衡，恰如车之轮与鸟之翼，真理与价值为人们的生活实践所不可或缺，在这个意义上，二者是同一的。对真理与价值的"二分"固然强调了真理的重要并彰显认知者的"价值中立"，但这种强调其实清晰地表明了认知者含蓄的价值诉求，也从另一个方面体现了真理和价值的内在统一。

作为理论的真理对实践的作用表现为真理的现实功能。人们对真理的归纳当然是理论活动，但对真理的把握是从"现实的个人"出发，在生活中认识并实践具体真理的过程。人们对真理的探寻不仅为了获得真理性的答案，更重要的是为了呈现生命的存在境界，即人是在追寻真理的过程中超越当下的世界并诉求"可能的生活"的。"人类孜孜以求真理，为真理前仆后继，奋斗牺牲，难道仅仅是为了认同

---

① 《高清海哲学文存》第 2 卷，吉林人民出版社 1997 年版，第 101 页。
② 吴倬主编：《马克思主义哲学导论》，当代中国出版社 2002 年版，第 201 页。
③ 贺来：《真理与公共生活》，《社会科学战线》2009 年第 6 期。
④ 贺来：《论真理的社会生活本性》，《江海学刊》2006 年第 3 期。

客体、符合客观、适应外部世界，实现客体本性，此外还有没有更高追求的真理目标？……人们通常所说的求真、讲真、叫真，以及'要为真理奋斗终生'这些话，决不仅仅是要使自己去适应或符合于外在客观、客体和对象的意思，它们具有的内涵明显都超出了科学认知真理的那种意义。一种需要并值得人们为之奋斗终生、甚至不惜贡献生命而去争取的真理，是一个神圣而伟大的目标，其中必然体现着人们的某种理想和追求，寄托着人们对于未来莫大的美好期望。"① 对真理的把握体现了人性的现实维度，人是在超越自身的过程中抵达对真理更高的认识层次的，真理观之所以对人们在重大问题上的判断施加影响，正源于真理具有重要的现实功能。

真理的理论归纳与现实功能具有不同的指向，前者追求科学意义上的"真"，关注自然秩序或物性标准；后者则考量公共生活中大多数意见的效用，看重人类社会的秩序与人性准则。真理的现实功能体现了真理的有用性，当人们误以为真理是老生常谈，缺乏现实作用的时候，恰恰忽视了真理内蕴的对人生的现实关怀，因为所有的真理都指向人们的现实生活。"所谓真理即效用就是把思想或学说认作可行而拿来贡献于经验改造的那种效用。"② 杜威这句论述固然有些实用，却也表明真理是实在的，人们的真理观不仅要达到深刻的认识水平，而且还要达到高超的实践程度，缺乏实践有效性的真理观当然是要遭到人们质疑的，摆脱质疑并使真理确立与时俱进的现实功能，当然还要基于实践印证。马克思主义真理观极为重视真理的实践层面，在日常生活中，人们固然要致力于清楚地解释真理，更为重要的是，要在改变世界的过程中使生活符合真理的要求。

实践始终是检验真理正确与否的唯一标准。人们在日常生活中当然要秉持真理尺度，但对真理的检验只能通过实践。马克思曾指出，"日常经验只能抓住事物诱人的外观，如果根据这种经验来判断，科

---

① 参见《高清海哲学文存》第 2 卷，吉林人民出版社 1997 年版，第 98—100 页。
② ［美］杜威：《哲学的改造》，许崇清译，商务印书馆 1958 年版，第 85 页。

学的真理就总会是奇谈怪论了"①。可见，日常经验固然是人们认识真理的参考，但并不足以证明真理。经验论真理观尽管注意到日常生活的现实，但仍然是从主体的意见这种主观要素出发的，当"抓住事物诱人的外观"时，人们往往认为已经把握真理的规定，因为具有历史的根据，但随着时代的变迁，历史的真理可能遭到扬弃，其有效性还要在实践中证明。"实践高于（理论的）认识，因为它不仅具有普遍性的品格，而且还具有直接现实性的品格。"② 所以，实践是检验真理正确与否的唯一标准，当我们质疑某个事物是否具有真理性的规定时，应在日常生活实践中寻找答案，亲自尝尝"梨子的滋味"。

在科技昌明的现代社会，科学实验是人们重要的实践活动，为真理正确与否提供了重要的证明，但纯粹科学研究本身的限度是明显的，在实践中必须以马克思主义真理观为指导。"除了观察和经验科学之外，没有其他检验和证实真理的方法。每一门科学……都是一个知识体系，即真的经验命题的体系；而全部科学，包括日常生活中的命题在内，都是知识的体系，在这之外，再没有一个'哲学的'真理的领域……科学研究的是命题的真理性，哲学研究的是命题的真正意义。"③ 石里克这个论断说明作为实践活动的"观察和经验科学"具有重要的现实功能，但他同时忽视实践的丰富性与真理的意义规定，无疑失之偏颇。即使在现代社会，人们同样不能缺乏对意义的反思，没有哲学支撑的科学研究恰似没有航向的船只，即使再坚实、再豪华，也是漫无目的的。哲学的真理之有用性在于指出科学何以如此与应该如何，在这个意义上，马克思主义真理观辩证地把握了真理的理论诉求与实践规定的关联。

值得注意的是，实践对真理的检验要通过逻辑证明或曰要以理论论证作为补充，"在实践中，人们常常对所提出的计划、方案进行理论论证，以确认其可行性，当理论论证通过后便可认为是一套可付诸

① 《马克思恩格斯选集》第 2 卷，人民出版社 1995 年版，第 74 页。
② 《列宁全集》第 55 卷，人民出版社 1990 年版，第 183 页。
③ ［德］石里克：《意义和证实》，洪谦主编《逻辑经验主义》上卷，商务印书馆1982 年版，第 8—9 页。

实际的正确的计划、方案"①。这正是哲学的真理或曰真理观有用性的现实表征，因为"理论与实践相统一"素来是马克思主义理论研究的基本方法，人们在实践生活中渐渐把握事物的规律，在思考中使之上升为实践的逻辑，实践的逻辑是基于实践的理论生成的，是人们在实践过程中形成的哲学思维能力，它可以辅助实践诠释真理的可能性与现实性。当我们在生活实践中归纳真理时，若忽略实践的逻辑，则难以深刻地把握真理的规定，因为缺乏哲学思维能力，对真理的把握有可能是模糊的。当然，逻辑证明对实践所作的补充不能喧宾夺主，而只能以实践的检验结果为圭臬。

三　马克思主义真理观的实践意义

第三次科技革命以来，日常生活世界发生的深刻变化引起了人们价值观念的变迁，当代哲学家对传统真理观提出了各种质疑。重审真理的本意一时成为风尚，当代哲学家把握真理的目的也更为明确，即揭示真理的政治意蕴，确认真理观的政治哲学指向，从而使人们理解真理的追求在日常生活世界具有不可或缺的现实价值。在当代哲学对真理的重新探讨中，与时俱进的马克思主义真理观生发了马克思政治哲学的真理向度，倡导人们在日常生活的公共领域秉持实践的真理尺度与价值尺度，彰显马克思主义真理观应有的实践意义。

围绕对真理本意的探讨，当代哲学家展开了饶有兴趣的问答，其中尤为重要的是海德格尔对真理问题的表述。海德格尔的问题很直接："人们通常所理解的真理是什么？"他的回答却耐人寻味："'真理'，这是一个崇高的、同时却已经被用滥了的、几近晦暗不明的字眼，它意指哪个是真实成其为真实的东西。"②他引入"真实"的概

---

① 吴倬主编：《马克思主义哲学导论》，当代中国出版社2002年版，第173—174页。
② 《海德格尔选集》，孙周兴选编，上海三联书店1996年版，第214页。

念来解释真理的存在，"这里，真实和真理就意味着符合（stimmen），而且是双重意义上的符合：一方面是事情与人们对之所作的先行意谓的符合；另一种是陈述的意思与事情的符合"①。在海德格尔看来，真理必须符合"先行意谓"与"陈述的意思"，他梳理了以往的真理观念，高度看重真理的实践意义，强调"只有同此在的本真状态联系起来，存在的真理才能获得生存论上的规定"，"唯当此在存在，才有'真理'"。② 他从"符合"的角度定义真理，其理由在于，"'真理'所意味的和'事情'、'自己显现着的东西'是一样的东西"。"只要此在作为展开的此在开展着、揭示着，那么它本质上就是'真的'。此在'在真理中'"。③ 这种基于深思的理解颇有深意，却以思辨的话语模糊了真理的客观性，海德格尔对真理的理解只是一种"意见"，"意见"只有在符合实践层面的真理性规定时，才能得到真理的确认。

如果真理的标准缺乏必要的客观规定，那么真理的澄明要经过"意见"的争执，这种情况在生活中颇为常见。"我们在意见之争中指责对手违背真理，这里所说的真理之对立面便意味着，实事没有如其本身所是地显现给他们，也就是说，对于他们来说，存在或多或少始终是遮蔽着的。据此，'真理'在这个语境中便是指一个实事之存在的非遮蔽状态，指实事本身在相应的显现方式中展示出来。在这个意义上，古代哲学将真理理解为'不遮蔽'（即希腊文中的：alétheia）；我们今天将它译作'真理'。"④ 海尔德的这个意见与海德格尔的看法颇为相似，海德格尔认为："那种在真理之本质中处于澄明与遮蔽之间的对抗，在真理的本质中可以用遮蔽着的否定来称呼它。这是原始的争执对立。就其本身而言，真理之本质即是原始争

---

① 《海德格尔选集》，孙周兴选编，上海三联书店1996年版，第215页。

② ［德］海德格尔：《存在与时间》，陈嘉映、王庆节译，三联书店1987年版，第267、272页。

③ 同上书，第257、266页。

④ ［德］克劳斯·海尔德：《真理之争哲学的起源与未来》，倪梁康译，《浙江学刊》1999年第1期。

执，那个敞开中心就是在这一原始的争执中被争得的。"① 常言道，真理越辩越明。对真理的揭示当然不能缺少争论，但"意见"成为真理并非只是争论的结果，检验真理正确与否的尺度始终是人们的日常生活实践。

意见之所以是意见，在于它可能在一定程度上符合真理的规定，也可能包含着诸多谬误。"谬误同真理总是相伴而生，相比较而存在，相斗争而发展的。把握真理同谬误之间的区别、联系和转化，是理解真理产生与发展规律的重要方面。"② 在审视各种意见纷纭的论争中，马克思主义真理观倡导人们在实践中检验"意见"是否具有真理性的规定，如果经不起实践的检验，那么意见只能停留在论争层面，无法上升为真理；如果缺乏实践的检验，那么在理论上看似自洽的真理性表述，实际上可能已经因为与实践隔离而趋近谬误。

当代哲学家对真理的重审与对价值的重估深刻影响了人们的观念，在充分审视当代社会生活变化的同时，马克思主义理论家在对马克思主义真理观的辩护过程中阐发了真理的实践意义。真理不是由权威规定的，而是在人们的生活实践中生成的，对真理的恰当体认使人们进入自由的状态，或曰自由是真理的呈现方式，是否符合真理的要求，仍然是判断当代生活走向的重要标准。马克思主义真理观拒斥面对真理的相对主义态度，在"无所谓"、"随便"之类虚无主义的声调中，马克思主义理论家坦然重塑当代日常生活世界的真理准则。

当代马克思主义理论家高度看重真理的人民性，真理固然具有理论探索的客观标准，但不符合人民大众的真理是没有什么价值而言的。鲍威尔曾指出："未来属于人民。真理是大众的，因为它是公开的、无懈可击的，也是无所畏惧的。它将和人民共命运，或者更确切地说，人民和真理是一回事，本身都是未来的全能统治者。监护的方式已不再为人民所理解，他们需要真实、勇敢和质朴的方式，仅仅要

---

① [德] 海德格尔：《林中路》，孙周兴译，上海译文出版社 1997 年版，第 38—39 页。

② 肖前主编：《马克思主义哲学原理》，中国人民大学出版社 1994 年版，第 646 页。

求能为他们所理解的那种方式。"① 这个表述充满激情也无疑是正确的，但鲍威尔在自我意识的维度上思考这个问题，必然使真理的实现路径变得虚幻。马克思始终看重真理与"现实的运动"之间的关联，恩格斯更是将"工人运动"视为"德国古典哲学的继承者"②，正是源于真理的现实功能与人民的实践活动息息相关。因为"人民根本利益是政治世界中惟一具有稳定性、必然性和决定性的客观因素，政治学研究领域的真就是人民根本利益……古往今来，那些切实把握时代政治脉搏、正确体现人民根本利益的政治思想都不是在对所有经验事实的系统实证分析基础上得出的"③。

在人们的公共生活空间，真理的人民性是对公共性的重要表达。"真理的公共性不仅是主观和客观的融合及其知识的客观有效性问题，而且也是如何与权力对抗或结合起来的问题。这就是为什么当代哲学家认为在关于事实的问题之后，紧接着出现另一个更高的问题——关于权力的问题，即'谁判断'的问题。"④ 哲学家在对真理进行论证的过程中，提供了各种各样的意见，其实，"寻找真理的哲学家发现真理而不是发明真理"，哲学家尽量避免"作为他（在自身或在自身之外）所发现的真理的传声筒……不管你愿意不愿意，说话的不是我哲学家，而是真理通过我的嘴说出来"。⑤ 真理是生成的而非现成的存在，哲学家的理论活动当然有助于真理的发现，但真理的发明权属于人民，哲学家只是"说出"真理，表达公共领域的真理性共识，揭示时代精神的精华，而不能垄断真理的发言权。

任何时代的人们对真理的追求都只能处于探索的途中，而没有持

---

① ［德］鲍威尔：《阿蒙博士：从现有资料看耶稣生平的历史》第2卷，德文版第185页，转引自［波］罗森《布鲁诺·鲍威尔和卡尔·马克思：鲍威尔对马克思思想的影响》，王瑾等译，中国人民大学出版社1984年版，第140—141页。

② 《马克思恩格斯选集》第4卷，人民出版社1995年版，第258页。

③ 吕嘉：《政治学研究领域的真与真理》，《北京行政学院学报》2004年第4期。

④ 张文喜：《真理的公共性与人民性——从历史唯物主义的视角看》，《学习与探索》2009年第6期。

⑤ ［法］施兰格等：《哲学家和他的假面具》，徐友渔编选，社会科学文献出版社1999年版，第4页。

续占有真理的权力，当今时代的真理观同样只能生成在追求的过程中。"我曾爱过一个女人，她衰老得叫人惊惶，这老妪的名字，就叫'真理'。"① 尼采的表述是诗意的，他看到真理满面风霜的历史容颜，人们对真理的表达具有丰富的历史形式。真理"是用来为某个过程命名的，尤其是为某一种本身无穷尽的征服意志命名的东西；因为确定真理乃是一种无限的过程，一种主动的规定——不是固定的和肯定的东西的意识化"②。这种"主动的规定"是在人们的日常生活实践中展开的，不是纯粹精神层面的理论规定，而要表现为主客体的统一。当代哲学家对真理的宏大叙事的扬弃与其实践语境的确认，在一定程度上印证了马克思主义真理观的现实意义，马克思主义真理观尽管在形式上没有当代哲学家分析得那么"规范"，但它对真理的实践规定蕴涵的思想深度与价值指向对当代日常生活世界的影响之深刻是毋庸置疑的。

可以说，马克思主义经典作家对真理的"论述"至今仍有与时俱进的思想活力，对真理的主观性与客观性的论述，对绝对真理与相对真理的辩证审视，对真理与价值之间关系的阐释，对真理的现实功能的实践阐发以及对实践作为检验真理正确与否的唯一标准的确认，至今仍对当代日常生活世界的行为准则具有重要的影响。自觉秉持马克思主义真理观的实践向度，实现马克思主义真理观的理论创新，对当代青年自我实现具有重要的现实意义。在当今时代，我们应深入理解马克思主义真理观的实践价值，充分认识解放思想、实事求是的重要意义，发扬理论与实际相结合的学风，正确认识和处理理论与实际的矛盾。③ 运用马克思主义真理观看待生活世界的客观现实，促进以人为本的和谐社会的构建。

（臧峰宇　中国人民大学哲学院讲师、哲学博士）

---

① ［德］尼采：《快乐的科学》，黄明嘉译，漓江出版社 2000 年版，第 328 页。

② ［德］尼采：《权力意志》，孙周兴译，商务印书馆 1993 年版，第 260 页。

③ 参见吴倬主编《马克思主义哲学导论》，当代中国出版社 2002 年版，第 180—185 页。

第 四 讲

马克思主义价值观

一　马克思关于价值问题的经典表述举要

马克思关于哲学一般意义上的价值的理解，主要体现在马克思对价值所做的词源学考察以及他对人的生活实践与社会历史发展的关联所做的抽象与阐释上。

在马克思看来，英、法、德语中的"价值"一词，与古代梵文和拉丁文中的掩盖、保护、加固等词义有渊源关系，是在其所派生出来的"尊敬、信仰、喜爱"意思基础上形成的。因此，从词源学考证，"价值"的一般含义是"起掩护和保护作用的"、"可敬的，有价值的，贵重的，受器重的"。所以，当学者贝利等人说"'value, valeur'，这两个词表示物的一种属性"时，马克思立即指出："的确，它们最初无非是表示物对于人的使用价值，表示物的对人有用或使人愉快等等的属性。事实上，'value, valeur, Wert'这些词在词源学上不可能有其他的来源。使用价值表示物和人之间的自然关系，实际上是表示物为人而存在。"[①] 接着马克思又指出："物的 Wert 事实上是它自己的 virtus"[②]，这就表明，在马克思那里，词源学上的价值表示物

---

① 《马克思恩格斯全集》第 26 卷 Ⅲ，人民出版社 1975 年版，第 326 页。

② 同上书，第 327 页。

为人而存在的"力量、优秀或可敬的品质",实质上是表示物和人之间的一种物对于人的意义关系。

马克思在对人的实践与社会历史发展关系的哲学反思中又进一步对价值进行了抽象与阐释。

首先,人是价值的逻辑前提与本原规定。按照马克思的理解,人作为二重存在物——人既"是自然存在物",又"是类存在物"①——是由实践生成的。这就是说,人不仅仅是自然存在物,作为具有自然力、生命力自然存在物,必须依靠自然界才能维持自身生命的延续;而且,人还是自为地、能动的对象性存在物,人能够在自己的对象化活动中确证并表现自身,占有自己全面的本质。因此,马克思强调:"一方面为了使人的感觉成为人的,另一方面为了创造同人的本质和自然界的本质的全部丰富性相适应的人的感觉,无论从理论方面还是从实践方面来说,人的本质的对象化都是必要的。"②

可见,人作为二重存在物的实践生成,不仅意味着人实现了对自然的超越,还意味着马克思找到了价值的源头:价值存在物和意义世界随着真正人的诞生而确立。因此,价值在终极的意义上只能与人相关,人是价值的逻辑前提与本原规定。

其次,人类社会历史的不断展开就是价值的实现过程。在马克思看来,社会"历史不过是追求着自己目的的人的活动而已"③。这就是说,"人始终是主体"④。人在社会实践活动中,获得价值主体的地位,实现他的目的,"这个目的是他所知道的,是作为规律决定着他的活动的方式和方法的,他必须使他的意志服从这个目的"⑤。按照马克思的理解,这个目的实质上是人对价值的一种自觉,是人的本质趋向。它承载着深刻的价值底蕴,构成了人的最本质规定。

对于人的价值完全实现而言,人类任何实践活动的价值取向都指

---

① [德]卡尔·马克思:《1844年经济学—哲学手稿》,人民出版社2000年版,第57页。
② 同上书,第88页。
③ 《马克思恩格斯全集》第2卷,人民出版社1957年版,第118—119页。
④ [德]卡尔·马克思:《1844年经济学—哲学手稿》,人民出版社2000年版,第91页。
⑤ 《马克思恩格斯全集》第44卷,人民出版社2001年版,第208页。

向人本身，任何社会实践形式都仅仅是人存在和发展的手段，而不是"终极性"价值目标，共产主义也只是"人的解放和复原的一个现实的、对下一段历史发展来说是必然的环节"，人类发展的终极性价值取向则是实现"对人的本质的真正占有"，即"人以一种全面的方式，作为一个总体的人，占有自己的全面本质"①。随着人类社会历史的发展，人的社会性不断丰富与完善，人也因此日益获得类主体的能力而占有类的本质；特别是社会历史文化使人超越了自在世界，成为价值主体，人的自身价值也越来越丰满。

显然，在马克思那里，哲学意义上的价值是指人的存在方式，是人之为人进而"安身立命"的最终根据，人类社会历史的演进过程就是人类不断实现自身价值的过程。这样，马克思不仅找到了价值的源头，而且解决了价值与社会历史文化发展的关系问题。因此我们说，马克思哲学一般价值概念完成了对其他具体层次价值概念的辩证否定与理论升华，实现了最高程度的抽象与阐释。

总之，马克思的价值范畴是一个在社会经济、政治伦理、科学研究、审美等各个具体领域中存在的概念，它们体现马克思价值一般范畴，是马克思哲学一般价值范畴的个别、具体和特殊存在形式，这些特殊的、具体化的价值概念是认识、提升哲学的一般"价值"范畴的重要前提和基础，它们具有普遍性、一般性内涵和本质。（参见栾亚丽的博士后出站报告《马克思价值论及其当代意义研究——一种文本视域的解读》）

二　我国学术界关于马克思主义价值观基本理论的现代表述

1. 实践的主体尺度与价值

实践是以满足人类需要，即实现价值为目的的活动。人是生活在整

---

① ［德］卡尔·马克思：《1844 年经济学—哲学手稿》，人民出版社 2000 年版，第 85 页。

个客观物质世界之中的，人类为了生存就必须满足自身的物质需要和精神需要。然而，外部客观物质世界并不能自动地提供满足人类需要的事物，更不能自动提供与人类不断发展着的需要相适应的新的事物。因此，为了满足人类生存和发展的需要，人们就必须通过实践改造外部世界，创造出能够满足人类需要的事物来。这样，满足人的需要就成为实践的根本目的或动因。正是在这个意义上，历史唯物主义认为："劳动过程……是制造使用价值的有目的的活动，是为了人类的需要而占有自然物。"① 也就是说，实践是以满足人类需要，即实现价值为目的的活动。人类正是在实践中获得生存资料和发展资料的，正是在实践中实现生存和发展的。

这样，"满足人类需要"，即实现价值作为实践的目的，就成为制约实践的一个重要尺度或原则。首先，任何实践都不是盲目的，而是有目的的，即以满足人类需要为目标的。任何从事实践活动的人，都会以实现这个目标为出发点来进行实践活动。其次，从实践所改造的对象来看，正是那些尚不能使人的需要获得满足的事物构成了实践活动所需要改造的对象。最后，从实践所创造的产物来看，它们正是能够满足人的某种需要的事物。在实践之初，这些事物曾以目的的形式存在于人们的头脑之中的，人们正是为了获得这些事物而进行实践活动的。

价值是揭示外部客观世界对于人的意义关系的范畴。在哲学上，我们用"价值"这个概念来概括外部客观世界对人的意义关系，即"能否满足或在多大程度上满足"人的需要的关系。换句话说，价值是指具有特定属性的客体对于主体需要的意义。

外部客观世界对于人的需要的意义关系构成了客体和主体之间的价值关系，而价值正是对价值关系的性质的揭示和概括。如一栋楼房，它的存在和它所具有的属性，能够满足人的居住或办公的需要，它与人之间构成了一种价值关系，这种价值关系对于人的意义是积极的、有益的，因而我们可以说这栋楼有价值。

---

① 《马克思恩格斯全集》第 23 卷，人民出版社 1972 年版，第 208 页。

哲学上的价值概念是最本质、最普遍的价值概念，它是对各种特殊的价值现象的本质的概括。如经济领域中某项活动是否具有效益；政治生活中某种政权组织形式是否体现了人民群众的意志而能否受到民众的支持；精神生活中某种信仰或信念是否能给人以精神支撑并引导人们走向自由；艺术领域中某件艺术作品是否能给人带来美的感受，等等，都是主体和客体之间价值关系的丰富多彩的表现形式。哲学的价值概念摒弃了上述各处价值关系中纷繁复杂的、特殊的内容和形式，只抽取了其中共同的、普遍的、本质的内容，即抽取了其中所包含的外部客观世界的事物（客体）对于人（主体）的需要满足与否（意义）的关系这一内容，形成了一个特殊的哲学范畴——价值。当客体能够满足主体需要时，客体对于主体就有价值，满足主体需要的程度越高，其价值就越大；反之，客体就无价值或价值就小。而当客体不仅不能满足主体需要，反而对主体有害时，客体就只能具有负价值了。

价值体现了实践的主体尺度或价值尺度。既然实践的根本目的是满足主体的需要，是使外部客观世界在实践中发生适合于主体需要的变化，那么，成功的实践必然在遵循客体的客观规律的同时，也必须符合主体的要求。我们把在实践中对实践活动起制约作用的主体的各种要求，称为主体尺度。再以房屋建设为例，一栋楼房被建设起来时，除了必须遵循材料制造、力学结构等建筑学客观规律之外，还必须符合使用者的各种特殊要求，如或适合居住，或适合办公，或适合商业经营等，所以只有既遵循了建筑学的客观规律，又满足了使用者各种特殊要求的建设实践，才能被认为是成功的实践。在这里，体现了使用者各种要求的主体尺度在成功的实践中所起的作用显然是十分重要的、不可或缺的。

由于主体尺度体现的是实践主体的即人的规定性和规律，以及由这些规定性和规律所决定的人的需要，因而在本质上也就体现了客观外部世界对于人的意义的关系，那么在这个意义上，主体尺度也可以被称为价值尺度。这样，对于任何成功的实践来说，都应该是体现了被改造对象的本质和规律要求的客体尺度或真理尺度，体现了主体的规定性和规律及主体需要要求的价值尺度的统一。

主体尺度或价值尺度在实践中的制约作用是以实践的目的形式表现出来的。任何实践都是有目的、自觉的改造客观世界的活动，而实践的目的就是调整外部客观世界对于人的意义的关系，因此任何实践都是以价值的实现为目标的，实践就是创造价值的活动。

2. 实践的创价性与价值的特点和形态

价值是由实践创造的。实践作为人类的生存方式，之所以能把人与动物区别开来，就在于实践的创价性特点。动物的生存和兴旺取决于自然环境，动物只能适应环境，接受"自然选择、适者生存"规律的制约；而人则能改造环境，调整客观外部世界对于人的意义关系，使世界不断发生对人有意义的变化，以适合人类生存和发展的需要，即创造价值。因而人类的生存和兴旺则取决于自身，取决于自身的实践活动。满足人类一切需要的事物都是由实践直接或间接创造的。无论是吃、穿、住、用、行的一切物品，还是精神文化现象或社会关系、社会制度等都是实践的产物；就连空气、水、阳光等看似纯自然的事物，也正在由于人们的实践活动而改变着它们对人的价值。人们正在通过改造环境、消除污染来使空气、水、阳光更适合人类生存的要求。总之，一切价值从根本上说都是由实践创造的。

价值的特性。价值是由实践所创造的，这就决定了价值的特点与实践的特点之间有本质的联系。价值的特点是客观性、具体的主体性、社会历史性和多维性。

第一，价值是客观的。价值是对外部客观世界对于主体需要的意义关系即价值关系性质的概括，由于价值关系的各个环节都是客观的，这就决定了价值的客观性。价值关系通常是由以下几方面客观因素构成的：一是具有特定需要的主体（人）。然而，人和人的需要都是客观的。人作为具有自然性、社会性和精神性的存在，他也就必然会有自然需要如吃、穿、繁育后代等，有社会需要如交往、合作等，还有精神需要如审美、信仰、思维等，这些需要都是由人的实际生存状态决定的，因而本质上都是客观的。二是具有特定属性的客体。客体能否满足主体的需要，并不是由人们的主观愿望决定的，而是由客体本身客观存在的性质、属性决定的，因而也是客观的。三是主客体之间相互作用的状况。需要的满足是主客体间客观的相互作用的过程。如食物满足饮食需要、看戏满足审美需要等都是不以人的意志为转移的客观过程，因而也是客观的。四是主客体之间相互作用的结果对于主体的意义。主客体相互作用的结果形成后，就会对主体的需要构成意义关系。某种食物被食用后，对人的生存和生长是否有积极意义；人欣赏了一部戏剧之后，是否能使主体产生美感和教益；人们身处一处自然环境，是否能使人们身心健康和愉悦，等等，都是客体在与主体相互作用后所构成的意义关系，显而易见，这种意义关系也是客观的。总之，价值关系的客观性决定了价值是一种客观现象。

在现实生活中，人们常会因为主体需要通常表现为主体的主观欲望和追求，人们对需要满足与否的确认常常会以主观的感受和判断为依据，因而断言价值是主观现象。这是一种误解，其错误在于欲望、追求、满足感等观念的东西，都是人们对客观价值现象的主观反映形式，不能把它们与客观的价值现象相等同。观念的东西并不一定真实地反映客观的价值关系。例如，人们会因无知而滥用补药；烟、酒等不良嗜好会被有些人认为是有益的生活习惯，等等，都属于这种现象，而这些都是需要加以纠正的错误的价值意识。

第二，价值具有主体性。"价值的主体性是指：价值本身的特点直接同主体的特点相联系，价值的特点表现或反映着主体性的内容。"① 由于价值关系的形成是以主体的需要为主导因素的，因此客体对于主体的意义就会因主体及其需要的不同而不同。例如，药物对于健康人并没有直接的价值，而对于患者则有直接的价值；社会主义政治思想原则对于广大劳动人民群众有价值，而对于资产阶级则没有价值，或只有负价值。需要强调指出的是，价值的主体性不等于主观性，某一客体对于主体的价值并不因人的主观好恶而转移，而是因不同人的主体的需要为转移，因而价值的主体性实际上是价值的客观性

---

① 李德顺：《价值论》，中国人民大学出版社 1987 年版，第 144 页。

的一种表现形式。

第三，价值具有社会历史性。由于价值关系的主体——人具有社会性和历史性，因此人们的需要、实践以及需要满足的形式都表现出了社会性和历史性，这就决定了价值的社会历史性。例如，木材、煤炭、石油、核能、太阳能、潮汐发电等能源形态对人类的价值就是历史发展着的、变化着的，它们的价值的变化是由人类的社会历史发展决定的。这种变化深刻地反映了人类由于社会历史性的进步而引起的需要变化，进而又决定了价值的内容的变化。随着人类的社会历史性进步，一些有价值的事物会失去部分或全部价值，一些原来无价值的事物会变成有价值的事物，还有一些从未有过的东西被制造出来，并对人类表现出了它的价值。因此，我们必须要用社会历史的发展、运动的眼光来考察价值现象。

第四，价值具有多维性或全面性。"任何一个层次的主体对外都表现为一定的整体，成为一个个体"，但由于"个体内部，其结构和规定性又是复杂的、立体的、全面的。因此，每一主体的价值关系都具有多维性或全面性"①。例如，一颗钻石相对于主体的不同需要来说，可以构成多维的价值关系，如审美的、经济的、安全的、科研的、使用的，等等。而在实践中，人们往往会由于在特定条件下自身的特殊需要而实现它的某一种或某几种价值，同时却要放弃它的其他的价值。比如，出于经济需要出卖钻石，就实现了钻石的经济价值，而放弃了钻石的审美的、科研的、使用的价值等。价值的多维性或全面性要求人们在创造或实现价值时，必须对某一价值物的价值做全面的考察，以决定取舍，要避免看问题的片面性和目光短浅的弊病。

以上对价值特性的揭示，显示了价值现象的客观的和辩证的性质。

价值的形态。价值可以从不同的角度进行分类。如果我们按照价值关系中价值客体的形态来划分，可以分为物的价值、精神现象的价值和人的价值这三大类。

---

① 李德顺：《价值论》，中国人民大学出版社 1987 年版，第 149—150 页。

物的价值是指物质性的事物对于人的价值。物可以分为自然物和人工物。物对于人的价值，包括满足人的物质需要和满足人的精神需要两方面。如自然界的山水，可以满足人的物质需要，包括生存环境、资源、能源等，也可以满足人的精神需要，包括构成人的审美对象、科学的认知对象等。一般来说，物的价值是以满足人的物质需要为主，但同时也往往具有满足人精神需要的意义，后者不应被忽视。当前日益发展的艺术设计、环境规划等学科，正是以把实用和文化审美相结合作为研究对象的。

精神现象的价值是以一定的物质形式为依托的精神现象，是价值关系中价值客体的重要构成部分。科学技术、文学艺术、思想理论、信念信仰、情感意志等都是精神现象的内容，它们对人的价值主要表现为满足人的种种精神需要，如求知、审美、慰藉、鼓舞等。但同时精神现象也能在一定条件下通过促进人的能动性而推动物质需要的满足。如科学知识可以促进生产力的发展，被坚定了的精神意志可以促使人们战胜现实生活中的困难，等等，这就是所谓的"精神变物质"。

人的价值是指作为客体的人对于作为主体的人的意义。在现实生活中，任何人都可以既是主体，又是客体，是主客体的辩证统一，所以人与人之间同样也能构成价值关系。人们通过自己的实践为社会、为他人带来利益、提供帮助，这就表现为作为价值关系客体的人，对于作为主体的人的价值。人也能满足自己的需要，实现作为客体的自我对于作为主体的自我的价值。人的价值既可以表现为对他人和自我的物质需要的满足，也可以表现为对他人和自我精神需要的满足。然而，由于人的价值本质上在于人的实践活动的性质，在于人的创造价值的能力，因而人的价值是任何物的价值或精神现象的价值所无法比拟的，人的价值是世界上最重要的价值。我们正是在这个意义上把人看做是"世间最可宝贵的"。

3. 价值认识的特点及其检验标准

知识性认识与价值性认识。认识是主观对客观的反映。从反映的对象和内容上看，人类的全部认识可以分为知识性认识与价值性认识两类。

知识性的认识，是认识主体对客体本身的性质、状况、结构、规律等的反映，是回答关于"是什么"、"怎么样"等问题的认识。而价值性的认识，则是认识主体在知识性认识的基础上进一步对客体对于主体需要的意义关系的反映，是回答关于"好不好"、"要不要"、"该不该"、"有没有用"等问题的认识。例如，关于苹果的认识，知识性的认识是回答"苹果是什么"、"苹果的结构、成分是怎样的"、"苹果是怎样生长的"等问题的认识；而价值性的认识则是回答"苹果的味道、营养好不好"、"苹果能满足人的哪些需要"、"种植苹果对于我们有什么效益"等问题的认识。知识性的认识和价值性的认识一起构成了人类全部认识的总体。

价值性的认识是一种评价性的认识。价值性的认识是一种评价性的认识，也叫评价，它与知识性的认识有重要区别。评价的特点主要表现在以下几方面：第一，评价是以主客体的价值关系为认识对象的。评价性的认识与知识性的认识不同，知识性的认识其对象是客体，是以关于客体本身的状态为反映内容，以获得关于客体的"真"的认识为目的的；而评价性的认识则以客体和主体之间的价值关系为反映内容，以获得关于客体对于主体的意义即"善"的认识为目的的。在日常生活和实际工作中，人们常常要对人或事进行评价，主要是说明这个人或事对于社会、对于别人有什么积极意义或消极意义，从而决定对这人或事应持某种肯定的态度，还是否定的态度。这种通过评价表明态度的活动，就是评价性的认识活动。

第二，评价结果与评价的主体有直接联系，是依主体而转移的。知识性的认识是人的主观的反映客观的过程，在这一过程中主体的状态、需要与认识结果之间没有必然性的联系，也就是说，认识是不依主体而转移的；而评价性的认识则不同，由于评价是对客体与主体之间的价值关系的认识，因而主体的客观的存在状态，包括主体的需要、特点或其他的规定性等作为价值关系的构成部分也就直接对评价结果产生必然的影响，使评价结果依主体而转移。例如，人们对喜欢不喜欢某件艺术品、适合不适合用某种药品、赞成不赞成某种社会政治制度等的评价往往不同甚至根本对立，都是评价结果依主体而转移的具体表现。

第三，评价结果的正确与否依赖于相关的知识性的认识。评价是关于主客体间价值关系的认识，是对客体对于主体需要的意义的判断。人们能否正确地做出这种判断，取决于人们所具有的相关的知识性认识，包括对客体的属性、本质和规律，也包括对主体的规定性、需要和发展规律等的认识。只有当人们对主体和客体这两方面都有了正确的知识性的认识之后，人们才能依据这种认识做出对客体的正确评价。例如，只有正确地认识了主体的病症和药品的性能，才能对症用药；只有认识了历史发展的规律和必然趋势，才能形成正确的、为之而奋斗的社会政治理想；只有客观地了解了一个人的所作所为是否对社会有贡献，才能正确地评价他的人生价值，等等，都是评价性的认识依赖于知识性认识的表现。

评价的这些特点，表明评价并不是一种主观随意性的认识活动，它与知识性的认识一样，是客观性的认识活动。它的客观性是由评价对象——价值关系的客观性所决定的。只有正确地反映了价值关系的评价才是正确的评价，反之则是错误的评价。评价的结果与知识性认识的结果一样，都具有不以人的意志为转移的客观内容。

评价与知识性认识在认识主体上的区别在于，知识性认识的主体是"人类"，即排除了人的个体差异的"类主体"，因此关于同一客体的本质和规律的认识，只要是正确的认识，那么人人的认识结果都是一致的，或者说正确的认识结果只有一个。这是真理一元性的具体表现。然而评价则不同，评价的主体可以是人类，也可以是社会集团或个人，因此关于同一客体的评价其结果虽然会因主体的不同而不同，但只要是正确反映了主客间价值关系的评价就都是正确的评价，这是由价值的主体性特征所决定的。

实践是检验评价结果的标准。评价性的认识与知识性的认识一样，它们都是由于人们指导实践改造客观世界的需要而产生的，都是为实践取得成功服务的；同时，它们也都是人的主观对客观的反映，因而也都有正确与错误之分。人们的实践活动一方面需要知识性的认识为人们提供改造世界的客体尺度，即科学所揭示的关于客观规律的认识；另一方面也需要评价性的认识为人们提供改造世界的主体尺度，即关于主体的需要以及客体对于主体的价值关系的认识，只有使客体尺度和主体尺度统一起来，即使真理和价值统一起来，实践才能取得成功。实现价值，达到人们的预期目的是实践成功的标志。成功的实践既表明知识性的认识是正确的，同时也表明评价性的认识是正确的，表明评价正确地反映了客体对于主体的价值关系。我们正是在这个意义上把实践确定为检验评价结果的客观标准的。

4. 价值意识的结构和功能

理性的价值意识和非理性的价值意识。"价值意识是价值关系在精神上的反映和表现。"[1] 人们关于客体的评价性认识构成了价值意识的内容。价值意识可以分为理性的价值意识和非理性的价值意识。

理性的价值意识是指"取得了一定理性形式和社会形式的价值意识"[2]。信念、信仰、理想、社会准则和规范等都属于理性的价值意识。理性的价值意识是以概念、判断、推理等理性思维要素所构成的评价性的认识。它们所表达的是一种确信有深刻根据的、具有普遍社会性形式的对某种现实或观念的评价。信念通常表现为人们对某种社会发展前景或某种重要的社会现象或自然现象的合理性及其可实现性的高度肯定和积极追求的精神状态。如人们对社会主义、共产主义的信念、对人与自然应和谐相处的信念等。"信仰则是人们关于最高（或极高）价值的信念。"[3] 如宗教徒对神的极端尊崇和依赖的心态。"理想是信仰中最高（或极高）价值目标的具体形象。"[4] 如对美好的社会发展前景或人生发展前景的具体化的、形象化的目标的追求，社会理想、人生理想、道德理想、审美理想等，都属于这一类。社会准则和规范则是在一定社会历史条件下，人们所共同确认为合理并努力

---

[1]　李德顺：《价值论》，中国人民大学出版社 1987 年版，第 212 页。

[2]　同上书，第 230 页。

[3]　同上书，第 238 页。

[4]　同上书，第 242 页。

遵循的行为准则，如各种法律、法规等，它们是人们关于行为的价值意识被制度化的产物。

非理性的价值意识，是处于心理水平上的、不具有理性思维形式的价值意识。如欲望、动机、兴趣、情感、意志等都属于这一类价值意识。它们具有同人们的现实生活中的价值存在关系更切近、更直接、更具体的特点。与理性的价值意识相比它们通常不如理性价值意识深刻、普遍和持久。

在人们的价值意识中，理性的价值意识是从非理性的价值意识中形成、发展、升华、提炼而来的，它是对人的价值关系中的本质性的、必然性的和规律性的内容的反映。因而，理性的价值意识与非理性的价值意识相比，前者对人们的生存和发展具有更为重要的意义。

价值意识的功能。价值意识的功能主要表现为它在实践中起着在精神方面对实践的驱动、制约和导向的作用。

首先，价值意识是实践的精神动力。人们从事实践活动的根本目的是满足人的物质、精神的需要，因为"人们为了能够'创造历史'，必须能够生活。但是为了生活，首先就需要吃喝住穿以及其他一些东西。因此第一个历史活动就是生产满足这些需要的资料，即生产物质生活本身"①。而生产劳动在满足人们需要的同时，又使人产生了新的需要，"已经得到满足的第一个需要本身、满足需要的活动和已经获得的为满足需要而用的工具又引起新的需要"②。所以，需要正是这样在实践中不断形成和发展，并同时构成了人类实践活动的根本动因。然而，价值意识本质上正是人们的客观存在着的物质、精神的需要在人们头脑中的反映。价值意识以"有用没用"、"有没有意义"、"好不好"、"应该不应该"、"要不要"等评价性的认识形式，反映了人们在实践中所要生产、创造或改造的对象对于人的价值关系，并构成了实践的目的，从而推动、驱使着人们通过实践完成对这种对象的生产、创造或改造的过程。我们正是在这个意义上称价值

① 《马克思恩格斯选集》第 1 卷，人民出版社 1995 年版，第 79 页。
② 同上。

意识是实践的精神动力的。

其次，价值意识制约着实践活动的目标和过程。实践是人们有意识、有目的、自觉地改造客观世界的活动。在实践的过程中，主体的需要、要求始终制约着实践活动的目标和过程，以保证人们能够同时把客体的尺度和主体的尺度运用到实践过程中去，从而使实践取得成功。而价值意识正是以它作为对主体尺度的反映而在实践中起着对实践的制约作用的。它随时关注实践的目标、过程和实践的每一个阶段性的成果，以评价的形式审视实践，引导人们朝既定的实践目标不断接近，防止人们因偏离实践的目标而导致实践失败。

最后，价值意识在实践的持续不断的长期发展过程中，对实践发展起着导向作用。人类的需要是一个不断产生、不断得到满足，同时又不断产生出新的需要的持续不断的发展过程。因此，实践也必然是一个持续不断的发展过程。在人类的发展进程中，人的暂时的需要和长远的需要，个体的需要和群体、人类的需要，物质的需要和精神的需要等之间是一种自成系统、相互制约、辩证联系和发展的关系。为了使实践满足需要成为一个循序渐进、可持续发展的良性运动过程，就要求人们的价值意识必须能够正确地反映人的价值关系的系统存在状况以及它的发展规律；否则，人们的实践就会陷入狭隘性、盲目性和非可持续性的境地。近年来，人们日益重视实践在解决人与自然、人与社会、物质生产和精神生产的关系等问题时，正确处理好它们之间的辩证关系，关注实践的可持续发展的前景，这正是以人们对人与其生存环境间的价值关系及其发展规律的深刻认识为根据的，以人们对价值意识在实践中的导向作用的深刻理解为前提的。比如，人们日益关注和普遍倡导的关于人与自然和谐相处、人类改造自然应做到可持续发展、科技应用要与人文价值尺度相结合等价值原则的提出，正是价值意识对实践的导向作用的体现。

5. 价值观及其社会价值导向作用

价值观是价值意识中的具有高度普遍性、概括性和社会性的价值原则。在理性的价值意识的发展过程中，人们在实践中逐渐形成了一些关于价值评价的具有高度普遍性、概括性和社会性特点的价值原则，它们形成之后就成为统摄、影响人们对具体事物进行评价的指导性原则，从而广泛地、深刻地对人们的实践活动发生作用，这就是价值观。理想和信念与信仰、人生观、科学观、道德观、审美观等都是价值观中的重要内容。一个人一旦形成了理想和信念、人生观、道德观等价值观，就会对他的一生的实践产生重要影响。价值观通常具有普遍的社会形式，在特定的社会历史条件下，一种社会性的价值观形成之后，就会成为社会性的共同的、普遍性的价值判断原则，人们就会自觉或不自觉地依据这种普遍的价值原则去评价事物和指导实践，从而对社会生活和实践发生深刻而持久的影响。

价值观具有这样一些特点：

第一，它们的确立是以相关的知识性的认识为前提和基础的，是人们在确认掌握了主体和客体的本质和规律以及主客体之间辩证关系的情况下，主体对客体所形成的理性的价值评价性的认识。

第二，它们是对主客体之间的价值关系的本质性、普遍性及其发展规律的深刻的把握，因而对社会生活和实践能产生深刻的、持久的影响。

第三，它们具有较高程度的普遍性和概括性，在人们的价值意识系统中处于统摄和支配地位，是人们的各种价值评价活动的指导原则和出发点，对一般评价活动具有广泛和深远的影响。

第四，它们通常是具有社会性的意识形式，是社会意识形态的重要组成部分。在阶级社会中，占统治地位的价值观，往往是反映和代表统治阶级利益的价值观。

6. 价值与真理的辩证关系

价值和真理是在实践基础上的辩证统一关系。在实践中，真理既是制约实践的客观尺度，又是实践追求的价值目标之一，即通过实践获取关于外部世界的科学认识；而价值则是实践追求的根本目标，同时又是制约实践的主体尺度，真理和价值是在实践基础上辩证统一的。真理和价值的辩证关系，我们可从以下几方面来把握：

第一，成功的实践必然是以真理和价值的辩证统一为前提的。任何成功的实践都必然是既遵循真理尺度，又符合价值尺度，并将二者有机地统一起来的结果。真理尺度是实践在改造客观世界时所必须遵循的客体的本质和规律，遵循真理尺度即我们通常所说的"按科学规律办事"；价值尺度是实践在改造客观世界时所必须遵循的主体的本质和规律，遵循价值尺度意味着我们通常所说的"满足人的需要"。任何实践必须使"按科学规律办事"和"满足人的需要"相结合，才能达到实践的目的，使实践获得成功。

第二，价值的实现是以把握相关真理为前提的。价值是实践的目的，人们对实现价值的追求，构成了实践的动因，但价值的实现是以对相关真理的把握为前提的。这是因为成功的实践要求人们必须有正确的价值目标和科学的主体尺度。然而，价值目标作为一种预见性的评价认识，它的确立是以对主客体及其相互关系的本质和规律的真理性认识为依据的。没有这种真理性的认识，就不能形成正确的价值目标，那么，也就不会有成功的实践。医生由于误诊形成了不正确的治疗方案而导致治疗失败，企业由于不了解市场状况决策失误而造成发展受挫，在对社会生活规律错误认识的基础上形成的不正确的人生观对青年成长起到误导作用，等等，都是由于价值目标没有建立在真理的基础上而导致的实践失败。同样，在实践中起制约作用的主体尺度，也是以对主体的本质和规律、主体的客观需要的正确认识为依据而确立起来的。没有科学的主体尺度，同样也不会有成功的实践和价值的实现。总之，没有对相关真理的把握和遵循，就没有价值的实现。

第三，正确的价值认识的形成是以相关的真理为根据的。价值认识作为一种评价性的认识，只有在获得了关于价值关系的主体和客体的真理性的认识之后，才能形成主体对客体价值的正确评价。如，只有了解了病人的真实病情与药物的确实的性质和作用之后，医生才能正确开出处方；只有真正了解了历史发展的必然规律之后，才能树立起正确的社会政治理想。

第四，真理必然具有价值。任何真理都必然具有价值，这是因为真理能为实践提供科学的客体尺度和主体尺度，能为实践提供正确的价值目标，因此，一种认识只要是真理，就会或迟或早地显示出其对实践的指导作用，即显示其自身的价值。虽然，有些真理在其刚刚被人们把握时，它在实践中的实际应用、实际指导意义还暂时没有显示出来，但只要它是确定无疑的真理，它就一定会在实践的发展中找到发挥作用的机会和条件。20 世纪初爱因斯坦在刚刚提出相对论时，能够真正理解其科学内涵的人寥寥无几，人们当然就更无法了解它对实践的指导意义和实际价值了。然而，随着实践的发展，不久以后人们就在航天、核能等实践领域中发现了相对论的巨大实践价值。

第五，真理和价值在实践和认识活动中的相互制约、相互引导、相互促进作用。真理和价值的相互制约，表现在一方面价值的实现有赖于对相关真理的把握，真理的发展水平制约着价值实现的程度；另一方面，真理被确认，真理在实践中被验证的过程，则有赖于价值在实践中被实现的状况。价值的实现表明在实践中所遵循的关于客观事物的本质和规律的认识是真理。真理和价值的相互引导，表现在一方面实现价值是人们追求真理的目的，也就是说，人们认识世界是以改造世界为目的的。因此，是满足人们需要的价值追求引导着人们去探索相关真理的，所以认识活动的指向是受价值追求的指向规定的。另一方面，真理的不断发展也引导着人们提出了相关的新的价值追求，人们在哪一个领域中获得的真理越多，人们就会在哪一个领域中提出更多的价值目标，因此真理的发展同时也影响了价值发展的方向和程度。真理和价值的相互促进，则表现在一方面，真理的发展促进价值的实现。也就是说，真理的发展可以促使人们更深刻、更全面地理解人们的生活条件和人的发展方向，这就使得人们的价值追求更合理，更符合人类发展自身的必然性，从而促使人类的价值实现在深度和广度上有序地、持续地得到发展。另一方面，价值的实现推动着真理的发展，也就是说，人们对价值的追求越自觉、越合理、越深入也就表明人们对真理的把握越全面、越深刻，同时也就越能激发起人们探索真理的热情。

三　马克思主义价值观理论的
方法论意义和实践意义

1. 马克思主义价值观理论是深入理解科学发展观的思想基础

党中央提出我国社会主义建设的大政方针是坚持用科学发展观的思想指导我们的全部实践活动。那么，如何理解科学发展观的基本精神呢？

首先，科学发展观要求人的实践活动必须坚持两个基本原则：真理原则和价值原则。

人的存在方式是实践，只有成功的实践才能改造世界，满足人的需要，实现社会进步和人的全面发展。成功的实践——只能是既坚持真理原则，又坚持价值原则的实践。这就是说，成功实践的必要前提在于：第一，严格按照科学规律办事，即坚持真理原则；第二，严格按照人们的需要和要求办事，即坚持价值原则。任何实践都不得违背这一原则，否则实践就会遭到失败。因此，学习和实践科学发展观要求人们必须在实践中坚持真理尺度和价值尺度，才能获得中国特色社会主义建设实践的成功。

其次，科学发展观的真理尺度要求根据科学规律努力处理好人与自然、人与社会和人与自身全面发展的关系。所谓处理好人与自然的关系，即要求做到环境保护良好、建立适合人与自然和谐共存的生态、实现资源可持续利用，等等；所谓处理好人与社会的关系，意味着做到人与社会和谐相处、共同发展、共同进步，等等；而所谓处理好人与自身全面发展的关系，则表示要为实现每个人的自由而全面的发展创造必备的社会条件。

再次，科学发展观的价值尺度要求坚持"以人为本"的原则，实现人作为目的和手段的统一，即做到"一切为了人民，一切依靠人民"。"一切为了人民"，是指把人民作为目的，真正做到为人民服务；而"一切依靠人民"，是指把人民作为手段，把人民看做是最重要的资源和依靠力量。从而达到人民作为目的和手段的统一。

具体说，坚持"以人为本"意味着：一方面，要充分发挥人的能动性、创造性，努力消灭贫穷落后、健全民主法制、实行开明政治、达到社会和谐和共同富裕的目标，即实现中国特色社会主义的小康社会、和谐社会、共同富裕的社会，把中国特色社会主义实践推向前进。另一方面，要创造条件，要努力充分满足人们的物质文化需要，使每个人的才能得到充分发挥，实现人的个性全面发展。

所以，我们可以说马克思主义价值观理论是深入理解科学发展观的重要理论前提。

2. 马克思主义价值观理论是揭示社会主义核心价值观体系特点和主要内容的理论前提

价值观作为一种评价性的认识，与知识性的认识一样，是存在着正确和错误之分的。凡是正确地反映了人与自然、人与社会之间的具有普遍性、必然性的价值关系的，并被实践证明对人们的社会生活和实践发生长久的、深刻的积极影响的价值观，就是科学价值观；反之，则是不科学的价值观。科学价值观的确立，是以对相关真理的把握为基础和前提的。人们只有在正确地把握了关于主体和客体的本质和规律以及主客体之间的辩证关系的真理的前提下，才能对客体对于主体的价值关系形成全面的、本质的、评价性的认识，并逐步提炼、概括上升为科学的价值观。

当代中国社会主义条件下的正确价值观体系或称为社会主义核心价值观体系主要包括以下一些内容：

第一，为实现社会主义、共产主义而奋斗的社会政治理想。马克思主义揭示了人类社会发展的必然趋势是社会主义和共产主义社会的实现，它们为人类彻底摆脱剥削和压迫，实现每个人的全面而自由的发展提供了社会条件。因此，树立这一社会政治理想并为之奋斗，既是走历史必由之路的客观要求，又是使人类实现自由这一最高价值的正确途径。

第二，为人民服务的人生价值观。历史唯物主义揭示了人与社会的辩证关系。指出了个人发展从根本上说取决于社会的进步。在社会主义条件下，个人只有在促进社会进步和为人民服务的实践中才能充分发挥自己的才干，实现人生的最大价值；而社会进步反过来也会为个人的成长创造条件，这不仅由于社会内在地包含个人，更在于每个人作为社会的人，社会环境对他的成长具有根本意义上的决定作用。因此，只有树立了为人民服务的人生价值观，才能创造一个有价值、有意义的人生。

第三，崇尚科学、坚持真理的科学观。科学作为人类把握关于世界的真理的思想体系，是人类实践成功的保证和推动历史进步的重要因素。因此，只有崇尚科学、反对迷信、坚持真理、捍卫真理、自觉地按科学规律办事，才能使人类不断发展、不断前进。

第四，集体主义的道德观。道德是人们社会行为的规范。在社会主义条件下，自觉地坚持集体主义道德观，在社会生活中自觉地把社会、人民的利益置于个人利益之上，自觉地做到先社会、先人民、后个人，当个人利益与集体利益发生矛盾时能够以社会、人民的利益为重，做到个人服从集体。只有这样才能使社会生活和谐有序、安定繁荣。

第五，真善美相统一的健康向上的审美观。美是特殊的价值，是人在实践中达到真、善高度统一时主体的愉悦感、自由感。坚持确立一种健康向上的审美观，意味着人们应在健康的社会生活方式和创造性的社会实践中去寻找美、创造美，在符合真理、造福人类的活动和事物中去发现美、体验美。只有这样，才能以美好的精神状态和健康的审美趣味推动社会进步，享受人生的乐趣，促进文明的发展。

上述科学价值观是在社会主义的劳动、实践和社会生活中人们逐渐形成的主导的价值原则。当然，价值观并不是一旦形成就一成不变的原则和观念，价值观是社会生活、社会实践和社会文明的反映。随着社会的进步，既成的价值观也会受到实践的不断审视和检验，其中一些陈旧的内容逐步被扬弃，而适应变化了的社会条件和实践的内容被吸收、容纳进来。中国改革开放以来，传统的价值观也在发生着明显的变化。上述价值观在新的历史条件下也有了内容上的更新和新的表述形式，然而，其主导原则并没有变，是经得起历史考验的。

社会主义核心价值观的作用除了包含一般价值意识的全部功能之外，更重要的在于它的社会价值导向功能。

第一，它能够引导人们对最重要的社会生活原则形成正确的、共同的价值认识，促使人们为共同的社会理想和目标而一致努力，从而对社会进步起到重要推动作用。如当前建设有中国特色社会主义的现代化强国已成为我国人民共同奋斗的目标。

第二，它一旦形成就会对一代又一代新人的成长起着重要的思想引导和价值规范的作用。如我国长期以来形成的爱国主义传统、雷锋精神等已影响和塑造了一代又一代新人的成长。

第三，它的对人民的共同价值追求的引导和强化作用能够成为社会的一种强大的凝聚力，促使人们团结一致地战胜社会所面临的重大困难。在我国的社会主义革命和建设的漫长的历史时期内，社会主义理想和爱国主义信念曾无数次地把人民团结在一起，外御强敌，内战忧患，使我们的国家一次次地战胜困难不断发展。例如，在第二次世界大战时期，斯大林曾以爱国主义的激情唤起了全国同胞反法西斯侵略的决战决胜的坚强信念。他在广播讲话中说："这一群丧尽天良、毫无人格、充满兽性的人恬不知耻地号召消灭伟大的俄罗斯民族，消灭普列汉诺夫和列宁、别林斯基和车尔尼雪夫斯基、高尔基和契诃夫、谢切诺夫和巴浦洛夫、列宾和苏里科夫、苏沃洛夫和库图佐夫的民族！德国侵略者想对苏联各族人民进行歼灭战。好吧，既然德国人想进行歼灭战，他们就一定会得到歼灭战！今后我们的任务……就是把侵入我们祖国领土的所有德国人——占领者一个不剩地歼灭掉。对德国占领者决不留情！消灭德国占领者！"[1] 斯大林的广播讲话极大地激发了苏联人民的爱国主义激情和民族自豪感，这种被激活了的伟大价值观成为鼓舞人民战胜法西斯的巨大精神力量。

---

① 引自［英］伊恩·格雷著《斯大林——历史人物》，新华出版社 1981 年版，第 418 页。

3. 马克思主义价值观理论是指导人们在现实生活中进行正确价值选择和价值判断的理论依据

能否认为价值评价既然是一种主体性的认识，那么价值评价就始终是一种"公说公有理，婆说婆有理"，没有正确与错误之分的认识呢？当然不是。根据马克思主义价值观理论，如果人们要进行正确的价值选择或判断，应该坚持以下几个原则：

首先，只有当一个人或社会集团作为价值主体的同时又是相关真理的主体，这时他的价值选择或判断才是正确的。如，选择为社会服务的职业或选择做黑社会老大的职业，就不都是正确的价值认识。前者由于符合个人的发展只有与社会发展要求相一致，才能获得广阔的发展前景这一客观真理，所以前者是正确的价值选择；而后者的价值选择由于违背个人发展与社会发展关系的真理，因而是不正确的价值选择。

其次，社会集团或个人的价值认识如果与人民、人类的价值要求相一致，那么这种价值认识必然是完全真实的；反之，则不是完全真实的。如，侵略、贩毒、贪污腐败、商业上的弄虚作假等，对某些社会集团和个人来说被认为是有价值的行为，然而对人民、人类来说却只能被认为是具有负价值或反价值的行为。所以，这些评价或价值选择就是错误的。

那么，有没有判断评价结果正确与否的一般规律呢？当然有。

最后，实践是检验评价结果的标准。

评价性的认识与知识性的认识一样，它们都是由于人们指导实践改造客观世界的需要而产生的，都是为实践取得成功服务的；同时，它们也都是人的主观对客观的反映，因而也都有正确与错误之分。成功的实践一方面意味着人们在实践中所遵循的真理被证实；另一方面，也意味着人们在实践中所遵循的价值尺度，即价值认识也是正确的。

4. 马克思主义价值观理论是我们在批评继承传统文化和对外进行文化交流时，坚持真理判断和价值判断相统一原则的理论根据

我们无论是对传统文化进行批判继承时，还是在对外进行文化交流时，都必须坚持真理判断和价值判断相统一的原则。

所谓真理判断是指对传统文化或外来文化中所包含的真理内容或科学内容所进行的分析、鉴别工作；所谓价值判断是指对传统文化或外来文化中所包含的反映了特定社会历史群体的利益、需要和要求的内容所进行的分析、鉴别工作。

那么，我们对传统文化或外来文化进行真理判断和价值判断的目的和态度又应该是怎样的呢？一般来说，我们对传统文化或外来文化所包含的真理性的内容，应该毫不犹豫地取欢迎、借鉴和吸取的态度；而对其中所包含的价值性的内容则应该根据我们的立场、利益和要求来决定对其态度，如果它与我们的立场、利益和要求相一致，就可以对其取欢迎、借鉴和吸取的态度，反之则应该持抵制、否定和批判的态度。

比如，我们对待中国传统文化的态度就应该是这样的，对于其中所蕴涵的强调天人和谐的观点、强调人的社会责任的价值取向、强调追求崇高精神境界的做人原则、重视人的现实幸福，等等，这些符合社会生活客观要求和有利于促进社会进步的、具有真理性的思想内容，我们应该对其取积极的借鉴、批判地改造并吸取的态度；而对于其中反映了封建统治阶级利益和要求的封建礼教、人伦纲常、政治立场等糟粕性的内容则必须取批评、否定的态度。

这种真理批判和价值批判相结合的方法是我们在文化建设、精神文明建设中应该普遍坚持的方法论原则。

（吴倬　清华大学马克思主义学院教授、博士生导师）

第 五 讲

马克思主义历史观

　　唯物史观的发现是马克思进行科学研究的两大发现之一，它奠定了马克思主义整个学派的理论精神。正是以唯物史观为视角，马克思展开了对现代社会的研究。由于马克思的唯物史观高度关注人的发展，这使得以其为基础的整个马克思主义理论体系高度关注人，关注在资本压制下的人的解放状况。马克思通过对现实资本主义的分析，找到了人类从资本中解放出来从而实现人的全面而自由发展的路径。由于马克思的理论与西方以资本为框架的哲学—经济学理论分歧很大，其长期以来被西方主流哲学—经济学所诟病。很多西方学者希望通过消解马克思的历史观而达到消解马克思整个理论体系的目的。随着社会发展的当代展开，以及马克思主义历史观所遭受到的挑战，从马克思厚实的文本资源中寻找历史深处的秘密，变得非常具有研究价值。

　　马克思探索历史的秘密是穷其毕生精力的。其在《关于费尔巴哈的提纲》、《德意志意识形态》、《共产党宣言》和《资本论》及其手稿中形成了成熟的历史观思想，并将其历史观渗入经济学领域。贯穿于马克思的哲学—经济学的一以贯之的思想是其实践哲学思想，以实践哲学为出发点，马克思对人类历史的发展展开了纵深的剖析，揭开了历史的秘密。

一　历史与逻辑的起点：实践与人的统一性

　　马克思是从实践的角度对旧唯物主义和唯心主义哲学观展开批判

的，他认为："从前的一切唯物主义（包括费尔巴哈的唯物主义）的主要缺点是：对对象、现实、感性，只是从客体的或者直观的形式去理解，而不是把它们当做感性的人的活动，当做实践去理解，不是从主体方面去理解。因此，和唯物主义相反，能动的方面却被唯心主义抽象地发展了，当然，唯心主义是不知道现实的、感性的活动本身的。费尔巴哈想要研究跟思想客体确实不同的感性客体：但是他没有把人的活动本身理解为对象性的活动。因此，他在《基督教的本质》中仅仅把理论的活动看做是真正的人的活动，而对于实践则只是从它的卑污的犹太人的表现形式去理解和确定。因此，他不了解'革命的'、'实践批判的'活动的意义。"①

马克思对旧唯物主义和唯心主义哲学都是不满意的。认为这两种哲学在思考问题的时候，都只抓住了问题的一个方面。旧唯物主义"对对象、现实、感性，只是从客体的或者直观的形式去理解，而不是把它们当做感性的人的活动，当做实践去理解，不是从主体方面去理解"。以此思路来审视社会历史问题的时候，往往过于关注历史的理性力量，而不顾及人的发展的诉求。而唯心主义虽然发展了人的"能动的方面"，却是"不知道现实的、感性的活动本身的"，所以，唯心主义在思考社会历史问题的时候会过于关注人的主观能动力量，而对社会历史本身所具有的理性的力量缺乏认识。这两种历史观各抓住了真理的一端，而不能占有真理的全部，马克思分析到，要想占领真理的全部，必须了解，具有"革命的"、"批判的"意义的"实践"概念。

马克思的实践哲学蕴涵着人的秘密和社会历史的秘密。马克思认为，"环境的改变和人的活动或自我改变的一致，只能被看做是并合理地理解为革命的实践"②。马克思的实践哲学告诉我们，历史发展的理性力量——环境的改变和历史发展的人本力量——人的自我改变是辩证统一在革命的实践之中的。实践的逻辑蕴涵着人的生成和发展的逻辑。在实践中，人逐渐改变环境，新的环境又提升人的发展，得到发展的人

---

①　《马克思恩格斯选集》第 1 卷，人民出版社 1995 年版，第 54 页。

②　同上书，第 55 页。

又会在更高的层面改变着环境。这一过程的持续就是人类历史的展开。从中我们可以认识到，实践的展开过程就是人的生成过程。

实践的展开过程是人与周围环境的矛盾的展开与解决的过程。这一矛盾直到未来共产主义社会才会根本解决，马克思曾经在其《1844年经济学—哲学手稿》中论述道：

> 共产主义是私有制财产即人的自我异化的积极的扬弃，因而是通过人并且为了人而对人的本质的真正占有；因此，它是人向自身、向社会的即合乎人性的人的复归，这种复归是完全的，自觉的和在以往发展的全部财富的范围内生成的。这种共产主义，作为完成了的自然主义＝人道主义，而作为完成了的人道主义＝自然主义，它是人和自然界之间、人和人之间的矛盾的真正解决，是存在和本质、对象化和自我确证、自由和必然、个体和类之间的斗争的真正解决。它是历史之谜的解答，而且知道自己就是这种解答。①

历史之谜的真正解决需要自然主义和人道主义之间的矛盾的真正解决，其实就是人与其周围世界之间的矛盾的解决。如何解决人与其周围世界的矛盾，是马克思一直以来进行理论探索的主要难题，也是其他各派学说要解决的核心难题。

西方主流的哲学—经济学理论在寻求这一矛盾的解决时，只关注周围世界（环境）这一个层面。在其理论视域中，认为经济社会领域中的根本矛盾是资源的有限性（环境）和人的欲望的无穷之间的矛盾，其认为要解决这一核心难题的关键点在于激发人的贪欲之心，以有限的物质资源创造出尽可能多的财富，以满足人的需求。由此可见西方主流的哲学—经济学思想在解决这一矛盾时主要考虑问题的着力点在于物（环境）。其认为将环境尽可能开发好，创造出尽可能多的物质财富就能解决人与物之间的矛盾。

---

① 马克思：《1844年经济学—哲学手稿》，人民出版社2000年版，第81页。

较之西方主流的哲学—经济学思想，马克思却有更为统观的视角。其认为要解决人与环境（物）的矛盾问题，不能只着眼于研究物本身，而应该从人与物之间的实践关系去发力。既要关注财富的创造——环境的改变，还要关注人的发展，使两者统一于实践之中。而要使得在财富的增长过程中的人得到发展，马克思认为就不单是人与环境之间的矛盾问题了，其实质在于人与人之间的矛盾问题。因为，马克思认为："人的本质不是单个人所固有的抽象物，在其现实性上，它是一切社会关系的总和。"① 要探索人的解放之路需要从人的本质出发，人的本质是一种社会关系的总和，所以人的解放，关键是人与人之间的社会关系矛盾的真正解决。但是马克思在寻求人与人之间矛盾的解决方法的时候却不是一种空想，其认为，人与人之间的矛盾的解决要和人与自然之间的矛盾的解决紧密结合在一起。"环境的改变"和人的自我完善是统一在一起的。

所以，马克思在考察社会历史问题时，是从实践出发的，也就是从人的发展的角度出发的。实践的过程和人的发展的过程是同一个过程的两个方面，这两者是统一在一起的，是马克思考察历史问题的起点。研究清楚实践的历史展开过程和人的发展的历史过程，也就搞清楚了马克思的历史观。

二　实践的历史展开：劳动（生产）与交往

1. 实践的总体性理解

在《德意志意识形态》中，马克思、恩格斯把他们所创立的学说称为"实践的唯物主义"，尤见实践在马克思哲学中的重要地位。其实，在《关于费尔巴哈的提纲》中，马克思就已经确立了实践的重要地位，但是，还没有对其进行展开分析。在《德意志意识形态》中，实践在历史的实际进程中具体化为生产与交往。

----

① 《马克思恩格斯选集》第 1 卷，人民出版社 1995 年版，第 56 页。

　　所谓交往，在《德意志意识形态》的注释中做出如下说明："'Verkehr'（交往）这个术语的含义很广。它包括个人、社会团体、许多国家的物质交往和精神交往。"① 交往，指在一定历史条件下现实的个人、阶级、社会集团、国家之间相互往来、相互作用、彼此联系的活动。马克思在致安年柯夫的信中提到他所使用的法文 Comerce（交往）这个术语时指出："为了不致丧失已经取得的成果，为了不致失掉文明的果实，人们在他们的交往'Comerce'方式不再适合于既得的生产力时，就不得不改变他们继承下来的一切社会形式——我在这里使用'Comerce'一词是就它的最广泛的意义而言，就像在德文中使用'Verkehr'一词一样。"② 恩格斯在谈到这一范畴时指出："我们在《宣言》中使用了'Verkehr'一词，通常是从'Handels verkehr'（'贸易关系'）意义上使用的"③，因此，就马克思、恩格斯所使用的交往的范畴，Verkehr 或 Comerce 在最广泛的意义上不仅包括生产过程由所有制和分工导致的人与人之间的交换关系，而且还涵盖贸易、商业、交通、运输、两性关系和社交，甚至战争也是交往的一种形式，"战争本身还是一种经常的交往形式"④。

　　实践是作为主体和客体之间的相互作用的过程，不仅表现在人能动地作用于自然的生产活动中，还表现在社会上的人们所进行的交往的活动中，即不仅是人与自然之间关系的对象化，而且包含人与人之间关系的对象化。在《德意志意识形态》中，马克思和恩格斯在多处把"交往"与"生产"相提并论，作为考察社会历史的对应性范畴加以运用。通过马克思、恩格斯的有关论述，可以明了存在论意义上他们所理解的实践的具体性内涵。

　　"生产和交往是人类实践活动的两大基本形式。"⑤ 生产与交往二者不可分离，是实践、活动的内在组成部分。实践作为主体和客体之

① 《马克思恩格斯全集》第 3 卷，人民出版社 1960 年版，第 697 页。
② 《马克思恩格斯全集》第 27 卷，人民出版社 1972 年版，第 478 页。
③ 《马克思恩格斯全集》第 39 卷，人民出版社 1974 年版，第 300—301 页。
④ 《马克思恩格斯全集》第 3 卷，人民出版社 1960 年版，第 26 页。
⑤ 刘奔：《实践与文化》，载《哲学研究》1989 年第 3 期。

间的交互作用过程，不仅表现在人能动地改造外部自然环境的生产活动中，而且还表现在社会的人们之间所进行的交往活动中。实践既是一种主客体之间的对象化活动，又是主体间的交往活动。社会实践不可分割的两个基本方面——生产与交往，是互为前提、互为条件的。

物质生产活动是整个社会现实的基础。社会的存在、发展与人的生产活动共生。人类历史的第一个前提同时也是一切人类生存的第一个前提，"人们为了能够'创造历史'，必须能够生活。但是为了生活，就需要衣、食、住以及其他东西。因此第一个历史活动就是生产满足这些需要的资料，即生产物质生活本身"①。因此，人们必须进行生产活动，用自己的对象性的活动来改造、征服、利用自然，生产物质生活资料。在人类第一个活动的基础上，人类自身的社会交往获得了真实的内容，人类各种交往关系、形式、手段获得进一步发展的动力。

物质生产是人们交往关系形成与发展的基础。人类的物质生产活动是对自然的改造，而自然不会主动地满足人的需要，人决心以自己的行动来改变世界，从而满足自己的需要。然而，自然具有无限的威力，显现出人的力量的弱小。尤其在人的发展的早期，人类满足自己生存需要的手段十分简单，在大自然的无限力量下，个体的软弱迫使人们采取协作、结合的活动方式，一种简单的社会交往活动以及与之相适应的交往关系相应而生。随着活动的扩大，交往也相应发展。

从交往的角度看，生产活动又离不开人们的交往活动，交往活动是生产活动的现实前提。生产活动是一种社会性的活动，社会性是其根本性的特征。生产活动的现实表现是生产力的发展程度，而生产力作为不以人的意志为改变的客观的物质力量，是以个人之间的交往为前提的，"这些力量从自己方面来说只有在这些个人的交往和相互联系中才能成为真正的力量"②。人在实践中生成双重的关系，自然关系与社会关系。自然关系是人与自然的对象性的结果，而对象性的活动又是以人与人之间的社会关系即"许多个人的共同活动"为现实

①　《马克思恩格斯全集》第 3 卷，人民出版社 1960 年版，第 31 页。
②　同上书，第 75 页。

条件，而"许多个人的共同活动"又是在人与人的交往中实现的。交往是社会关系的动态表征。个人只有通过交往，形成一定的社会关系和社会联系，才能够取得对自然的改造，因此，生产本身"是以个人之间的交往为前提的"①。由此可见，交往之所以成为生产的前提，首先在于生产的社会性质。生产是人们只有在交往中、在相互关系中才能进行的活动，离开交往的生产同离开人的生产一样是不可想象的。其次在于交往本身的性质和作用。交往是人的一种特殊的活动，是表现特定关系和产生关系的活动。所以，任何人的活动必定是在交往中进行的，都把交往包容于自身之内，从而交往实际上是人的一切形式的活动得以存在和发展的基础。

总之，生产和交往是人类实践活动的两大基本形式。一般来说，物质生产是人类社会生活和社会发展的基础，但由于交往是使生产得以进行的先在因素，所以，没有交往就没有生产，交往是生产的前提。马克思、恩格斯指出："生活的生产——无论是自己生活的生产（通过劳动）或他人生活的生产（通过生育）——立即表现为双重的关系：一方面是自然关系，另一方面是社会关系；社会关系的含义是指许多个人的合作，至于这种合作是在什么条件下、用什么方式和为了什么目的进行的，则是无关紧要的"②。生产、劳动表明从人类的自然存在到社会存在的联结与跃迁。就联结而言，社会存在始终是以人的自然存在为基础的，因为，劳动首先从属于人类谋生的自然必然性。就跃迁而言，社会存在则表明，人的自然存在并非仅仅直接地由自然界所给定，而是转变成了通过人们在彼此交往中所完成的人的感性存在的自我生产，因为，劳动本身不是由有机自然界所设定的一种自然机制，而是许多人类个体在彼此的对象性关系中所创始的共同活动。交往作为实践活动不可或缺的重要方面，起初只是作为生产活动得以正常进行的保证而发挥其作用，交往的发展和扩大则进一步作用于物质生产，推动生产进一步发展。人与自然的关系是人能动地变革

---

① 《马克思恩格斯全集》第 3 卷，人民出版社 1960 年版，第 24 页。
② 同上书，第 33 页。

自然的实践的关系，这已表明人与人之间以合作的形式处于社会交往过程中了。人们不是先有了对自然的改造活动，然后再彼此交往的，而是从一开始就是在一定的交往关系中与自然界发生关系的。因此，个人之间的交往与人与环境之间的物质变换过程不是一种外在的关系，而是具有不可分割的内在统一性，统一于人们的实践过程中。总之，人们在生产中不仅仅影响自然界，而且也互相影响。他们只有以一定的方式共同活动和互相交换其活动，才能进行生产。为了进行生产，人们相互之间便发生一定的联系和关系；只有在这些社会联系和社会关系的范围内，才会有他们对自然界的影响，才会有生产。

但是，需要澄清的是，交往是生产的前提的观点，并不是否定劳动、生产是社会存在与发展的根基，更不是强调交往比生产更重要，其实，生产是交往的内在根据，在此注重阐明的是生产与交往在社会历史进程中怎样能够成为实际活动，怎样实际地发挥作用及其条件，并非说明二者在社会发展中的作用。当然，就二者在社会发展中的作用而言，生产与交往相比，生产当然是更基本和更重要的活动，是生产决定交往，而不是交往决定生产，这是历史唯物主义的根基和社会现实确切的理论表达。

2. 劳动（生产）

（1）劳动——人与自然的对象化

马克思、恩格斯指出："第一个需要确定的具体事实就是这些个人的肉体组织，以及受肉体组织制约的他们与自然界的关系。"[1] 在"必须能够生活"的脚注中，马克思、恩格斯指出："地质学、水文学等等的条件。人体，需要，劳动。"[2] "地质学、水文学等等的条件"强调的是外在的自然对人的制约和先在性。人体即肉体组织的存在是以自然物对自己的满足为先决条件的，在面对外部的自然，人必然以自身的自然——肉体组织去作用于外部自然，以满足自己的需

---

① 《马克思恩格斯全集》第 3 卷，人民出版社 1960 年版，第 23 页。
② 同上书，第 31 页。

要。这是一种对象化的活动，当然，人与人之间的关系也是一种对象化的活动即交往，此处所强调的是劳动的对象化而不是人与人之间关系的对象化。

马克思、恩格斯把需要和劳动并存，不是用句号而是用逗号隔开，可见在马克思、恩格斯的视域中，需要和劳动有着内在关联性。劳动的目的就是为了满足人的需要，而劳动本身又是在人的需要引领下进行的活动，因此，马克思通过对最蹩脚的建筑师与蜜蜂、蜘蛛的比较，阐明人的劳动所具有的自觉性、目的性、指向性，"劳动过程结束时得到的结果，在这个过程开始时就已经在劳动者的表象中存在着，即已经观念的存在着。他不仅使自然物发生形式变化，同时他还在自然物中实现自己的目的，这个目的是他所知道的，是作为规律决定着他的活动的方式和方法的，他必须使他的意志服从这个目的"①。

需要是人的生命活动的内在根据，是人的本性的实在内容，因此，马克思指出："在现实世界中，个人有许多需要"②，"他们的需要即他们的本性"③。人的生命活动总是从需要开始的。人通过意识的作用，形成一定的目的与动机，引导人们去从事一定的活动，从此意义上，没有需要，也就没有生产。人的活动满足人们的需要，一方面又不断提出新的要求，丰富着人的生命活动的内容，提升着人的本质力量，所以，"每一种革命和革命的结果都是由这些关系决定的，是由需要决定的"。④

人的需要的满足，只能运用自身的自然力向外部自然去索取，因为，自然不会主动地满足人，人通过劳动来满足自己的需要，因此，劳动"首先是以人和自然之间的过程，是人以自身的活动来引起、调整和控制人与自然之间的物质变换的过程。人自身作为一种自然力与自然物质相对立。为了在对自身生活有用的形式上占有自然物质，人就使他身上的自然力——臂和腿、头和手运动起来。当他通过这种运

---

① 《马克思恩格斯全集》第 23 卷，人民出版社 1972 年版，第 202 页。
② 《马克思恩格斯全集》第 3 卷，人民出版社 1960 年版，第 326 页。
③ 同上书，第 514 页。
④ 同上书，第 439 页。

动作用于他身外的自然并改变自然时，也就同时改变他自身的自然。他使他自身的自然中沉睡着的潜力发挥出来，并且使这种力的活动受他自身控制"①。正是在劳动中，人证实自己的存在和确定自己的本真力量。

就人与自身自然的关系而言，人在获取物质生活资料并确证自己的存在时，只能依靠人自身的自然力去作用于外部的自然，在对象化的过程中，人自身的自然也受到改造。劳动在为人提供其所必需的生活资料的同时，亦使人超越了自然的存在状态，具有了新的能力和品质。因此说劳动是人的存在方式，既是人的生命肉体得以存在的前提，又是人之所以区别于动物的根本标志。劳动所显示的恰恰不是对人的奴役与宰制，而是把人从自然中解救出来，使人从动物界中提升出来，所以，解放是劳动的本然意味。

劳动能够证实和提升人的本质力量的原因在于劳动就是对象化的过程。劳动就是人扬弃外界自然的原始性和自在性，创造出新的产品，满足人的目的的过程，即对象化的过程。"劳动的产品就是固定在某个对象中、物化为对象的劳动，这就是劳动的对象化。劳动的实现就是劳动的对象化。"② 然后，人又把劳动的对象重新加以占有，扬弃对象，使自身力量不断提升。人的生产与劳动是不断进行的，这种活动、这种连续不断的感性活动、这种生产，是整个现存感性世界的基础，只要它哪怕只停顿一年，整个人类将不复存在。所以，劳动"是人类生活的永恒的自然条件"③，"是人类生活的一切社会形式所共有的"④。劳动对象化是人类社会存在与发展的永恒的基础，是用来实现人和自然之间的物质变换的一般人类生产活动，它不仅已经摆脱一切社会形式和性质规定，而且甚至在它的单纯的自然存在上不以社会为转移，超乎一切社会之上，并且作为生命的表现和证实，是任何社会形态所共同具有的。

---

① 《马克思恩格斯全集》第 23 卷，人民出版社 1972 年版，第 201—202 页。
② 《马克思恩格斯全集》第 42 卷，人民出版社 1979 年版，第 91 页。
③ 《马克思恩格斯全集》第 23 卷，人民出版社 1972 年版，第 208 页。
④ 同上书，第 209 页。

对象化的活动的产生又是由需要所引起的，"这种新的需要的产生是第一个历史活动"，"已经得到满足的第一个需要本身、满足需要的活动和已经获得的为满足需要用的工具又引起新的需要"①。人的需要的产生，意味着人的劳动能力的不断增强。需要是在生产之中提出和发展的，随着对象化程度的提高，人的需求也不断多样化和丰富性。需要的扩大为劳动的分化提供现实的可能，需要的多样性产生了劳动分工细化的必要性。人们不是为了生产进行生产，而是为满足需要、实现利益进行生产。社会生产的规模和构成必须适应社会需要的规模和构成，而人们的需要是多种多样的，就必须生产出多种多样的产品，这就要求社会生产体系必须是分工协作的体系，所以，马克思指出："绝大多数的产品不是自然界供给的，而是工业生产出来。如果产品的需要量超过自然界所提供的数量，人们就得求助于工业生产……个人需要很多东西，可是'不能单独生产这些东西'；需要满足的多种需求，就决定要生产多种东西（不生产就没有产品）；要生产多种多样的东西，就已经决定参加这项生产的不止一个人。既然认为从事生产的不止一个人，那么这就完全决定了生产是建立在分工之上的。"②

（2）劳动分化——分工

新的需要产生为劳动分化提供了必要性，而劳动的社会性为劳动的分化提供了现实的可能性。劳动是人所特有的，分工也是为人所独具的，动物是没有什么分工的，因此，马克思指出："不可能发生大象为老虎生产，或者一些动物为另一些动物生产的情况。例如，一窝蜜蜂实质上只是一只蜜蜂，它们都生产同一种东西。"③动物只是在自己的生理结构的支配下从事活动的，只按照自己所从属的物种进行生产活动，而人是按照任何物种的尺度来生产，虽然劳动仍以人的生理特性为前提，但劳动发生的机制并不能简单地还原为人的生理功

---

① 《马克思恩格斯全集》第3卷，人民出版社1960年版，第32页。
② 《马克思恩格斯全集》第4卷，人民出版社1965年版，第77—78页。
③ 《马克思恩格斯全集》第46卷上，人民出版社1979年版，第95页。

能。社会性的劳动，使人冲破生理的限制，在活动方式上发生分化即分工。"一个人的需要可以用另一个人的产品来满足，反过来也一样；一个人能生产出另一个人所需要的物品，每一个人在另一个人面前作为这另一个人所需要的客体的所有者而出现，这一切表明：每一个人作为超出了他自己的特殊需要的等等，他们是作为彼此发生关系的；他们都意识到他们共同的种属。"①

①分工的划分：自然分工、自发分工、自觉分工。

劳动是历史性的，因此，作为劳动分化的分工也是历史地产生的。马克思、恩格斯在《德意志意识形态》中把社会分工分为三种形态：自然分工、自发分工和自觉分工。

在历史上最早出现的是自然的分工，"分工起初只是性交方面的分工，后来是由于天赋（例如体力）、需要、偶然性等等而自发地或'自然地产生的'分工"②。"自然分工发生在交换以前，产品作为商品的这种交换，起初是在各个公社之间而不是在同一个公社内部发展起来的。这种分工在某种程度不仅以人本身的自然差别为基础，而且以各个公社所拥有的生产的自然因素为基础。"③ 自然的分工包含两方面：一是在共同体内部，由于性别、年龄、体力以及其偶然性的因素所引起的差别，这是在纯粹生理的基础上产生的分工。一是在各个不同的共同体之间所发生的分工，是由"地质学、水文学等等的条件"的不同所引起的。"不是土壤的绝对肥力，而是它的差异性和它的自然产品的多样性，形成社会分工的自然基础，并且通过人所处的自然环境的变化，促使他们自己的需要、能力、劳动资料和劳动方式趋于多样化"④，地理环境的差异，必然造成在资源、产品、活动方式上的分化。

自然的分工还不是真正意义上的社会分工，"分工只是从物质劳

---

① 《马克思恩格斯全集》第46卷上，人民出版社1979年版，第195页。

② 《马克思恩格斯全集》第3卷，人民出版社1960年版，第35页。

③ 《马克思恩格斯全集》第47卷，人民出版社1979年版，第312页。

④ 《马克思恩格斯全集》第23卷，人民出版社1972年版，第561页。

动和精神劳动分离的时候起才开始成为真实的分工"①。社会分工意味着劳动本身的划分以及人们之间的分配。毋庸置疑，自然分工也是在社会性的活动中产生的，只是还未形成劳动本身的分化与独立化，不过给不同性别和区域的人们划分出大致的活动范围，这恰恰是自发性分工产生的起点。

②自发分工的缘起。

自然的分工只是为自发分工的产生提供了前提，自发分工的产生是有其特定的原因的，"由于生产效率的提高、需要的增长以及作为二者基础的人口的增多……分工也发展起来"②。

Ⅰ.作为基础的人口的增多。分工的产生需要一定的人口作为前提条件，"人口数量和人口密度是社会内部分工的物质前提"③。劳动者是劳动的决定性因素，尤其是在原始时期，一定的劳动只有在具备足够人力的条件下才能正常进行，人口达不到一定的数量是不可能在各种劳动之间进行分工的。人口的增多为分工提供物质的前提主要体现在两个方面：一是为劳动的分化提供了人的材料。在劳动扩大的情况下，人口的增多可以为劳动的分化提供现实的人身前提。二是增大需求量，扩大生产规模。"在传统的、对该民族来说唯一可能的原始生产方式下，人口的增长需要有愈来愈多的生产资料，因而这种形式也就愈来愈广泛地利用着。"④

Ⅱ.需要的增长。劳动是为满足人的需要的活动，是人类历史的基础，而它本身又是由需要作为内在动力的。人的需要是不断增长的，"已经得到满足的第一个需要本身、满足需要的活动和已经获得的为满足需要用的工具又引起新的需要"⑤。人的需要的产生，意味着人的劳动能力的不断增强，因为需要又是在生产之中提出和发展的。这种需要的扩大，为劳动的分化提供了现实的必要性。

①　《马克思恩格斯全集》第3卷，人民出版社1960年版，第35页。

②　同上。

③　《马克思恩格斯全集》第23卷，人民出版社1972年版，第391页。

④　《马克思恩格斯全集》第3卷，人民出版社1960年版，第26页。

⑤　同上书，第32页。

Ⅲ. 劳动效率的提高。劳动效率的提高最集中地体现在劳动工具的改进上。亚当·斯密在其《国富论》中不乏真知灼见地指出："如果一个人全身心地生产弓和箭，而另一个人提供食物，第三个人建造房子，第四个人做衣服，第五个人生产器具，那么，各行各业在同样的年数里会比五个人杂乱的进行生产有较大的提高。"① 这对于"野蛮人"来说，是改善他们状况的最可靠的方法。生产工具的改进促使着分工的产生，表明人类生产能力的提高，从而导致劳动的多样化。劳动规模的进一步扩大，使同一历史主体不可能同时从事多种劳动，分工就成为应有之义。

劳动效率的提高使劳动产品的数量与品种增多，导致剩余产品的出现，为交换提供了现实的可能。不同的共同体因地域、气候等自然条件的差异必然产生共同体之间的区域分工。当人类偶有剩余产品时，即在共同体间的交界与边缘，而不是在共同体的内部，发生人类最初的交换，"同外地人交往……由于要交换自己的剩余产品等等；这种发展使那种成为共同体的基础的，因而也成为每一个客观的个人（即作为罗马人、希腊人等等的个人）的基础的生产方式发生解体。交换也起同样的作用"② 。共同体之间的交换，使人们认识到专门劳动的益处，增加对专业产品的需求，必然要求共同体内部的劳动分化。正是在此意义上，亚当·斯密指出交换是分工的前提，分工源自人们的交换的倾向才具有重大意义。

③自然分工向自发分工转变的历史进程。

活动水平越低，活动方式越落后，社会财富越贫乏，社会制度就越是在较大程度上受血缘关系的支配。这种社会是以自然分工为基础的，自然的分工是基于自然而产生的，不具有任何强制的性质。在自然分工中，人们脑力与体力尚未分开，生产工具是自然形成的，人类生活在血缘群体中，个体从属于血缘群体，共同进行生产，共同进行

① ［英］亚当·斯密：《国民财富的原因和性质的研究》上，陕西人民出版社 2001 年版，第 7 页。

② 《马克思恩格斯全集》第 46 卷上，人民出版社 1979 年版，第 495 页。

消费，没有什么交换活动。自然的分工作为人们活动的表现，是活动的具体结合方式。

但人并不会永久地停留在这个阶段，真正的社会分工即"文明产生的分工"，是"随着野蛮向文明的过渡、部落制度向国家的过渡、地域局限性向民族的过渡而开始的"①。在这一漫长的历史过程中，相继发生了三次社会大分工，以及在各部门内部产生越来越细的分工，导致了阶级、私有制和国家的产生。

第一次社会大分工发生在野蛮时代的中期阶段，"游牧部落从其余的野蛮人群中分离出来——这是第一次社会大分工"②。游牧部落把牲畜作为财产，这种财产在规模比较大的时候，便可以经常性地提供超出自身消费的若干剩余，能够较其余的野蛮民族生产出数量、种类均较多的生活资料，使经常性的交换成为可能和现实；这种交换活动又促进了生产的发展，出现较多剩余产品，使剥削成为可能。

随着畜牧业的壮大，牧草、谷物的需求量大增，农业日益繁荣，灌溉工程等规模扩大的生产需要，手工作坊的冶铁技术使金属加工随之发达了。"织布业、金属加工业以及其他一切彼此日益分离的手工业，显示出生产的日益多样化和生产技术的日益改进；……如此多样的活动，已经不能由同一个人来进行了，于是发生了第二次大分工：手工业和农业分离了。"③ 随着劳动生产率的提高，劳动剩余日益增多，增多的一部分是为了交换而发生的，从而把生产者之间的交换提升为社会的生活需要。

"这样，我们就走到文明时代的门槛了。"在前两次社会分工的基础上，具有决定性意义的第三次社会大分工出现了，"分工的进一步扩大表现为商业和生产的分离，表现为特殊的商人阶级的形成"④。从生产领域中分离出一个专门从事商品买卖、交换的阶级——商人，他们充当着每两个生产者之间的不可或缺的媒介。此时，"氏族制度

---

① 《马克思恩格斯全集》第3卷，人民出版社1960年版，第57页。
② 《马克思恩格斯选集》第4卷，人民出版社1995年版，第160页。
③ 同上书，第163页。
④ 《马克思恩格斯全集》第3卷，人民出版社1960年版，第59页。

已经过时了。它被分工及其后果即社会之分裂为阶级所炸毁。它被国家代替了"①。三次大分工只限于生产领域，在生产领域分工的基础上，各个生产领域又分化出一些独立的生产部门。在物质生产领域分工的基础上，产生了一部分专门从事精神生产的人。在原始社会后期，一些担任社会职能的首领，开始脱离生产活动，成为专门的精神生产者，这就产生了物质生产与精神生产的分离、体力劳动者与脑力劳动者的分离。在以上分工的基础上产生了城乡之间的分离。马克思、恩格斯指出："物质劳动和精神劳动的最大一次分工，就是城市和乡村的分离。"②

（3）私有制

"活动的产品"——私有制的产生是随着人们征服自然能力的提高而必然出现的社会现象，其产生的根本性前提虽在于表征着生产力发展水平的分工，但它并不否定交往的作用，在马克思、恩格斯所揭示的几种所有制的演进形态中，强调了私有制的产生是分工与交往共同作用的结果。无可厚非的是，分工在形成私有制的过程中，交往起着不可忽视的作用，因为，"分工从最初起就包含着劳动条件、劳动工具和材料的分配，因而也包含着积累起来的资本在各个私有者之间的劈分，从而也包含着资本和劳动之间的分裂以及所有制本身的各种不同的形式。分工愈发达，积累愈增加，这种分裂也就愈剧烈"③。"分工不仅使物质劳动与精神劳动、劳动与享受、生产与消费由各种不同的人来分担这种情况成为可能性，而且成为现实。"④ 分工发展的不同时期，所有制表现为不同的形式，部落所有制、古典古代的公社所有制和国家所有制、封建的或等级的所有制。

第一种所有制形式是部落所有制。它与生产的不发达的阶段相适应，当时人们是靠狩猎、捕鱼、畜牧，或者最多是靠务农生活的。在后一种情况下，它是以有大量未开垦的土地为前提的。在这个阶段

---

① 《马克思恩格斯选集》第 4 卷，人民出版社 1995 年版，第 169 页。
② 《马克思恩格斯全集》第 3 卷，人民出版社 1960 年版，第 56—57 页。
③ 同上书，第 74—75 页。
④ 同上书，第 36 页。

上，分工还很不发达，仅限于家庭中现有的自然产生的分工的进一步扩大。因此，社会结构只局限于家庭的扩大：父权制的酋长、他们所管辖的部落成员以及奴隶，隐蔽地存在于家庭中的奴隶制。

第二种所有制形式是古代公社所有制和国家所有制。这种所有制是由于几个部落通过契约或征服联合为一个城市而产生的。在这种所有制下仍然保存着奴隶制。分工已经比较发达。城乡之间的对立已经产生，国家之间的对立也相继出现。这些国家当中有一些代表城市利益，另一些则代表乡村利益。公民和奴隶之间的阶级关系已经充分发展。随着私有制的发展，这里第一次确立了那些在现代私有制中重新遇见的关系，只不过是规模更为巨大而已。一方面是私有财产的集中，另一方面是由此而来的平民小农向无产阶级的转化。然而，后者由于处于有产者公民和奴隶之间的中间地位，并未获得独立的发展。

第三种所有制形式是封建的或等级的所有制。地广人稀，居住分散，而征服者的入侵也没有使人口大量增加，这种情况决定了封建的或等级的所有制的起点是乡村。一方面是地产以及束缚在地产上的农奴劳动；另一方面是拥有少量资本并支配着帮工劳动的自身劳动。"这两种所有制的结构都是由狭隘的生产关系——粗陋原始的土地耕作和手工业式工业所决定的。"①

第四种所有制形式是资产阶级所有制。它是不同城市之间的分工发展的结果。不同城市间的分工，产生了工厂手工业。随着工厂手工业的出现，所有制发生变化，它摆脱了行会束缚，促进了竞争和封建社会的解体以及资本主义所有制的形成。而随着工厂手工业发展为大工业，实行最广泛的分工，随后发展到大工业，创造了高度的生产力。

3. 交往

（1）交往提出的逻辑

马克思是在对黑格尔批判的基础上进一步凸显交往的，换句话说，交往的提出是马克思思想发展进程的逻辑结果。马克思发现，黑

---

① 《马克思恩格斯全集》第3卷，人民出版社1960年版，第28页。

格尔以绝对精神为主体，现实的人和现实的自然界不过成为这个隐秘的、非现实的人和这个非现实的自然界的宾词、象征。马克思针锋相对地指出，"人始终是主体"，"人的类特性恰恰就是自由自觉的活动"①，人是类的存在也就意味着人的交往之维。

马克思虽然克服了黑格尔的抽象性，但仍然是以人的类的存在解决问题的。作为"类存在物"的人不是直接现实的主体，还具有某种抽象性的话语，因此，作为类存在物的人无法生成个人与个人之间的真正的交往关系。

在《关于费尔巴哈的提纲》与《德意志意识形态》中，马克思摆脱了费尔巴哈的人的类特性影响，转向"从现实的、有生命的个人本身"、"从事实际活动的人"、"现实中的个人"②，而现实中的人是以一定的方式进行生产活动的一定的个人，社会不过"是人们交互作用的产物"，而由人所创造的社会关系又反过来进一步地规定着人。马克思、恩格斯从现实的人出发，把社会看做人们之间交往的产物，是以物质关系为基础的社会关系。马克思、恩格斯把人的实践的两个方面，即人与自然的关系和人与人之间的交往的关系理解成为一个整体性的历史活动过程，对历史做出了具体的、现实的说明与把握，达到既唯物又辩证地理解。所以，马克思、恩格斯在《德意志意识形态》中对交往问题的关注与考察是其思想发展的内在逻辑要求。

作为生产前提的交往，仅仅是指个人之间的相互往来的互动和互补过程。至于人们之间是如何进行交往、以何种方式进行交往，交往本身是无法决定的。"迄今为止的一切交往都只是在一定条件下的个人的交往，而不是单纯的个人的交往。"③脱离了一定条件的交往，不是现实的交往。交往的一定条件是由生产创造的，一定时代的人们生产什么、怎样生产就构成了交往的历史条件基础，交往的核心内容就是人们之间相互满足对方的需要，构成交往活动得以进行的内在根据。

----

① 《马克思恩格斯全集》第 42 卷，人民出版社 1979 年版，第 96 页。
② 《马克思恩格斯全集》第 3 卷，人民出版社 1960 年版，第 30 页。
③ 同上书，第 74 页。

（2）交往的进程与表现

交往活动有其历史进程和表现，马克思、恩格斯在《德意志意识形态》中揭示了交往历史进程的三种形式：纯粹自发的交往，狭隘民族的交往——利益结构的交往、普遍物化的交往，真正联合的交往——自觉的交往。

纯粹自发的交往发生在人类社会发展的初期，交往主要是围绕着天然的自然条件和肉体自然的需要展开的，自发地形成的家庭、血缘共同体以及部落战争和偶然的贸易成为个人之间交往的最初形式。此时，人类的再生产（交往）占据着统治地位，血缘关系和亲属关系对共同体起着决定性的作用，正如恩格斯所说："亲属关系在一切蒙昧民族和野蛮民族的社会制度中起着决定作用，因此，我们不能只用说空话来抹煞这一如此广泛流行的制度的意义。"① 马克思、恩格斯认为："家庭起初是唯一的社会关系。"② 活动水平越低，活动方式越落后，社会财富越贫乏，社会制度就越是在较大程度上受血缘关系的支配。人类生活在血缘群体中，个体从属于血缘群体，共同进行生产，共同进行消费，没有什么交换活动。交往主要是围绕性、血缘关系进行，生产处于从属的地位。人们之间的差异主要体现在性、天赋（例如体力）的自然差别，在自然的层次上生产着人的原始的丰富性，在孤立的地点和狭窄的范围内生产着同一、单质的人。可见，在人类发展的早期，交往是提高和扩大人的主体性的手段，是人类生存与延续的途径和方法。

在人类发展的早期，个体利益与群体利益是完全吻合的，或者说是没有个人利益的，存在的只是群体利益，因为个人只有从属于共同体才能够生存。不同的共同体因地域、气候等自然条件的差异必然产生共同体之间的区域分工。当人类偶有剩余产品时，即在共同体间的交界与边缘，而不是在共同体的内部，发生人类最初的交换，"同外地人交往……由于要交换自己的剩余产品等等；这种发展使那种成为

---

① 《马克思恩格斯选集》第 4 卷，人民出版社 1995 年版，第 25 页。
② 《马克思恩格斯全集》第 3 卷，人民出版社 1960 年版，第 32 页。

共同体的基础的，因而也成为每一个客观的个人（即作为罗马人、希腊人等等的个人）的基础的生产方式发生解体。交换也起同样的作用"①。

当人们意识到共同利益的重要性，为了共同体的利益，部落间经常发生以血缘战争和财产战争为形式的野蛮的交往活动，在有剩余产品的时候，就不再屠杀战俘，为生产扩大提供人的因素。战俘从事生产活动，就使共同体的一部分人逐渐脱离生产领域，最终产生了由父系社会的瓦解向阶级社会过渡的军事民主制的政治体制，并进一步固定化。此时，萌芽于原始形态家庭的自然分工在广阔的社会领域最终演化而成，表现为社会的分工，在人的劳动中划分了物质劳动与精神劳动，在区域上城乡分离，"野蛮向文明的过渡、部落制度向国家的过渡、地方局限性向民族的过渡"②。

随着交往的扩大，人们逐渐从共同利益中分离出私人利益，从此，在交往中所遇到的是个人利益与所有相互交往的人们之间的利益矛盾，家庭的社会关系退居次要地位，而利益成为主要的社会关系，并表现为较早时期的利益交往与较晚时期的利益交往。"由于这种发展是自发地进行的，就是说它不服从自由联合起来的个人的共同计划，因此它是以各个不同的地区、部落、民族和劳动部门等等为出发点的，其中的每一个起初都与别的不发生关系而独立地发展，后来才逐渐与它们发生联系。另外，这种发展是非常缓慢的，各种不同的阶段和利益从来没有得到完全的克服，而只是屈从于获得胜利的利益……较早时期的利益，在与之相适应的交往形式已经为适应于较晚时期的利益的交往形式所排挤之后，仍然在长时期内拥有一种表现为与个人隔离的虚幻共同体（国家、法）的传统权利。"③

利益结构的交往是狭隘交往的初级阶段，虽然个人之间的关系表现为较明显的人身依附关系，但他们作为某种社会规定性的个人而相

---

① 《马克思恩格斯全集》第 46 卷上，人民出版社 1979 年版，第 495 页。
② 《马克思恩格斯全集》第 3 卷，人民出版社 1960 年版，第 57 页。
③ 同上书，第 81 页。

互交往，如地主和农奴，还存在着血统差异、教育差别。而在作为狭隘交往的高级阶段的普遍物化的交往中，人伦血缘宗法关系的网络被打碎了，财产的、教育的、宗教的等差别成为非政治的差别，个人变成自由主义的原子，自由有了特定的内容，除了按照价值规律彼此自由地交换劳动产品外，在市民社会领域，每个人的自由成为其他人实现自由的障碍，人们在彼此冷漠的意义上相互对立。人的价值的贬抑与物的价值的褒扬成反比，物的关系统治着个人，偶然性压抑着个性。而真正联合的交往——自由的交往，是在人类共同体中才具有的形态，是打碎了人对物的依赖阶段而进入人的全面而自由发展的阶段所具有的交往形态。

（3）交往对生产力和私有制的影响

①交往对生产力、分工的影响。

交往影响着生产力的发展。生产力是由有一定劳动经验的劳动者和生产资料构成的，是由各种要素结合而成的现实力量。其中，劳动者是生产力的主动因素，而每个劳动者的发展程度"取决于和他直接或间接进行交往的其他一切人的发展"①，只有在普遍的交往中，"单个人才能摆脱种种民族局限和地域局限而同世界的生产（也同精神的生产）发生实际联系，才能获得利用全球的这种全面的生产（人们的创造）的能力"②。在交往中，每个人都可以利用被他人创造出来的成果充实自己，使自身的能力不断得到提高，使生产能力不断得到增强。同时，任何生产都是在交往中的生产，交往活动的合理化有利于资源的合理配置，从而在未增加任何资源的条件下，使人们生产更多的成果；否则，即使增加了资源的投入，也未必能够使生产力得到提高。

交往的发展程度决定着已经创造出来的生产能力的保存情况。马克思、恩格斯指出："某一个地方创造出来的生产力，特别是发明，在往后的发展中是否会失传，取决于交往扩展的情况。当交往只限于

---

① 《马克思恩格斯全集》第3卷，人民出版社1960年版，第515页。

② 同上书，第42页。

毗邻地区的时候，每一种发明在每一个地方都必须重新开始；一些纯粹偶然的事情，例如蛮族的入侵，甚至是通常的战争，都足以使一个具有发达生产力和有高度需求的国家处于一切都必须从头开始的境地。"① 因此，"只有在交往具有世界性质，并以大工业为基础的时候，只有一切民族都卷入竞争的时候，保存住已创造出来的生产力才有了保障"②。

交往也为物质生产活动的整体发展提供动力。马克思、恩格斯指出："工厂手工业的初次繁荣（先是在意大利，然后是在法兰德斯）的历史前提，乃是同外国各个民族的交往"。织布业作为较早的而且一直是最主要的工厂手工业，就是"由于交往的扩大而获得了进一步发展的第一种劳动"③。随着历史向世界历史的转变，交往的扩大引起新的生产需要，发现和开拓新的生产领域，促进了不同民族、国家的交流，提高了人类的生产水平。然而，在交往过程中，一些民族与国家利用经济和政治上的优势，把自己的单方意志强加于其他民族与国家，导致不平的世界格局，必然影响着交往的发展程度，同时，也必然限制着社会生产水平的提高，对生产力的发展起着制约作用。

分工是生产力的表现，"一个民族的生产力发展的水平，最明显地表现在该民族分工的发展程度上。任何新的生产力都会引起分工的进一步发展，因为它不仅仅是现有生产力的量的增加（例如开垦新的土地）"④，交往起初只是作为生产活动得以正常进行的保证而发挥其作用的，而交往的发展和扩大进一步作用于物质生产，推动生产进一步发展，从而促进劳动的不断分化和劳动内部分工的不断细化。交往的普遍化也促进着分工的国际化。

②交往对私有制产生的影响。

"在分工的范围内，私人关系必然地、不可避免地发展为阶级关

---

① 《马克思恩格斯全集》第3卷，人民出版社1960年版，第61页。
② 同上书，第61—62页。
③ 同上书，第62页。
④ 同上书，第24页。

系，并作为这样的关系固定下来"①，"分工的规律就是阶级划分的基础"②。分工作为社会活动的划分，并不直接是阶级的划分，它作为阶级划分的催化剂，为阶级的产生提供了必要的条件。私有制的产生有两种形式，罗马人模式与日耳曼人模式，"所有制的最初形式无论是在古代世界或中世纪都是部落所有制，这种所有制在罗马人那里主要是由战争决定的，而在日耳曼人那里则是由畜牧业所决定的"③。

一定的人对一定的生产资料有着两重关系，一是"使用"，二是"占有"。"使用"是指人们为了从自然界得到相应的物质产品，在进行物质生产活动中实际地对生产资料的利用，"占有"则是指相关的人们相对于一定的生产资料存在着某种社会差别，由此在物上存在和表现出一定的社会关系。所以，"占有"具有排他权，是指一定的生产资料为一定意志专有，排斥未经所有者同意的他人的"使用"和"支配"，排他性是"占有"的根本特征，因此，"占有"是私有制的表征和实质。正如马克思所说："私有财产真正的基础，即占有，是一个事实，是不可解释的事实，而不是权利。只是由于社会赋予实际占有以法律的规定，实际占有才具有合法占有的性质，才具有私有财产的性质。"④

对于日耳曼人模式而言，随着交往的扩大，使财富的积累和占有他人的劳动不仅成为可能，而且有利可图。财产不平等的现象日益加剧，在氏族内部逐渐出现了一些富裕的家庭，他们拥有较多的生产资料和生活资料，成为氏族内部的富有者，他们有可能吸收一定数量的劳动力为自己剥削，所以，"私有制是从自然形成的共同体形式的解体过程中同时发展起来的"⑤。

对于罗马人模式而言，在人类交往的初期，生产资料属于共同体所有，个人作为共同体的一员而所有生产资料，显然，"使用"是

---

① 《马克思恩格斯全集》第3卷，人民出版社1960年版，第513页。
② 《马克思恩格斯选集》第3卷，人民出版社1995年版，第756页。
③ 《马克思恩格斯全集》第3卷，人民出版社1960年版，第69页。
④ 《马克思恩格斯全集》第1卷，人民出版社1956年版，第382页。
⑤ 《马克思恩格斯全集》第3卷，人民出版社1960年版，第71页。

"占有"的前提。随着交往的不断进展，人们对生产资料从所有到"占有"。针对这种转变过程，马克思指出："某一个共同体，在它把生产的自然条件——土地——当做自己的东西来对待时，会碰到的唯一障碍，就是业已把这些条件当做自己的无机体而加以占据的另一共同体。因此战争就是每一个这种自然形成的共同体的最原始的工作之一，既用以保护财产，又用以获得财产。"① 原始共同体在不与其他共同体发生针对生产自然条件的排他性关系时，并不存在所有制，只有当它排斥其他共同体使用一定的生产自然条件时，所有制才得以产生，它形成于部落共同体之间现实的互相排斥的战争中。在这种现实的排他性关系中，生产通过自然条件作为中介，反映部落之间人与人的社会关系，从而使之具有了所有制的性质。

　　人类的第一种所有制形态是部落共同体所有制，是随着同外界往来（表现为战争或贸易）的扩大而逐渐发展起来的。这种最早产生的所有制的基本特征，就是以部落共同体为单位排斥他部落使用一定的自然物，并夺取作为他部落"无机体"的自然物，甚至更进一步统治和奴役其他部落共同体。马克思、恩格斯指出："所有制的最初形式无论是在古代世界或中世纪都是部落所有制，这种所有制在罗马人那里主要是由战争决定的"②，正是由于这种现实的排他性活动，所有制在产生时便必然带有掠夺、统治的性质，并迅速向一定的剥削关系过渡。因为所有制从一开始产生时就必然带有的剥夺他部落"无机体"自然物，必将发展到统治和奴役他部落的独特性质，马克思、恩格斯把剥削和压迫视为所有制、社会经济形态以及物质生产方式的必然内容，"所有制……的萌芽和原始形态在家庭中已经出现，在那里妻子和孩子是丈夫的奴隶。家庭中的奴隶制（诚然，它还是非常原始和隐蔽的）是最早的所有制，但就是这种形式的所有制也完全适合于现代经济学家所下的定义，即所有制是

---

① 《马克思恩格斯全集》第 46 卷上，人民出版社 1979 年版，第 490 页。
② 《马克思恩格斯全集》第 3 卷，人民出版社 1960 年版，第 69 页。

对他人劳动力的支配"①。

马克思、恩格斯在进一步分析三种所有制形态时，也强调了交往对私有制产生的作用，第二种所有制形式是古代公社所有制和国家所有制，"这种所有制是由于几个部落通过契约或征服联合为一个城市而产生的"②，"在城市内部存在着工业和海外贸易之间的对立"③。第三种形式是封建的或等级的所有制。"趋于衰落的罗马帝国的最后几个世纪和蛮族对它的征服，使得生产力遭到了极大的破坏。"④ 第四种是资产阶级所有制，更是以交往的进一步扩大为前提的。

总之，个人对生产资料的占有是以与其他人发生交往活动为前提的，人是社会的人，生产资料只有通过人们的社会关系才可能成为私人所有的财产。在交往中使用和分配着生产资料，在生产资料的使用中发生着交往活动，使生产资料数量不断增多，在不同的人之间进行着分配，促使着私有制的发展。所以，从公有制向私有制的转变的过程，是以交往的扩大为条件的。

三　人的发展的历史展开：
全面而自由的人的生成

1. "有生命的个人存在"

黑格尔从客观的唯心主义出发，把人看做是能够意识到自己的精神即自我意识的存在物，在他看来，"就人作为精神来说，他不是一个自然存在"，而"这种人与自然分离的观点"，是"属于精神概念本身的必然环节"⑤。黑格尔所说的人是精神存在物。

费尔巴哈摒弃黑格尔对人的唯心主义的理解，以感性的人作为自

---

① 《马克思恩格斯全集》第 3 卷，人民出版社 1960 年版，第 36—37 页。
② 同上书，第 25 页。
③ 同上书，第 26 页。
④ 同上书，第 25 页。
⑤ 黑格尔：《小逻辑》，商务印书馆 1982 年版，第 92 页。

己的哲学的最高准则，此时的人不是旧哲学意义上的"自我意识"——"无实在性的抽象"①，而是作为感性实体的人，"我是一个实在的感觉的本质，肉体总体就是我的自我、我的肉体自身"②。费尔巴哈所理解的人仅仅是存在着男女性别差异的人，是基于生理差别的自然关系，因此，他把人理解为"类"，理解为一种内在的、无声的、把许多个人纯粹自然关系联系起来的共同性。

费尔巴哈同唯心主义者和其他的唯物主义者相比具有巨大的优越感，因为他承认人是感性的对象，但是，他仍然停留在理论的领域内，没有从人们现有的社会关系，从那些使人们成为现在这种样子的周围生活条件来观察人们，所以，马克思、恩格斯批判道，费尔巴哈所理解的人"停留在抽象的'人'上，并且仅仅限于在感情范围内承认'现实的、单独的、肉体的人'，也就是说，除了爱与友情，而且是理想化的爱与友情以外，他不知道'人与人之间'还有什么其他的'人的关系'"③。之所以造成这种结果，乃是因为费尔巴哈把人只看做是感性的对象，而不是感性活动的主体，他从来没有把感性世界理解为由人的活生生的感性的活动所构成的人化的世界。

马克思、恩格斯在对费尔巴哈的批判中追寻到历史的真实前提——"有生命的个人的存在"。马克思、恩格斯明确指出："任何人类历史的第一个前提无疑是有生命的个人的存在。因此第一个需要确定的具体事实就是这些个人的肉体组织，以及受肉体组织制约的他们与自然界的关系。"④ 有生命的个人存在绝非费尔巴哈的作为类的无声的存在，而是"现实的个人"，"我们开始要谈的前提并不是任意想出的，它们不是教条，而是一些只有在想象中才能加以抛开的现实的前提。这是一些现实的个人，是他们的活动和他们的物质生活条件，包括他们得到的现成的和由他们自己的活动所创造出来的物质生

---

① 路德维希·费尔巴哈著：《费尔巴哈哲学著作选集》上，荣震华等译，商务印书馆1984年版，第117页。

② 同上书，第169页。

③ 《马克思恩格斯全集》第3卷，人民出版社1960年版，第50页。

④ 同上书，第23页。

活条件"①。

2. "从事实际活动的人"

费尔巴哈对人的理解不满足于抽象的思维而诉诸感性的直观，但他的所谓的感性并不是感性的活动，"他没有看到，他周围的感性世界决不是某种开天辟地以来就已存在的、始终如一的东西，而是工业和社会状况的产物，是历史的产物，是世世代代活动的结果"②。因此，当费尔巴哈去研究历史的时候，不可避免地陷入唯心主义的窠臼，"当费尔巴哈是一个唯物主义者的时候，历史在他的视野之外；当他去探讨历史的时候，他决不是一个唯物主义者"③。

黑格尔对人的理解是从抽象的劳动中把握人的本质，无疑具有可取之处。黑格尔指出："在主人面前，奴隶感觉到自为存在只是外在的东西或者与自然不相干的东西；在恐惧中他感觉到自为存在只是潜在的；在陶冶事物的劳动中则自为存在成为他自己固有的了，他并且开始意识到他本身是自在自为地存在着的。""在陶冶事物的过程中才得到实现"，因此，劳动是"通过自己重新发现自己的过程"④。但是，黑格尔的劳动是精神的活动，所以，"黑格尔唯一知道并承认的劳动是抽象的精神的劳动"⑤。

马克思、恩格斯借鉴了黑格尔对人的能动性的理解并抛弃了他的唯心主义形式，他们不再从每个时代中寻找某种范畴、原则作为历史的出发点，而是始终站在现实历史的基石上，用实践、活动来界定、说明人，"可以根据意识、宗教或随便别的什么来区别人和动物。一当人们自己开始生产他们所必需的生活资料的时候（这一步是由他们的肉体组织所决定的），他们就开始把自己和动物区别开来"⑥。所

---

① 《马克思恩格斯全集》第 3 卷，人民出版社 1960 年版，第 23 页。
② 同上书，第 48 页。
③ 同上书，第 51 页。
④ 黑格尔：《精神现象学》上，商务印书馆 1979 年版，第 131 页。
⑤ 《马克思恩格斯全集》第 42 卷，人民出版社 1979 年版，第 163 页。
⑥ 《马克思恩格斯全集》第 3 卷，人民出版社 1960 年版，第 24 页。

以，"有生命的个人的存在"就是"从事实际活动的人"①，而非人们所说的、所想象的、所设想的人。人为了满足自身的肉体组织的要求而与自然界发生联系，因此，人们首先应该确立一切人类生存的第一个前提也就是历史的第一个前提，这个前提就是："人们为了能够'创造历史'，必须能够生活。但是为了生活，首先就需要衣、食、住以及其他东西。因此第一个历史活动就是生产满足这些需要的资料，即生产物质生活本身。"②

3. "发展过程中的人"

人们的存在就是他们的实际生活过程，在思辨终止的地方，正是描述人们的实践活动和实际发展过程开始的地方。人类历史是人们的实践活动的实际展开过程，是自然界对人的生成过程，人在活动中结成人与人之间的关系，因此，人是社会关系中的人，是可以通过经验观察到的人，离群索居、孤立的个人在人类历史的早期是不存在的，18 世纪的著作家们所设想的历史的前提是不符合历史现实的，鲁滨逊一类的故事只是"美学上的假象"，马克思指出："越往前追溯历史，个人，从而进行生产的个人，就越表现为不独立，从属于一个较大的整体……人……不仅是一种合群的动物，而且是只有在社会中才能独立的动物。"③

人的发展是与人的实践发展一致的，对此马克思进一步指出："历史并不是作为'产生于精神的精神'消融在'自我意识'中，历史的每一阶段都遇到有一定的物质结果、一定数量的生产力总和，人和自然以及人与人之间在历史上形成的关系，都遇到有前一代传给后一代的大量生产力、资金和环境，尽管一方面这些生产力、资金和环境为新的一代所改变；但另一方面，它们也预先规定新的一代的生活条件，使它得到一定的发展和具有特殊的性质。由此可见，这种观点

---

① 《马克思恩格斯全集》第 3 卷，人民出版社 1960 年版，第 30 页。

② 同上书，第 31 页。

③ 《马克思恩格斯全集》第 46 卷上，人民出版社 1979 年版，第 21 页。

表明：人创造环境，同样环境也创造人。"① 人类历史无非是各个时代的人们在历史中的各种形式活动的结果，而人的活动又是历史性的，是历史性地变化发展的。随着人的活动的变化发展，人的特性、本质也在历史性地变化发展。人在不断地改造世界的活动中，使自己的本质力量不断得到提升。因此，人们自己活动的历史，就构成了人类的生成史、发展史。

历史不是抽象的人或抽象的精神的历史，在本质上是"历史的人"创造"人的历史"的实践过程，人就是"人的历史"创造的"历史的人"。所以，人既是在一定的历史条件下进行活动的人，又是积极改造既定的历史条件的人，环境塑造人，人改造环境，在人与环境的互动中导致历史的不断跃迁。

所以，历史不过是人的活动的历史，是自然界对人的生成过程，所有的历史问题都能够在人的活动中找到胚芽、根源。

4. 人的发展的三阶段

马克思认为，"发展过程中的人"的发展需要经历三个阶段："人的依赖关系（起初完全是自然发生的），是最初的社会形态，在这种形态下，人的生产能力只是在狭窄的范围内和孤立的地点上发展着。以物的依赖性为基础的人的独立性，是第二大形态，在这种形态下，才形成普遍的社会物质交换，全面的关系，多方面的需求以及全面的能力的体系。建立在个人全面发展和他们共同的社会生产能力成为他们的社会财富这一基础上的自由个性，是第三个阶段。第二个阶段为第三个阶段创造条件。"②

人与周围环境的实践过程，推动着"全面而自由的人"的生成。人的发展依次经历了人对人的依赖阶段、人对物的依赖阶段和人的全面而自由发展的阶段。只有在第三个阶段，随着实践活动的充分展开，全面而自由的人才得以生成。在第一个阶段和第二个阶段绝大部

---

① 《马克思恩格斯全集》第 3 卷，人民出版社 1960 年版，第 43 页。
② 《马克思恩格斯全集》第 30 卷，人民出版社 1995 年版，第 107—108 页。

分人是得不到全面发展的。马克思花了大量的时间和精力对人的发展的第二个阶段展开批判研究。

马克思认为，在第二个阶段，绝大部分人民群众是没有发展权的。他认为："实际上，事情是这样的：人们每次都不是在他们关于人的理想所决定和所容许的范围内，而是在现有的生产力所决定和所容许的范围之内取得自由的。而到现在为止取得的一切自由的基础是有限的生产力；靠这种生产力进行的不能满足整个社会的生产，使得发展只在下述情况下成为可能，即：一些人靠另一些人来满足自己的需要，因而一些人（少数）得到了发展的垄断权；而另一些人（多数）为满足最必不可少的需要而不断拼搏，因而暂时（即在新的革命的生产力产生以前）被排斥在一切发展之外"①。

所以，人的全面而自由的发展是需要具备一定的社会历史条件的。经济的有效高速的发展，人们利益差别的消灭，社会的高度和谐，为全面而自由发展的人的生成创造了条件。届时"代替那存在着阶级和阶级对立的资产阶级旧社会的，将是这样一个联合体，在那里，每个人的自由发展是一切人的自由发展的条件"②。共产主义是"在保证社会劳动生产力极高度发展的同时又保证人类最全面的发展的这样一种经济形态"③

在这一理想状态中，"社会化的人，联合起来的生产者，将合理地调节他们和自然之间的物质交换，把它置于他们的共同的控制之下，而不让它作为一种盲目的力量来统治自己；靠消耗最小的力量，在最无愧于和最适合于他们的人类本性的条件下来进行这种物质交换"④。人来控制物质世界，而不是物质世界来控制人，人真正地成了自己的主人。

通过对实践的历史展开的分析和对人的发展的历史展开的分析，我们能够发现这两个过程是互为表里的。实践的基本形式——生产与

①　马克思、恩格斯：《德意志意识形态》节选本，人民出版社2003年版，第96页。

②　《马克思恩格斯选集》第1卷，人民出版社1995年版，第294页。

③　《马克思恩格斯全集》第25卷，人民出版社2001年版，第45页。

④　《马克思恩格斯全集》第46卷，人民出版社2003年版，第928—929页。

交往的展开，使得现实社会的矛盾运动得以展开，推动着"现实的人"的发展依次经历——人对人的依赖阶段、人对物的依赖阶段和人的全面而自由的发展的阶段。而"发展中的人"的发展又内化在生产与交往的具体形式中，推动着实践的展开。抓住了实践的历史展开方式和人的发展的历史展开方式及其统一性也就真正掌握了马克思主义历史观。

（刘新刚　北京理工大学人文与社会科学学院讲师，法学博士；盛卫国　中国人民大学哲学博士）

第 六 讲

马克思主义意识形态观

一 马克思考察意识形态的方法论

马克思的意识形态理论是唯物史观的重要内容。历史领域是被意识形态遮蔽最深的领域，没有马克思对形形色色的资产阶级意识形态的批判，唯物史观就不能创立和发展。因此只有理解了马克思的意识形态理论，才能真正理解唯物史观。而要深刻理解马克思的意识形态理论，需要把握马克思考察意识形态的方法论。

1. 元批判的方法

马克思的意识形态理论本质上是意识形态批判理论，而且贯彻始终的是元批判的导向和元批判的方法，以破除各种旧的意识形态理论对人类历史的遮蔽。元批判，是前提性的批判，是先行地对前提进行澄明的批判方式，是对批判者的理论出发点的寻求和确立。马克思意识形态批判的这种元批判的导向和元批判的方法，使马克思的意识形态批判成为唯物史观创立的前提性条件。对此，恩格斯的分析入木三分："正像达尔文发现有机界的发展规律一样，马克思发现了人类历史的发展规律，即历来为繁茂芜杂的意识形态所掩盖着的一个简单的事实：人们首先必须吃、喝、住、穿，然后才能从事政治、科学、艺术、宗教等等。"① 马克

---

① 《马克思恩格斯选集》第 3 卷，人民出版社 1995 年版，第 776 页。

思之所以能拨开形形色色的旧的历史观罩在人类历史身上的迷雾，还人类历史发展的本真面目，首先就在于他通过元批判，先行清除了"繁茂芜杂的意识形态"对人类历史的遮蔽。

第一，马克思通过元批判，去除德意志意识形态对历史前提的遮蔽。

马克思恩格斯写作《德意志意识形态》的一个重要动机，就是去除德意志意识形态、德国古典哲学对人类历史前提的遮蔽。黑格尔把脱离自然、脱离人的绝对精神看做人类历史的前提。而后来的不论是老年黑格尔派、还是青年黑格尔派所谈的全部问题终究还是在"黑格尔体系的基地上产生的"①。他们都相信观念支配世界，相信现实世界是观念世界的产物，相信观念、思想、精神是独立的存在，有独立的历史，把观念精神当成历史的前提。只不过"老年黑格尔派认为，任何东西只要归入某种黑格尔的逻辑范畴，就明白易懂了。青年黑格尔派则批判一切，到处用宗教的观念来代替一切，或者宣布一切都是神学上的东西"②。因此，几乎整个德意志意识形态不是曲解人类史，就是完全撇开人类史。而只有为人类历史找到真正的现实的前提，才能颠覆把观念、精神作为历史前提的德意志意识形态。"所以我们首先应当确定一切人类生存的第一个前提也就是一切历史的第一个前提，这个前提就是：人们为了能够'创造历史'，必须能够生活。但是为了生活，首先就需要衣、食、住以及其他东西。因此第一个历史活动就是生产满足这些需要的资料，即生产物质生活本身。同时这也是人们仅仅为了能够生活就必须每日每时都要进行的（现在也和几千年一样）一种历史的活动，即一切历史的一种基本条件。"③ 而"思想、观念、意识的生产最初是直接与人们的物质活动，与人们的物质交往，与现实生活的语言交织在一起的。观念、思维、人们的精神交往在这里还是人们物质关系的直接产物"。而"意识在任何时候都只

---

① 《马克思恩格斯全集》第 3 卷，人民出版社 1960 年版，第 21 页。
② 同上书，第 22 页。
③ 同上书，第 31—32 页。

能是被意识到了的存在，而人们的存在就是他们的实际生活过程"①。甚至人们头脑中模糊的东西也是他们的可以通过经验来确定的、与物质前提相联系的物质生活过程的必然升华物。因此道德、宗教、形而上学和其他意识形态，以及与它们相适应的意识形式便失去独立性的外观。它们没有历史，没有发展；那些发展着自己的物质生产和物质交往的人们，在改变自己的这个现实的同时也改变着自己的思维和思维的产物。② 因此，观念、精神、意识形式，不仅不是历史的前提，而且是被历史的前提所生产的。

第二，马克思通过元批判，去除德意志意识形态对人的本质的现实基础的遮蔽。

"人的本质就在人自身"，还是"人的本质有客观的现实基础"？"人是抽象的人"，还是"人是现实的人"？正是在这样两个前提性问题上，德国古典哲学家们沉入迷雾，深深地遮蔽了人的本质。从康德开始，他们就一直徘徊在"人自身"中寻求人的本质。康德认为，人"可以作为天赋有理性能力的动物而自己把自己造成一个有理性的动物"③，即理性是人天赋的能力和本质。因此，人自身拥有人的行为必须服从的"绝对命令"，不需要也不接受外来因素的控制，人是自己行为的立法者。而黑格尔则认为"人的本质就是精神"④，人是"自在自为存在的精神"⑤，是一种意识到自己是自在自为存在的精神，这就是自我意识。费尔巴哈反对黑格尔把人的本质归结为自我意识，认为把人这个名称译成自我意识，"乃是一种无实在性的抽象"⑥。他认为人不是作为抽象的实体而是作为感性的实体存在的。但费尔巴哈仍没有跳出从"人自身"寻求人的本质的迷雾，只不过是从个体转到"类"上。他把"人的本质理解为'类'，理解为一种

---

① 《马克思恩格斯全集》第 3 卷，人民出版社 1960 年版，第 29 页。

② 同上书，第 30 页。

③ ［德］康德：《实用人类学》，重庆出版社 1987 年版，第 232 页。

④ 转引自夏甄陶《人是什么》，商务印书馆 2000 年版，第 193 页。

⑤ ［德］黑格尔：《法哲学原理》，商务印书馆 1961 年版，第 45 页。

⑥ 《费尔巴哈哲学著作选集》上卷，商务印书馆 1984 年版，第 117 页。

内在的，无声的，把许多个人纯粹自然地联系起来的共同性"。① 青年黑格尔成员施蒂纳又以"惟一者"——"惟一的个人"取代了费尔巴哈的"类"，把目光从普遍转向个别，从类转向个体。施蒂纳的"惟一者"仍然是没有任何历史的和现实基础的"人自身"，即"我"是绝对自由的主体和最高的存在。如果把"人自身"的所谓理性、自我意识、"类"、"惟一者"等同于人的本质，那人"自身"的所谓理性、自我意识、"类"、"惟一者"，又是怎样形成的？又是由什么决定的？如果是天赋的、先定的和先验的，那德国古典哲学家所谈的人，只能是抽象的人、非历史非现实的人。正是这种前提性的批判，使马克思从人的真实存在的本质结构中揭示了人的本质形成的根据和现实基础，发现了从人所创造的"人的世界"中考察人的本质方法论。马克思在《德法年鉴》中就深刻指出："但人并不是抽象的栖息在世界之外的东西。人就是人的世界，就是国家，社会。"② 在《关于费尔巴哈提纲》中马克思做了更加深刻的分析：费尔巴哈"撇开历史的进程，把宗教感情固定为独立的东西，并假定有一种抽象的——孤立的——人的个体"。"而他所分析的抽象的个人，实际上是属于一定的社会形式的"。因此，"人的本质并不是单个人所固有的抽象物。在其现实性上，它是一切社会关系的总和"。③ 如果说个人在本质上是由社会关系总和所决定的，那一定社会关系总和又是由什么决定的呢？这种逻辑追问，必然推动马克思对人的社会实践活动的更深层研究。正是在唯物史观的奠基之作《德意志意识形态》中，马克思已不再从一般意义上谈实践，而是进入了对最基础、最深层的实践——物质生产实践的研究。马克思发现："以一定方式进行生产活动的一定的个人，发生一定的社会关系和政治关系。"④ "他们是什么样的，这同他们的生产是一致的——既和他们生产什么一致，又和他们怎样生产一致。因而，个人是什么样的，这取决于他们进行生产

---

① 《马克思恩格斯全集》第 3 卷，人民出版社 1960 年版，第 5 页。
② 《马克思恩格斯全集》第 1 卷，人民出版社 1956 年版，第 452 页。
③ 《马克思恩格斯选集》第 1 卷，人民出版社 1995 年版，第 60 页。
④ 《马克思恩格斯全集》第 3 卷，人民出版社 1960 年版，第 28—29 页。

的物质条件。"① 所以 "每个个人和每一代人当做现成的东西承受下来的生产力、资金和社会交往形式的总和,是哲学家们想像为'实体'和'人的本质'的东西的现实基础"②。至此,人的本质的现实基础终于得到澄明。

第三,马克思通过元批判,去除意识形态以 "普遍性的形式" 对其真实本质的遮蔽。

马克思发现:在阶级社会中,意识形态家总是赋予他们所代表的那个阶级的意识形态以普遍性的形式,即制造从特殊到普遍过渡的幻象,并使之成为每一种意识形态的必然的生存形式。为了揭开意识形态这种生存形式的本质,首要的是必须挖出意识形态产生的根基,即它生存的前提性条件。马克思揭开普遍性的幻象,找到了一个社会的意识形态与该社会的统治阶级的生存要求和生存力量之间的内在联系:"一个阶级是社会占统治地位的物质力量,同时也是社会上占统治地位的精神力量。""占统治地位的思想不过是占统治地位的物质关系在观念上的表现,不过是表现为思想的占统治地位的物质关系;因而,这就是那些使某一个阶级成为统治阶级的各种关系的表现,因而这也就是这个阶级的统治的思想。"③ 因此,在阶级社会意识形态所维护的只能是统治阶级的物质利益和根本利益,不存在超越统治阶级根本利益的意识形态。

那意识形态家为什么要赋予自己所代表阶级的意识形态普遍性的形式呢?这是因为,一个社会占统治地位的阶级总是把自己所营造的现存的包括实在的和观念的一切,说成是具有合理性的;只有这样才能有利于自己的统治。也就是说 "合理性" 是意识形态必然要制造的一种幻象。

意识形态家为了制造他们所代表的那个阶级的意识形态的合理性的幻象,所采取的手法就是自觉不自觉地赋予意识形态普遍性的形

---

① 《马克思恩格斯全集》第 3 卷,人民出版社 1960 年版,第 24 页。
② 同上书,第 43 页。
③ 同上书,第 52 页。

式。这样，"每一个企图代替旧统治阶级地位的新阶级，就是为了达到自己的目的而不得不把自己的利益说成是社会全体成员的共同利益，抽象地讲，就是赋予自己的思想以普遍性的形式，把它们描绘成唯一合理的、有普遍意义的思想"①。无疑，这种普遍性的形式，只不过是共同利益的幻象。起初这种幻象是真实的，"思想家的自我欺骗和分工"②。

2. 总体性的方法

马克思深刻地揭示了有机体制的总体性："任何有机体制的情况都是这样。这种有机体本身作为一个总体有自己的各种前提，而它向总体的发展过程就在于：使社会的一切要素从属于自己，或者把自己还缺乏的器官从社会中创造出来。有机体制在历史上就是这样向总体发展的。它变化成这种总体是它的过程即它的发展的一个要素。"③而"每一个社会中的生产关系都形成一个统一的整体"④，即人类社会本身是一个庞大的有机体系，并且是处于总体化过程之中因而不可能最终完成的总体。这是因为："人类社会生活在本质上是实践的"，实践是人类社会有机体向总体发展的根本动力；人类社会的总体性是在人类实践过程中不断生成的。社会的总体化过程实质上是社会实践的总体化过程，正是社会实践的总体化过程展开为历史过程的各个方面，历史地生成总体化的社会。至于社会意识形态，它既是在社会总体化过程中生成的，又是社会总体的组成部分，并以观念的形式反映社会总体。马克思、恩格斯从社会实践的总体化过程中抽象概括出了唯物史观的基本观点和总体方法："这种历史观就在于：从直接生活的物质生产出发来考察现实的生产过程，并把与该生产方式相联系的、它所产生的交往形式，即各个不同阶段上的市民社会，理解为整个历史的基础；然后必须在国家生活的范围内描述市民社会的活动，

---

① 《马克思恩格斯全集》第 3 卷，人民出版社 1960 年版，第 54 页。
② 同上。
③ 《马克思恩格斯全集》第 46 卷上，人民出版社 1979 年版，第 235—236 页。
④ 《马克思恩格斯全集》第 4 卷，人民出版社 1958 年版，第 144 页。

同时从市民社会出发来阐明各种不同的理论产物和意识形式，如宗教、哲学、道德等，并在这个基础上追溯它们产生的过程。这样做当然就能够完整地描述全部过程（因而也就能够描述这个过程各个不同方面之间的相互作用了）。"①

卢卡奇领悟了马克思的社会总体思想和总体方法，他在《历史与阶级意识》一书中用总体范畴指标称资本主义社会的现实，认为："只有在这种把社会生活中的孤立的事实作为历史发展的环节并把它们归结为一个总体的情况下，对事实的认识才能成为对现实的认识"②。因为众多看似孤立的事实并不是孤立地存在着的，而是一个统一总体中历史地相互制约着的不同环节和要素。不同的环节和要素因总体而具有意义，孤立地认识便不能理解它们的真实含义；只有把局部、不同的环节和要素放到总体中才能真正理解。而之所以能把众多看似孤立的事实归结为社会总体，并不是由人们的主观意愿所决定，而是按照"社会生活中的孤立的事实"的历史生成真实路径的还原，即"追溯它们产生的过程"。而"追溯它们产生的过程"，即追溯它们在人类社会实践中的生成过程，追溯它们与社会实践总体的历史联系。

因此，考察社会意识形态，首先应把它作为诸考察面之一，放到社会实践的总体化过程中来考察。对在社会实践总体化过程中如何历史地生成总体化的社会、总体性的意识形态，马克思在《政治经济批判序言》中，又进一步从社会实践过程的矛盾运动的深度做了精辟的分析："人们在自己生活的社会生产中发生一定的、必然的、不以他们的意志为转移的关系，即同他们的物质生产力的一定发展阶段相适合的生产关系。这些生产关系的总和构成社会的经济结构，既有法律的和政治的上层建筑坚立其上并有一定的社会意识形式与之相适应的现实基础……社会的物质生产力发展到一定阶段，便同它们一直在其中运动的现存生产关系或财产关系（这只是生产关系的法律用语）

---

① 《马克思恩格斯全集》第 3 卷，人民出版社 1960 年版，第 42—43 页。
② 卢卡奇：《历史与阶级意识》，商务印书馆 1996 年版，第 56 页。

发生矛盾。于是这些关系便由生产力的发展形式变成生产力的桎梏。那时社会革命的时代就到来了。随着经济基础的变更，全部庞大的上层建筑也或慢或快地发生变革。"① 这样，马克思从物质生产过程的生产关系和生产力的矛盾运动出发，揭示了整个社会历史运动过程的机制，揭示了社会总体的结构（社会生产—经济基础—法律和政治的上层建筑—意识形态），揭示了社会再生产过程就是经济关系、法律和政治关系、意识形态关系再生产的过程，揭示了意识形态是社会总体的有机构成部分并以观念的形式反映社会总体，揭示了在社会总体化过程中不仅生成了生产关系的总体（总和），也生成了法律和政治关系的总体、生成了意识形态的总体。

意识形式作为一个总体性的概念，是由各种具体的意识形式——法律思想、政治思想、宗教、文学艺术、伦理、哲学等构成的有机的思想体系。就是说，意识形态并不是各种具体的意识形式的机械的总和，而是一个有一定结构的、有内在联系的、有活力地发展着的总体。对一个社会和国家的意识形态，如果不从总体上考察各种具体意识形式之间的内在联系，那就不能把握这个社会和国家的思想状态及其实质。而要从总体上揭示各种具体意识形式之间的内在联系，必须找到一个考察各种具体意识形式之间内在联系的最基本的参照系。马克思发现，物质生活的生产过程是人类历史的最基本的过程，是社会总体化的最根本动力，是各种具体意识形式的最终发源地。正是这个各种具体的意识形式的最终发源地，成为马克思考察和发现意识的各种不同的形式之间的内在联系的最基本的参照系，使马克思的意识形态批判理论从局部上升到总体。

意识形态的总体性，不仅表现在它是在社会总体化过程中生成、它自身是由各种具体的意识形式构成的有机思想体系，而且也表现在要全面、深刻地把握它的形成、发展、内涵和功能，还应把它放在社会意识的总体中来考察。

第一，要把握作为意识形态的意识形式与不属于意识形态的其他

---

① 《马克思恩格斯选集》第 2 卷，人民出版社 1995 年版，第 32—33 页。

意识形式的区别和联系。虽然马克思认为语言学、自然科学等意识形式不属于社会的思想上层建筑的范畴，但却非常重视意识形态与语言的关系问题。马克思深刻地指出："对哲学家们说来，从思想世界降到现实世界是最困难的任务之一。语言是思想的直接现实。正像哲学家们把思维变成一种独立的力量那样，他们也一定要把语言变成某种独立的特殊王国。这就是哲学语言的秘密，在哲学语言里，思想通过词的形式具有自己本身的内容。从思想世界降到现实世界的问题，变成了从语言降到生活中的问题。"① 而现代哲学的语言转向则更加强调语言对意识形态的重要意义，认为：哲学的任务是阐明人类通过其把握世界的各种方式（科学、宗教、伦理、艺术，等等）而形成的概念系统和命题系统，而哲学的这种"阐明"是根据概念知识借以表达的语言进行的，因此语言的阐明就成为哲学首要的任务。而且人的世界的多样性在于人类文化的多样性；人类文化的多样性即人类语言符号系统的多样性，因此寻求人的世界的统一性、文化的统一性就在于寻求语言的统一性。至于科学或科学技术，虽然马克思没有把它们看成意识形态，但却十分强调科学已通过工业进入人们的生活，比哲学、宗教、政治思想等意识形态更有力地影响了人们的精神世界。马克思在《1844 年经济学—哲学手稿》中，批评哲学家们只是从外表和效用的角度去理解科学技术和工业，看不到科学技术和工业对人的本质和精神生活的越来越大的影响。他指出，自然科学正"通过工业日益在实践上进入人的生活，改造人的生活，并为人的解放做准备，尽管它不得不直接完成非人化"② 。马尔库塞则把科学技术本身所蕴涵的"合理化"观念看做是发达工业社会的新意识形态的核心观念，认为科学技术既有生产力又有意识形态的双重功能。而我们看到在当代不同的科学技术政策之间的竞争，已经有了意识形态的性质；"科技兴国"已成为一些政党政治纲领中的重要内容。这启示我们，要研究发达工业社会意识形态的总体性内涵，已不能不研究科学

① 《马克思恩格斯全集》第 3 卷，人民出版社 1960 年版，第 25 页。
② 《马克思恩格斯全集》第 42 卷，人民出版社 1979 年版，第 128 页。

技术对人的精神世界、对发达工业社会政治和意识形态的影响。

第二，要全面深入地把握意识形态在社会总体中形成和发展的具体环节和机制，还应注重它与社会心理等低层次社会意识之间的关系。社会心理是低层次的社会意识，它直接与日常生活相联系，是一种不系统的、不定型的、自发的反映形式，包括人们的情感、情绪、风俗、习惯、成见、社会风气、时尚潮流、流行的审美趣味、自发的倾向和信念，等等。马克思虽然没有直接探讨意识形态与社会心理的关系，但却非常重视对社会心理的分析。他在《路易·波拿巴的雾月十八日》中，剖析了法国小农的社会心理的主要特征："他们不能代表自己，一定要别人来代表他们。他们的代表一定要同时是他们的主宰，是高高站在他们上面的权威，是不受限制的政府权力，这种权力保护他们不受其他阶级侵犯，并从上面赐给他们雨水和阳光。所以，归根到底，小农的政治影响表现为行政权力支配社会。"马克思正是通过对法国小农社会心理的分析，深刻揭示了波拿巴政变成功的重要社会原因。后来普列汉诺夫则具体地揭示了意识形态并不是在经济基础上直接形成起来的，而是经过社会心理的媒介而形成起来的机制。弗洛伊德的学生赖希在读到 1932 年出版的《德意志意识形态》后，引发了他思考和研究意识形态与社会心理的关系问题，其成果就是《法西斯主义的群众心理学》。该书精彩地分析了"小市民、小农的经济环境↔小市民、小农的社会心理↔法西斯主义的意识形态"的双向互动关系。在今天这个急剧变革的时代，人们的社会心理也由相对稳定的形态变为动态多变的形态，呈现出多元、多样、多态的社会心理世界。这使人们的社会心理对社会生活各领域的影响，尤其是对意识形态领域的影响日益突出。研究当代人们社会心理的变化对社会意识形态产生了哪些影响，已成为当代意识形态研究的重要理论和实践课题。

总之，只有把意识形态放到社会总体和社会意识总体中加以考察，才能全面、深入、具体地把握意识形态的形成、发展、内涵、本质和功能。

二 社会意识形成发展的一般规律

1. 社会意识的形成和基本特点

人类社会及其历史发展，是一种最高级、最复杂的社会历史过程。在错综复杂、变化万千的社会历史现象中，社会存在和社会意识关系是一对基本的矛盾关系。尽管人们可以对纷繁复杂、变幻莫测的社会现象，从各个角度去进行分类和概括，但是，只有从历史的视野上，从总体上将各种社会现象归结为两个基本方面，即社会生活的物质方面和社会生活的精神方面，并提示它们的本质关系，才是科学地认识社会历史的正确方法。历史唯物主义称前者为社会存在，后者为社会意识。社会存在是指社会的物质生活条件和物质关系的总和，是不以人的主观意志为转移的客观存在的方面。它包括，社会物质生活资料的生产方式、自然地理环境和社会人口因素，等等。而社会意识则是指全部社会精神现象的总和，包括社会的政治法律思想、哲学、道德、艺术、科学、宗教等意识形态，以及风俗、习惯等社会心理现象。在这里，社会意识是作为社会总体的意识而包容并区别于人们的个体意识的，是对一定时代的一定社会存在的历史性的反映。

社会存在和社会意识的关系作为社会及其历史发展的基本关系，构成了社会历史观的基本问题。因为，正确解决这两者的相互关系，是认识社会现象和历史过程的前提，也是人们在从事社会实践活动中始终要解决的根本问题。所以，对这一关系所持的两种截然相反的观点，构成了社会历史观中的两个基本派别——历史唯物主义和历史唯心主义。即凡是主张社会存在是第一性的，社会意识是第二性的，社会存在决定社会意识的观点，就是历史唯物主义。与此相反的观点，不管是否意识到，都属于历史唯心主义。

那么，社会存在和社会意识之间究竟应该是怎样的关系呢？马克思主义认为："物质生活的生产方式制约着整个社会生活、政治生活和精神生活的过程。"① 每一历史时代的物质生产以及必然由此产生的社会结构，是该时代政治的和精神的历史的基础。一句话，社会存在决定社会意识，社会意识是对社会存在的反映。这个历史唯物主义的基本原理也深刻揭示了社会意识的本质和基本特性。

（1）社会意识的产生和存在要以社会存在为物质基础。人和社会赖以存在的是物质资料的生产，人的全部社会生活是以物质生产活动为基础的。离开了生产，没有物质生活资料，人就不能生存，更谈不上人的社会生活、政治生活和精神创造活动了。

（2）社会意识的内容归根结底来源于社会存在。一切社会意识都是对社会存在的反映。社会存在具有多种联系，反映社会存在的社会意识也是多种多样的，如经济思想、政治思想、法律思想等。即便是纯粹出自幻想的神话，也可以在社会存在中找到它的某种根源。因此，有什么样的社会存在，就会有什么样的社会意识。

（3）社会意识随着社会存在的变化而变化。社会存在是具体地、历史地变化着的，反映社会存在的社会意识总是要与社会存在的新变化相适应，呈现出社会意识形态的变化和更替。因此，没有永恒不变的社会意识，它必须随着社会存在的变化而或迟或早地发展变化。因而，从根源和发展来看，社会存在永远是第一性的决定方面。

2. 社会意识的相对独立性

社会意识在它对社会存在的依赖中，也具有与社会存在相对脱离、相背离的性质和倾向，存在着相对的自身独立的性质，即社会意识的相对独立性。所谓社会意识的相对独立性，就是指社会意识在反映社会存在，受社会存在决定的同时，还具有自身的能动性和独特的发展规律。它对社会存在的反映是积极的、能动的，它的发展同社会存在的发展并不是保持着严格的一致和平衡。因此，从社会发展的具体过程来看，社会存在与社会意识之间的关系表现为相互作用的矛盾运动。社会意识的相对独立性具体表现在以下几个方面：

---

① 《马克思恩格斯选集》第 2 卷，人民出版社 1995 年版，第 32 页。

第一，社会意识的发展变化与社会存在的发展变化的不完全同步性。这种不同步性表现为两种情形：一是社会意识的变化落后于社会存在的发展。当社会存在发生了根本变化时，反映旧的社会存在的旧的社会意识还可能在相当长的时期内存在，并阻碍或影响着社会的发展。例如，辛亥革命以来，社会制度以及生产方式已经发生了根本性变化，但是封建宗法意识形态的残余至今仍顽固地存在着。家长制、封建迷信、等级特权和男尊女卑等封建意识，仍然对人们的思想产生影响，并没有随封建经济基础的消灭而完全消灭。二是先进的社会意识往往在一定程度上超越社会存在的现有状态，并预见其未来的发展趋势。例如，马克思主义及其科学社会主义的理论就形成在资本主义生产关系条件下，然而对社会发展的前景却做出了科学的预见，成为无产阶级改造旧社会的强大精神力量。这种不同步性的原因在于：一方面，社会意识对社会存在变化的反映需要一个过程，往往通过许多中间环节的变化而逐步完成；另一方面，社会意识一旦形成，就具有一定的稳定性，甚至会变成顽固的传统左右着人们的思维方式。更何况社会意识的主体是具有不同社会地位和物质利益的人们、社会集团或阶级，其思想观念的改变往往受其立场的制约。而先进的社会意识之所以能在一定程度上超越现有实存的社会存在，把握其未来的发展趋势，则是由于代表先进生产力发展要求的阶级和先进分子能顺应时代潮流和社会历史发展的趋势，这鲜明地表现了人的思维的能动性方面。

第二，社会意识的发展同经济发展的水平之间具有不平衡性。根据社会意识依赖社会存在的原理，不同国家在生产方式相同的条件下，其社会意识的发展水平也应是一致的。但现实的历史发展过程表明，并不是经济发达国家的社会意识就一定是最进步、最先进的；同样，经济比较落后的国家，其社会意识也不一定是完全落后的。如18世纪末法国的哲学和政治思想超过了经济发达的英国；而19世纪中期以前经济落后、政治分裂的德国却孕育了马克思主义。这种不平衡状态是由于受具体的和复杂的历史条件的影响所致，包括意识形态发展的政治因素、特定的思想资料和国际的影响等。这说明，社会意识反映经济的发展并不是简单的、机械的对应关系，而是一种复杂的社会历史过程。

第三，社会意识的发展具有特殊的历史继承性。每个时代具体的社会意识的形成都有两个来源：一是对当时社会存在的反映；二是继承历史上遗留下来的精神文化成果。任何社会意识都是两个来源的有机结合。一方面，人们根据自己时代的社会存在的要求去理解、选择、扬弃历史流传下来的精神文化；另一方面，人们又在批判继承的基础上，以新的内容和形式去反映所处时代的社会存在，去反映各种现实的社会关系和社会状况。正是由于社会意识的特殊的历史继承性，人类社会意识及其诸形态的发展才能持续，才有上溯的历史线索和历史渊源。

第四，社会意识对社会存在的反作用是社会意识相对独立性的最重要、最突出的表现。从社会意识反作用的性质上看，有两种情况：一是先进的社会意识对社会存在的发展有积极的促进作用；二是落后的社会意识对社会存在的发展起消极的阻碍作用。反作用的性质如何，主要取决于社会意识的内容是否反映社会发展的客观趋势，能否满足社会进步的需要。凡是符合社会发展的规律，为先进的经济制度服务，反映历史进步趋势，代表先进的社会集团或阶级要求的社会意识，就对社会发展起积极的促进作用。反之，凡是为落后的经济制度服务，其内容与社会历史进程背道而驰，代表腐朽的社会势力的社会意识，就对社会发展起严重的阻碍作用。社会意识反作用的大小通常决定于三个相互联系的因素：一是社会意识多大程度上正确反映了社会存在；二是社会意识多大程度上满足了社会存在的需要；三是社会意识在多大程度上被群众所掌握。一般来说，社会意识越能正确反映社会存在，就越能满足社会存在的需要，也就越能普遍地被广大群众所掌握，因而它对社会发展的促进作用就越大。任何新生的先进的社会意识及其对社会发展的促进作用，总是经历一个由少数人提倡到成为普遍的、占统治地位的发展过程；而落后的反动的社会意识的作用，不管它一时影响多大，但终究会衰落和消失。先进的思想意识，战胜和代替陈腐的落后的社会意识，是社会意识发展的必然趋势。

　　除此之外，社会意识的相对独立性还表现在各种社会意识形式之间的相互影响和作用上。但是，无论社会意识的独立性的表现如何，这种独立性只具有相对的意义。社会意识的独立性是以对社会存在的依赖性为前提的。在这个问题上，要坚持历史唯物主义关于社会存在决定社会意识的基本观点，既要反对抹杀社会意识的能动性和相对独立性的形而上学观点，也要反对把这种能动性和相对独立性加以绝对化的历史唯心主义。正如恩格斯所说，"历史过程中的决定性因素归根到底是现实生活的生产和再生产"①。

　　社会意识对社会存在的依赖性和相对独立性是社会意识的根本特点。这两个方面构成了社会意识的内在矛盾，决定社会意识形成和发展的客观规律性。其中依赖性是基础，是绝对的、无条件的，独立性是依赖性前提下的独立性，是相对的、有条件的；但没有这种相对独立性，各种社会意识形式都不能形成和发展。

　　因此，观察各种社会意识现象都必须从社会存在决定社会意识和社会意识的相对独立性两个方面，进行辩证的观察，才能把握社会意识形成、发展的规律。

三　社会意识的结构和功能

　　在历史发展中产生和发展着的精神生产，它的主要成果就是各种社会意识形式。以反映社会存在为主要内容的社会意识，具有其内在的结构，并发挥着一定的社会功能。

1. 社会意识的结构

　　作为对社会存在的反映的社会意识，它包括社会的人的一切意识要素和观念形态，是对全部社会精神生活及其过程的总概括。弄清社会意识的结构，意味着要揭示出这一复杂的精神构成物是由什么样的

---

① 《马克思恩格斯选集》第4卷，人民出版社1995年版，第695页。

成分组成的，以便确定每个成分在这一体系中的地位，揭示出这些成分的联系和相互关系，以发挥其积极作用。

首先，从意识的主体及主体与社会的关系的角度看，社会意识包括不同的人所持有的个人意识和带有一定整体性、共同性的各种社会集合体的群体意识。个人意识是个人的独特的社会经历、社会地位和社会关系的反映，是在个体所处的环境和所受的教育的影响下，从个体在社会中与他人交往的需要中产生的。个人意识是社会中个体实践的直接产物。个人意识的主要内容是个人的自我意识，以及对个人所处的自然、社会环境，对个人与自然和社会的关系的意识。个人意识存在着明显的差别性。由于社会生活的错综复杂，形成了各具特点的个人意识。个人意识的特点对于社会成员个人的人生态度、生活作风、举止行为有直接的影响，以致会使他选择某一条人生的道路。决定和影响个人意识的因素是多方面的。它包括个人所处的社会物质生活条件、阶级社会中的政治和经济条件、家庭、教育、社会交往、个人的生活实践、个性的成熟程度以及整个社会意识和其他个人的意识对他的影响等。个人意识是随着个人的生活过程、实践过程和整个社会历史的变化而变化的。

群体意识是一定的人群所结成的社会共同体（团体、政党、阶级、民族等）的共同意识。它是群体共同的社会经历、社会地位和社会条件的反映，是群体实践的产物。群体意识是为适应整个社会实践的需要，为维持一定的社会关系和社会秩序而服务的。在阶级社会中，群体意识主要表现为阶级意识。只有统治阶级的意识才是社会中占统治地位的群体意识，对整个社会有决定性的影响。群体意识既不是其全体成员的个体意识的简单汇集，也不是与该群体的各个成员的个体意识完全一致的。群体意识是该群体中个体意识的共同特征或其升华的产物。

群体意识与个体意识是相互联系、相互作用、相互渗透，并在一定条件下相互转化的。社会群体是由有意识的个人所组成，群体意识包括个体意识中有代表性的东西，因而群体意识不能脱离个体意识而独立存在；任何个人的思维，只有在与他人的思想交流中才能实现，任何个体意识都要受到群体意识的制约和影响，因而离开群体意识的个体意识也是不存在的。在群体意识熏陶下形成的个人，体现着群体意识向个体意识的转化；当个体意识为社会群体意识所接受，成为群体或社会共同的精神财富的组成部分时，个体意识就转化为群体意识。因此，必须在个体意识和群体意识的辩证关系中考察社会意识。如果只见个体意识，不见群体意识，就不能看清社会意识存在和发展的共同性和重复性，即不能揭示出社会意识存在和发展的规律性；相反，如果只见群体意识，不见个体意识，那也不能充分了解社会意识存在和发展的丰富性和多样性，同样，也不能正确地把握社会意识的发展。

其次，从意识的层次关系看，社会意识又分为社会心理和社会意识形式。社会心理是一种低层次的社会意识，它直接与日常社会生活相联系，是一种不系统的、不定型的、自发的反映形式，包括人们的情感、情绪、风俗、习惯、成见、社会风气、时尚潮流、审美趣味、自发的倾向和信念，等等。它是对社会存在的比较直接的反映，是不够深刻的、尚未分化的、处于混沌状态的社会意识。而社会意识形式则是一种高层次的社会意识，它是对社会存在的比较间接的反映，是从社会生活中概括提炼出来的一种比较系统的、自觉的、抽象化的反映形式。社会意识形式，其基本的特点之一，就在于它具有明确分工和相对稳定的各种"形式"。如政治和法律思想、宗教、哲学、艺术、道德和科学，等等。

一般来说，社会心理的作用是低层次的，通常表现在人们的日常生活和日常交往中，具有广泛的群众性。它的作用遍及社会的每一个集团、人群、组织的成员，遍及社会生活的各个方面。同整个社会意识一样，社会心理有先进与落后之分，其社会作用也有积极与消极之别。任何社会心理都有一定的时代性、民族性和群众性。在阶级社会里，社会心理有一定的阶级性。而社会意识诸种形式的作用则是高层次的，尤其是执政阶级、执政党的思想体系及其政治、法律观点和哲学思想，等等，其社会作用更为明显、更为突出，它能够在某个或某些领域以至整个社会生活中起主导作用，甚至还可以指导某一时代、某一国家、某一民族和阶级的活动。

　　社会心理与社会意识形式既相互区别，又相互联系、相互作用。社会心理是社会意识形式的思想基础，为一定的社会意识形式的形成和发展，提供最初的动机、激情和丰富的意识素材。某一时代的社会心理是该时代社会意识形式的思想来源之一。而一定社会意识形式则是对一定的社会心理的系统加工、提炼和概括，它给社会心理以深刻的影响，对社会心理具有一定的导向作用。社会心理和社会意识的相互作用，是社会意识发展的内部动力之一，它与总的社会意识和社会存在的相互作用紧密相关。社会存在和社会政治制度通过社会心理对社会意识形式起决定性作用，社会意识又通过社会心理对社会存在和社会政治制度起着巨大的反作用。在这里，社会心理并不是中立的桥梁，而是作为社会意识的一个基本层次和组成部分，参与社会存在与社会意识的相互作用。

　　最后，从是否反映社会的经济及政治关系的角度看，社会意识形式又区分为作为社会意识形态的社会意识形式和不属于社会意识形态的其他社会意识形式。社会意识形态作为社会的思想的上层建筑，是对一定社会经济形态以及由经济形态所决定的政治制度的自觉反映，包括政治、法律观点和艺术、道德、宗教、哲学等社会意识形式。而自然科学和语言学等直接同社会生产力相联系的社会意识形式，不是为特定的经济制度和政治制度服务的，因而不属于社会的思想的上层建筑的范畴。

2. 社会意识形态的本质和社会功能

　　作为思想的上层建筑的社会意识形态，是对一定社会经济形态以及由经济形态所决定的政治制度的自觉反映。它不同于自然科学和语言学、形式逻辑等不反映特定社会集团利益的社会意识形式。但意识形态性与科学性也不是必然对立的，意识形态性并不必然地排斥科学性和客观性。一种意识形态是否具有客观性，是否与科学性相容，取决于这种意识形态所反映的社会集团的利益，是否与历史发展的客观趋势相一致。一般说来，其利益与历史发展的客观趋势相一致的进步

的社会集团的意识形态是与客观性和科学性相容的；而其利益与历史
发展的客观趋势不相一致的反动的社会集团的意识形态，则往往与客
观性、科学性是不相容的。这也就决定了不同性质的社会意识形态，
对社会历史发展所起的作用的性质也是不同的。在一定的社会形态
里，往往有三种不同的社会意识形态。即首先是反映这个社会占统治
地位的经济制度和政治制度，并为其服务的意识形态；其次是旧社会
的意识形态的残余，它反映已被消灭或正在消灭中的旧经济制度和政
治制度，力图为复辟旧社会制度造舆论；再次是现在社会里开始产生
的、代表未来的新社会诸因素的新意识形态，它为新社会的诞生呐
喊，成为建立新的经济制度和政治制度的舆论先导。

　　社会意识形态一经在一定的社会经济基础上产生，就能动地反作
用于社会存在，在整个社会生活中起重要的作用。从性质上看，社会
意识形态对社会存在的反作用有积极和消极、进步和落后、革命和反
动之分。在人类历史上的阶级社会中，凡是代表先进的阶级、社会集
团或社会势力的利益，反映先进生产方式的发展要求，并对社会发展
起促进和推动作用的社会意识形态，其社会作用都是积极的、进步
的、革命的；反之，在人类历史上的阶级社会中，凡是代表腐朽、没
落、反对的阶级、社会集团或社会势力的利益，反映落后生产方式的
要求，并对社会发展起阻碍作用的社会意识形态，其社会作用都是消
极的、落后的、反动的。

　　在人类历史上的阶级社会中，性质不同的社会意识形态之间存在
着对立和斗争，这是不可避免的。性质不同的社会意识形态之间的对
立和斗争，在阶级社会里往往是社会阶级斗争在思想领域中的反映和
表现，是社会阶级斗争的一个重要组成部分。任何淡化甚至否认或抹
杀不同性质的社会意识形态的对立和斗争的观点与做法，在理论上都
是错误的，在实践上则是有害的。革命理论对于动员组织群众起着巨
大的作用，它可以积极地推动社会的进步；反动腐朽的思想则极大地
腐蚀着人们的灵魂，任其泛滥，后果将不堪设想。在我国社会主义初
级阶段，在阶级斗争仍在一定范围内长期存在的历史条件下，意识形
态领域中两种本质对立的思想斗争，仍然具有阶级斗争的性质，而且

具有新的特点。在我国现阶段，四项基本原则与资产阶级自由化的对立和斗争，是当代国际上社会主义和资本主义两种社会制度、无产阶级和资产阶级两种思想体系的对立与斗争在意识形态领域的反映和集中表现。在这两种对立的思想体系的斗争中，必须坚持社会主义和无产阶级的思想体系，反对形形色色的封建主义的、资产阶级的腐朽没落的思想。这是社会主义精神文明建设的一个重要内容。

3. 社会意识形态的各种形式

社会意识形态还表现为多种多样的形式，这些多种多样的社会意识形态形式相互协调、相互补充、相互影响，构成一个完整的社会意识形态体系。其中，重要的有政治思想、法律思想、道德、艺术、哲学和宗教等形式。这些不同的社会意识形态形式，从不同的方面和以不同的方式反映着社会的经济基础和社会的经济、政治生活，并以不同的形式对社会的经济基础和社会的经济、政治生活发挥着反作用。

政治思想是人们关于社会政治生活、政治制度以及各阶级或社会集团的相互关系等问题的理论与观点。法律思想是关于法的关系、规范和设施的观点的总和。政治思想和法律思想的联系极其密切，广义的政治思想就包括法律思想。政治法律思想是特定的社会经济基础和阶级经济利益的最直接、最集中的表现和反映，它直接作用于特定的经济基础，直接为其建立、巩固和发展服务。它在特定社会意识形态体系中居于核心的地位，并成为其他社会意识形态形式同经济基础之间相互作用的中介。

道德是依靠社会舆论和人们的价值信念习惯、传统教育等调整人们之间以及人和社会之间关系的行为规范的总和，包括伦理思想和在伦理思想指导下的人的行为所体现的情感、情操等。道德比较直接地反映人们在社会生活中的相互关系，并使这些关系更全面、更具体地体现在人们的行为之中。在阶级社会中，道德具有阶级性，每一个阶级都有自己的道德观念、道德准则和道德评价尺度。

艺术是通过塑造具体生动的形象来反映社会生活的意识形态，它是借助于形象的美来表现人们对社会生活的感受、感情、愿望、信念和理解，并用美的感染力具体地影响社会生活和人们的价值追求。艺术包括文学、戏剧、舞蹈、音乐、电影、电视、雕塑、绘画等具体的形式。每个社会的经济基础、阶级关系、经济生活和政治生活都制约着艺术这种社会意识形态形式，同时其他的社会意识形态形式以及传统文化也直接或间接地影响着艺术。

哲学既是关于各种具体科学知识的概括和总结，又是一种社会意识形态。哲学同其他的社会意识形态共同构成一定的社会意识形态体系。哲学作为社会意识形态，也是一定社会存在的反映，最根本的是对一定社会的人的社会关系的反映。社会是人的社会，人是社会的人。人总是生活在一定的社会关系之中，在阶级社会则是生活在阶级关系之中。这种特定的社会存在决定着人们的思想意识和价值观念的形成，决定着人们总是从自己所处的社会地位、自己的阶级利益出发来观察世界、来处理自己同外部世界的关系。这也正是一定的世界观和哲学学说形成的过程。在阶级社会中，哲学作为一种社会意识形态，具有鲜明的阶级性。

由于哲学是系统化、理论化的世界观，这就不仅使它这种社会意识形态在整个社会意识形态体系中处于核心的地位，而且在整个人类精神世界中都处于核心的地位。在人的精神世界中哲学起着渗透和指导一切的灵魂作用。哲学是系统化、理论化的世界观，而运用这个关于世界的根本观点去认识、评价、改造世界，就是方法论。哲学既是人们认识世界的根本方法、评价世界的根本方法，更是人们改造世界的根本方法。而马克思主义哲学作为科学的系统化、理论化的世界观，它实现了意识形态性与科学性的有机统一。

宗教是一种十分复杂的社会历史现象。它一般由宗教徒、宗教意识、宗教组织和制度、宗教活动等要素所构成。宗教是人类历史上一种普遍的社会现象，世界各国、各民族都有宗教的存在，并对不同历史时期的民族或国家的社会生活、政治结构、文化风尚、伦理道德等产生过程度不同的影响。全世界目前存在多种宗教。世界性的宗教有佛教、基督教和伊斯兰教。

从广义上讲，宗教不仅包括宗教观念，同时也包括与宗教观念相联系的宗教情感、宗教仪式和教团组织等。

我们这里所讲的"宗教"，主要是指宗教观念，并由这种观念引起信仰者的某种情感的体验。从这个意义讲，宗教是一种社会意识形态，是由一定社会历史条件所决定的并对经济基础起反作用的观念的上层建筑。宗教是一种特殊的意识形态。因而具有自己的特殊本质。

首先，宗教是一种颠倒的、幻想的世界观。正如恩格斯指出："一切宗教都不过是支配着人们日常生活的外部力量在人们头脑中的幻想的反映，在这种反映中，人间的力量采取了超人间的力量的形式。"[①] 这种"幻想的反映"，是宗教反映社会存在的不同于其他社会意识形态的显著特点。世界上一切宗教信仰和崇拜的对象，都是人幻想出来的东西。无论是佛教的佛、基督教的上帝、伊斯兰教的真主、道教的元始天尊，还是原始宗教的神灵鬼怪等，都是人们在反映现实中幻想的产物。人们的一切观念，包括那些虚幻的、错误的观点和观念，在本质上都是一种反映。

其次，宗教世界观所幻想反映的本质内容，是"支配着人们日常生活的外部力量"。在宗教世界观中，这种"支配着人们日常生活的外部力量"都包括什么呢？最早是自然力量，后来除自然力量外，社会力量也起了作用。这种社会力量和自然力量本身一样，对人来说是异己的，最初也是不能解释的，它以同样的表面上的自然必然性支配着人。最初仅仅反映自然界的神秘力量的幻想，现在又获得了社会的属性，成为历史力量的代表者。也就是说，这种"支配人们日常生活的外部力量"有两类，即异己的自然力量和异己的社会力量。在社会历史发展过程中，由于这些异己的外部力量给人们带来深重的苦难，人们又无法解释其产生的原因，更感到无力与之抗衡，于是就对它产生了深深的敬畏心理。在这种情况下，人们就通过幻想将它人格化，将它神化，将它作为信仰和崇拜的偶像。

再次，"人间力量采取了超人间力量的形式"是宗教世界观的基本特征。在人类历史上，人们对支配着自己日常生活的异己的自然力

---

① 《马克思恩格斯选集》第 3 卷，人民出版社 1995 年版，第 666—667 页。

量和社会力量无法控制，对它们给人类带来的灾难万分恐惧。但在对这些异己的力量的认识没有采取"超人间"的形式之前，人们不会产生宗教信仰和崇拜；而当人们采取"超人间"的形式来反映异己的外部力量时，也就是说，把自然的力量超自然化，把社会力量神圣化，把人们的思想和追求的境界超世俗化，就产生了一个宗教的、神的世界。

总之，宗教作为一种特殊的社会意识形态，其本质在于它是以"幻想的"方式、"超人间"化的方式，去反映"支配着人们日常生活的外部力量"，是一种颠倒的、幻想的世界观。

四　社会主义核心价值体系是社会主义意识形态的本质体现

"社会主义核心价值体系是社会主义意识形态的本质体现。"中国共产党十七大的这一论断深刻揭示了社会主义核心价值体系的地位和作用。社会主义核心价值体系是社会主义意识形态的核心内容和最重要的组成部分，是社会主义制度在价值层面的本质规定，集中体现了最广大人民的根本利益。

1. 社会主义核心价值体系的内涵

一个国家、一个民族、一个社会在长期共同的认识和实践活动中，必然要形成一定的价值体系，其中居核心地位、起主导和统领作用的就是其核心价值体系。核心价值体系总是与社会基本制度及其要求相适应的，是社会意识形态的本质体现，是一定的社会系统得以运转，一定的社会秩序得以维持的基本精神依托。

马克思主义指导思想，中国特色社会主义共同理想，以爱国主义为核心的民族精神和以改革创新为核心的时代精神，社会主义荣辱观，构成社会主义核心价值体系的基本内容。

这四个方面相互联系、相互贯通、相互促进，是有机统一的整体。马克思主义指导思想，是我们立党立国的根本指针，强调了社会主义核心价值体系的灵魂；中国特色社会主义共同理想，是全国各族人民团结奋斗的强大动力，突出了社会主义核心价值体系的主题；以爱国主义为核心的民族精神和以革命创新为核心的时代精神，是中华民族生生不息薪火相传的精神支撑，反映了社会主义核心价值体系的精髓；社会主义荣辱观，是中华民族传统美德、优秀革命道德与时代精神的有机结合，体现了社会主义核心价值体系的基础。社会主义核心价值体系是社会主义制度的内在精神之灵魂，渗透于经济、政治、文化、社会建设的各个方面，为中国特色社会主义的发展提供了思想精神基础。

2. 用社会主义核心价值体系引领社会思潮

社会思潮是社会意识的一个重要现象，一般是指在一定时期内、反映某一阶级或阶层利益和要求、得到广泛传播并对社会生活产生某种影响的思想趋势或思想潮流。社会思潮在任何社会和任何时代都存在，特别是在社会大变动、大变革年代，各种社会思潮尤为突出和活跃。当前，随着改革开放和社会主义市场经济的不断深入，人们在思想认识、道德选择、价值取向等方面的独立性、选择性、多变性、差异性日益增强，社会价值观念日趋多样。马克思主义在意识形态领域的指导地位不断得到巩固和加强，但各种非马克思主义的思想意识也有所增多。与时代进步相适应的先进思想观念在不断发展，但愚昧落后以及一些丑恶现象还依然存在。思想文化多元、多样、多变的趋势在现阶段是无法避免的，要毫不动摇地坚持马克思主义的指导地位，用一元化的指导思想引领多样化的社会思潮，巩固和发展积极健康向上的主流意识形态；用社会主义核心价值体系引领社会思潮，既尊重差异、包容多样，又有力抵制各种错误和腐朽思想的影响，努力在多元中立主导、在多样中求统一，使社会主义核心价值体系成为我国社会精神生活的主旋律。

（赵甲明 清华大学马克思主义学院教授、博士生导师）

第 七 讲

马克思主义国家观

马克思虽然在有生之年并没有完成他的夙愿，写出一部有关国家的鸿篇巨制，① 但他在探索人类发展规律，创立历史唯物主义的过程中，确立了以社会为中心来研究国家问题的路径，揭开了国家的神秘主义面纱，实现了对国家神话的祛魅，对国家的本质属性及其发展规律做了鞭辟入里的剖析。马克思的国家观不仅有助于清理思想史上有关国家理论混乱不堪的局面（列宁语），而且对于我们立足于当代的社会实践来认识新形势下的国家地位、作用等仍具有指导价值。

然而长期以来，马克思的国家观备受争议。概括起来，大体有两种具有代表性的观点。一种观点认为马克思缺乏系统的国家观。例如，科莱蒂（L. Colletti）就提出，"马克思主义缺少一个真正的政治理论"，马克思的政治著作"都重复了卢梭早已发现了的主题"，"没有在卢梭的思想上增添任何东西"。② 另一种观点则认为马克思主义

---

① 在马克思的有生之年，他多次萌发过写一部有关系统论述国家问题的专著。例如，在 1844 年 11 月，他拟订过一个《关于现代国家的著作的计划草稿》，共 9 点：（1）现代国家起源的历史或者法国革命；（2）人权的宣布和国家的宪法；个人自由和公共权力；自由、平等和统一；人民主权；（3）国家和市民社会；（4）代议国家和宪章；……（9）选举权，为消灭［Aufhebung］国家和市民社会而斗争（见《马克思恩格斯全集》第 42 卷，人民出版社 1979 年版，第 238 页）。草稿的基本点同《克罗茨纳赫笔记》所编的各目索引的要点是一致的。在 1858 年 2 月 22 日给拉萨尔的信中，马克思提出了自己的理论研究计划，它分为 6 本书，分别是《资本论》、《土地所有制》、《雇佣劳动》、《国家》、《国际贸易》、《世界市场》，但是马克思未能实现撰写一部专门论述国家问题的著作的计划。（见《马克思恩格斯全集》第 29 卷，人民出版社 1972 年版，第 531 页）

② L. Colletti. From Rousseau to Lenin［M］. New York：Monthly Review Press, 1972, p. 185.

将国家视为阶级压迫的工具，已经过时。为了消除这些非议与误解，我们有必要回到马克思、恩格斯的相关著作，对他们的国家观进行系统研究，挖掘其内在理论线索，恢复马克思主义国家观的重要地位。

一　社会优先于国家的方法论

国家是政治哲学的主题，在马克思之前的诸多理论家对国家的产生、形式、本质等进行了探讨，形成了汗牛充栋的理论成果。然而，综观这些探讨，不难发现它们都表现出了一种缺陷，即在研究方法上，它们都或多或少地受到唯心主义历史观的制约，局限于从哲学领域思辨地分析国家，无法于根本上对国家做出真正科学的解释。恩格斯在1891年《法兰西内战》单行本"导言"中对其实质进行了分析："按照哲学概念，国家是'观念的实现'，或是译成了哲学语言为尘世的上帝王国，也就是永恒的真理和正义所借以实现或应当借以实现的场所。由此就产生了对国家以及一切有关国家的事物的盲目崇拜。尤其是人们从小就习惯于认为社会的公共事业和公共利益只能像迄今为止那样，由国家和国家的地位优越的官吏来处理和维护，所以这种崇拜就更容易产生。"① 对国家的崇拜导致这些理论家将国家视为一个自足的领域，从而忽略了国家赖以立足的更宏大的社会背景。

马克思最初也是国家的崇拜者，但随着社会阅历的丰富，理论修养的提高，他逐渐走出对国家的崇拜，形成了社会优先于国家的历史观。哈佛著名女政治学家斯科克波（Theda Skocpol）将其概括为"社会中心论"② 的思路。

黑格尔是理性国家观的集大成者。他将国家视为"伦理理念的现实"，"是绝对自在自为的理性东西"。③ 个人与国家的关系是偶体与

---

① 《马克思恩格斯选集》第3卷，人民出版社1995年版，第13页。

② Peter B. Evans, Dietrich Rueschemeyer, Theda Skocpol , eds. Bring the State Back in [M] . Cambridge：Cambridge University Press, 1985, p. 5.

③ ［德］黑格尔：《法哲学原理》，范扬、张企泰译，商务印书馆1982年版，第253页。

实体的关系。"由于国家是客观精神，所以个人本身只有成为国家成员才具有客观性，真理性和伦理性。"① 国家是精神实现的恰当社会形式，个人的实体是精神，因此唯有成为国家的成员，个人才能获得自己的本质规定。

　　然而，现实中存在的国家具有种种缺陷，② 并不符合黑格尔的理性国家形象。他通过区分国家的逻辑与历史来解释这种不一致现象。现实国家是国家理念的个别和特殊环节，它属于历史，因此难免受到"任性、偶然事件和错误"③ 等因素的影响，使国家的形象受到损害，这仅仅是国家发育尚未完善的表现，随着国家的趋于完善，这些缺陷将会消失。根据他的论述，国家理念经过三个发展阶段得以完全实现。在第一阶段，即不成熟的国家中，"国家的概念还被蒙蔽着"，④古典的古代国家是第二阶段，普遍性已经出现，但特殊性还没有获得自由，唯有在第三阶段，即现代国家中，特殊性与普遍性才实现完全的结合，国家理念得以实现，个人实现伦理性的存在。

　　马克思对现实国家的缺陷有着不同于黑格尔的态度，他不是将现实国家的缺陷视为国家理念发展所要付出的必然代价。1842 年 5 月，他脑子里装着黑格尔的理性国家观步入社会舞台。⑤ 作为《莱茵报》的主编，他深入到火热的现实生活，遭遇了"下流的唯物主义"。在

---

　　① ［德］黑格尔：《法哲学原理》，范扬、张企泰译，商务印书馆 1982 年版，第254 页。

　　② 黑格尔在其著作中多次论及国家的缺陷。在 1802 年的《德国法制》中，他在其开篇就写道："德国已不再是个国家"，其原因是德国缺乏统一的最高权力，国内小邦林立，各等级自行其是，公法沦落为私法。在《历史哲学》中，他认为只有当等级的差别已存在，贫富悬殊，大量的需要无法被满足时才会产生国家。

　　③ ［德］黑格尔：《法哲学原理》，范扬、张企泰译，商务印书馆 1982 年版，第 259 页。

　　④ 同上书，第 261 页。黑格尔对国家理念与现实国家关系的解释被新黑格尔主义者鲍桑葵在《国家的哲学理论》中所接受，他认为国家本身代表了公共意志，它的最终目的是求得美好生活，排除实现普遍幸福的障碍，充分发挥人作为人的能力。然而现实的国家却可能存在种种缺陷，这是因为现实的国家不完全等同于国家本身，它们在原则上可能背离维护尽可能好的生活条件这个主要职责。至于国家的代理人则更可能倒行逆施。

　　⑤ 在进入《莱茵报》之前，马克思在给卢格的信中写到要对黑格尔的法哲学进行批判，但当时他所要批判的并不是黑格尔的理性国家观，而是黑格尔将君主立宪制等同于理性国家，在青年黑格尔派的影响下，马克思认为应该以民主制取代君主立宪制。

莱茵省议会辩论中，他看见等级代表们在私人利益的支配下，把国家、法以及官员等都拉到私人利益的水平，"一切国家机关都应成为林木占有者的耳、目、手、足，为林木占有者的利益探听、窥视、估价、守护、逮捕和奔波"①。在《摩塞尔记者的辩护》中，他再次目睹官僚制度囿于自身利益对解决贫困问题的无能为力。其根本原因是这些官僚们"把昭然若揭的现实拿来同官方的即国家的文件中证明无误的现实比较，同依据这种官方现实的观点比较，就以为前者是虚构的"②。巧合的是，这也是马克思当时所持的逻辑，即"忽视各种关系的客观本性，而用当事人的意志来解释一切"③。他也许并没有意识到自己的逻辑与官僚逻辑的相似，但有一点是难能可贵的：当历史与逻辑不一致时，他不是像黑格尔那样以逻辑取代历史，而是对逻辑本身产生了怀疑。根据拉宾的考证，马克思由此决定彻底批判黑格尔的理性国家观。

从《莱茵报》辞职，重回书斋为他提供了积累学识的机会。在克罗茨纳赫，他围绕着所有制关系同国家的联系进行了大量的阅读，初步清理了他的理性国家观。如，在阅读兰克的《论法国的复辟》时，马克思借此对黑格尔的国家观评论说："长子继承制这样把国家观念的要素变成主词，而把国家存在的旧形式变为宾词——但是在历史现实中情况恰好相反：国家观念始终都是国家存在的那些［旧］形式的宾词——他这样做只不过说出了时代的一般精神，他的政治神学。"④ 这种以主谓颠倒批判黑格尔国家观的逻辑，被马克思在《黑格尔法哲学批判》中充分使用。

在《法哲学原理》中，黑格尔将市民社会和国家视为伦理理念发展的必然环节。由于市民在追逐自我利益时没有意识到普遍性原则，这导致特殊性与普遍性分离，市民社会虽然借助于警察和同业公会能对特殊利益作为普遍利益来关怀，但特殊利益最终陷入坏无限，贫富

---

① 《马克思恩格斯全集》第1卷，人民出版社1956年版，第160页。
② 同上书，第225页。
③ 同上书，第216页。
④ 《马列著作编译资料》第12卷，人民出版社1980年版，第36页。

悬殊导致贱民的产生。市民社会的缺陷使它产生了对国家的需要。国家能够通过行政权和等级议会对市民进行教化，使他们意识到普遍性，从而维持市民社会的存在。由此逻辑出发，黑格尔认为国家决定市民社会。

然而在《黑格尔法哲学批判》中，马克思首先就揭示了黑格尔市民社会与国家关系观的内在矛盾。一方面，由于市民社会作为特殊领域，它的本质与国家的普遍性本质不一致，因此，市民社会的"利益"、"法规"、"本质的规定"相对于国家来说，处于一种依存和从属的地位，市民社会相对于国家来说是一种外在必然性；但另一方面国家又需要借助于特殊利益存在，国家是特殊利益的内在目的。马克思认为这是一个无法解决的二律背反，它源自黑格尔"逻辑的泛神论的神秘主义"，将"理论变成了独立的主体，而家庭和市民社会对国家的现实关系变成了理念所具有的想象的内部活动"，① 这是一种倒谓为主的颠倒逻辑。马克思实现了对黑格尔的国家与市民社会观的颠倒，市民社会是国家的前提，它们才是真正的活动者，市民社会产生了国家，而不是相反。

由于近代市民社会的独特内涵，马克思对市民社会首要性的发现，使他在国家理论上迈出了关键的一步。市民社会在西方近代取得了经济社会的内涵。例如，洛克认为市民社会是个人权利得以实现的领域。人们享有的一切权利都与财产权相关。建立国家和自治政府的主要目的，就是保护个人的财产权。斯密则将市民社会称为商业社会，它是由分工以及与此相关联的交换关系构成的。黑格尔将斯密的市民社会思想概括为"需要的体系"。马克思通过研究黑格尔的《法哲学原理》，不仅发现了市民社会相对于国家的优先性，而且意识到要解剖市民社会就需要深入到政治经济学中去。这使他对国家的探讨转入物质利益关系领域。

在《德意志意识形态》中，马克思、恩格斯初步系统阐述了他们研究国家观的方法论："那些决不依个人'意志'为转移的个人的物

---

① 《马克思恩格斯全集》第 1 卷，人民出版社 1956 年版，第 250 页。

质生活，即他们的相互制约的生产方式和交往方式，是国家的现实基础，而且在一切还必须有分工和私有制的阶段上，都是完全不依个人的意志为转移的。这些现实的关系绝不是国家政权创造出来的，相反的，它们本身就是创造国家政权的力量。"① 客观的物质交往关系决定了国家的产生、本质以及存在。"法的关系正像国家的形式一样，既不能从它们本身来理解，也不能从所谓人类精神的一般发展来理解，相反，它们根源于物质的生活关系，这种物质的生活关系的总和，黑格尔按照 18 世纪的英国人和法国人的先例，概括为'市民社会'。"② 深入到市民社会的经济内涵中，马克思不仅破解了历史发展的秘密，也破解了国家的秘密。

二　从共同体到虚幻的共同体：
马克思对国家认识的深入

国家是共同体的思想源远流长。根据亚里士多德的理论，国家（城邦）是早期各级社会团体（家庭、村坊）自然生长的终点，它的实际存在是为了"良善的生活"。黑格尔的国家是抽象法和道德的扬弃。当抽象法和道德通过扬弃达到国家时，它们的独特性依然被保留，但它们的对立性不复存在。经过这样一个辩证发展而实现的统一体被黑格尔称为具体的同一，即包含差别而取消了对立的统一体。佩尔津斯基（Z. A. Pelczynski）认为黑格尔所谓的国家实质是一种伦理共同体。③ 马克思对国家是共同体的思想经历了从接受到批判的思想发展历程。在早期，他接受了黑格尔对国家是共同体的思想，但随着他的唯物史观的发展成熟，对市民社会认识的深入，他逐渐意识到国家并不是理想的共同体，它对于社会来说，是一种虚幻的，甚至是冒充的共同体。

---

① 《马克思恩格斯全集》第 3 卷，人民出版社 1960 年版，第 377—378 页。

② 《马克思恩格斯全集》第 31 卷，人民出版社 1998 年版，第 412 页。

③ Pelczynski, Z A. The State and Civil Society：Studies in Hegel's Political Philosophy. Cambridge：Cambridge University Press, 1984, p. 55.

国家是区别于市民社会的共同体。近代西方，随着商品经济的发展，资产阶级政治解放运动的蓬勃开展，市民社会逐渐从政治领域中解放出来。政治国家取得不同于市民社会的内涵，"国家与社会是共存的，作为特殊情况也是以一定的方式相互联系的集合体而共存的。不论就其范围，还是就其界限，抑或其生活内容来说，它们都不是重叠的"①。在《论犹太人问题》中，马克思对此进行了论述："完备的政治国家，按其本质来说，是和人的物质生活相反的一种类生活"，"前一种是政治共同体中的生活，在这个共同体中，人把自己看做社会存在物；后一种是市民社会中的生活，在这个社会中，人作为私人进行活动，把别人看做工具，把自己也降为工具，成为外力随意摆布的玩物。政治国家和市民社会的关系，正像天和地的关系一样。"②除了上述的国家从属于政治领域，市民社会从属于经济领域，两者是经济与政治的关系外，③马克思当时接受了黑格尔对政治国家的规定，认为政治国家是理性共同体，是普遍性的领域，实现了人的类本质和类生活。市民社会却是个特殊性的领域，是有产者不顾贫民的死活追求他们私利的领域。"实际需要和利己主义就是市民社会的原则"。④这两个领域处于一种天与地的对立关系之中。

然而，随着马克思唯物史观的发展，他逐渐认识到国家并非如亚里士多德和黑格尔所言，是一个理性的伦理共同体。在《德意志意识形态》第一章马克思所标的第56页最上部分，马克思、恩格斯列举了形形色色的共同体：共同体的冒充品（surrogaten der Gemein-schaft），虚假的共同体（scheinbare Gemeinschaft），虚幻的共同体（illusorische Gemeinschaft），真正的共同体（wirklische Gemeinschaft）。根据这些论述，虚假的共同体和虚幻的共同体属于共同体的冒充品，它不具有真正共同体的规定性。真正的共同体"是各个人的联合，是

---

① ［德］亨利希·库洛：《马克思的历史、社会和国家学说》，上海世纪出版集团2006年版，第246页。

② 《马克思恩格斯全集》第1卷，人民出版社1956年版，第428页。

③ 同上书，第14页。

④ 同上书，第448页。

把个人的自由发展和运动的条件置于他们的控制之下的联合"①，在这种共同体中，个人获得全面发展才能的手段，实现了个人的自由。国家不具有这些特点，它是共同体的冒充品，是虚幻和虚假的共同体。在《论犹太人问题》中，马克思指出资产阶级政治革命导致人的二重化存在：作为公民存在于政治国家中，作为市民存在于市民社会中。"在国家中，即在人是类存在物的地方，人是想像中的主权的虚拟的分子；在这里，他失去了实在的个人生活，充满了非实在的普遍性。"② 在国家生活中，人是唯灵论的存在物，从逻辑上符合于人作为类存在物的规定，但这样的人不是现实的人，而是抽象的人。因此国家对于现实的个人来说只是想象和虚假的共同体。在《德意志意识形态》中，马克思指出现实中的个人不是以个人的身份进入国家生活中的，而是以阶级的身份。个人属于哪个阶级并不取决于他的自由选择。"阶级对各个人来说是独立的，因此各个人可以发现自己的生活条件是预先确定的，他们个人在生活上的地位以及随之而来的他们的人格发展是由阶级决定的，他们隶属于阶级。"③ 对于进入国家生活的阶级来说，他们内部也存在分工，即使对于统治阶级的个人来说，他也并不能完全实现个人的自由和才能的全面发展。

国家之所以不是真正的共同体，这源自国家所代表的利益。市民社会存在着特殊利益与特殊利益、特殊利益与普遍利益的矛盾。黑格尔认为官僚机构和官僚阶层是中间阶级的主要组成部分，是普遍性的等级，它是王权的客观化，通过执行和实施国王的决定，使市民社会的特殊从属于普遍。在《黑格尔法哲学批判》中，马克思从逻辑上对黑格尔的论证进行了归谬。官僚的普遍性是以市民社会与国家、特殊利益与普遍利益的分离为前提的，是缺乏内容形式主义的普遍性。但它的实质内容则是：官僚使自己成为国家中的同业公会，将集团的利益提升为国家的目的，以国家政权为手段实现集团特殊利益。单个

---

① 广松涉：《文献学语境中的〈德意志意识形态〉》，南京大学出版社 2005 年版，第 128 页。

② 《马克思恩格斯全集》第 1 卷，人民出版社 1956 年版，第 428 页。

③ 广松涉：《文献学语境中的〈德意志意识形态〉》，南京大学出版社 2005 年版，第 120 页。

官僚则会将国家的目的变成他个人升官发财、飞黄腾达的手段。在《德意志意识形态》中，马克思、恩格斯再次指出国家所代表的普遍利益仅仅是形式，它的内容不是全体利益，而是阶级的共同利益，① 相对于社会的普遍利益来说，阶级的共同利益只是特殊利益，"对于被统治的阶级来说，它不仅是完全虚幻的共同体，而且是新的桎梏"②。虽然从本质上看，国家仅仅是共同体的冒充品，但在现实历史中，它却采取了独立于社会的"共同体的形式"存在。根据马克思、恩格斯的分析，存在着这样几个原因：

其一，现实根源是国家在特定历史阶段确实代表着更多人的共同利益。从质上讲，普遍利益相当于卢梭的公意。但从量上讲，普遍利益是对现实个体利益的涵盖，是一个特殊利益的交集，特殊利益越多，这个交集也就越大，它也就越接近于全体利益。在革命时期，革命阶级"的利益在开始时的确同其余一切非统治阶级的共同利益还有更多的联系，在当时存在的那些关系的压力下还不能够发展为特殊阶级的特殊利益"，"每一个新阶级赖以建立自己统治的基础，总比它以前的统治阶级所依赖的基础要宽广一些"③。

其二，国家虽然是社会的产物，但它一旦产生，就取得了独立的形式。早期马克思将国家视为与社会平行的共同体，这表明国家具有它的独特性。在《德意志意识形态》中，国家虽然被视为阶级利益的工具，但马克思并没有否定国家的独立性。国家是有机体，它具有一套内部结构。

国家以法的形式实施统治。"国家是统治阶级的各个人借以实现

---

① 黑格尔在《法哲学原理》中通过批判卢梭的公意，区分了普遍意志和共同意志，这对于理解普遍利益和共同利益的区别具有启发意义。普遍意志是合乎理性的意志，共同意志仅仅是单个意志的联合，是单个意志中的共同东西。由此我们可以推断出普遍利益与共同利益的区别。普遍利益是符合于社会整体的利益，共同利益则是单个利益的集合，两者存在质上的差异。但由于社会是由个体的关系组成，因此共同利益与普遍利益在量上可以比较。当共同利益是全体的共同利益时，也可以视为一种普遍利益。

② 广松涉：《文献学语境中的〈德意志意识形态〉》，南京大学出版社2005年版，第122页。

③ 同上书，第70页。

其共同利益的"，"资产者之所以必须在法律中使自己得到普遍表现，正因为他们是作为阶级进行统治的"①。国家所实现的是统治阶级的共同利益，而不是统治阶级成员的单个利益。基于单个利益和共同利益之间的不一致性，国家有必要采取法的形式来治理。根据黑格尔的理论，法是以自由意志为基础的，它是自然正义的实现（法［Recht = 权力 = 正义]），它的程序保证了形式上的平等，对于统治者和被统治者都有效。这使国家取得第一重共同体的表象。

统治阶级要借助于行政机关和官僚进行统治。官僚具有它自己的特殊利益，这使国家取得超越于特殊统治阶级的表象。官僚阶层是国家政权的实际操纵者，它是统治阶级的政治代理人。从逻辑上，官僚阶层与统治阶级的利益是同一的。但在《路易·波拿巴的雾月十八日》中，马克思通过分析法国国内阶级斗争的形势，发现统治阶级内部党派林立，并非是铁板一块，这导致官僚阶层不仅可能沦落为统治阶级某个党派的利益工具，而且还可能取得超越于所有阶级、独立于社会之上的假象。1848 年"二月革命"之后，法国国内存在着资产阶级、无产阶级、小农阶级、流氓无产阶级以及旧的封建地主残余势力。资产阶级内部又存在着金融资产阶级、工业资产阶级、商业资产阶级、小资产阶级。这些不同的派别根据其政治倾向，大致可被分为民主派、共和派、王权反对派以及保皇派。不同党派的斗争导致法国政权形式经历了走马灯式的更换，这些不同党派的代表人物在历史舞台上轮番登台表演。七月王朝是金融资产阶级的王朝；制宪国民议会是工业资产阶级的代表；宪制共和国是联合保皇党，即秩序党这个大资产阶级的代表，但它的内部存在着地产资产阶级和金融资产阶级的斗争。这些历史闹剧的结果是路易·波拿巴的政变，它使官僚制度发生了重大转变："但是在君主专制时代，在第一次革命时期，在拿破仑统治时期，官僚不过是为资产阶级的阶级统治进行准备的手段。在复辟时期，在路易—菲利普统治时期，在议会制共和国时期，官僚虽

---

① 广松涉：《文献学语境中的〈德意志意识形态〉》，南京大学出版社 2005 年版，第150、154 页。

力求达到个人专制，但它终究是统治阶级的工具。只是在第二个波拿巴统治时期，国家才似乎成了完全独立的东西。和市民社会比起来，国家机器已经大大地巩固了自己的地位。"① 不仅如此，不同政党之间的竞争还加深了国家超越于统治阶级的假象。恩格斯在 1891 年的《法兰西内战》单行本"序言"中对美国政治的分析即指出了这个现象："那里没有王朝，没有贵族，除了监视印第安人的少数士兵之外没有常备军，不存在拥有固定职位或享有年金的官僚。然而我们在那里却看到两大帮政治投机家，他们轮流执政政权，以最肮脏的手段用之于最肮脏的目的。"② 官僚政治将国家视为实现他们特殊利益的工具，造成了国家独立于统治阶级的假象，这使国家取得第二重共同体表象。

资产阶级国家在现代逐渐采取了代议制，这使国家取得全社会利益共同体的表象。代议民主制的实施，使被统治阶级有可能利用政权的合法性形式为其谋取利益。恩格斯在《1891 年社会民主党纲领草案批判》中认为："我们党和工人阶级只有在民主共和国这种政治形式下才能取得统治。这种民主共和国甚至是适用于无产阶级政权专政的一种特殊形式。"③ 议会制使得统治阶级的利益得到保障，也使被统治阶级似乎能够获得表达自己利益的机会，这使国家取得第三重共同体表象。

意识形态家使国家的统治取得了思想统治的假象。统治阶级不仅使自己成为社会上占统治地位的物质力量，他们还要自觉地使自己成为社会上占统治地位的精神力量。国家还具有意识形态机器的功能。在统治阶级内部，一部分人作为该阶级的思想家出现，他们的职业是编造该阶级的幻想和意识形态，另外一部分人则消极地接受这些幻想和意识形态。在《德意志意识形态》中，马克思、恩格斯分析了统治阶级思想家制造幻想和意识形态的工作机制：（1）将统治阶级的思

---

① 《马克思恩格斯全集》第 8 卷，人民出版社 1961 年版，第 216 页。
② 《马克思恩格斯全集》第 3 卷，人民出版社 1995 年版，第 12 页。
③ 《马克思恩格斯选集》第 4 卷，人民出版社 1995 年版，第 412 页。

想从统治阶级本身剥离，承认思想和幻想在历史上的统治；（2）使思想统治具有某种相继出现的秩序，这些思想是自我规定的；（3）将这些自我规定的思想人格化，将思想变为某种人物——"自我意识"、"思维着的人"、"哲学家"、"意识形态家"。用德里达的话来说，就是将这些思想制造成若干的幽灵。通过这样三个步骤，统治阶级将自己的思想赋予了普遍性的形式，他们的特殊利益变成了社会的普遍利益，统治阶级中的"普遍的东西"变成了社会中占据统治地位的东西，这使国家取得第四重共同体表象。

从统治的方式、方法、形式以及机制人员保障，再到意识形态包装，统治阶级实现了国家的赋型，国家是脱离于单个利益和全体利益的独立形式，是一种共同体。但由于它不具有真正共同体的规定性，国家只是虚幻和虚假的共同体，是共同体的冒充品。

三　阶级性与公共性：国家的二重性

国家作为虚幻的共同体，它具有两个规定，一是国家以共同体的形象存在；二是国家作为共同体的存在具有虚幻性。国家具有二重性。

从国家的起源看，国家是生产力发展到一定历史阶段，分工发展的产物。在《德意志意识形态》中，马克思、恩格斯分析了分工与国家产生的关系。分工是生产力发展的表现，它随着生产力的发展而发展。分工包括社会分工和企业内部分工。社会分工实现了劳动的社会分割，每个劳动者虽然分别生产他们自己的产品，但通过交换，这些独立劳动者联合为一个整体。因此，马克思、恩格斯认为互相交往的个人所形成的共同利益不仅仅"作为一种'普遍的东西'存在于观念之中，而且首先是作为彼此有了分工的个人之间的相互依存关系存在于现实之中"①。然而，由于分工尚处于自然形成的阶段，它作

---

① 广松涉：《文献学语境中的〈德意志意识形态〉》，南京大学出版社 2005 年版，第34 页。

为一种强制力量支配着个体，每个人在生产和交换中的联合并非出于自愿，因此，他们没有意识到由他们的联合所产生的力量是他们自身的力量，这导致特殊利益与普遍利益的对立。这种对立在私有制下以阶级对立的形式表现。① 由此产生了对国家的需要。"国家是承认：这个社会陷入了不可解决的自我矛盾，分裂为不可调和的对立面而又无力摆脱这些对立面。而为了使这些对立面，这些经济利益互相冲突的阶级，不致在无谓的斗争中把自己和社会消灭，就需要有一种表面上凌驾于社会之上的力量，这种力量应当缓和冲突，把冲突保持在'秩序'的范围以内；这种从社会中产生但又自居于社会之上并且日益同社会相异化的力量，就是国家。"② 社会内部的斗争产生了对国家的需要。

　　但随着马克思、恩格斯对现实社会认识的深入以及研究视野的拓宽，他们逐渐意识到国家不仅仅是阶级冲突的产物，社会的公共需要也是国家的重要起源。在《反杜林论》和《论住宅问题》中，恩格斯对此进行了论述。他以"还存在着平等的开化得比较晚的民族的原始农业公社"为例。"在每个这样的公社中，一开始就存在着一定的共同利益，维护这种利益的工作，虽然是在全体的监督之下，却不能不由个别成员来担当……这些职位被赋予了某种全权，这是国家权力的萌芽。"③ 这些共同利益具体包括：随着财富占有的不平等加剧，将冲突保持在一定的秩序内的需要；社会上几个部落联合作战的军事需要；共同的宗教仪式以及祀奉某一个神的需要，等等。"在社会发展某个很早的阶段，产生了这样的一种需要：把每天重复着的产品生产、分配和交换用一个共同规则约束起来，借以使个人服从生产和交换的共同条件。这个规则首先表现为习惯，不久便成了法律。随着法律的产生，就必然产生出以维护法律为职责的机关——公共权力，即

---

① 王代月：《马克思对自由主义市民社会理论的批判研究》，《社会主义研究》2009年第2期。

② 《马克思恩格斯选集》第4卷，人民出版社1995年版，第170页。

③ 《马克思恩格斯选集》第3卷，人民出版社1995年版，第522页。

国家。"① 社会的公共需要产生了国家。

由国家的产生来看，国家是社会的公仆，然而在阶级以及个人特殊利益的影响下，国家由社会的公仆变成了社会的主人。马克思主义的国家起源论并不仅仅是冲突论，而是冲突论与融合论的统一。

从国家的职能看，国家具有维护阶级利益以及社会公共管理的双重职能。在《德意志意识形态》中，马克思、恩格斯明确地表述了国家的阶级统治本质——"国家是统治阶级的各个人借以实现其共同利益的形式，是该时代的整个市民社会获得集中表现的形式"②。资本主义"现代的国家政权不过是管理整个资产阶级的共同事务的委员会罢了"③。国家的阶级职能具体表现为：第一，具有阶级专政的职能。包括统治阶级运用暴力组织对社会进行强制性统治，镇压被统治阶级的反抗；对被统治阶级在政治上进行限制，不允许被统治阶级在政治上获得更多的权利。第二，对本阶级内部的民主职能，也就是动员和组织本阶级内部的成员，维持整个统治阶级的根本利益。第三，统治阶级为了巩固统治，还得维护本阶级在意识形态上的统治地位。第四，阶级国家的政治职能还有在对外关系上的延伸，如保卫本国安全，向外侵略扩张等。④

马克思、恩格斯在强调国家的阶级本质时，并没有忽略国家的公共职能。在《资本论》中，马克思指出："这完全同在专制国家中一样，在那里，政府的监督劳动和全面干涉包括两方面：既包括执行由一切社会的性质产生的各种公共事务，又包括由政府同人民大众相对立而产生的各种特殊职能"⑤。政府的公共管理职能具体包括：

第一，保护整个社会免受外力侵犯。"社会创立一个机关来保护自己的共同利益，免遭内部和外部的侵犯。这种机关就是国家政权。"⑥

① 《马克思恩格斯选集》第 3 卷，人民出版社 1995 年版，第 211 页。
② 《马克思恩格斯选集》第 1 卷，人民出版社 1995 年版，第 132 页。
③ 同上书，第 274 页。
④ 周志平：《暴力也是一种经济力》，《淮阴师范学院学报》2007 年第 1 期。
⑤ 《马克思恩格斯全集》第 25 卷，人民出版社 1974 年版，第 432 页。
⑥ 《马克思恩格斯全集》第 4 卷，人民出版社 1958 年版，第 253 页。

第二，兴办公共工程，提供公共服务。例如，凌驾于一切小的亚细亚共同体之上的专制国家，它承担着兴修水利工程以及公共交通的职能。在当代，随着西方各发达国家实行福利国家政策，公共职能的履行已经提出为全体公民提供"从摇篮到坟墓"的终生保障目标，履行公共职能的力度进一步得到强化。

第三，通过制定政策和法律，保证社会生产顺利进行和促进社会的经济发展。《资本论》中工作日的确立就是一个典型的例子。为了最大限度地榨取剩余价值，资产阶级利用国家权力，以法律的形式确立了有利于他们的工作日，毫不顾及工人的身心健康。为了保障自己的生存权利，工人们联合起来，迫使国家立法确立正常的工作日。"为了'抵御'折磨他们的毒蛇，工人必须把他们的头聚在一起，作为一个阶级来强行争得一项国家法律，一个强有力的社会屏障，使自己不致再通过自愿与资本缔结的契约而把自己和后代卖出去送死和受奴役"。两大阶级的斗争促使正常工作日的确立，而立法起到了重要作用。为了维护资产阶级的整体和长远利益，资产阶级国家以公共利益代表的面目出现，通过制度和法律全方位地干预社会，消除资本主义生产的无政府状态所带来的负面影响，保障社会经济的顺利发展，使阶级统治取得合法性。

从国家的起源以及职能看，国家兼具公共性与阶级性。一方面，阶级性是国家的根本属性。虽然国家是以整合社会冲突，维持社会存在的面目出现的，但它不是通过消除产生冲突的社会根源，而是通过压制和剥削另外一个阶级的利益，同时，利用意识形态国家机器来改变人们的世界观，制造出一种歌舞升平的虚假和虚幻的共同体假象来维持社会的存在。① 国家的公共管理职能服务于它的阶级本质。如对正常工作日的规定，在英国出现过两种对立的倾向。从 14 世纪起一直到 18 世纪中叶的劳工法力图强制地延长工作日，19 世纪下半叶则强制缩短工作日。同一立法机构产生了这样两种截然不同的法律，这

---

① John Sanderson, Marx and Engels on the State, The Western Political quarterly, 1963 (4).

源自国家作为总资本家对其阶级利益的认识。在早期，榨取绝对剩余价值是最主要的剩余价值实现形式，因此工作日的长度对于资本家来说至关重要。但随着大工业的发展，相对剩余价值成为剩余价值实现的主要形式，在无产阶级阶级斗争的压力之下，国家通过立法来保障资产阶级的整体利益。国家公共职能的履行被限定在阶级性的范围之内。另一方面，公共性是国家的合法性基础，阶级性离不开公共性。马克思指出："只有为了社会的普遍权利，个别阶级才能要求普遍统治。"① 换言之，只有履行公共职能，服务于大众，统治阶级才能取得统治的合法性。"政治统治到处都是以执行某种社会职能为基础，而且政治统治只有在它执行了它的这种社会职能时才能持续下去。"②在《不列颠在印度的统治》中，马克思分析了亚洲政府通常所具有的三个政府部门：财政部门、战争部门以及公共工程部门。由于节约用水和共同用水的要求，亚洲政府必须承担举办公共工程的经济职能。然而不列颠殖民统治者忽略了政府的公共管理职能，导致印度农业的衰落，从而摧毁了印度的村社制度。

国家的二重性在其具体表现形式上随着市民社会的发展而变化。"在现代历史中，国家的意志总的说来是由市民社会的不断变化的需要，是由某个阶级的优势地位，归根到底，是由生产力和交换关系的发展决定的。"③ 在特定历史阶段，究竟是国家的公共性占据主导地位，还是国家的阶级性占据主导地位，以及它们具体采取怎样的形式来实现，这取决于该阶段的市民社会发展状况。

四　社会发展与国家消亡

马克思和恩格斯认识到，国家并非一经产生就永续存在，它是一

---

① 《马克思恩格斯全集》第1卷，人民出版社1956年版，第464页。
② 《马克思恩格斯选集》第3卷，人民出版社1995年版，第523页。
③ 《马克思恩格斯选集》第4卷，人民出版社1995年版，第251页。

定历史阶段的产物。列菲弗尔强调，国家消亡观点是马克思国家学说的核心问题，"如果从马克思的思想观点中，取消国家行将终结这样的观点，那么，马克思的思想也就没有什么意义了"①。然而，亨利希·库洛在《马克思的历史、社会和国家学说》中认为马克思的国家消亡观充满矛盾。第一，社会学马克思与政治学马克思相互反对，"马克思反对马克思"，② 根据他的分析，马克思早期将国家视为一种设施，它只是社会的组织工具，但后来马克思越来越从纯政治的角度来看待资产阶级国家，认为是"寄生的国家欲壑难填"，③ 导致了无产阶级的悲惨境况，因此要将这个赘瘤消除掉。但根据马克思的市民社会决定国家观，国家仅仅是第二位的，国家消亡能否实现无产阶级，乃至全人类的解放是值得怀疑的。第二，马克思对于国家如何消亡的论述充满矛盾。在《哲学的贫困》中，马克思提出了"先在社会进化的道路上逐步清除阶级的分化，因为这样打碎了旧国家暴力的基础，然后才进行政治上的夺取。《共产党宣言》所讲的则与此相反，首先夺取国家政权，然后使用这一政权来推翻资本主义的生产关系。资本主义生产关系消灭之后，再逐步消灭阶级对立，最后消灭阶级"④。要完整理解马克思主义的国家消亡观，需要弄清楚国家为什么要消亡以及国家如何消亡。

国家是社会的产物，随着社会由自在向自为的转变，国家将变得多余。在近代，存在着两种国家观。一是国家主义国家观。它以马基雅维利、让·布丹、黑格尔等人为代表。这种观点认为国家是一切权力的来源，社会与个人的权利都是来源于或派生于国家权力，持国家主义国家观的政治思想家一般都倾向于支持君主制度，反对民主制度。另外一种是社会中心论的国家观。它认为社会和个人的权利是国

① ［法］亨利·列菲弗尔：《论国家——从黑格尔到斯大林和毛泽东》，李青宜等译，重庆出版社 1988 年版，第 124 页。

② ［德］亨利希·库洛：《马克思的历史、社会和国家学说》，袁志英译，上海世纪出版集团 2006 年版，第 311 页。

③ 同上书，第 312 页。

④ 同上书，第 322 页。

家权力的本源，社会及人民的权利高于国家权力。其代表主要有斯宾诺莎、洛克、孟德斯鸠、卢梭等人。

此外，古典政治经济学也是社会中心论国家观的典型代表。它们通过批判重商主义的国家观，表述了其自由主义的理念。重农学派认为人类是通过实物来统治的，因此，他们创立了 physiocratie（重农学派）一词，来取代政治和政治经济概念，认为传统意义上的政治只是人类野蛮状态时期的一种残余。而现实中的政府则应该适应自然秩序，对公共事务的管理越少越好。斯密通过对生产性劳动与非生产性劳动的区分，界定了国家的地位和作用。君主、法官、军官、牧师、学者的劳动"不生产任何价值，不固定或不物化在任何耐久的或可以出卖的商品中"①，他们都靠别人劳动的产品生活，因此，他们的人数应该减少到最低限度。不仅如此，斯密还认为如果政治家企图指导私人应如何运用他们的资本，"不但使他自己枉费了最不必要的辛劳，而且篡取了这样一种权力：这种权力不但不能放心地付托给任何个人，而且也不能放心地托付给任何的委员会或参议院，而在将它交到任何一个愚蠢和荒唐到妄以为自己适于行使这种权力的人手中时，是最危险不过的"②。国家的理性是有限的，它仅仅扮演着守夜人的角色，在国防、维护社会治安、提供公共服务等领域发挥作用。③

马克思接受了社会优先于国家的观点，但他缺乏古典经济学的乐观主义态度，认为社会取代国家并非是现实，而是历史发展的趋势，只有社会实现由自在向自为的转变，以"真正的共同体"、"自由人联合体"的形式存在时，社会才能够实现自我管理，使国家成为多余。但在人类未进入理想共同体之前，国家这种恶的存在，对于社会

---

① 由劳动能否"固定和物化"在商品中来区分生产劳动和非生产劳动，这被马克思称为斯密有关生产劳动的第二个定义，为庸俗经济学留了可乘之机，但却表达了新兴资产阶级发展生产的要求。

② ［英］亚当·斯密：《国富论》下卷，陕西人民出版社 2001 年版，第 503 页。

③ 诺齐克在《无政府、国家和乌托邦》中通过批判无政府主义，论证了一个正当的国家是何以可能的。由于国家是自然而然地产生的，它是符合道德的，没有侵犯任何人的权利。他的这种借用斯密的看不见的手的解释，在一定程度上回应了斯密对国家职能的规定，最低限度的国家是社会自身的需要。

是必要。特别是随着欧洲 1848 年革命的失败，路易·波拿巴的政变以及巴黎公社的失败，资本主义国家调控功能的加强，马克思、恩格斯由这些社会现实更清楚地意识到国家并非是消极地依附于市民社会，相反，国家具有一定的独立性。恩格斯在 1890 年 10 月 27 日写给康·施密特的信中概括了国家对市民社会的三种影响。"国家权力对于经济发展的反作用可以有三种：它可以沿着同一方向起作用，在这种情况下就会发展得比较快；它可以沿着相反方向起作用，在这种情况下，像现在每个大民族的情况那样，它经过一定的时期都要崩溃；或者是它可以阻止经济发展沿着既定的方向走，而给它规定另外的方向——这种情况归根到底还是归结为前两种情况中的一种。但是很明显，在第二和第三种情况下，政治权力会给经济发展带来巨大的损害，并造成人力和物力的大量浪费。"① 由此可见，国家作为统治阶级的工具，它所具有的独立性能够对市民社会产生巨大的反作用。这种反作用的性质取决于国家所代表阶级利益与社会利益在多大程度上具有一致性。在统治阶级刚夺取国家政权时，它的阶级利益与社会利益之间的交集最大，对市民社会的正向促进作用也最大，然而随着统治阶级统治地位的稳固，阶级斗争的尖锐化，统治阶级与社会利益之间的交集趋向最小化。"每经过一场标志着阶级斗争前进一步的革命以后，国家政权的纯粹压迫性质就暴露得更加突出。"② 特别是在某些历史时期，国家沦落为官僚集团实现特殊利益的工具，国家与市民社会处于激烈的冲突之中："以其无处不在的复杂的军事、官僚、宗教和司法机构像蟒蛇似地把活生生的市民社会从四面八方缠绕起来（网罗起来）的中央集权国家机器，最初是在专制君主制束缚的斗争中的一个武器。"③ 国家的合理性根源在于特定历史阶段的社会无法实现自我管理，但一旦国家由社会公仆变为社会主人，阻碍社会发展，并成为社会一切腐败事物的温床时，随着社会由自在向自为的转

---

① 《马克思恩格斯选集》第 4 卷，人民出版社 1995 年版，第 701 页。
② 《马克思恩格斯选集》第 3 卷，人民出版社 1995 年版，第 53 页。
③ 同上书，第 91 页。

变，消除国家这个累赘就有了必要。亨利希·库洛所谓的马克思反对马克思并不成立。

马克思主义的国家消亡观并非如一些西方学者所认为的是无政府主义。① 亨利希·库洛指出马克思对国家消亡如何实现的论述中蕴涵着内在的矛盾，这恰好体现了马克思、恩格斯非常重视国家消亡何以可能的问题，他们深入社会现实，随着历史形势的变化提出了相应的消亡措施，马克思主义的国家消亡观不同于巴枯宁的无政府主义。

巴枯宁将资本主义社会中的一切罪恶归于国家。在他看来，国家和教会一样，是对它的所有成员的个人自由的否定，哪里有国家，哪里就没有个人自由。因此，他要求消灭一切国家。对于如何消灭国家，巴枯宁的期望是突然发生的灾变，即"在一天之内废除国家"，然后用一个无政府的社会取而代之②，因此他反对无产阶级专政。

马克思、恩格斯在《机密通知》、《国际社会主义民主同盟纲领》、《总委员会关于继承权的报告》、《论权威》一系列文章中对巴枯宁的国家观进行了批判，并着重阐发了国家消亡的条件。国家的消亡和产生一样，都是历史的必然，在缺乏相应的客观条件的情况下，要求废除国家政权，同要求建立国家政权都是不可能的。"权利决不能超出社会的经济结构以及由经济结构制约的社会的文化发展。"③综合马克思、恩格斯的相关论述，促成国家消亡的根本原因是社会经历人对人的依赖状态，再到人对物的依赖状态，形成了普遍的社会物质变换、全面的关系、多方面的需要以及全面能力的体系，消除强制分工以及生产的无政府状态，实现了人的全面发展和自由个性。

在特定历史阶段，国家所具有的独立性能够使它成为促进社会发展、加速国家消亡的工具。在《共产党宣言》中，马克思、恩格斯提出无产阶级在夺取政权后利用统治建设新社会的思想。经历巴黎公社的教训，马克思意识到工人阶级不能简单地掌握现成的国家机器。

---

① R. Adamiak, The "Withering Away" of the State: A Reconsideration, Karl Marx's Social and Political Thought, Vol. Ⅲ, p. 386.

② 庄福龄主编：《马克思主义史》，人民出版社1996年版，第443—444页。

③ 《马克思恩格斯选集》第3卷，人民出版社1995年版，第305页。

列宁对此解释说："无产阶级革命不能'简单地掌握现成的'国家机器，革命应当把它，把这个现成的机器打碎，并用新的来代替。"①即无产阶级在夺取政权后要实行无产阶级专政。在《哥达纲领批判》中，马克思、分析了为什么要经历无产阶级专政这样一个阶段："在资本主义社会和共产主义社会之间，有一个从前者变为后者的革命转变时期。同这个时期相适应的也有一个政治上的过渡时期，这个时期的国家只能是无产阶级的革命专政。"② 无产阶级的革命专政命题的提出，使马克思主义的国家消亡观与无政府主义划清了界限，具有了更强烈的实践价值。

总之，马克思、恩格斯虽然没有写出专门论述国家理论的著作，但这并不表示他们没有系统的国家理论。引用列宁的术语来说，他们虽然没有大写字母的国家理论，但在他们不同时期的著作、手稿以及笔记中，遍布着小写字母的国家论述。这些论述构成了一个内涵丰富的马克思主义国家理论。梳理这些理论，对于澄清种种对马克思主义国家理论的误解，对于指导我们今天的社会实践，都有着不可忽略的价值和意义。

（王代月 北京航空航天大学思想政治理论学院讲师、哲学博士）

---

① 列宁：《马克思主义论国家》，人民出版社 1964 年版，第 4 页。
② 《马克思恩格斯选集》第 3 卷，人民出版社 1995 年版，第 314 页。

第 八 讲

马克思主义民主观

马克思、恩格斯以及他们后继者的民主观是一个巨大而深刻的思想宝藏，是一个需要认真挖掘、系统梳理并加以合理建构的重大理论问题。深入整理和研究马克思主义的民主观，认真反思和总结世界社会主义运动在理解和运用马克思主义民主观过程中的成功经验和历史教训，不仅对发展和完善中国特色社会主义政治理论有重大意义，而且对推进中国的民主政治体制改革、建设中国特色社会主义政治文明亦具有重大价值。

一 马克思主义经典作家的民主理论

马克思、恩格斯和列宁的社会政治理论的一个根本特征和鲜明特色，是运用唯物史观的阶级分析和阶级斗争理论探讨和分析民主问题。与资产阶级学者重在探讨民主形式即政体的构成方式、运行机制和监督制衡机制的民主理论不同，马克思、恩格斯和列宁探讨和批判的重心是民主的本质而非形式，是从经济基础与上层建筑的相互关系、从国家的阶级性上揭示并阐明民主的阶级实质。

马克思、恩格斯和列宁民主观的这一根本特征，对世界社会主义运动的理论与实践发生了深刻影响。在社会主义从理论到实践、从一国到多国的波澜壮阔的历史变革中，马克思、恩格斯和列宁重在探讨和揭示民主本质的社会政治理论，对各国社会主义者批判资产阶级民主的阶级本质、建立人民当家做主的社会主义的国家政权，发挥了深刻而巨大的理论指导作用。

但我们也应当指出，在传统社会主义条件下，由于过分强调了社会主义与资本主义两种社会政治制度和意识形态的根本区别，各国共产党人对资产阶级民主形式即政体的构成方式、运行机制和监督制衡机制的学习、研究与借鉴重视不够，从而严重忽视了对社会主义的民主形式即政体的构成方式和运行机制的理论研究，也严重忽视了如何在实践维度上去建立和建设系统而完善的民主政治体制、运行机制和监督制衡机制。

1. 马克思、恩格斯论民主的阶级本质

马克思、恩格斯在创立唯物史观的过程中，在社会政治问题的探讨和研究上表现了与资产阶级民主派的原则性区别。如果说，在民主问题上资产阶级民主派关注的根本问题是政体形式，那么，马克思、恩格斯首先是把民主问题作为一种国家制度加以研究，并由此揭示民主的阶级本质。

针对黑格尔关于国家是家庭和市民社会的综合，家庭和市民社会从属于国家，是国家的概念领域，并以国家作为自己存在的前提的观念，青年马克思鲜明地提出了不是国家制约和决定市民社会，而是家庭和市民社会制约和决定国家的重要结论："家庭和市民社会是国家的前提"，是"真正的活动者"和"原动力"①。"政治国家没有家庭的天然基础和市民社会的人为基础就不可能存在。它们是国家的必要条件。"② 马克思批判黑格尔关于市民社会与国家关系的神秘主义，目的和意义在于揭示现实的国家制度不过是"私有财产的国家制度"③。从社会制约和决定国家的理论前提出发，马克思进一步得出了理想国家只能是人民当家做主的国家的结论。马克思旗帜鲜明地批

---

① 《马克思恩格斯全集》第 1 卷，人民出版社 1956 年版，第 250 页。
② 同上书，第 252 页。
③ 同上书，第 380 页。

判黑格尔推崇的君主立宪制，主张以人民为现实基础的、人民能够自主地处理国家事务的民主制。君主立宪制国家不过是在普遍物形式掩盖下的保护少数人的特殊利益的政治工具，"只有民主制才是普遍和特殊的真正统一"①。

在批判黑格尔法哲学的过程中，马克思发现了政治社会与市民社会的分裂：政治社会中市民社会的成员是国家的成员和社会存在物，而市民社会中个人的生存却成为最终目的，人的活动和劳动都不过是手段而已。为解决这一矛盾，马克思提出人类解放是政治解放的更高阶段的理论。

《论犹太人问题》之所以是一篇重要文献，原因之一就在于青年马克思在这里明确提出了政治解放与人类解放的关系问题："**政治解放**本身还不是人类解放"②，因为人类解放所要解决的是政治解放不愿触动的私有制关系，才偶尔"**推翻**那些使人成为受屈辱、被奴役、被遗弃和被蔑视的东西的**一切关系**"③。在马克思那里，政治革命是市民社会的革命，政治解放实际上是资产阶级革命，只有人类解放即社会主义革命，才能消灭同自己相对立的政治力量。

在《〈黑格尔法哲学批判〉导言》中，马克思以德国为目标探讨了社会主义革命的阶级力量。他认为，德国解放的实际可能性"在于形成一个被**彻底的锁链**束缚着的阶级，即形成一个非市民社会阶级的市民社会阶级，一个表明一切等级解体的阶级"，这"就是**无产阶级**"④。关于无产阶级解放与人类解放的关系，马克思认为无产阶级与被压迫人民的利益是一致的，无产阶级只有解放全人类，才能争得自身的彻底解放。

在《1844 年经济学—哲学手稿》中，马克思运用异化劳动的思想分析雇佣劳动与资本的关系，认为"物的世界的增殖同人的世界的

---

① 《马克思恩格斯全集》第 1 卷，人民出版社 1956 年版，第 282 页。
② 同上书，第 435 页。黑体为原作者加。
③ 同上书，第 461 页。黑体为原作者加。
④ 同上书，第 460 页。黑体为原作者加。

贬值成正比"①。这表明劳动产品异化了，劳动者的劳动异化了，人与人之间的关系也就异化了。马克思从异化劳动出发解释私有财产，揭示工人与资本家的对立，并由此提出了一个工人解放同人类解放的关系问题："社会从私有财产等等的解放，从奴役制的解放，是通过工人解放这种政治形式表现出来的，而且这里不仅涉及工人的解放，因为工人的解放包含全人类的解放。"②

在马克思、恩格斯的思想逻辑中，要废除私有制，就不能不彻底抛弃保护资本主义私有制的民主制，使无产阶级利用自己的政治统治，一步步地夺取资产阶级的全部资本，把一切生产工具集中在国家即组织成为统治阶级的无产阶级手中，并尽可能快地增加生产力的总量。"工人革命的第一步就是使无产阶级上升为统治阶级，争得民主。"③

透过经济关系揭示资产阶级民主制形式中的阶级本质，是贯穿于马克思、恩格斯社会政治思考和研究中的一条红线，是他们坚定不移地坚持的一以贯之的阶级立场。他们一再强调的一个基本观念是："在历史上的大多数国家中，公民的权利是按照财产状况分级规定的，这直接地宣告国家是有产阶级用来防御无产阶级的组织。""在这种国家中，财富是间接地但也是更可靠地运用它的权力的：其形式一方面是直接收买官吏（美国是这方面典型例子），另一方面是政府和交易所结成联盟。"④"现代国家，不管它的形式如何，本质上都是资本主义的机器，资本家的国家，理想的总资本家。"⑤

在直到 19 世纪中叶的历史时代，马克思、恩格斯关于资产阶级民主本质的观点一再得到历史实践的验证。针对在"二月革命"中为资产阶级临时政府获得政权立下战功、但却在"六月起义"中被资产阶级推入火海的巴黎工人的残酷命运，马克思一针见血地指出："这就是博爱，就是一方剥削另一方的那些互相对立的阶级之间的博

① 《马克思恩格斯全集》第 42 卷，人民出版社 1972 年版，第 90 页。
② 同上书，第 120 页。
③ 《马克思恩格斯选集》第 1 卷，人民出版社 1995 年版，第 293 页。
④ 《马克思恩格斯选集》第 4 卷，人民出版社 1995 年版，第 173 页。
⑤ 《马克思恩格斯选集》第 3 卷，人民出版社 1995 年版，第 629 页。

爱，就是在二月间所宣告的、用大号字母写在巴黎的三角墙上、写在每所监狱上面、写在每所营房上面的博爱。用真实的、不加粉饰的、平铺直叙的话来表达，这种博爱就是内战，就是最可怕的国内战争——劳动与资本间的战争。在 6 月 25 日晚间，当资产阶级的巴黎张灯结彩，而无产阶级在燃烧、呻吟、流血的时候，这个博爱便在巴黎所有窗户前烧毁了。"① 因此马克思直透事情的本质："资产阶级一旦自己成为专制者的时候，它就不得不亲手把自己用来对付专制制度的一切防御手段尽行毁坏"②，"并把共和国的'自由，平等，博爱'这句格言代以毫不含糊的'步兵，骑兵，炮兵'"!③

正是基于对资产阶级国家制度和民主制度的本质的认识，马克思强调指出，"六月起义"的失败证明了无产阶级"要在资产阶级共和国**范围内**稍微改变一下自己的处境只是一种**空想**"，无产阶级的革命口号应该是："**推翻资产阶级！工人阶级专政！**"④

1871 年巴黎公社革命的划时代意义，就在于无产阶级第一次推翻了资产阶级政权，提供了用无产阶级民主制取代资产阶级民主制的历史经验。在巴黎公社诞生后不久，马克思就在致朋友的一封信中鲜明地指出了这一伟大历史事件的重大意义："如果你读一下我的《雾月 18 日》的最后一章，你就会看到，我认为法国革命的下一次尝试再不应该像以前那样把官僚军事机器从一些人的手里转到另一些人的手里，而应该把它**打碎**，这正是大陆上任何一次真正的人民革命的先决条件。"⑤ 巴黎公社革命"不是一次反对哪一种国家政权形式——正统的、立宪的、共和的或帝制的国家政权形式的革命。它是反对**国家本身**、这个社会的超自然的怪胎的革命，是人民为着自己的利益重新掌握自己的社会生活。它不是为了把国家政权从统治阶级这一集团转给另一集团而进行的革命，它是为了粉碎这个统治阶级的凶恶机器

---

①　《马克思恩格斯选集》第 1 卷，人民出版社 1972 年版，第 300 页。

②　《马克思恩格斯选集》第 1 卷，人民出版社 1995 年版，第 621 页。

③　同上书，第 622 页。

④　同上书，第 400 页。黑体为原作者加。

⑤　《马克思恩格斯选集》第 4 卷，人民出版社 1995 年版，第 599 页。黑体为原作者加。

本身而进行的革命"①。

2. 马克思、恩格斯论民主的形式

马克思、恩格斯一方面通过社会的经济基础与上层建筑的相互关系，通过资产阶级国家政权镇压无产阶级革命的血腥实践，深刻地揭示了资产阶级民主的阶级本质，并由此强调必须打碎资产阶级的国家机器代之以无产阶级专政的国家政权，一方面又对资产阶级的民主形式加以某种意义上的肯定，重视无产阶级民主同资产阶级民主之间的历史继承性。

早在《1848 年至 1850 年的法兰西阶级斗争》中，马克思就曾经谈到，无产阶级的革命政党在"**反对资产阶级专政，要求改造社会，要把民主共和机构保存起来作为他们运动的根据，团结在作为决定性革命力量的无产阶级周围**"② 的必要性。

1871 年，马克思根据巴黎公社的经验，探讨了如何打碎资产阶级国家机器问题，认为"旧政府权力的纯粹压迫机关应该铲除，而旧政府权力的合理职能应该从妄图驾于社会之上的权力那里夺取过来，交给社会的负责的公仆。普选制不是为了每三年或六年决定一次，究竟由统治阶级中的什么人在议会里代表和压迫人民，而是应该为组织在公社里的人民服务"，但另外，如果"用等级授职制去代替普选制是根本违背公社的精神的"③。马克思在这里一方面否定了资产阶级民主制的阶级本质，一方面又鲜明地肯定了普选制这种现代民主形式对于巴黎公社所建立的无产阶级民主的重大意义，坚决反对退回到中世纪的等级授职制的政治形式中。

马克思进一步明确指出："新的历史创举通常遭到的命运就是被误认为是对旧的，甚至已经过时的社会生活形式的抄袭，只要它们稍微与这些形式有点相似。于是这个摧毁现代国家旧政权的新公社，也

---

① 《马克思恩格斯选集》第 4 卷，人民出版社 1972 年版，第 411 页。黑体为原作者加。
② 《马克思恩格斯选集》第 1 卷，人民出版社 1995 年版，第 460 页。黑体为原作者加。
③ 《马克思恩格斯选集》第 4 卷，人民出版社 1972 年版，第 376 页。

就被误认为是在这个国家政权产生以前存在过并且后来构成这个国家政权基础的中世纪公社的复活。"① 马克思在这里虽然是在为巴黎公社采取的政治形式作历史性的辩护，但我们由此可以看到，无产阶级民主作为新的伟大的"历史创举"，仍然可以采取历史上的民主形式为自己服务。

无产阶级夺取政权后，采取什么样的可具体操作的政权形式去真正实现人民当家做主的政治理念，是社会主义民主的重大任务。马克思认为巴黎公社所必须打倒的，就是资产阶级"国家政权的这种最后的和最低贱的形式、它的最高级的也是最低劣的现实，而且也只有这个阶级能够使社会摆脱它。至于议会制度，它早已被它自己的胜利和帝国葬送了。工人阶级必须做的只是不让它复活"，"工人必须打碎的不是旧社会政府权力的一个不太完备的形式，而是具有最后的、最完备的形式的政府权力本身，就是**帝国**"，"用最简单的概念来说，公社意味着……真正的自治"②，"公社的伟大社会措施就是它本身的存在和工作。它所采取的各项具体措施，只能显示出走向属于人民的、由人民掌权的政府的趋势"③。在这里，马克思严厉批判了一切资产阶级的包括他的完备形式在内的议会制都是必须打碎的对象，而把巴黎公社看成是真正属于人民的、由人民掌权的政府形式。

晚年恩格斯曾经探讨了未来德国无产阶级专政借以实现的形式问题，认为："如果说有什么是毋庸置疑的，那就是，我们的党和工人阶级只有在民主共和国这种政治形式下，才能取得统治。民主共和国甚至是无产阶级专政的特殊形式"④。"马克思和我在 40 年间反复不断地说过，在我们看来，民主共和国是唯一的这样的政治形式，在这种政治形式下，工人阶级和资本家阶级之间的斗争能够先具有普遍的性质，然后以无产阶级的决定性胜利告终。"⑤

---

① 《马克思恩格斯选集》第 4 卷，人民出版社 1972 年版，第 376 页。

② 《马克思恩格斯选集》第 3 卷，人民出版社 1995 年版，第 120—121 页。

③ 同上书，第 64 页。

④ 《马克思恩格斯全集》第 22 卷，人民出版社 1965 年版，第 274 页。

⑤ 同上书，第 327 页。

恩格斯特别强调要用辩证法的态度，正确而合理地对待和处理无产阶级政党的斗争策略这一重大问题。他指出，党在斗争中要善于利用资产阶级的民主制和普选权，并对德国党巧妙利用合法斗争和议会民主，特别是利用 1864 年实行的普选权一步步地扩大自己的阵地并取得重大胜利给予充分肯定，认为德国党的重大贡献在于，"他们给予了世界各国同志们一件新的武器——最锐利的武器的一件武器，他们向这些同志表明应该怎样利用普选权"①。恩格斯在这里再明确不过地向我们阐明了无产阶级政党完全可以以开放的态度和胸襟，利用资产阶级实行的最新的民主形式这种"最锐利的武器"为自己服务，并由此赢得自己的不断胜利。

马克思、恩格斯在 20 世纪 60 年代曾一度认为普选权在德国这样的国家，对工人来说是陷阱，是政府进行统治的欺骗工具。但到了 20 世纪 70 年代初，他们从德国社会民主党利用普选权这样的民主形式进行斗争所取得的成绩中，认识到"普选权赋予我们一种卓越的行动手段"②。20 世纪 70 年代末，恩格斯进一步指出，普选权使工人党"有可能统计自己的力量，向世界显示它的组织得很好的和不断壮大的队伍"③。20 世纪 80 年代中期，恩格斯作出了"普选制是测量工人阶级成熟性的标尺"的重要论断，认为"在普选制的温度计标示出工人的沸点的那一天，他们以及资本家同样都知道该怎么办了"④。由此看来，马克思主义经典作家对资产阶级的普选制这样的民主形式的认识，也并非一成不变的抽象的否定或肯定，而是从发展变化着的历史实践的经验中来确立无产阶级政党对资产阶级普选制的科学态度。

因此马克思、恩格斯对资产阶级民主的具体形式如普选制从来都没有采取过全面肯定的态度，而是始终保持了对资产阶级民主制之阶级本质的清醒意识和批判精神。马克思、恩格斯的一个基本出发点是，把资产阶级民主的阶级本质与它的具体形式联系在一起进行考

① 《马克思恩格斯全集》第 22 卷，人民出版社 1965 年版，第 601 页。
② 《马克思恩格斯全集》第 17 卷，人民出版社 1963 年版，第 304 页。
③ 《马克思恩格斯全集》第 19 卷，人民出版社 1963 年版，第 137 页。
④ 《马克思恩格斯选集》第 4 卷，人民出版社 1995 年版，第 173—174 页。

察，并从总体上对资产阶级的民主形式采取了批判和否定的态度。恩格斯就一再强调，工人政党利用普选权并不是放弃自己的革命权："不言而喻，我们的外国同志决不会因此放弃自己的革命权的。须知革命权是唯一真正的'历史权利'——是所有现代国家无一例外都以它为基础而建立起来的唯一权利。"①

　　总体而论，鉴于在以往社会政治理论的探讨中对民主的阶级本质的忽视和回避，马克思、恩格斯关于民主理论研究和探讨的重心所在，是基于历史上统治阶级与被统治阶级，特别是资产阶级与无产阶级两大阶级对立的基本现状，揭示历史上特别是到他们所处时代为止的现代资产阶级民主制的狭隘的阶级本质，为作为受剥削、受压迫、受奴役的无产阶级彻底改变自己的生存地位、获得阶级自由而进行斗争，提供指导思想和理论资源。马克思、恩格斯的社会政治理念因此而在整个政治思想史乃至全部人类思想史上都是史无前例的独特伟大的理论景观。从这一意义上来说，马克思、恩格斯的社会政治理论是人类政治思想史上的具有破天荒意义的革命性变革。

3. 列宁关于资产阶级民主本质的理论

　　列宁关于民主问题的理论和观点与马克思、恩格斯一脉相承，在马克思主义发展史上有其独特的历史地位。

　　马克思、恩格斯重在揭示民主之阶级本质的社会政治理论，深刻影响了列宁的社会政治哲学。列宁遵循马克思、恩格斯的基本立场和基本原则继续前进，并以其鲜明的个性特征和发展了的形态，探讨和研究民主问题特别是资产阶级民主问题。

　　列宁同马克思、恩格斯一样，探讨的重点在于民主的本质而不是形式。列宁关于民主问题的理论与观点，由于他所领导的十月社会主义革命胜利的破天荒和划时代意义，而对他去世后的苏联社会主义以及第二次世界大战后一系列社会主义国家的政治制度的形成和建立，

---

① 《马克思恩格斯全集》第22卷，人民出版社1965年版，第608页。

产生了深远而重大的历史性影响。

（1）列宁论资产阶级民主的本质

列宁考察了从古希腊和古罗马经中世纪到近代资产阶级民主制的各种政体形式，得出了在所有这些政体中民主只能为少数人即统治阶级所拥有的基本结论。列宁明确指出：“在资本主义国家里，在民主共和国特别是像瑞士或美国那样一些最自由最民主的共和国里，国家究竟是人民意志的表现、全民决定的总汇、民族意志的表现等等呢，还是使本国资本家能够维持其对工人阶级和农民的统治权力的机器呢，这是目前世界各国政治争论所围绕的基本问题。”① 在列宁看来，民主共和制和普选制同农奴制比较起来是一种巨大进步，因为它有可能使无产阶级组成步伐整齐、纪律严明的队伍去同资本进行有系统的斗争，但只要资本主义私有制依然存在，资产阶级民主共和制的国家在本质上依然是资本家镇压工人的机器，因为资本在这里就是一切，交易所就是一切，“至于普选权、立宪会议和议会，那不过是形式，不过是一种空头支票，丝毫也不能改变事情的实质”②。列宁还通过文明世界共产党人的命运，揭露资产阶级民主虚伪的面貌和阶级实质：“现在整个文明世界都在放逐布尔什维克，追缉他们，把他们关进监狱，例如在最自由的资产阶级共和国之一的瑞士就是如此，在美国则发生了蹂躏布尔什维克的大暴行。”③

列宁通过考察资产阶级的民主结构，诸如选举法规定的限制、代议机构的办事手续、集会权的行使障碍、办报原则等方面，说明到处都存在着对无产阶级和人民群众的种种限制：“用来对付穷人的这些限制、例外、排斥、阻碍，看起来似乎是很细小的，特别是在那些从来没有亲身体验过贫困、从来没有接近过被压迫阶级群众的生活的人（这种人在资产阶级的政论家和政治家中，如果不占99%，也得占90%）看来是很细小的，但是这些限制加在一起，却把穷人排斥和推

---

① 《列宁全集》第37卷，人民出版社1985年版，第72页。

② 同上书，第73页。

③ 《列宁全集》第35卷，人民出版社1985年版，第491页。

出政治生活之外，使他们不能积极参加民主生活。"① 列宁通过资产阶级民主对无产阶级所施加的种种限制，来有力地论证资本主义民主制度的阶级本质："极少数人享受民主，富人享受民主——这就是资本主义社会的民主制度。"②

在同考茨基的论战中，列宁对考茨基的"纯粹民主"论给予猛烈的批判，认为"只要有不同的**阶级**存在，就不能说'纯粹民主'，而只能说**阶级**的民主"，认为考茨基的"纯粹民主"论是用博学的谎话来蒙骗工人，"**以便回避**现代民主即**资本主义**民主的**资产阶级**实质"。列宁由此指出："资产阶级民主同中世纪制度比较起来，在历史上是一大进步，但它始终是而且在资本主义制度下不能不是狭隘的、残缺不全的、虚伪的、骗人的民主，对富人是天堂，对被剥削者、对穷人是陷阱和骗局。"③

列宁以资产阶级议会为例，批评考茨基看不到或者"忘记资产阶级议会制是有**历史局限性**的，是有**历史条件**的。在最民主的资产阶级国家中，被压迫群众随时随地都可以碰到这个惊人的矛盾：一方面是资本家'民主'所标榜的形式上的平等，一方面是使无产者成为雇佣奴隶的千百种事实上的限制和诡计。正是这个矛盾使群众认清了资本主义的腐朽、虚假和伪善"④。列宁又以国家机构为例，批评"考茨基抓住一些'小事情'……但问题的本质他却没有看到。国家机构、国家机器的阶级实质，他却没有看到"⑤。

从上面的论述、论证、论战所表达出来的立场鲜明的政治观点中，我们可以看到，列宁对资产阶级民主的阶级性、狭隘性和虚伪性的揭露、怀疑和批判，把马克思、恩格斯所揭示的民主的阶级本质，特别是现代资产阶级民主的阶级本质大大地向前推进了一步，发展和丰富了马克思主义关于民主问题的理论。

---

① 《列宁全集》第 31 卷，人民出版社 1985 年版，第 84 页。
② 同上书，第 83 页。
③ 《列宁选集》第 2 卷，人民出版社 1995 年版，第 600、601 页。黑体为原作者加。
④ 同上书，第 605 页。黑体为原作者加。
⑤ 同上。

同时我们在这里也应当指出，作为一个处在战争与革命时代的无产阶级政党的政治领袖和职业革命家，列宁担负着捍卫马克思主义、批判资本主义的重大历史责任使命，担负着在俄国的土地上推翻资本主义、建立社会主义的伟大历史使命。这样的历史责任和使命决定了列宁的社会政治理论同资产阶级进行原则性斗争、同改良主义进行论战的鲜明特征，决定了列宁论证的出发点和立脚点不是去阐明资产阶级民主的历史合理性，而是去揭露资产阶级民主的阶级性、狭隘性和虚伪性，从而为工人运动、为无产阶级政党推翻现存的资本主义制度，提供理论上的证明和资源。这是问题的一个方面。

问题的另一方面是，列宁对资产阶级民主的阶级性、狭隘性和虚伪性的揭露、怀疑和批判，会由于他作为十月社会主义革命胜利的缔造者这一伟大的历史地位，而使他的后继者有可能由此忽略对资产阶级民主的形式、构成方式、运作体制和监督制衡机制的历史合理性的清醒态度和冷静研究，并由此忽视对社会主义民主的形式、构成方式、运作体制和监督制衡机制的理论上的研究和实践上的重视。这是传统社会主义条件下把马克思、列宁主义教条化，造成社会主义民主在体制机制方面存在严重缺陷，人民当家做主的民主权利得不到真正落实的历史后果之一，是世界社会主义运动的历史和传统社会主义国家的实践所留给我们的严重教训之一。

（2）列宁论无产阶级（苏俄）民主及其形式的优越性

同对资产阶级民主的实质或阶级本质的严厉批判和根本怀疑形成鲜明对比的是，列宁热情讴歌、赞美了无产阶级民主和社会主义民主的巨大优越性。

列宁作为世界上第一个社会主义国家的缔造者和领导者，高度重视民主之于社会主义的地位和意义，将民主视为社会主义的内在要求和本质特征。关于民主与社会主义的关系，列宁早在1916年就指出："不实现民主，社会主义就不能实现，这包括两个意思：①无产阶级如果不在民主斗争中为社会主义革命做好准备，它就不能实现这个革命；②胜利了的社会主义如果不实现充分的民主，它就不能保持它所取得的胜利。"① 列宁还提出一个著名的命题："没有民主，就不可能有社会主义。"②

列宁指出："无产阶级民主（苏维埃政权就是它的一种形式）在世界上史无前例地发展和扩大了的，正是对大多数居民即对被剥削劳动者的民主。"③ "苏维埃政权是世界上**第一个**（严格说来是第二个，因为巴黎公社已开始这样做过）**吸引**群众即**被剥削**群众参加管理的政权。""苏维埃是被剥削劳动群众自己的直接的组织，它便于这些群众自己用一切可能的办法来建设国家和管理国家……苏维埃组织自然而然**使**一切被剥削劳动者**便于**团结在他们的先锋队即无产阶级的周围……出版自由不再是假的，因为印刷所和纸张都从资产阶级手里夺过来了。最好的建筑如宫殿、公馆、地主宅邸等等也是如此。苏维埃政权把成千上万座最好的建筑物一下子从剥削者手里夺过来，就使群众集会权利更加'民主'**百万倍**，而没有集会权利，民主就是骗局。""无产阶级民主比任何资产阶级民主要民主百万倍；苏维埃政权比最民主的资产阶级共和国要民主**百万倍**。"④

列宁对无产阶级的民主，特别是苏维埃俄国政权的民主充满着自信和自豪，并且在同资产阶级民主的对比中来论证和阐明苏维埃俄国民主的优越性："在世界上最民主的资产阶级国家里，哪一个国家的**平常的、普通的**工人，平常的、普通的**雇农**或者农村半无产者（即占人口大多数的被压迫群众的一分子），能够多少像在苏维埃俄国那样，享有在最好的建筑物里开会的**自由**，享有利用最大的印刷所和最好的纸库来发表自己的意见、维护自己利益的**自由**，享有推选正是本阶级的人去管理国家、'建设'国家的**自由**呢？""全世界的工人只要从报纸上看到承认真实情况的片断报道，就本能地同情苏维埃共和国，正因为他们看到它是**无产阶级的**民主，是**对穷人的**民主，不是对富人的民主，而任何的、甚至最完善的资产阶级民主，实际上都是对富人的民主。""在俄

---

① 《列宁全集》第 23 卷，人民出版社 1972 年版，第 70 页。
② 《列宁全集》第 28 卷，人民出版社 1990 年版，第 168 页。
③ 《列宁选集》第 2 卷，人民出版社 1995 年版，第 605 页。
④ 同上书，第 606 页。黑体为原作者加。

国，则完全彻底地打碎了官吏机构，赶走了所有的旧法官，解散了资产阶级议会，建立了正是使工农**更容易参加的**代表机关，用**工农**苏维埃代替了官吏，或者由**工农**苏维埃监督官吏，由**工农**苏维埃选举法官。单是这件事实，就足以使一切被压迫阶级承认，苏维埃政权这一无产阶级专政形式比最民主的资产阶级共和国民主百万倍。"①

列宁在这里强调民主与社会主义的必然的有机统一，把民主看做是社会主义的基本组成部分，强调没有民主就没有社会主义。这是列宁社会主义理论、特别是列宁社会政治理论中最为光彩夺目的理论观点。

列宁对苏维埃俄国民主形式的由衷赞美和高度评价有着巨大的历史理由，而且它的确是超越资产阶级民主的一次具有深远意义的伟大尝试，为后来一系列社会主义国家建立民主制度提供了可供借鉴的经验模式和实践榜样。但是我们在苏维埃民主形式以及其他社会主义国家的民主形式方面，也有重大而深刻的教训需要总结。

下面我们借助韦伯的观察和分析谈谈这一方面的深刻教训。

韦伯对俄国"十月革命"后社会主义实践的观点和分析未必完全中肯，而且在提法上亦值得商榷，但就苏俄在民主的形式、体制、监督制衡机制等方面存在的问题或缺陷而言，依然有借鉴意义。②

韦伯在俄国"十月革命"后的第三年便离开人世，社会主义实践的历史经验实际上还没有系统地进入他判断和思考的视野，但他却仍然以其深刻的洞察力和穿透力，对俄国社会主义的经济、政治、司法体制和意识形态作了至今仍有说服力的分析。在他看来，"社会主义的'管理参谋部'力图使社会相信，它在捍卫社会的和'人民的利益'，但在实际上，它把自己**无限的权力**扩展到经济领域，并且常常歪曲法律，使法律的条款符合自己对社会正义的理解"③。韦伯认为，资本主义依靠它从**罗马法**中吸取的基本的法律原则而获得顺利发展，"它的特点是具有系统的分类、严格的理性的概念、严厉措施以及**形**

---

① 《列宁选集》第 2 卷，人民出版社 1995 年版，第 607—608 页。黑体为原作者加。

② 参见《批判与建构的双重维度》（《学术研究》2005 年第 8 期）。

③ ［德］马克斯·韦伯：《儒教与道教》，洪天富译序，江苏人民出版社 1995 年版，第 29 页。黑体为引者加。

式主义。罗马法借助司法的规范、机构和机制，最有效地保护人的个人自由①。而俄国"十月革命"后建立起来的苏维埃政权，"没有经过职业训练的党的官员们，是破坏**形式上合理**的经济的根源，因为他们垄断了经济，必然造成营私舞弊的结构"②。在韦伯看来，俄国的社会主义由于摧毁了始源于罗马法的、表征着法律传统之根本特征的"形式上的合理性"这一内在灵魂而成为一个人治的社会：它"不是按罗马的形式法对案件作出判决，而是按物质公平的原则作出判决。在社会主义条件下，作为社会生活最重要的调节器的法律与诉讼程序，往往变为一纸空文"③。社会主义还赶走了维护法律的职业法学家，把他们贬斥为"资本家利益的捍卫者"。这样一来，"法律实际上变成一纸空文，破坏法律的行为也就在所难免了"④。由此可见，作为保障人的生命、财产、自由与尊严的普遍法律秩序、法律制度被摧毁，而优越于资本主义的、更加健全的社会主义的民主政治体制及普遍法律秩序却没能迅速而有效地建立起来，所以侵犯人的权利与自由的严重政治现象就不可避免。20 世纪 30 年代的苏联大清洗就是在这样的历史背景和时代条件下发生的。⑤

---

① ［德］马克斯·韦伯：《儒教与道教》，洪天富译序，江苏人民出版社 1995 年版，第 26 页。黑体为引者加。

② 同上书，第 27 页。

③ 同上。

④ 同上书，第 29 页。形式合理性问题至今依然是社会主义政治理论的一个基本问题所在。如果在这一基本方面不实现重大突破和深刻变革，当代马克思主义的社会主义理念和实践的历史性重建，就不可能成为现实。

⑤ 邓小平曾经意味深长地说过："斯大林严重破坏社会主义法则，毛泽东同志就说过，这样的事件在英、法、美这样的西方国家不可能发生。他虽然认识到这一点，但是由于没有在实际上解决领导制度问题以及其他一些原因，仍然导致了'文化大革命'的十年浩劫。这个教训是极其深刻的。"（《邓小平文选》第 2 卷，人民出版社 1993 年版，第 293 页。）邓小平这段反映了世界社会主义运动的历史性教训、包含着深刻历史意蕴的著名文字表明，毛泽东的伟大在于他深刻地、一针见血地洞见了斯大林的问题所在，但由于社会主义民主的形式、体制、监督制衡机制等尚未到位，所以毛泽东依然未能避免斯大林在法治自由和政治民主问题上的严重失误。这是国际共产主义运动史上最深刻的历史—政治教训之一。邓小平开启的走向社会主义法治国家的道路之所以意义深远，之所以是世界社会主义史上的瑰丽篇章，根本原因就在于此。

二 中国共产党人的民主
观点和民主理论

中国共产党人把马克思、列宁主义运用于中国革命、建设和改革的实践，不仅领导中国人民取得了民族民主革命的胜利，而且在总结国内外社会主义实践正反两个方面经验教训的基础上，成功地开辟了中国特色社会主义道路，实现了马克思主义中国化的两次伟大的历史性飞跃。

马克思主义中国化的两次飞跃促成了中国社会上层建筑领域的巨大变革，在中国政治制度发展史和政治思想观念史上具有划时代的伟大意义。从毛泽东到胡锦涛为代表的几代中国共产党人的社会政治理念和政治主张，是中国共产党人在推进马克思主义中国化过程中创造的宝贵思想资源和理论财富。认真挖掘、整理和研究中国共产党人关于民主问题的社会政治理论和政治观点，不仅具有丰富发展马克思主义民主观的重大理论意义，而且具有在实践上有力地推动中国民主政治的建设、改革和发展的重大现实意义。

在充分肯定历史性成就的同时，我们还应当实事求是地反思和总结在运用马克思、列宁主义民主观过程中的教训，为我们进一步建设中国特色社会主义民主政治、发展社会主义政治文明提供历史镜鉴。

马克思、恩格斯、列宁重在探讨和研究民主的阶级本质而非民主的形式、体制和机制的民主观，对中国社会主义的理论与实践发生了深刻影响。在改革开放前的传统社会主义条件下，由于存在着把马克思、列宁主义教条化的"左"倾主义的思想方式，中国政治思想领域在强调社会主义与资本主义两种社会政治制度和意识形态根本区别的前提下，过分强调了资产阶级民主的阶级本质而忽视了对资产阶级民主的形式即政体的构成方式、运行机制和监督制衡机制的学习、研究与借鉴，从而对中国社会主义民主的形式、构成方式和运行机制的理论与实践发生了负面影响，成为发生"反右"扩大化和"文化大革命"历史性悲剧的基本原因之一。

1. 毛泽东的民主观

毛泽东基于中国社会的政治传统和国民党统治下的政治现实，对中国民主之缺乏有着深切的感受和清楚的理解。早在 1940 年毛泽东在延安时就明确指出："中国缺少的东西固然很多，但是主要的就是少了两件东西：一件是独立，一件是民主。这两件东西少了一件，中国的事情就办不好。"① 1944 年，基于同样的历史和政治现实背景，毛泽东在答中外记者时再一次清醒而明确地指出："中国是有缺点的，而且是很大的缺点，这种缺点，一言以蔽之，就是缺乏民主。中国人民非常需要民主，因为只有民主，抗战才有力量，中国内部关系与对外关系，才能走上轨道，才能取得抗战的胜利，才能建设一个好的国家，亦只有民主才能使中国在战后继续团结。中国缺乏民主，是在座诸位所深知的。只有加上民主，中国才能前进一步。"② 1945 年，黄炎培先生鉴于中国历史上屡屡出现王朝"其兴也勃焉"、"其亡也忽焉"、"人存政兴"、"人亡政息"的历史周期律，意味深长地向毛泽东提出中国共产党人能否找到一条新路，跳出这种周期律的问题，毛泽东当即充满信心地作了明确而深刻的回答："我们已经找到新路，我们能跳出这周期律。这条新路，就是民主。只有让人民起来监督政府，政府才不敢松懈。只有人人起来负责，才不会人亡政息。"③

那么中国社会、中国人民需要什么样的民主？是否是西方式资产阶级的民主？毛泽东对此作了明确的回答："西方资产阶级的文明，资产阶级的民主主义，资产阶级共和国的方案，在中国人民的心目中，一齐破了产。资产阶级的民主主义让位给工人阶级领导的人民民主主义，资产阶级共和国让位给人民共和国。这样就造成了一种可能性：经过人民共和国到达社会主义和共产主义，到达阶级的消灭和世

---

① 《毛泽东选集》第 2 卷，人民出版社 1991 年版，第 731 页。
② 《毛泽东文集》第 3 卷，人民出版社 1996 年版，第 168 页。
③ 薄一波：《若干重大决策与事件的回顾》上卷，中央党校出版社 1991 年版，第 156—157 页。

界的大同。"① 因此，"总结我们的经验，集中到一点，就是工人阶级（经过共产党）领导的以工农联盟为基础的人民民主专政"②。

进入社会主义建设时期后，毛泽东对如何建设民主政治问题作了重要探索，认为社会主义民主政治的理想状态应当是："造成一个又有集中又有民主，又有纪律又有自由，又有统一意志，又有个人心情舒畅、生动活泼那样一种政治局面。"③

为了推进和贯彻社会主义民主，毛泽东在文化思想领域提出了"双百"方针："百花齐放、百家争鸣的方针，是促进艺术发展和科学进步的方针，是促进我国的社会主义文化繁荣的方针。艺术上不同的形式和风格可以自由发展，科学上不同的学派可以自由争论。"④在政党关系上，毛泽东指出："'长期共存、互相监督'……是我国具体的历史条件的产物……共产党同各民主党派长期共存，这是我们的愿望，也是我们的方针。各党派互相监督……就是各党派互相提意见，作批评。"⑤

2. 周恩来、刘少奇的民主观

周恩来是中国共产党第一代领导集体的重要成员。他在政治实践中不仅素以虚怀若谷、作风民主著称，而且在社会主义民主的理论与实践上同样颇有建树。在 20 世纪 50 年代的一次讲话中，周恩来结合国内外的历史和政治状况，特别是世界社会主义运动正反两个方面的历史经验，曾极其深刻地谈到我们的人民民主专政的发展方向问题，以及民主与专政的相互关系究竟如何构架的问题。他指出，专政要继续，民主要扩大。从国内来说，残余的反革命分子没有完全肃清，从国外来说，帝国主义还仇视我们，因此我们的专政要继续。但是由于我们的专政更加巩固了，工人阶级的力量更强大了，所以我们的民主

---

① 《毛泽东选集》第 4 卷，人民出版社 1991 年版，第 1471 页。
② 同上书，第 1480 页。
③ 《毛泽东文集》第 7 卷，人民出版社 1999 年版，第 168 页。
④ 同上书，第 229 页。
⑤ 同上书，第 234—235 页。

就应该更扩大，而不应该缩小。这一方面是形势许可，另一方面是从整个无产阶级专政的历史经验中得出的结论。因为人民民主专政有深厚的基础，专政的权力很集中、很强大，如果处理不好，就容易忽视民主。这方面"苏联的历史经验可以借鉴。所以我们要时常警惕，要经常注意扩大民主，这一点更带有本质的意义"①。

刘少奇对如何建设社会主义的民主政治多有论述。还在新中国成立初期，刘少奇就高度重视民主政治建设的极端重要性。1951年，刘少奇《在北京市第三届人民代表会议上的讲话》中指出："经济建设现已成为我们国家和人民的中心任务。但是新民主主义的经济建设必须由新民主主义的政权来领导和保障……我们国家的民主化，和新民主主义的经济建设，人民经济事业的发展，我们国家的工业化，是不能分离的。没有我们国家的民主化，没有新民主主义政权的发展，就不能保障新民主主义经济的发展和国家的工业化……因此，我们的基本口号是：民主化与工业化！"②

刘少奇对人民代表大会制度、社会主义民主与法制的关系、废除职务终身制等事关民主的重大问题都作了有益的探索。他认为必须加强人民代表大会制度的建设，使其充分体现人民当家做主的权利；一再强调健全社会主义法制以保障社会主义民主，认为法制越完善，越有权威，就越有能力保障人民的利益和权利。

废除领导职务终身制即任期制问题是现代民主政治的一个重要问题，是衡量一个现代民族国家的政治体制是否是民主体制的基本标志之一。刘少奇是新中国成立后我们党的最高领袖群体中最早意识到并提出这个重大问题的领导人之一。他曾以美国华盛顿当了8年总统退为平民的事例，设想我们国家是否可以参考以解决领导职务终身制问题。他还列举资本主义国家有些人当过部长、总理，结果又去当教员、当律师等事例，认为资产阶级能够这样做，但我们的党员干部却难以做到。他明确指出，资本主义的这些东西我们是可以参考的。在

---

① 《周恩来选集》下卷，人民出版社1991年版，第207页。
② 《刘少奇选集》下卷，人民出版社1985年版，第60页。

当时的历史条件和政治环境中，刘少奇能够对资本主义国家的民主及其形式、体制采取开放和借鉴的态度，在今天看来依然是难能可贵的。

3. 中国特色社会主义的民主观

以 1978 年中国共产党的十一届三中全会为标志，中国进入了一个全新的历史时期。在改革开放以来的历史进程中，以邓小平、江泽民、胡锦涛为代表的共产党人，不断总结国内外社会主义民主政治建设的正反两个方面的历史经验教训，提出了关于社会主义民主政治的一系列观点和理论，形成了依法治国、建设社会主义法治国家的治国方略，为推进社会主义政治文明建设提供了理论指南，在中国特色社会主义理论的发展进程中写下了精彩篇章。

（1）邓小平论社会主义民主

十一届三中全会后，邓小平科学而深刻地总结了国际共产主义运动、特别是我们自己"反右"扩大化和发动"文化大革命"的沉痛历史教训，以伟大战略家的眼光和气魄，对事关社会主义前途和命运的民主这一重大问题，作了富有鲜明时代特点的深刻阐发，恢复和重新确立了民主在社会主义发展中的历史地位，以新的内容丰富和发展了马克思主义的民主观。

邓小平以解放思想、实事求是的科学态度和开拓精神，来认识、反思和总结新中国成立以来我们在民主问题上的教训。早在十一届三中全会召开前夕，邓小平就明确指出："在过去一个相当长的时间内，民主集中制没有真正实行，离开民主讲集中，民主太少"，我们"往往把领导人说的话当做'法'，不赞成领导人说的话就叫做'违法'，领导人的话改变了，'法'也就跟着改变"①。1979 年 3 月，邓小平在《坚持四项基本原则》的讲话中说："我们一定要向人民和青年讲清楚民主问题。社会主义道路、无产阶级专政、共产党的领导、马列主

① 《邓小平文选》第 2 卷，人民出版社 1994 年版，第 146 页。

义毛泽东思想都同民主问题有关。"① "在民主的实践方面,我们过去做得不够,并且犯过错误。林彪、'四人帮'宣传什么'全面专政',对人民实行封建法西斯专政,我们已经彻底粉碎了这个专政。这与无产阶级专政毫无共同之点,而且完全相反。现在我们已经坚决纠正了过去的错误,并且采取各种措施继续扩大党内民主和人民民主。没有民主就没有社会主义,就没有社会主义的现代化。当然,民主和现代化一样,也要一步一步地前进。社会主义愈发展,民主也愈发展。这是确定无疑的。"② 邓小平一方面总结历史经验,强调 "我们过去对民主宣传得不够,实行得不够,制度上也有许多不完善,因此,继续发扬民主,是我们党今后一个时期的坚定不移的目标",另一方面又清醒地指出: "但是我们在宣传民主的时候,一定要把社会主义民主同资产阶级民主、个人主义民主严格区别开来,一定要把对人民的民主和对敌人的专政结合起来,把民主和集中、民主和法制、民主和纪律、民主和党的领导结合起来。"③

邓小平曾从民主、法则等制度层面,多角度多方面地对 "文化大革命" 的沉痛教训作历史性的反思和总结。1980 年 8 月,他在回答意大利记者法拉奇关于如何避免 "文化大革命" 的错误时强调: "这要从制度方面解决问题。我们过去的一些制度,实际上受了封建主义的影响,包括个人迷信、家长制或家长作风,甚至包括干部职务终身制。我们现在正在研究避免这种现象,准备从改革制度着手。我们这个国家有几千年封建社会的历史,缺乏社会主义的民主和社会主义的法制。现在我们要认真建立社会主义的民主制度和社会主义法制。只有这样,才能解决问题。"④

在 1978 年的中央工作会议上,邓小平指出: "必须使民主制度化、法律化,使这种制度和法律不因领导人的改变而改变,不因领导

---

① 《邓小平文选》第 2 卷,人民出版社 1994 年版,第 175 页。
② 同上书,第 168 页。
③ 同上书,第 176 页。
④ 同上书,第 348 页。

人的看法和注意力的改变而改变。"① 邓小平的这一重要民主思想和政治观念，实际上为我们党在 20 世纪 90 年代后期提出"依法治国，建设社会主义法治国家"这一重大治国方略奠定了思想前提和理论基础，成为这一治国方略的理论起点和思想支点。

在 1980 年 8 月《党和国家领导制度的改革》这篇著名的讲话中，邓小平通过反思和总结苏联时期斯大林的错误，深刻揭示了包括"文化大革命"在内的历史上各种错误的体制性的根源，作出了有重大历史含义的著名论述："斯大林严重破坏社会主义法制，毛泽东同志就说过，这样的事件在英、法、美这样的西方国家不可能发生。他虽然认识到这一点，但是由于没有在实际上解决领导制度问题以及其他一些原因，仍然导致了'文化大革命'的十年浩劫。这个教训是极其深刻的。"②

鉴于党和国家政治生活中的严重教训，邓小平深刻地指出了制度问题对民主政治建设的根本性意义："我们过去发生的各种错误，固然与某些领导人的思想、作风有关，但是组织制度、工作制度方面的问题更重要。这些方面的制度好可以使坏人无法任意横行，制度不好可以使好人无法充分做好事，甚至会走向反面。"因此，"不是说个人没有责任，而是说领导制度、组织制度问题更带有根本性、全局性、稳定性和长期性。这种制度问题，关系到党和国家是否改变颜色，必须引起全党的高度重视"③。

邓小平民主思想的一个突出而鲜明的重要特征，是把民主与社会主义的本质特征紧密地联系在一起加以论证，是把民主问题与法制、与制度有机地联系起来加以考察和强调，从而不仅强调了加强民主建设的重大意义，而且明确指出了如何进行民主建设的基本途径。这是他深入反思、清醒总结世界社会主义运动和中国社会主义政治建设中的深刻教训，经过长期思考后作出的重大判断，它不仅在中国社会主

---

① 《邓小平文选》第 2 卷，人民出版社 1994 年版，第 146 页。
② 同上书，第 327 页。
③ 同上书，第 333 页。

义，而且在整个世界社会主义的理论与实践中，都是值得浓墨重彩的理论篇章。邓小平的民主思想作为马克思主义民主思想发展史上的重要里程碑，是我们思考社会主义民主问题必须认真汲取的重要思想资源，是我们建设社会主义民主政治必须坚持的指导思想。

（2）江泽民、胡锦涛论社会主义民主政治

江泽民、胡锦涛沿着毛泽东、邓小平开辟的道路继续前进，围绕着如何建设社会主义民主政治和法治国家作了一系列重要论述，提出了一系列重要观点，为丰富社会主义民主观、发展和完善社会主义政治文明作出了重要贡献，系统和深化了中国特色社会主义理论。

推进政治体制改革，发展社会主义民主政治，是中国特色社会主义的题中应有之义，是保证人民当家做主、国家长治久安的关键问题之一。江泽民指出："建设高度的社会主义民主和完备的法制，是我们党的根本目标和根本任务之一，也是人民群众的共同愿望。"①"我们在实行经济体制改革的同时，积极稳妥地推进政治体制改革，努力建设有中国特色的社会主义民主政治。在中国共产党的领导下，实行人民民主，充分保障人民当家作主的民主权利，是我国政权建设和政治体制改革的根本出发点和归宿。"② 江泽民在中国共产党的十五大报告中强调："推进政治体制改革，必须有利于增强和发挥社会主义制度的特点和优势，维护国家统一、民族团结和社会稳定，充分发挥人民群众的积极性，促进生产力发展和社会进步。"③ 并由此确定了政治体制改革的主要任务和基本思路：健全民主制度，加强法制建设，推进机构改革，完善民主监督制度，维护安定团结。"共产党执政就是领导和支持人民掌握管理国家的权力，实行民主选举、民主决策、民主管理和民主监督，保证人民依法享有广泛的权利和自由，尊重和保障人权。发展社会主义民主，制度更带有根本性、全局性、稳定性和长期性。""我们的权力是人民赋予的，一切干部都是人民的

---

① 《江泽民建设有中国特色社会主义（专题摘编）》，中央文献出版社2000年版，第298页。

② 同上书，第299页。

③ 同上书，第299—300页。

公仆，必须接受人民和法律的监督。要深化改革，完善监督法制，建立健全依法行使权力的制约机制。"①

中国共产党的十六大报告把发展社会主义民主政治，建设社会主义政治文明，作为全面建设小康社会的重要目标，进一步明确规定了发展社会主义民主政治的基本原则，是"把坚持党的领导、人民当家作主和依法治国有机统一起来"。并由此规划了政治建设和政治体制改革的基本思路：坚持和完善社会主义民主制度；加强社会主义法制建设；改革和完善党的领导方式和执政方式；改革和完善决策机制；深化行政管理体制改革；推进司法体制改革；深化人事制度改革；加强对权力的制约和监督；维护社会稳定。②

在中国共产党第十七次全国代表大会上，胡锦涛强调我们党和国家要"坚定不移发展社会主义民主政治"，明确指出："人民民主是社会主义的生命。发展社会主义民主政治是我们党始终不渝的奋斗目标。""要坚持中国特色社会主义政治发展道路，坚持党的领导、人民当家作主、依法治国有机统一，坚持和完善人民代表大会制度、中国共产党领导的多党合作和政治协商制度、民族区域自治制度以及基层群众自治制度，不断推进社会主义政治制度自我完善和发展。"提出"深化政治体制改革，必须坚持正确政治方向，以保证人民当家作主为根本，以增强党和国家活力、调动人民积极性为目标，扩大社会主义民主，建设社会主义法治国家，发展社会主义政治文明。要坚持党总揽全局、协调各方的领导核心作用，提高党科学执政、民主执政、依法执政水平，保证党领导人民有效治理国家；坚持国家一切权力属于人民，从各个层次、各个领域扩大公民有序政治参与，最广泛地动员和组织人民依法管理国家事务和社会事务、管理经济和文化事业；坚持依法治国基本方略，树立社会主义法治理念，实现国家各项工作法治化，保障公民合法权益；坚持社会主义政治制度的特点和优势，推进社会主义民主政治制度化、规范化、程序化，为党和国家长

① 《江泽民文选》第2卷，人民出版社2006年版，第29—31页。
② 《江泽民文选》第3卷，人民出版社2006年版，第29、553、558、31页。

治久安提供政治和法律制度保障"。规划了政治体制改革的基本思路：
（1）扩大人民民主，保证人民当家做主；（2）发展基层民主，保障
人民享有更多更切实的民主权利；（3）全面落实依法治国基本方略，
加快建设社会主义法治国家；（4）壮大爱国统一战线，团结一切可以
团结的力量；（5）加快行政管理体制改革，建设服务型政府；（6）完
善制约和监督机制，保证人民赋予的权力始终用来为人民谋利益。确
保权力正确行使，必须让权力在阳光下运行。①

三　当代中国关于民主的
基本立场和基本态度

　　20 世纪是一个资本主义充满危机、殖民主义体系不断瓦解的世
纪，同时也是一个社会主义从理论到实践、从一国到多国发生历史性
飞跃的巨大变革的世纪。在 20 世纪的百年岁月中，两种社会制度和
意识形态之间不曾停止过惊心动魄的矛盾、冲突，其中民主问题成为
西方挑战东方的最重要的武器，成为它们批判社会主义的基本方面之
一。在苏联、东欧剧变后，中国作为最大的社会主义国家和发展中国
家，成为以美国为代表的西方世界在民主问题上批评攻击的主要对象
之一。从维护中国的民族尊严和国家利益出发，当代中国共产党人有
必要从马克思主义唯物史观的基本立场出发，阐明我们关于民主的基
本观点和基本态度，以回应来自西方特别是美国对我们提出的经常性
的挑战。

1. 传统社会主义条件下马克思主义民主观的运用：成就与问题

　　马克思主义关于民主的阶级本质的观念，在传统社会主义条件下
得到了很全面很深刻的理解和阐发。马克思主义民主观的这一理解维

---

　　①　胡锦涛：《高举中国特色社会主义伟大旗帜　为夺取全面建设小康社会新胜利而奋
斗——在中国共产党第十七次全国代表大会上的报告》（新华社北京 2007 年 10 月 24 日电）。

度，对社会主义国家的整个上层建筑领域的革命性变革发挥了有力的指导作用，对已经取得了社会主义革命胜利的国家如何建立人民当家做主的国家政权和政治制度，产生了深刻而重大的影响。

但是我们也应当指出，在如何理解和运用马克思主义民主观问题上，各个社会主义国家也留下了深刻而沉痛的历史教训。这是我们在考察和回顾世界社会主义发展史的历史经验时，必须认真反思和总结的一个重大理论和实践问题。

理解和运用马克思主义民主观问题上的最重要的历史教训之一，就是我们在强调民主特别是资产阶级民主的阶级本质的同时，严重忽略了民主的形式维度，忽视了民主作为一种国家政体或政权组织形式，对建立和发展一种人民真正能够当家做主的民主政治体制所具有的重大意义。同时，这种过度强调民主的本质而忽视民主形式的思想方式，严重影响了年轻的社会主义国家在建立新生的民主体制的过程中，对历史上的民主体制、机制特别是资产阶级的民主体制、机制的冷静研究、学习和借鉴，影响了社会主义的民主体制在与资本主义民主体制的相互开放中提高和完善的许多历史机遇。

苏联东欧剧变是20世纪世界社会主义发展史上的最深刻最严重的历史教训。而之所以发生这样的悲剧性历史事变，当然存在着多方面的深刻历史原因，但由于过分强调民主的本质而忽视民主的形式即构成方式的建设，导致高度集权的政治体制的建立而造成民主和法制建设的严重缺失。这就不仅使得政治体制严重僵化、官僚主义盛行而缺乏效率，而且严重影响、损害了公民的政治自由和民主权利，使执政的共产党人逐渐脱离了同人民群众的血肉联系。这是苏联共产党和东欧各国共产党在社会变革的浪潮中，之所以最终失去人民的信任、不被人民所选择而纷纷失去政权的最重要的历史原因和历史教训之一。

20世纪70年代末，中国大地开启了由传统社会主义形态向现代社会主义形态的深刻变革历程。邓小平在经历三起三落复出后，以巨大的政治勇气断然拒绝了"无产阶级专政下继续革命"的错误理论和"以阶级斗争为纲"的错误路线，确立了"一个中心、两个基本点”的基本路线，推动社会主义中国向世界开放。邓小平关于“没有民主就没有社会主义，就没有社会主义现代化”的重要论断，以及“民主必须法律化、制度化”的政治改革理念，表明中国共产党人的社会政治观念发生了深刻变化，同时也有力地推动了理论界、学术界的思想解放，为中国特色社会主义政治文明的发展开辟了广阔道路。

中国社会的改革开放表现在社会政治领域，是人们不再僵化而教条地由于强调国体对政体的决定作用，而过度看重民主的本质却忽视民主的形式。与此相联系，人们也不再由于强调资产阶级民主的阶级本质，而完全忽视和否定它在民主形式、体制和机制上所取得的成就及其借鉴意义。这就为人们在重视民主的阶级本质的前提下，以开放的态度和胸襟去深入而具体地研究包括资产阶级民主在内的各种民主的具体体制、形式和机制。

因此关于民主的完整定义、理解和阐发，以及我们今天关于民主的理论与实践，应当既从民主的阶级本质，又从民主作为国家政权构成的形式、构成方式和运作原则这样两个维度加以展开。基于这样的双重理解维度，马克思主义在对民主做了历史性考察后，可以对现代意义上的民主做如下说明。

民主具有四个方面的含义：（1）民主是一种政治权利，即人民在政治上当家做主的权利；（2）民主是一种国家政体，是政权的组织形式、构成方式和政治体制；（3）民主具有阶级性，它总是经济上、政治上占统治地位的阶级的民主；（4）民主与专政共同构成国家政治实践的两个组成部分。[①]

现代民主作为国家政权的构成方式或组织形式，是一种以法治为核心内容和基本特征的政治体制。现代民主政治在具体运行和实际操作上，包括三个相互联系不可分割的具体原则：（1）多数原则，即少数服从多数的原则，这是一般意义上的民主的核心原则；（2）程序原则，即政治生活中所有重大决策和决定的做出，领导人的选举和

[①]　参见肖前主编《马克思主义哲学原理》下册，中国人民大学出版社1994年版，第406页。

产生，权力的行使、运行和制衡，都必须有法定的、可遵循的程序和原则，即使多数人的意志，也必须经过严格规范的程序加以确认和表现；（3）少数原则，即在少数人服从多数人裁决的情况下，仍然允许少数人有保留自己意见的权利，并依法真正保护少数人的合法权利。① 少数原则的确立具有特别重大的意义，因为只有真正实践这一原则，才能避免由于多数原则的过度运用而造成"多数暴政"。从这一意义上说，少数原则的确立是现代民主政治的一项重要成就，它的意义不亚于多数原则。

2. 当代中国关于民主的基本立场和基本态度

中国共产党和中国政府把马克思主义基本原理与中国的具体实践相结合，在革命、建设和改革的历史实践中形成了中国特色的社会主义民主观。中国共产党人既自觉坚持马克思主义的基本观点和基本立场，又认真汲取中国悠久文化传统和民族特性中的精华，学习和借鉴世界其他民族文明中的合理成分，并从中国的国家利益和现实国情出发，明确而坚定地向世界宣示了当代中国关于民主的基本立场和基本态度。

资产阶级关于民主的理论、原则和实践，在反对封建专制主义的人身依附关系，确保公民合法的财产权利，保障公民的思想、言论、宗教自由等权利不受侵犯等方面发挥了巨大的历史作用，资产阶级关于民主的理论与实践作为历史形成和发展的产物，实际上不仅在早期，而且就是在今天依然具有可学习借鉴的积极意义和合理价值。

但是，从马克思主义的基本立场和基本观点来看，尽管资产阶级民主的理论与实践是人类政治文明的重大成就，而且在民主的形式、体制、制衡机制和运作原则上有着一整套值得重视的可操作的方法，但由于它的阶级本质而决定了它仍然存在着难以克服的根本性缺陷。

以马克思主义为理论基础和指导思想的中国共产党人关于民主观

---

① 参见肖前主编《马克思主义哲学原理》下册，中国人民大学出版社 1994 年版，第 407—408 页。

的基本立场和基本态度，体现着实践性、阶级性、科学性的统一，具体说来可以概括为以下几个方面。

1. 把实现最大多数中国人民当家做主的民主权利作为中国共产党领导人民进行革命、建设和改革的根本出发点。这是由中国共产党的阶级基础和社会基础的最大广泛性所决定的。中国共产党人不仅确立了这一根本原则，而且把依法治国、建设社会主义法治国家作为实现这一目的的根本保障。

2. 民主作为上层建筑，必须建立在坚实雄厚的物质经济基础之上。因此以经济建设为中心，解放和发展生产力就成为建立政治民主体制的经济基础和物质保障。中国作为一个发展中的社会主义国家，必须旗帜鲜明地反对脱离特定社会的生产方式和经济发展条件抽象地谈论民主的错误倾向。

3. 民主的理论与实践、民主政治体制的建设和完善，只能是一个渐进发展的过程。中国共产党人所确立的改革的战略、策略与方针是渐进式的，民主的目标只有在规范有序的改革过程中加以逐渐的推进，而绝不能依靠顷刻间彻底取消原有体制的休克疗法加以实现。如果民主的制度与体制由于激进改革而导致权力的真空地带，那么它带给中国人民的不是民主与自由，而只能是社会政治的严重的动荡、内乱和灾难，从而在根本上损害中国的国家利益和人民幸福。

4. 民主作为现代政治原则，体现着普遍性与特殊性的统一。中国共产党人认为民主原则作为全人类的文明成果和共同追求，有其普遍性价值的一面，但同时又认为，民主在各个国家的不同传统、不同历史条件下得以实现的方式，又有其特殊性的一面。因此中国政府坚决反对把民主的普遍性与特殊性割裂开来，反对以民主的普遍性原则而否定由特定国家的基本国情、文化传统与民族特性所决定的理论与实践上的特殊性。因此民主无论作为政治体制还是作为意识形态，都必须同特定国家的特定基本国情、特定历史时代和特定文化传统相适应，不存在适应于一切国家、时代和文化传统的普遍民主模式。

5. 民主制度的成长以及民主问题的解决，本质上是一个国家主权范围内的事务。中国共产党人把发展政治民主、建设政治文明作为中国特色社会主义的基本组成部分，并强调在民主问题上应当以开放的胸襟和态度学习和借鉴其他国家的经验和做法。但民主的发展和完善必须在国家主权和民族尊严不受侵犯的前提条件下，由各个主权国家从本国人民的根本利益出发，独立自主地通过政治法律体制的有序改革，通过立法体系和立法实践的不断展开加以实现，而不能接受亦不允许民主问题上的霸权主义。

（刘敬东 清华大学马克思主义学院教授、博士生导师）

第 九 讲

马克思主义自由观

　　自由观是马克思和恩格斯伦理观中的核心概念之一。马克思和恩格斯原来都是资产阶级民主主义者，而资产阶级为了把农民从封建主那里解放出来，使他们成为资本家的雇佣劳动者，就需要给予农民自由，使他们能够自由地买卖他们所拥有的劳动力。于是，自由被当成一种在资本主义社会中普遍倡导的伦理道德价值观。马克思和恩格斯首先都是资产阶级自由观的支持者，而且马克思在《莱茵报》工作时期，倡导一种极端的不受任何限制的出版自由，反对任何书报检查令，要求获得言论自由和结社自由。在马克思和恩格斯转变为科学共产主义者之后，他们关于自由观的论述主要围绕着"自由就是对必然的认识"展开。由于在《马克思恩格斯全集》中对于自由观的直接论述并不多，而且散见于他们的著作之中，要全面把握马克思和恩格斯的自由观，就需要对他们的散见的观点进行系统的阐发。这一讲将分为两个部分：第一部分是对马克思和恩格斯的自由观的阐发；第二部分是马克思主义与中国的自由观。

一　对马克思和恩格斯的
自由观的阐发

　　自由指的是人不受外在和内在的束缚，能够按自己的意志来行动的状态。人类之所以珍视自由，是因为自由能够给人带来幸福。根据程度的不同,可以把自由分为两种:绝对的自由和相对的自由。绝对的自由是无法完全实现的,但是从总体上看,人类在变得越来越自由。人的自由程度是衡量人的解放程度的标准。马克思和恩格斯关于自由观的论述主要集中在三个方面:第一,人逐渐从自然界的束缚中解放出来。人能够通过对自然规律的把握,使自然规律服务于人的目的,从而使人从自然界的奴役中解放出来。第二,人逐渐从人对人的奴役中解放出来。人能够通过对社会发展规律的认识,自觉地促进生产力的发展,使人从私有制的奴役下解放出来,实现人的自由全面的发展。第三,人越来越从人的思维局限性中解放出来。人能够通过对思维规律的把握,从而认识真理和价值,使人类能够实现预期目的,从而获得行为的自由。换句话说,自由就是对于自然规律、社会规律和思维规律的把握。对此,恩格斯说:

> 自由是对必然的认识。"必然只是在它没有被了解的时候才是盲目的。"自由不在于幻想中摆脱自然规律而独立,而在于认识这些规律,从而能够有计划地使自然规律为一定的目的服务。这无论对外部自然界的规律,或对支配人本身的肉体存在和精神存在的规律来说,都是一样的。这两类规律,我们最多只能在观念中而不能在现实中把它们互相分开。①

下文将围绕这三个方面进行论述。

第一个方面,人需要摆脱自然界对人的束缚,从而获得与自然界和谐相处的自由。人必须与自然界交换物质和能量,才能够生存下来。人的生存是人的一切活动的基础。人要享受生活,人要做事,首先必须活着。人为了活着,原始人首先需要从自然界里获取食物。这种生存方式使人思考的问题主要是如何获得食物,做的事情主要是获取食物的活动。对于食物可能短缺的焦虑和忧愁使人的思维受到了很大的限制;人的活动主要是获取食物的活动,无暇顾及其他。人依赖

---

① 恩格斯:《反杜林论》,人民出版社1999年版,第118页。

于自然界，而又对自然界茫然无知，这样一方面造成了自然界对于人的权威，另一方面造就了原始首领利用自然的权威来说服人采取某种行为规范或采取某种行动的动机。他们把需要整个群体遵守的规则说成是天则，把整个群体需要遵循的秩序说成是天的秩序，把他们需要整个群体参加的活动说成是天意使然，利用自然的权威来实施对于群体的管理。因此，在人类社会发展的初期，即使人身是自由的，人们的思维和生活方式却极大地受到自然界的束缚，所以人是自然界的奴隶。而无论是来自自然界的奴役，还是来自社会的奴役，都会影响到人的生活质量。所以在原始社会中，虽然存在着人身自由，但是他们都是自然界的奴隶，因此这样的社会是需要发展的，而且必然为其他的社会形态所代替。

人因为能够劳动，而劳动又使人越来越能摆脱自然界的束缚。人类劳动的方式与生产力的发展水平是密切相关的。生产力的发展使人能够越来越多地从自然界的束缚下解放出来，使人能够获得比较稳定的生存条件，能够解决人需要活着的问题。而且由于生产力水平的不断提高，人拥有越来越多的闲暇，从而从自然界那里获得越来越多的自由。在私有制产生后，它所造成的剥削现象是种社会的恶，是人类社会最终要消灭的现象。但是由于私有制使得脑力劳动和体力劳动分工成为可能，一部分人能够获得更多的自由来从事精神文化的创造活动。这些精神产品在一段时期内只是统治阶级才能享用的，而随着社会的发展，这些精神产品能够为全社会的成员所分享。而且在私有制的条件下创造出的等级文化，是社会组织原则的基础。人类社会要组成一个系统，必然要有分工，有分工必然产生每个角色的职能的不同和重要性的不同，这种不同必然产生等级。有等级的社会才是有组织的社会。这个社会的不合理性不在于它是有等级的，而是在于人处于什么等级不是他自己能够选择的，在等级之间缺少从下到上的自由的流动的渠道，上与下之间的义务和权利不平等。在私有制中的下层阶级多少失去了在原始社会中具有的人身自由，但是私有制促进了生产力的发展，使人类从总体上摆脱自然界束缚的能力越来越强了，为全人类的不断解放提供了前提条件。对此，马克思和恩格斯说道：

人们每次都不是在他们关于人的理想所决定和所容许的范围之内，而是在现有的生产力所决定和所容许的范围之内取得自由的。但是，作为过去取得的一切自由的基础的是有限的生产力；受这种生产力所制约的、不能满足整个社会的生产，使得人们的发展只能具有这样的形式：一些人靠另一些人来满足自己的需要，因而一些人（少数）得到了发展的垄断权；而另一些人（多数）经常地为满足最迫切的需要而进行斗争，因而暂时（即在新的革命的生产力产生以前）失去了任何发展的可能性。①

当人类能够把握自然规律，基本上不受自然界的盲目支配的时候，就为进入共产主义准备了条件。也就是说，实现共产主义的基本前提是人类从自然界的束缚下解放出来。在这里，人依然需要与自然界进行物质和能量的交换才能生存下来，但是人类已经能够与自然界和谐相处，不会再盲目地受自然力量的支配。人能够有意识地保护自然界，为未来的人类留下生存的空间，这说明的不是人的不自由，而是人有能力在自由意志的支配下，自觉地、更加合理地运用自然界的资源。如果说私有制社会对于原始社会来说是一种进步的话，主要是说它有助于促进生产力的发展，从而使人类从自然界的束缚中解放出来。科学共产主义与原始共产主义的主要区别之一就是在原始共产主义社会中人还处于自然界的奴役之下，而在科学共产主义中，人已经从自然界那里获得了解放。因此，一个依然处在自然界的奴役之下的社会，一个不断与自然界发生冲突的社会，不是科学共产主义社会。所以马克思和恩格斯说：

私有制只有在个人得到全面发展的条件下才能消灭，因为现存的交往形式和生产力是全面的，所以只有全面发展的个人才可

---

① 《马克思恩格斯全集》第3卷，人民出版社1960年版，第507页。

能占有它们，即才可能使它们变成自己的自由的生活活动。①

第二个方面，人需要摆脱人对人的奴役。在人类逐步摆脱自然界的束缚的过程中，人民群众在社会中丧失了他们的全部或部分自由。在原始共产主义社会中，每个人都享有个人自由，即每个人都有人身自由，他不是任何人的奴隶，他的劳动成果属于他能够平等地参与分享的公共物品。一个人不能迫使另外一个人做他不愿意做的事情。从这个意义上说，原始共产主义比私有制社会优越。但是由于那时的生产力水平低下，人的劳动是被自然界所迫的，因为他必须每天劳动才能够生存下来，而且劳动的种类不是他能够选择的，人在很疲劳的时候依然需要劳动。人被劳动所缚。如果说，那时的人在不累的情况下是热爱劳动的，那是因为他们不劳动就无法生存。在很疲劳的情况下，他们必然是想偷懒的，因此那时需要树立劳动榜样，鼓励人一不怕苦，二不怕死地劳动。通过对劳动者的赞扬来从心理上补偿人在劳动中感觉到的疲惫的痛苦。而且体力劳动通常缺乏创造性，单调无聊，使得追求坐享其成的安逸成了人的意愿。人在偷懒动机的支配下，创造出了很多能够使人从繁重的体力劳动中摆脱出来的辅助工具。如果说劳动是人幸福的来源的话，人类就不会生产那么多的工具来摆脱体力劳动。所以繁重的体力劳动也是让人感觉不自由的原因。体力劳动作为一种偶尔的娱乐是可以给人带来快乐的，而作为一种被生存所迫的、没有选择自由的活动是让人感觉痛苦的。

私有制最初是以人们认为合理的方式逐步确立的，在这个过程中人民群众不自觉地一步步丧失了自己的人身自由。在人能够生产剩余价值的时候，俘虏不再被杀死，而是变成奴隶。部落中的人认为能让他们活着就不错了，俘虏本身也认为能捡条命就很不错了。当人们习惯了有奴隶存在的时候，这些奴隶的不自由状态在社会中就获得了存在的理由。在部落中，当每个人都获得自己认为公平的私有财产时，人们是认同的，因为他们认为每个人都得到一份，与过去的平均主义

---

① 《马克思恩格斯全集》第3卷，人民出版社1960年版，第516页。

分配方式是一样的。当有的人家积累起财富的时候，有的人家却变得贫穷了。在富裕起来的人中，不乏勤劳而节俭的人。即便是对于在市场中碰运气富起来的人，人们也认为他们的富裕是合理的，因为运气对每个人是公平的。因此，勤劳、节俭和运气都使富人具有了占有财富的合理性。而在贫穷的人们中，不乏因好吃懒做、浪费钱财和运气不好而致穷的，穷到一定程度他不得不主动出卖自己的财产。在没有什么可以出卖的时候，便出卖自己的人身，于是变成了奴隶。所以，在人变成奴隶的时候，看上去都有合理的理由。在社会分裂为奴隶主阶级和奴隶阶级之后，奴隶主利用他们在经济上的优势地位，无偿占有奴隶们的剩余价值；利用他们在政治上的地位，镇压奴隶们的反抗；利用他们在文化上的地位，美化奴隶主阶级的存在，说明奴隶主占有奴隶的合理性。这样在奴隶社会中，一部分人获得了更多的自由，可以不从事体力劳动就能生存下来，而且由于经济上的富有，使他们能够在行为上更自由。而大多数人则失去了他们在原始社会中享有的自由，成为奴隶主的私有财产，可以被随意买卖和杀戮。

生产力的发展是奴隶解放的前提条件。当有大量的土地需要开垦时，当工具的改善使每个人都能够生产出更多的剩余价值时，当奴隶的被迫性的劳动已十分不利于激发他们的劳动积极性时，当奴隶们不断反抗和强制奴隶劳动的成本过大时，就具备了奴隶解放的条件。奴隶主阶级主要不是因为感觉虐待奴隶很好玩而把奴隶变成依附自己的工具的。如果让奴隶解放能够让他们获得更大的利益，而且他们不用处理因为拥有奴隶而产生的各种麻烦事的时候，奴隶的解放便是必然的了。对此，恩格斯说：

> 先要在生产上达到一定的阶段，并在分配的不平等上达到一定的程度，奴隶制才会成为可能。①

但是当奴隶变成农民时，农民并没有获得完全的自由，他们被缚于土

---

① 恩格斯：《反杜林论》，人民出版社1999年版，第167页。

地之上，不努力劳动就无法生存。而且由于遇到无法预见或抗拒的天灾时，农民们常常无法生存下来。但是当奴隶变成农民的时候，劳动人民有了较大的人身自由，更能够激发他们的劳动积极性，他们能够自由支配交完租税后的劳动所得。

　　生产力的发展也是农民解放的前提条件。如果说在奴隶向农民的转化中，奴隶是乐意的，那么在农民向工人转变的过程中，农民并不是完全自愿的。他们不得不交出自己的土地，最后逐步变成没有任何人关心他们死活的自由人。对此，马克思和恩格斯说：

　　　　在中世纪，有一些城市不是从前期历史中现成地继承下来的，而是由获得自由的农奴重新建立起来的。在这些城市里，每个人的唯一财产，除开他随身带着的几乎全是最必需的手工劳动工具构成的那一点点资本之外，就只有他的特殊的劳动。①

　　在与资产阶级的竞争中，他们能够生存下来的唯一手段是出卖他们的劳动力。当他们出卖了他们的劳动力后，在工作时间内他们就失去了自由，而只是作为工具被使用。他们工作的好坏完全取决于是否能够给资本家带来更多的利润。而且工人的剩余价值被资本家以一种表面上合理的方式无偿占有。工人们通常意识不到自己是被剥削的，主要原因是：第一，他们是在与其他工人的竞争中获得工作机会的。从表面上看，不是资本家求他们来工作，而是他们自愿来为资本家工作。由于在资本主义社会中，通常都存在着劳动力供过于求的情况，因此能够找到工作的人感觉相对于失业的人来说自己是幸运的。第二，从表面上看，资本家付给了工人全部工资，因为劳动者以为他出卖的是劳动，而劳动的价值是由供需关系决定的。第三，资本家的财富让人感觉似乎是来自他们的勤劳节俭，来自他们把新的适合市场的想法变成实践，来自他们的管理经验和承担风险的能力等，与剥削没有关系。第四，确实存在由于市场需求奇缺或中彩而一夜暴富的现

---

　　① 《马克思恩格斯选集》第 1 卷，人民出版社 1995 年版，第 105 页。

象，也存在因为一夜成名而暴富的情况。第五，富人的生活方式让人神往，市场上琳琅满目的奢侈品刺激着人永不满足的财富欲，因此给社会中的每个人留有一种希望，似乎每个人都可以通过运气或奋斗，有朝一日暴富。

而事实上却是少数人越来越富，多数人越来越穷，资本家通过不断地再生产资本而不断地剥削工人们的剩余价值。工人们在工作时被当做工具，缺乏自由。由于劳动的分工，使多数工人们的劳动是简单的重复性劳动。在劳动中没有成就感。人的劳动能力畸形发展，造成了单向度的人。工人们生产出的产品不属于他们自己，他们需要到市场上去购买他们生产的产品。工人们一是为了生存，二是企图通过出卖劳动力变成富人，因此经常做多份工作，或者自愿延长自己的工作时间，使自己的身体疲惫不堪，从而在下班的时候已经没有精力享受人可以享受到的精神生活。他们的业余生活状态主要是在吃饭和睡觉，而这样的机能是动物所具有的机能，因此人过的其实是动物式的生活。这样一来，劳动成了人们厌恶的事。人只是为了获得金钱才被迫劳动，尽管这种劳动看上去是自愿的。这就是劳动的异化现象，即人的劳动反过来压迫人，使人失去了自身的自由。对此，马克思和恩格斯说道：

> 在资产阶级的统治下个人似乎要比先前更自由些，因为他们的生活条件对他们说来是偶然的；然而事实上，他们当然更不自由，因为他们更加受到物的力量的统治。①
>
> 而无产者，为了保住自己的个性，就应当消灭他们至今所面临的生存条件，消灭这个同时也是整个旧社会生存的条件，即消灭劳动。因此，他们也就和国家这种形式（在这种形式下组成社会的各个个人迄今都表现为某种整体）处于直接的对立中，他们应当推翻国家，使自己作为个性的个人确立下来。②

---

① 《马克思恩格斯全集》第3卷，人民出版社1960年版，第86页。
② 同上书，第87页。

资本主义社会还创造出了可悲的不自由的资本家。资本家为了竞争、为了上富人排行榜而成为财富的奴隶。他们花了财富就不再是富人，为了当富人就需要拥有财富。所以富人对于金钱也是吝啬的，他们想拥有的财富总是比他们实际拥有的要多。由于财富标志的外在化，比如说，富人区是有排行的，要进入顶级的富人区，他购买的房子、车子，使用的物品的牌子和家庭的生活方式都需要符合那个富人区的时尚，否则他便会被排除在那个富人区外或者被其他富人看不起。而且在富人中也总是存在"穷人"。他们相对于无产者来说是富人，而在富人圈里他们又相对而言是"穷人"。他们在攀比中总是会输给更富有的人。当他们在富人圈里，不断地被别人超越，自己相对来说越来越穷，而且完全没有可能保住自己的财富地位的时候，他也会感觉焦虑和绝望。况且当他们当惯了资本家，他们在心理上很难再做他人的雇员，因此在公司的产品不再畅销，公司关门的时候，虽然他们依然拥有财富，但是他们已经不再工作，从而成为无所事事的富人，看着自己的财富不断萎缩。他们是一群看上去很幸福的人，而事实上他们在这种幸福的表象下隐藏着很深的痛苦。他们对于财富的关注，使得他们对生活的很多方面失去了兴趣，同样成为单向度的人。因此，资本家在物质生活上获得了比较多的和令人羡慕的满足，而精神生活却是焦虑不安的。他们在对金钱追逐中失去了自由。

在资本主义社会中，无产者因为缺乏实际上的自由而承受着物质和精神的双重痛苦，而资产者则因为被金钱奴役而使自己的视野狭窄，缺乏真正的自由，因此承受着精神上的痛苦。而两个阶级都因为缺乏崇高的理想而感觉不到生活的真正的意义，因此有的无产者靠喝醉酒让自己麻木，而有的资本家则靠吸毒让自己麻木。在周期性的经济危机来临的时候，无产者承受着生存无法得以保障的痛苦，而资本家则承受着财富缩水的痛苦。经济危机成为一种外在的奴役人的力量，使人在它的面前失去了自由。

对于财富，恩格斯曾以赞赏的口吻说到过摩尔根对文明时代的评断：

自从进入文明时代以来，财富的增长是如此巨大，它的形式是如此繁多，它的用途是如此广泛，为了所有者的利益而对它进行的管理又是如此巧妙，以致这种财富对人民说来已经变成了一种无法控制的力量。人类的智慧在自己的创造物面前感到迷惘而不知所措了。然而，总有一天，人类的理智一定会强健到能够支配财富，一定会规定国家对它所保护的财产的关系，以及所有者的权利的范围。社会的利益绝对地高于个人的利益，必须使这两者处于一种公正而和谐的关系之中。①

然而，恩格斯也说道：

自从资本主义生产方式在历史上出现以来，由社会占有全部生产资料，常常作为未来的理想隐隐约约地浮现在个别人物和整个派别的头脑中。但是，这种占有只有在实现它的实际条件已经具备的时候，才能成为可能，才能成为历史的必然性。正如其他一切社会进步一样，这种占有之所以能够实现，并不是由于人们认识到阶级的存在同正义、平等等等相矛盾，也不是仅仅由于人们希望废除阶级，而是由于具备了一定的新的经济条件。社会分裂为剥削阶级和被剥削阶级、统治阶级和被压迫阶级，是以前生产不大发展的必然结果。②

第三个方面，人需要从对真理或价值的无知的奴役下解放出来。人最初只能认识自然界的现象，没有能力把握自然界的本质和规律，而自然界又总是给人带来无法抗拒的灾难，因此人在面对自然界时是不自由的。他们或者根据自己的想象来解释自然现象，认为天也是需要吃喝的，因此有祭天祭地的做法。人不知道自然界最初是怎样产生

①《马克思恩格斯选集》第4卷，人民出版社1995年版，第178—179页。
②《马克思恩格斯选集》第3卷，人民出版社1995年版，第765—766页。

的，于是他们按人是由母亲生的这样的逻辑，想象出自然界是由类似于人的有思维能力的上帝创造的。人因为无法解释梦的现象，于是以为人是有可以脱离人的肉体而存在的灵魂的，所以当人死后必须给灵魂找个去处。这种想法都是人在没有认识自然界的本质和规律的情况下，发挥想象力而造成的虚幻的世界。在这些虚幻的想象力的支配下构成的世界，具有文化的价值，主要是因为人靠这些想象力来克服了一些心理上的问题，并表现出了人的一种主观能动性。

由于人对自然界的规律是无知的，而自然界又主宰着人类的生存命运，因此人是恐惧自然界的威力的。在这样的情况下，统治者便用这种威力来加强自己的统治。他们或者把自己说成是天子，或者把自己说成是上帝的使者；或者把他们构造的行为规范和社会秩序说成是天意或者上帝的意志。而当人们违背了天意或上帝的意志时，就必然遭到惩罚。这样，劳动人民就因为他们对于自然界和统治者的无知而被剥夺了自由，盲目地服从于自然界及统治者的控制。从这个意义上说，对真理的认识关系到人的思维是否能够从统治者的控制中解放出来，因此关系到人的思维是否能够获得自由的问题。所以，启蒙运动通常建立在认识自然界的真理的基础，这样才能有效地解除人们对于来自旧的统治者的思想控制。这样，对于自然界的真的认识就与对于社会的善的认识联系了起来。真正的善是建立在真的基础上的，否则人的生活状态就处于一种蒙昧的或被欺骗的状态中。人生就会像生活在梦境或谎言中一样，更谈不上实现人生的价值。

人对于"美的善"和"善的真"的欣赏能够造成美的感觉。对于"美的善"和"善的真"的表现形式的欣赏也能产生美的感觉。而人只有在共产主义社会中，才能够普遍地获得真正地享受美的条件。在那个社会里，人不是可以不靠物质条件生存了，而是因为人普遍地拥有了可以生存和发展的物质条件，因此人可以不再考虑物质利益方面的问题。这样人的心灵才能真正地纯化，才能够有心情去专注地欣赏"美的善"和"善的真"或"美的善"和"善的真"的表现形式，从而获得高雅的艺术享受。当人处于这种状态的时候，他的灵魂是自由的。他不仅能够在审美领域，而且能够在美的启迪下，在行为上自由地向着理想飞翔。

在共产主义社会这个自由人的联合体中，人类享有的自由的特征主要有如下几点。

第一，每个人都获得了经济上的自由。由于生产力的极大发展，实现了消费资料的按需分配，人不会再为是否能够生存下来而担忧，这就消除了人为了生存而被迫出卖劳动力的现象，从而部分地消除了人奴役人的根源。由于生产资料实现了公有制，人也不会因为在需要发展时由于依赖于私人拥有的生产资料而被奴役。这样便从经济上消除了人奴役人的可能性，为每个人都能够全面自由地发展提供了前提条件。否则，就不可能真正获得平等的自由。对此，马克思和恩格斯说：

> 我们不打算让他去请问那些唯物主义者或共产主义者，只叫他去看看 Dictionnaire de l'académie［学院大字典］，在这部字典中他会看到 liberté（自由）这个词往往是在 puissance（权力，力量）这个意义上使用的。[1]

> 先不说许多事情，例如方言土语、瘰疬病、痔疮、贫穷、独脚以及分工强加在他身上的研究哲理等等，他是否"接受"这些东西，绝不取决于他，然而即使我们暂时接受他的前提，如果他要进行选择，他也总是必须在他的生活范围里面、在绝不由他的独自性所造成的一定的事物中间去进行选择的。例如作为一个爱尔兰的农民，他只能选择：或者吃马铃薯或者饿死，而在这种选择中，他并不永远是自由的。[2]

第二，每个人都享有政治上的自由。每个人都有参与公共管理的权利和义务。公共管理只具有服务于社会的职能，而不是一种用来谋求个人或某个利益集团的利益的权力。公务员不能垄断某个位置。所

---

[1]　《马克思恩格斯全集》第 3 卷，人民出版社 1960 年版，第 348 页。

[2]　同上书，第 355—356 页。

有位置都对所有人开放，人选通过选举产生，随时可以替换，保证把最恰当的人放到最恰当的位置。社会依然是按等级组织起来的，但是在这个等级结构中的每个位置上的权利与义务都是相匹配的。而且因为每个人都有了经济上的保障，人不是靠保住这个位置来获得生存或发展的条件，因此，如果有不称职的情况，可以随时撤换。下级不用担心自己的生存和发展而对于上级的不称职情况敢怒不敢言。每个人都能够自由地表达自己的意见。

第三，每个人都享有在社会中的自由。在人际交往中，人不会再受到各种歧视和遭遇因为这些歧视而造成了人的社会流动的屏障，从而影响人在社会中的自由。衡量个人价值的标准不再是财富的多寡、权力位置的高下或名气的大小，而是人对于社会贡献的大小。人依靠贡献来获得自己的人生的完满和因此产生的幸福感。

第四，人在道德上实现了"随心所欲而不逾矩"的自由。人已经高尚到能够自愿地选择做道德的事的境界，道德真正成了一个人之所以成为人的基本的条件。遵循道德本身成为人最大的幸福来源，而违背道德成为人最大痛苦的根源。在这个时候，人们和谐相处的道德规范已经不再靠外在的社会舆论发挥作用，而是人为了肯定自我和维持个人尊严而自觉选择遵守的规范。

第五，每个人都享有在精神产品创造上的自由。精神产品与物质产品不一样。物质产品是为了人的物质消费而创造的物品。生产这些物品的劳动不一定是让人感觉愉快的活动。这些物品的生产将主要由机器人来承担。而每个人的主要任务是创造精神产品。这些精神产品是可以无限分享的。人不再会为了金钱而出卖自己的精神产品。精神产品一旦生产出来后，不会再采取专利等形式阻碍精神产品的分享和应用。从而为人们的丰富多彩的精神生活提供了条件。人们要么是在享受自由创造的充实的生活，要么是在欣赏他人创作的精神作品。由于人们具有高尚的道德情操和比较高的欣赏水平，低俗的精神作品将会在历史舞台上消失。

那么，自由是否有限度呢？自由是有限度的，这种限度可以按照是否自愿而分为客观的限度和主观的限度。客观的限度来源于人对规律的无知。人对自然规律、社会规律和思维规律越无知，人就越不自由，因为他总是在违反规律，所以他总是不得不接受规律的惩罚和遭受失败的挫折。人类社会在不断地把握规律，而规律是无限的。虽然越能把握住规律，人就越自由，但人有永远把握不完的规律，所以人的自由永远都是相对的。对自由的主观限度来自社会的法律和伦理道德规范。人不能在自己自由的时候影响到国家总体的自由和他人的自由。因此个人的自由必须以他人的自由为前提。当人只是被迫接受法律或伦理道德规范的约束时，他就是个不自由的人。而当法律与伦理道德规范是合理的和公平的，他自由选择服从这些约束的时候，他就是自由的。但是，在有阶级的社会中，国家的本质是维护统治阶级的共同利益。对此，马克思和恩格斯说道：

> 因为国家是统治阶级的各个人借以实现其共同利益的形式，是该时代的整个市民社会获得集中表现的形式，所以可以得出结论：一切共同的规章都是以国家为中介的，都获得了政治形式。由此便产生了一种错觉，好像法律是以意志为基础的，而且是以脱离其现实基础的意志即自由意志为基础的。同样，法随后也被归结为法律。①

> 只有在集体中才可能有个人自由。在过去的种种冒充的集体中，如在国家等等中，个人自由只是对那些在统治阶级范围内发展的个人来说是存在的，他们之所以有个人自由，只是因为他们是这一阶级的个人。从前各个个人所结成的那种虚构的集体，总是作为某种独立的东西而使自己与各个个人对立起来；由于这种集体是一个阶级反对另一个阶级的联合，因此对于被支配的阶级说来，它不仅是完全虚幻的集体，而且是新的桎梏。在真实的集体的条件下，各个个人在自己的联合中并通过这种联合获得自由。②

---

① 《马克思恩格斯选集》第 1 卷，人民出版社 1995 年版，第 132 页。
② 《马克思恩格斯全集》第 3 卷，人民出版社 1960 年版，第 84 页。

二　马克思主义与中国的自由观

在原始社会中，中国人与西方人一样，都处于自由和平等的状态。主要表现为个人不从属于任何人。个人的劳动成果属于集体，由集体平均分配给各个成员。部落首领由选举产生，可以随时更换。首领通常是智勇双全的，而且最重要的是道德品质好，具有集体主义的奉献精神，能够一心为公。"公"就是集体的代名词。从此，中国人就把是否大公无私作为衡量一个首领的首要道德标准。在盘古开天地的神话中，表达了中国的原始首领被人们爱戴的道德特征。盘古用斧头把鸡蛋状的处于混沌中的宇宙劈开，上部变成了天，下部变成了地，给世界以光明。为了防备天地再合，盘古孤独地顶天立地，有所担当，直到他确信天地不会再合拢了，才歇息。在他死去的时候，他身体的所有部分都变成了日月星辰与山川河流，给人类的生活提供了丰富多彩的家园。从中我们可以看到英雄的象征，即：他们是顶天立地的，他们是死而后已的，他们是具有奉献精神的。

中国人的自由是在一种似乎合理的社会演变中慢慢丧失的，因此中国人并没有感觉到他们缺乏自由，也没有感觉到他们被奴役，因此也就不会去追求自由。那么，中国人是如何慢慢地变得不自由，并安于生活在不自由的社会之中的呢？中国的封建社会主要是从原始社会的父系氏族的对偶婚制中演化而来的。国与家是同构的，国是大家，家是国这个大家中的小家。人与人之间比较稳固的关系主要是被分为远近的血缘关系。国的组织方式是家的组织方式的模板。

那么国是怎么产生的呢？国是在征战中打下的，因此谁打下的天下，国就属于谁及其家人。他们以公的名誉拥有整个国家的土地，人民就是他们的子民。因为国家是他们打下的，他们把土地分成封地，再由人民耕种。土地是属于国家的。因此，农民就必须交纳租税。农民似乎是靠皇帝的大恩而活着的，因此必须知恩图报。由于国土是属于皇帝家的，因此皇帝只能是世袭的而不能是选举的。如果有人想篡夺皇帝的位置，那当然就是"国贼"了。对于皇帝给予的"恩"，农民是应该"涌泉相报"的，而且在关键时刻应该献出自己的生命。就在这样的似乎合理的理由中，建立起了臣对君和下对上的奉献义务，等级由此似乎合理地诞生，人们在原始社会中享有的自由选举权由此似乎合理地丧失了。

普通人的家族与皇帝的家族在排序上是同构的。人生来就在一定的家族秩序中处于一定的位置，这个位置不是人能够自由选择的。普通人生来就认为自己处在自己的位置上是合理的，因为皇帝家也是如此。由于人们靠种地为生，家里越是人丁兴旺，整个家族势力就越大，就越不容易被人欺负，也就越便于积累财富。嫡长子继承制，可以保证在父亲去世后，整个家族还能够在一起生活，保持本家族的势力和积累财富的能力。老者和长者总是能够得到比较多的尊重，主要是因为他们先出生，对家族的贡献比较大，有比较丰富的知识。而且每个人都能够随着年龄的增长而轮到当长者的时候。除了交纳租金和上贡外，家族内部的分配基本上是按大家公认的规矩来进行。

在中国漫长的历史岁月中，这种生活方式被不断复制，于是人们基本上都能安分守己。只有在人读书当了官后，个人在家庭中的实际地位会有所提高，但在家庭伦理结构中他依然扮演原来的角色。由于皇帝留给农民的劳动成果通常只够农民生存的，剩余价值都被以租税的方式收走，因此绝大多数人世代都靠种地过日子，他们被缚于土地之上，安土重迁，失去了行为的自由，视野狭小，能够丰衣足食就算是过上幸福的生活了。所以，对于他们来说，人生在世，就吃穿二字那么简单。也正是因为这个原因，只要大众能够吃饱穿暖，社会就安然无恙，通常不会出现太大的动乱。当国家的经济发展出现问题，人们的生存状况普遍受到威胁时，大的动乱通常就会出现。因此，他们并不知道什么是自由以及要自由有什么用。

在中国的封建社会中，读书可以做官。做官的人是分等级的，但这种等级与家庭伦理中的等级是不一样的。官的等级是可以通过人的努力而改变的。官在帮助皇帝管理国家，而国家是皇帝的，因此官位是由皇帝给予的，官也只对皇帝负责。而官大的人离皇帝更近。人见不到皇帝就把顶头上司当皇帝供着。在整个行为过程中，人不能有自己的意志，只能是服从。官做得好坏的实际标准是谁能够更好地领会上级的意志，能够更好地贯彻上级的意志，能够更好地服从"皇帝"的意志。

而读书人多出于富裕的家庭，一般家庭养不起读书人。这些读过书和衣食无忧的人，通常有自己的主见。而在行为中，往往无法按自己的主见行事，而且经常是通过努力也无法改变自己的官位，因此产生了压抑的感觉。为了释放这种压抑，有了对于自由的向往。庄子的自由思想能够帮他们暂时从压抑感中解放出来。然而，庄子关于自由的思想，主要是通过相对主义，通过改变比较的坐标系，让人想开的。比如说，两个具有同样的才能和都想升官的人，一个成功地晋升了，一个则没有晋升。没有晋升的人与晋升的人比较，自然会感觉很难受。为了消除这种难受，可以让这两个人同时与宇宙比，这样，两个人之间的成功与失败的区别就可以忽略不计了，因为人与宇宙比都是渺小的，那样人就想开了。他们只是暂时用这样的观念调节心理状态，到有升官的希望时，马上又回到官场拼搏。"竹林七贤"中的山涛和王戎便是如此。中国人所说的自由主要限于这种在调节心理时所采用的庄子的自由思想。

鸦片战争后，中国的资本主义元素的发展加快。资产阶级的自由观传入中国。自由被抬到了"生命诚可贵，爱情价更高，若为自由故，二者皆可抛"的高度。自由观开始冲击封建等级观。中国要实现西方的资产阶级的自由，要清除中国的封建等级观念，需要做到如下几点。

第一，资本主义的生产力发展到能够把农民全部变成市民，使原来的以氏族方式聚居的农村完全解构，农业实现了机械化，在农村工作的人是工人而不是农民。这样才能够根除封建观念得以生存的根基。

第二，家族观念被解构。个人能够独立地流动地生存。社会基本保障体系完备，个人在经济上对家族的依赖越来越少。

第三，氏族式的政治统治方式改变为民主选举的方式。随着生活方式的改变，人们越来越倾向于自由和民主。只有当大多数人都持有这样的观念的时候，政治统治方式才可能发生根本的变革。

而事实上，在中华人民共和国成立之前，中国并不具备如上条件。再加上中国人在近代受到了西方发达资本主义国家的凌辱，使大众不希望走资本主义道路。中国人为本国的辉煌历史而骄傲，希望尽快恢复到在历史上曾经有过的地位。中华民族的复兴为人心所向。这个时候列宁领导的"十月革命"让中国人接受了马克思主义。中国选择建设社会主义，因为按照马克思主义的理论，社会主义是比资本主义优越的社会形态。这样，中国建成了社会主义就能够超越资本主义。而中国在接受马克思主义的时候，主要是用来作为闹革命的武器，并没有把重点放在讨论马克思的自由观上。马克思主义的理论主要被简化为搞阶级斗争。具体到农民那里，就是"打土豪，分田地"。

在中国的历史上，以前农民起义时并不把封建地主作为一个阶级来消灭。他们只想打倒贪官污吏。而在这次革命中，马克思主义的阶级斗争理论被用来说明所有地主的土地都是可以被合情合理地分掉的，因为他们是剥削者。而为了保护自己家分得的土地，农民子弟就应该参军入伍，把地主阶级全部消灭掉。这样，工农兵就是社会的主人，而地主阶级就是应该被劳动改造的对象。工农兵获得了自由，地主阶级失去了自由，作为对他们的剥削的惩罚。

中华人民共和国成立后，中国人民站起来了。中国成为一个独立的国家，首先从资本主义列强的欺凌中解放出来，获得了国家的自由。劳动人民具有当家做主的感觉，从剥削阶级的欺压中解放出来，获得了政治上的自由。劳动人民的生活有所保障，获得了经济上的自由。但是，有如下几个主要因素使得这样的自由难以持续下去。

第一，经济上的自由需要生产力的发展作为支撑。而中国的生产力发展水平没有资本主义高。这样只能搞贫穷版的社会主义。贫穷到一定的程度，则无力支持大众在经济上获得的自由。由于中国人对自然规律的把握还没有实现能够摆脱自然界的压迫的程度，因此没有从自然界那里获得充分的自由。在自由的经济前提方面，马克思和恩格斯是这样论述的：

> 在共产主义社会中，即在个人的独创的和自由的发展不再是一句空话的唯一的社会中，这种发展正是取决于个人间的联系，而这种个人间的联系则表现在下列三个方面，即经济前提，一切人的自由发展的必要的团结一致以及在现有生产力基础上的个人的共同活动方式。因此，这里谈的是一定历史发展阶段上的个人，而决不是任何偶然的个人，至于不可避免的共产主义革命就更不用说了，因为它本身就是个人自由发展的共同条件。当然，个人关于个人间的相互关系的意识也将完全是另外一回事，因此，它既不会是"爱的原则"或 dévouement（自我牺牲精神），也不会是利己主义。①

第二，农民仍然聚居在世代相传的村子里，人们依然按封建社会形成的规矩办事，很多政策在准备贯彻到村子里时，要么被封建化，要么落实不下去。在这里，政治上的自由很难得到保障。

第三，家族力量依然非常强大，家族成员之间的关系牢固，一人升官，鸡犬升天的现象依然存在，成为腐败的主要根源之一。西方的法律被借鉴到中国，但是西方的法律主要是管个人的，而中国人则是以"堆"的方式竞争，要能管理"堆"的法律才能管住中国人。家族大、关系多的人家比其他人家就能够享受到更多的法律自由。而所有这些问题的解决，归根到底都在于发展。因此，"科学发展才是硬道理"。

在改革开放以后，人们获得了越来越多的自由，主要表现在：第一，在地域流动上更加自由。中国越来越国际化，人们越来越多地能够越出国境，自由地到他国旅游、上学、定居。农村人口越来越多地向城市流动。农村人可以选择到城市工作。第二，买卖上更加自由。每个人都可以拥有私人财产，并可以自由出卖或处理自己的私有财

---

① 《马克思恩格斯全集》第 3 卷，人民出版社 1960 年版，第 516 页。

产。第三，法律保护每个人的合法的自由权。在法律上清除特权，按法律规定，在法律面前人人平等；人们有选举权和被选举权。人们的维权意识逐渐加强。第四，人们的思想更加自由。只要没有违犯法律，人们有言论自由、信仰自由和结社自由的权利。第五，政治问题与学术问题越来越分离，学者有了更大的学术研究空间。

然而，目前中国还存在着许多制约人的自由的原因。

第一，在经济方面客观上存在着自由程度上的差异。虽然人人都有权利出国，而真正能够出国的是在经济上占优势或能够得到经济资助的人。虽然人人都有权利到医院看病，而实际上能够看得起病的是有经济支付能力的人。虽然人人都有权利享受社会中的奢侈品，而真正能够享受的是有经济实力的人。虽然人人都有权利上大学，而真正能够上大学的同样是能够得到经济上的支持的人。一切自由的权利，在经济不平等的情况下，都会产生不自由的结果，造成了理论上是自由的，而实际上有的人比另外一些人更自由的结果。而且私有成分虽然在客观上促进了生产力的发展，增强了社会的活力，但是在私有成分中，除了应该承认私人企业主具有自己的管理才能和承担风险的能力外，也应该看到其中存在着私人企业主对工人的剥削。这种剥削的结果是使私人企业主可以通过无偿占有工人的剩余价值而获得了更大的行为上的自由，而工人则因为自己的剩余价值被无偿占有，从而失去了一些必须依赖经济实力才能实现的行为自由。

不少人因为没有基本的生活保障，不得不出卖自己的劳动力，不得不接受来自国内外的私人企业主的剥削。他们工作的好坏不得不服从于私人企业主赢利的需要。工作人员在能够为公司赢利的时候就是有价值的，而在他已经不能为公司赢利的时候，他就没有价值了。由于工作人员不具有发挥自己才能的条件，而这些条件是为他人垄断着的，他要借助这些条件就要按具有这些条件的人的意志行为，因此无法按自己的意志发挥自己的才能。这种不自由状态会给人造成压抑感和对于任何职业活动的反感。这样，当一个人把自己的爱好变成职业时，他可能就不再有那个爱好了。

　　由于每个人出生于不同的家庭，不同家庭的经济状况不一样，因此可供孩子自由选择的机会也是不一样的。孩子很多天赋的发展是需要从小培养的，比如音乐、绘画、体育等。而为发展这些天赋所需要的条件是有限的。孩子需要乐器、需要绘画的颜料、需要足球场，需要好的老师和好的教练。如果十几亿人只有很少的人能够享受足球场和好的教练，又怎么能说我们的足球队员是从十几亿人中挑选出来的呢？中国足球队的落后说明的是中国足球普及教育的落后。当生产力不够发达的时候，难以普遍实现人在经济上的自由权利，但是一个社会应该看到在经济自由方面努力的方向。

　　第二，在政治方面也客观存在着自由程度上的差异。虽然法律规定在法律面前人人平等，但实际上是有的人比另外一些人更平等。有的人的自由被放大到可以破坏法律而不受到法律制裁的程度，而有的人的基本自由权都会被有权势的人侵占。上诉本来是用来保持公正，以免发生不公正现象发生的机制，但却时常被人用来作为找人开后门的空间。在这里，金钱和权势的力量在发挥作用。虽然人人都可以有辩护律师，但好的辩护律师所收取的费用不是一般人能够支付得起的。评价一位律师是否是好律师的标准成了是否能够把罪犯成功地辩为无罪的人。有的律师在成功地帮助了罪犯的时候，不仅没有良心上的不安，还感觉非常成功。虽然人们可以自由地上诉，但由于畏惧一些权势人物而不得不忍气吞声。

　　在公务员的任用上，虽然考核机制设计是公平的，人们有越来越多的机会报考公务员，但是在实际任用时，存在着把考核机制变通处理，为想任用的人一路开绿灯，为不想任用的人一路设坎儿的做法。民主机制会在权力的影响下变成摆设。中国人通常不打打不赢的仗。人们会在大势所趋的情况下见风使舵。评价一个中国官员的功德即使是在盖棺之时，还无法客观地评定，因为那时一个人的权势残余依然存在，依然可能威胁到做出客观评价的人的利益。官员上任后，还有在自己的权力范围内安排自己的亲信和排挤异己的情况存在。

　　这些情况的存在与中国的传统文化是有一定的关系的。在中国的历史上，读书做了官的人被看成是最有出息的人，是一个人成功和高贵的标志。另外，作为一个官员，可能自己拥有的钱并不多，但是自己能够控制的钱很多。自己的地位可能不高，但是可以控制着很多人的发展机会。因此，人们会把他们当成有用的人。有的人想在此获得挣更多钱的机会，有的人想在此获得更多的发展机会，有的人要通过他们去托更有用的人，有的人害怕被他们整治，这样会使他们的重要性陡然提升，感觉到自己很有价值。由于人们把官位看得这么重要，因此官场上的竞争非常激烈。在这种竞争中，有不知情的人成为权力斗争的牺牲品。有权有势的人能够享受到更多的自由，而无权无势的人的自由则会受到限制。有时连表情上的自由都受到限制。只能是有权势的人给没有权势的人脸色看，而无权势的人则只能笑脸相迎。

第三，在学术自由方面也存在着值得注意的问题。各种学术机构和学术基金的设立从总体上来说促进了学术的发展和思想成果的产生，为学术的繁荣作出了很大的贡献，但是其中也存在问题。学术研究的前提是自由，它探寻的目标是真理和价值。自由对于学术那么必要，是因为人在对一个事物或一个现象进行研究之前，是无法对它的利弊做出准确的判断的。因此，在学术研究上是不应该设置禁区的。

当然研究的目的是有区别的。比如说，我们研究害虫是为了知道怎样更好地防治，而研究益虫的目的是为了更好地保护。而在研究害虫和益虫的时候依然需要采取客观的态度，因为有被认为是害虫的虫子可能恰好具有某些对人类有益的地方，而有被认为是益虫的虫子可能具有某些对人类有害的地方。所以说"没有调查研究就没有发言权"。

但是有研究是否就有发言权呢？当一些研究成果的公布会影响社会稳定的时候，当一些研究成果的公布会带来公害的时候，当一些研究成果尚缺乏必要的规范措施的时候，研究成果的发布是有禁区的。也就是说研究应该是无禁区的，而发布是有禁区的。比如说，如果把全民都培训得可以不用钥匙就能开门，这样的技能公布的结果是有害的。但是如果只是开锁公司的人掌握这种技术，就能够造福于社会。

学术研究的最终目的是为了造福于人类。当它的公布不仅不会造福于人类，或者说给人类带来灾难的可能性比带来幸福的可能性大的时候，就应该禁止公布或等到人类能够有益地应用这些成果的时候再公布。

随着人们有了越来越多的自由权，一些社会问题也随之产生了。跨国犯罪比较严重；在自由的买卖中存在着欺诈现象；在产品中存在着假冒伪劣产品；在学术作品中存在抄袭现象；在自由的言论中存在着谎言；在自由的学术中存在着伪善和假理。恩格斯曾批判过一种所谓的科学自由，他说道：

> 所谓科学自由，就是人们可以撰写他们所没有学过的一切东西，而且这被冒充为唯一的严格科学的方法。[①]

在法律面前人人平等的法律规定之下，存在着事实上的不平等现象。在政治中存在着腐败现象。这就说明，自由每向前走一步，社会管理都需要相应地往前走一步，否则自由就会反过来变成导致不自由的原因。

（韦正翔　清华大学马克思主义学院教授、博士生导师）

---

① 恩格斯：《反杜林论》，人民出版社 1999 年版，第 4 页。

第十讲

马克思主义人权观

马克思主义人权观是人类人权理论思想宝库中的瑰丽篇章。

马克思主义人权观以唯物史观为理论基础，强调人权与经济、政治、文化以及历史传统的内在联系，坚持人权的阶级性与普遍性、个体人权与集体人权的有机统一。马克思主义人权观把人权问题的解决和实现，同工人阶级的历史使命、同作为人类彻底解放的共产主义远大目标联系起来，阐明了人权问题的历史性和科学内涵，革命性地突破和变革了资产阶级"天赋人权"理论的狭隘的阶级性格和抽象的理论特性，实现了人权理论的划时代的转变。

马克思、恩格斯、列宁的人权理论的一个基本特征，是运用唯物史观的阶级分析方法探讨和分析人权问题。与资产阶级学者撇开阶级性、历史性探讨人权问题不同，马克思、恩格斯、列宁探讨和批判的重心是人权的本质，是从经济基础与上层建筑的相互关系、从国家的阶级性上揭示并阐明人权的阶级实质。

马克思、恩格斯和列宁人权观的这一根本特征，对世界社会主义运动的理论与实践发生了深远而重大的影响。我们必须清醒而深刻地认识到，在社会主义从理论到实践、从一国到多国的伟大历史变革中，马克思、恩格斯和列宁重在探讨和揭示人权本质的社会政治理念，对各国社会主义者批判资产阶级人权的阶级本质、建立人民当家做主的社会主义的国家政权所发挥的巨大的理论指导意义。

同时我们也应当指出，在传统社会主义条件下，由于在社会主义与资本主义两种社会政治制度和意识形态问题上过分强调了它们在性质上的根本区别和绝对对立，各个社会主义国家对资产阶级人权理论与实践的学习、研究与借鉴重视不够，人权在很长时期内被看做是资产阶级的专利而成为研究领域中壁垒森严的理论禁区，从而严重忽视了社会主义人权问题的理论和建设，也严重忽视了如何在实践维度上去建立系统而完善的保障人权的民主政治体制、运行机制和监督制衡机制。

一 马克思、恩格斯人权理论

马克思、恩格斯的人权观念是在同资产阶级人权观念的论战和斗争中，逐渐地形成、发展和丰富的。

马克思、恩格斯在从唯心主义向唯物主义、革命民主主义向共产主义的思想转变中，实现了人权观念史上的革命性变革。马克思、恩格斯以唯物史观为基础，科学地阐明了人的社会本质，阐明了人权与经济基础的关系，第一次把人权问题与作为人类解放的共产主义历史远景联系起来，通过早期的异化劳动批判特别是成熟期的剩余价值批判，为未来社会的"人的自由而全面的发展"的伟大人文理想和目标的实现，提供了深刻的哲学分析和经济学论证。

1. 青年马克思、恩格斯的人权观

《莱茵报》初期的青年马克思认为自由是人的本性，是人类赖以生存和发展不可或缺的权利。由此出发，马克思严厉批判了当时的普鲁士政府扼杀出版自由的专制主义立场，抨击贵族等级代表对特权自由的维护和崇拜，一针见血地指出贵族等级代表"为了拯救特权的特殊自由，他们就斥责人类本性的普遍自由"[①]。青年马克思高度重视出版自由，把它视为现代人的基本权利，强调"自由的出版物是人民精神的慧眼，是人民自我信任的表现，是把个人同国家和整个世界联

---

① 《马克思恩格斯全集》第 1 卷，人民出版社 1956 年版，第 58 页。

系起来的有声的纽带；自由的出版物是变物质斗争为精神斗争，而且是把斗争的粗糙物质形式理想化的获得体现的文化"①，"自由的出版物是人民用来观察自己的一面精神上的镜子"②。因此在青年马克思看来，"出版物在任何情况下都是人类自由的实现"③，出版自由是人类应当享有的基本人权。

西方思想传统，特别是德国古典哲学关于人权与法律相互关系的政治理念，对成长中的青年马克思的政治观念起了重要作用。青年马克思深受黑格尔法是"自由意志的定在"、是"作为理念的自由"的政治观念的影响，认为法律是自由的肯定存在，因此真正的法律与人权具有直接的同一性："法律不是压制自由的手段。正如重力律不是阻止运动的手段一样"，"恰恰相反，法律是肯定的、明确的、普遍的规范，在这些规范中自由的存在具有普遍的、理论的、不取决于个别人的任性的性质"，因此，"法典就是人民自由的圣经"④。

青年马克思的上述观念还深受启蒙思想和康德、黑格尔政治哲学的影响。在《莱茵报》后期，由于更广泛地接触了社会政治生活，马克思发现此前的理性主义人权观与社会生活的现实存在着矛盾和冲突，"第一次遇到要对所谓物质利益发表意见的难事"⑤。这意味着青年马克思已开始把自己的人权问题的思考同物质利益联系起来加以考察，并由此开始重新审视法律与自由的关系。在关于林木盗窃法问题的辩论中，青年马克思认识到作为莱茵省资产阶级代表的莱茵省议会是林木所有者的化身和代表，它所制定的关于林木盗窃的法律所反映和保障的，只不过是"林木占有者的利益，即使因此毁灭了法和自由的世界也在所不惜"⑥。与此相联系，青年马克思也对他一度信奉的黑格尔的理性国家观产生怀疑，认为国家正遵循着私人利益的狭隘范

---

① 《马克思恩格斯全集》第 1 卷，人民出版社 1956 年版，第 74 页。
② 同上书，第 75 页。
③ 同上书，第 62 页。
④ 同上书，第 71 页。
⑤ 《马克思恩格斯全集》第 13 卷，人民出版社 1962 年版，第 7 页。
⑥ 《马克思恩格斯全集》第 1 卷，人民出版社 1956 年版，第 173 页。

围所规定的轨道运行，"私人利益力图并且正在把国家贬为私人利益的工具"①。把作为上层建筑的人权问题与物质利益联系在一起加以考察，是马克思实现人权观念的革命性变革过程中的一个具有决定性意义的环节。青年马克思在这里为贫苦群众的人权问题而向资产阶级的国家机器所作的斗争，表明他已经处在由革命民主主义向共产主义转变的思想路途中。

在普鲁士政府查封《莱茵报》后，青年马克思在于1843年夏秋之际在克罗茨纳赫写下了《黑格尔法哲学批判》这部未完成的手稿，并于1844年初在《德法年鉴》上发表了《论犹太人问题》和《〈黑格尔法哲学批判〉导言》两篇文章。在这些作品中，马克思确立了人权现象的市民社会的基础，区分了人权与公民权，第一次对无产阶级的权利要求作了较为全面的论述。青年马克思在《黑格尔法哲学批判》中对黑格尔关于市民社会与国家相互关系的观念所作的批判，成为他的人权观由唯心主义向唯物主义的转折点。马克思批判黑格尔把国家作为市民社会的前提和基础的唯心主义观念，鲜明地提出和确立了家庭和市民社会是国家的前提和现实基础的观念。

青年马克思认为，资产阶级政治革命加速了市民社会和政治国家分离的进程，造成了人权与公民权之间的严重对立，通过资产阶级革命获得的资产阶级人权是片面的。马克思由此对法国《人权宣言》关于平等权、自由权、安全权、财产权等基本人权进行了批判，认为资产阶级的"任何一项所谓人权都没有超出利己主义的人……即作为封闭于自身、私人利益、私人任性、同时脱离社会整体的个人的人。在这些权利中，人绝不是类存在物；相反的，类生活本身即社会却是个人的外部局限，却是他们原有的独立性的限制。把人和社会连接起来的惟一纽带是天然必然性，是需要和私人利益，是对他们财产和利己主义个人的保护"，"公民生活、政治共同体甚至都被致力政治解放的人变成了维护这些所谓人权的一种手段"②。青年马克思在这里

---

①　《马克思恩格斯全集》第1卷，人民出版社1956年版，第155页。

②　同上书，第439页。

阐明了资产阶级基本人权的精神就是人与人之间的分离性与相互防范性，揭示了资产阶级人权的三大问题在于主体上的分离性、内容上的利己主义、个体与类之间的相互排斥性。① 资产阶级政治解放的问题或局限性就在于，它"一方面把人变成市民社会的成员，变成利己的、独立的个人，另一方面把人变成公民，变成法人"②。资产阶级政治解放的二重化的狭隘性表明，要实现人的真正解放，就必须超越它本身的框架，消除政治国家与市民社会的二元分立，因为"只有当现实的个人同时也是抽象的公民并且作为个人，在自己的经验生活、自己的个人劳动、自己的个人关系中间，成为类存在物的时候，只有当人认识到自己的'原有力量'并把这种力量组织成为社会力量因而不再把社会力量当做政治力量跟自己分开的时候，只有到了那个时候，人类解放才能完成"③。

在《〈黑格尔法哲学批判〉导言》中，青年马克思以德国为目标探讨了人权的实现与无产阶级历史使命的关系问题，阐述了社会主义革命的阶级力量。马克思认为，德国解放的实际可能性"在于形成一个被戴上**彻底的锁链**的阶级，一个非市民社会阶级的市民社会阶级，形成一个表明一切等级解体的等级；形成一个由于自己遭受的普遍苦难而具有普遍性质的领域，这个领域并不要求享有任何**特殊的权利**，因为威胁着这个领域的不是**特殊的不公正**，而是**一般的不公正**，它不能再求助于**历史的**权利，而只能求助于**人的**权利，它不是同德国国家制度的后果发生片面的对立，而是同这种制度的前提处于全面的对立；最后，在于形成一个若不从其他一切社会领域解放出来从而解放其他一切社会领域就不能解放自己的领域。总之，形成这样一个领域，它表明人的完全丧失，并因而只有通过人的完全恢复才能恢复自己本身。社会解体的这个结果，就是**无产阶级**这个特殊等级"④。

---

① 参见陈波《马克思主义视野中的人权》，中国社会科学出版社 2004 年版，第 20—25 页。

② 《马克思恩格斯全集》第 1 卷，人民出版社 1995 年版，第 440 页。

③ 同上书，第 443 页。

④ 同上书，第 15 页。

《德法年鉴》时期，是青年马克思的人权观从新理性主义向唯物史观转变过程中的决定性环节：在《黑格尔法哲学批判》中，马克思在批判黑格尔的基础上提出了市民社会决定政治国家的重要命题；在《论犹太人问题》中，马克思分析了资产阶级政治革命造成人的本质的二重化以及人权与公民权相分离的后果，强调超越政治解放的人类解放是人权与公民权重新获得统一的根本条件；在《〈黑格尔法哲学批判〉导言》中，马克思把实现人的解放与共产主义革命联系起来，并把这一伟大的历史使命赋予无产阶级。①

青年恩格斯在英国曼彻斯特工作期间，亲眼目睹了工人阶级人权状况的悲惨境遇，并决心为工人阶级的解放探索一条现实的解放道路。恩格斯一方面深入钻研英国的古典政治经济学和法国的空想社会主义著作，另一方面又积极参加英国宪章运动和调查英国工人阶级生活状况的实践。恩格斯用社会主义观点研究政治经济学，在《德法年鉴》上发表了《英国状况》和《政治经济学批判大纲》等文章。恩格斯在他的研究中第一次从政治经济学来剖析市民社会，认为资本主义私有制是工人阶级受苦受难等一切社会灾祸的根源，强调在资本与劳动相互关系的基础上孕育着社会主义的必然性。

2. 马克思、恩格斯唯物史观的确立实现了人权观念史上的重大变革

马克思《1844 年经济学—哲学手稿》对英国古典政治经济学、法国空想社会主义和德国古典哲学进行了批判性考察，提出了"异化劳动"和"对象性活动"等一系列重要观点；马克思、恩格斯随后合著的《神圣家族》一书，对社会生产、历史发源地和历史本质问题进行了唯物主义探索，并接着提出了生产关系等唯物史观概念。所有这一切都为唯物史观人权观的创立做了理论上的准备。

1845 年春，马克思写下了《关于费尔巴哈的提纲》，随后马克

---

① 参见陈波《马克思主义视野中的人权》，中国社会科学出版社 2004 年版，第 26—27 页。

思、恩格斯又合作撰写了《德意志意识形态》。这两部光辉著作阐明了科学实践观，形成了唯物史观，从哲学上为政治经济学的革命和科学社会主义的诞生奠定了理论基础，从而为马克思主义人权观提供了世界观方法论的前提。

马克思、恩格斯科学地阐明了人的社会本质和人权现象的经济基础，为人权问题的合理解释提供了理论基石，开辟了把握人权本质的阶级分析方法的理论道路。

马克思指出："人的本质不是单个人所固有的抽象物，在其现实性上，它是一切社会关系的总合。"[1] 在确立人的社会性本质后，马克思进一步从实践的角度来探讨人的问题，得出了"社会生活在本质上是实践的"[2] 的科学论断。从科学的实践观点出发解释人的本质，才能对"从事活动的，进行物质生产的，因而是在一定的物质的、不受他们任意支配的界限、前提和条件下能动地表现自己的""现实的个人"[3] 作出历史性的说明，也才能对人权问题作出历史性的解释。

针对鲍威尔关于"自由的人性"、"普遍人权"的抽象观点，马克思、恩格斯深刻地指出了存在于普遍人权现象背后的阶级本质。马克思、恩格斯指出，"这种'自由的人性'和对它的'承认'不过是承认利己的市民个人，承认构成这种个人的生活内容，即构成现代市民生活内容的那些精神因素和物质因素的不可抑制的运动"[4]。资产阶级人权作为市民社会的产物"并没有使人摆脱宗教，而只是使人有信仰宗教的自由"，"并没有使人摆脱财产，而只是使人有占有财产的自由"，"并没有使人放弃追求财富的龌龊行为，而只是使人有经营的自由"。因此"现代国家既然是由于自身的发展而不得不挣脱旧的政治桎梏的市民社会的产物，所以，它就用宣布人权的办法从自己的方面来承认自己的出生地和自己的基础"[5]。

---

[1] 《马克思恩格斯选集》第1卷，人民出版社1995年版，第60页。
[2] 同上书，第60页。
[3] 《马克思恩格斯全集》第3卷，人民出版社1960年版，第29页。
[4] 《马克思恩格斯全集》第2卷，人民出版社1957年版，第145页。
[5] 同上。

资产阶级的社会政治理论宣称"天赋人权"，并通过法律形式加以确认。在马克思看来，只要存在着资本主义私有制和雇佣劳动，那么建立在这一经济基础之上的、作为上层建筑的人权就不可能是普遍的人权，而只能是资产阶级一个阶级的人权，因为"这个理性的王国不过是资产阶级的理想化的王国；永恒的正义是在资产阶级的司法中得到实现；平等归结为法律面前的资产阶级的平等；被宣布为人权之一的是资产阶级的所有权；而理性的国家、卢梭的社会契约在实践中表现为而且也只能表现为资产阶级的民主共和国"①。

3. 马克思、恩格斯人权观的经济学批判及其人权远景的展望

《资本论》是马克思穷毕生之精力写下的一部篇幅巨大的经济学—哲学著作。在某种意义上，《资本论》就是以资本与劳动的深刻对立为轴心，为了揭露资产阶级普遍人权论的虚假本质，从政治经济学批判的角度为争取无产阶级的真正人权而创作的一部伟大的人权著作。

资本主义生产方式存在的先决条件之一，是自由工人的出现。也就是说，工人作为劳动者有权出卖自己的劳动力是货币转化为资本的条件。马克思在谈到这一问题时，深刻地揭示了这里所谓"自由的工人"的真正含义："货币所有者要把货币转化为资本，就必须在商品市场上找到自由的工人。这里所说的自由，具有双重意义：一方面，工人是自由人，能够把自己的劳动力当做自己的商品来支配，另一方面，他没有别的商品可以出卖，自由得一无所有，没有任何实现自己的劳动力所必需的东西。"②

因此在这里，在资本主义生产方式条件下，工人所拥有的所谓"自由"，就是由于失去了生产资料和生活资料而一无所有，而不得不出卖自己的劳动力，不得不接受资本的强制和剥削的"自由"。而且这里的"自由"也仅仅适用于或局限在交换关系领域，而不是生

---

① 《马克思恩格斯全集》第 3 卷，人民出版社 1960 年版，第 57 页。
② 马克思：《资本论》第 1 卷，人民出版社 1975 年版，第 192 页。

产领域，因为"一离开这个简单流通领域或商品交换领域——庸俗的自由贸易论者用来判断资本和雇佣劳动的社会的那些观点、概念和标准就是从这个领域得出的——就会看到，我们的剧中人的面貌已经起了某些变化。原来的货币所有者成了资本家，昂首前行；劳动力所有者成了他的工人，尾随于后。一个笑容满面，雄心勃勃；一个战战兢兢，畏缩不前，像在市场上出卖了自己的皮一样，只有一个前途——让人家来鞣"①。

　　所以从表面上看，当垄断了生产资料的资本家与劳动力所有者在劳动力市场上相遇时，双方在法律上都是自由平等的人。但是一旦进入生产领域，工人与资本家之间的关系，便发生了从自由平等向不自由不平等的转化。所以在《资本论》第1卷中，马克思在篇幅很长的"工作日"② 这一章的末尾一针见血地写道："必须承认，我们的工人在走出生产过程时同他进入生产过程时是不一样的。在市场上，他作为'劳动力'这种商品的所有者与其他商品的所有者相遇，即作为商品所有者与商品所有者相遇。他把自己的劳动力卖给资本家时所缔结的契约，可以说像白纸黑字一样表明了他可以自由支配自己。在成交以后他却发现：他不是'自由的当事人'，他自由出卖自己劳动力的同时，是他被迫出卖劳动力的时间；实际上，他'只要还有一块肉、一根筋、一滴血可供榨取'，吸血鬼就决不罢休。为了'抵御'折磨他们的毒蛇，工人必须把他们的头聚在一起，作为一个阶级来强行争得一项国家法律，一个强有力的社会屏障，使自己不致再通过自愿与资本缔结的契约而把自己和后代卖出去送死和受奴役。从法律上限制工作日的朴素的大宪章，代替了'不可剥夺的人权'这种冠冕堂皇的条目，这个大宪章'终于明确地规定了，工人出卖的时间何时结束，属于工人自己的时间何时开始'。多么大的变化啊！"③ 马克思

---

　　① 马克思：《资本论》第1卷，人民出版社1975年版，第200页。

　　② "工作日"一章在《资本论》第1卷的25章中是篇幅最长的章节之一。除了第13章"机器大工业"和第23章"资本主义积累的一般规律"外，第15章"工作日"就是最长的一章了。由此可见，马克思对资本主义条件下工人阶级人权状况的考察是多么重视。

　　③ 马克思：《资本论》第1卷，人民出版社1975年版，第334—335页。

从政治经济学批判的角度所揭示的资本与劳动的对立这一阶级分析方法，对揭露人权的血腥的阶级本质是多么有力。因此，"现代国家承认人权同古代国家承认奴隶制是一个意思"，不同之处仅仅在于资产阶级"把历代的一切封建特权和政治垄断权合成一个金钱的大特权和大垄断权"①。

马克思从资本与劳动的对立，即资本剥削劳动的矛盾辩证法出发，强调唯利是图是资本的本性和生存方式，并由此嘲弄了资产阶级天赋人权的阶级本质。马克思说，资本"意识到自己是一种社会权力；每个资本家都按照他在社会总资本中占有的份额而分享这种权力"②，也就是说，等量资本必然要求获得等量利润，要求平等地占有雇佣工人的劳动创造的剩余价值。"由于资本是天生的平等派，就是说，它要求在一切生产领域内剥削劳动的条件都是平等的，把这当做自己的天赋人权。"③ 马克思一针见血地指出："平等地剥削劳动力，是资本的首要人权"④。

像马克思一样，批判资产阶级人权的虚伪性和阶级本质成为恩格斯一生中的一个重要方面。早在青年时代，恩格斯在考察英国工人阶级状况后认为，"工人在法律上和事实上都是有产阶级即资产阶级的奴隶……这种奴隶制和旧式的公开的奴隶制之间的全部差别仅仅在于现代的工人似乎是自由的"⑤，并且明确地指出了资产阶级人权的狭隘性和阶级本质：资本主义社会"几乎把一切权利赋予一个阶级，另一方面却几乎把一切义务推给另一个阶级"⑥。美国《独立宣言》和《宪法》宣称人人都具有生存、自由平等和谋取幸福的权利，但同时又事实上默认了黑人奴隶制的合法地位。恩格斯对此一针见血地指出："自由和平等也很自然地被宣布为人权。可以表明这种人权的特

---

① 《马克思恩格斯全集》第 2 卷，人民出版社 1957 年版，第 145、647 页。
② 《马克思恩格斯全集》第 25 卷，人民出版社 1974 年版，第 218 页。
③ 马克思：《资本论》第 1 卷，人民出版社 1975 年版，第 436 页。
④ 同上书，第 324 页。
⑤ 《马克思恩格斯全集》第 2 卷，人民出版社 1957 年版，第 565 页。
⑥ 同上书，第 363—364 页。

殊资产阶级性质的美国宪法，它最先承认了人权，同时确认了存在于美国的有色人种奴隶制：阶级特权被置于法律保护之外，种族特权被神圣化了。"① 资产阶级宪法宣布私有财产神圣不可侵犯，但是恩格斯明确指出了这种人权的阶级本质，强调财产权作为"最主要的人权之一"不过是"资产阶级的所有权"②。出版自由是资产阶级宣称的基本人权之一，但"出版自由就仅仅是资产阶级的特权，因为出版需要钱，需要购买出版物的人，而购买出版物的人也得要有钱"，因此"法律上的平等就是在富人和穷人不平等的前提下的平等，即限制在目前主要的不平等的范围内的平等，简括地说，就是简直把不平等叫做平等"③。

马克思、恩格斯一方面批判资产阶级人权问题的狭隘性、虚伪性和阶级本质，深刻阐明了在普遍人权观念掩盖下的无产阶级人权的悲惨状况，一方面又通过这种历史批判，热情而又清醒地展望了作为无产阶级阶级自由和人类彻底解放的真正的人权远景，同时也深入探索了人类通往这一未来远景的现实道路。

无产阶级的阶级自由和人类的彻底解放存在着本质性的关联。人类的彻底解放就是要使整个人类实现真正的自由与平等，使每个人获得自由而全面的发展。而人类解放要得到实现，关键就在于无产阶级首先要获得自己的阶级自由，实现自己的阶级解放。无产阶级不存在自己的特殊利益，无产阶级只有解放全人类，才能最后解放自己。而要实现无产阶级的阶级自由和人类的彻底解放，就必须变革现存的资本主义制度，建立社会主义和共产主义制度。这是无产阶级肩负的历史使命。

马克思、恩格斯为我们展望的人类彻底解放的真正的人权远景，是"自由人联合体"条件下的"每个人自由而全面的发展"。在《共产党宣言》这部伟大的著作中，马克思、恩格斯向我们揭示了作为个

---

① 《马克思恩格斯选集》第 3 卷，人民出版社 1972 年版，第 145—146 页。
② 恩格斯：《反杜林论》，人民出版社 1970 年版，第 15 页。
③ 《马克思恩格斯全集》第 2 卷，人民出版社 1957 年版，第 647—648 页。

体发展与社会发展之有机统一的人的发展远景："代替那存在着阶级和阶级对立的资产阶级旧社会的，将是这样一个联合体，在那里，每个人的自由发展是一切人的自由发展的条件。"① 在《资本论》中，马克思也明确地阐明了，在资本狂热地追求价值增值的过程中，实际上创造着自身消亡和未来新社会诞生的条件，因为它"迫使人类去为生产而生产，从而去发展社会生产力，去创造生产的物质条件；而只有这样的条件，才能为一个更高级的、以每个人的全面而自由的发展为基本原则的社会形式创造现实基础"②。

　　从上述的梳理和研究中我们可以看到，马克思、恩格斯关于人权观点与理论的最根本最鲜明的特征，是基于批判的唯物史观和彻底的阶级分析方法，深刻地揭示人权的阶级本质。与资产阶级社会政治理论对人权的阶级本质的忽视根本不同，马克思、恩格斯关于人权理论研究和探讨的重心是基于资产阶级与无产阶级两大阶级的根本对立，揭示现代资产阶级人权观的狭隘的阶级本质，为作为受剥削、受压迫、受奴役的无产阶级彻底改变自己的生存地位、获得阶级自由而进行斗争提供指导思想和理论资源。马克思、恩格斯的人权观点与理论因此而在整个人类思想上都是破天荒的独特理论体系。从这一意义上说，马克思、恩格斯的人权理论是人类政治思想史上的革命性变革。

　　同时我们也应当指出，在传统社会主义条件下，由于过分强调了马克思主义人权理论对资产阶级人权观的批判性和否定性，过分强调了社会主义与资本主义两种社会政治制度和意识形态的根本区别，从而深刻影响了已经建立了社会主义国家的各国共产党人对资产阶级人权的理论与实践的学习、研究与借鉴，也严重忽视了如何在实践维度上去建立和建设系统而完善的关于人权保障的政治体制、运行机制和监督制衡机制。

---

① 《马克思恩格斯选集》第 1 卷，人民出版社 1995 年版，第 74—75 页。
② 马克思：《资本论》第 1 卷，人民出版社 1975 年版，第 649 页。

二 列宁的人权观点和人权理论

列宁关于人权问题的理论和观点与马克思、恩格斯既一脉相承，又在新的历史条件下作了重大发展。

马克思、恩格斯重在揭示人权之阶级本质的社会政治理论，深刻影响了列宁关于人权问题的社会政治观念。列宁忠实于遵循马克思、恩格斯的基本立场和基本原则，并以其鲜明的个性特征和发展的形态，探讨和研究了人权问题特别是资产阶级人权问题。

列宁同马克思、恩格斯一样，探讨的重点在于人权的阶级本质而不是形式。列宁关于人权问题的理论与观点，由于他所领导的十月社会主义革命胜利的破天荒或划时代意义，而对他去世后的苏联社会主义以及第二次世界大战后一系列社会主义国家的社会政治观念的形成和政治制度的建立，产生了深远而重大的历史性影响。

1. 列宁的人权理论与观点

"十月革命"是列宁人权理论与实践的一次具有历史性意义的伟大胜利。社会主义的本质，从政治上来说就是保证人民当家做主的民主权利。列宁曾经提出一个著名论断："没有民主，就不可能有社会主义。"① 作为世界上第一个社会主义国家的创立者，列宁深刻认识到民主作为人民的政治权利是构建社会主义这一全新的社会政治制度的本质要求，所以无论在理论上还是在社会政治实践中，他都高度重视人民民主权利的保障问题，强调民主与社会主义的本质关联。

列宁认为，人民的民主权利与国家政权的性质存在着根本上的一致性。因此只有把全部政权转到人民手中，人民民主权利的实现才有了一个根本性的前提。而沙皇政府之所以是一个应当被推翻的政府，就在于从根本性质上说，它是专制制度。"专制制度（专制政体，无

---

① 《列宁全集》第28卷，人民出版社1990年版，第168页。

限君主制）是一种最高权力完全地、整个地（无限制地）由沙皇一人独占的管理形式。"沙皇颁布法律，任命官吏，搜刮和挥霍人民的钱财，人民对立宪和监督一概不得过问。因此，"专制制度就是官吏和警察的专权，是人民的无权"①。因此，布尔什维克只有通过武装起义，推翻沙皇政府的专制统治，召开真正的全民立宪会议，建立人民自己的政权，工人阶级和劳动人民才有可能获得自己的民主权利和政治自由。列宁批判沙皇专制制度、展望社会主义民主政治的政治理念，为"十月革命"的胜利，为建立人民当家做主的社会主义政治制度指明了方向和道路。

列宁对历史上各种剥削制度在民主形式下掩盖着的阶级本质作了深刻的批判和揭露。他通过考察历史上民主的各种形态，特别揭示了资产阶级民主的阶级本质及其狭隘性和虚伪性，强调社会主义民主是人类历史上最高类型的民主。列宁认为，"民主是国家形式，是国家形态的一种"，"民主意味着在形式上承认公民一律平等，承认大家都有决定国家制度和管理国家的平等权利"②。而公民最终是否真正具有管理国家的平等权利，从根本上说取决于国家的阶级性质。资产阶级民主制度的建立废除了封建等级特权和宗法制度，是人类社会政治制度史上的一次巨大的历史进步。但是从根本上说，由于资本主义私有制的经济基础，决定了它在政治上狭隘的、虚伪的阶级本质："每隔几年决定一次究竟由统治阶级中的什么人在议会里镇压人民、压迫人民——这就是资产阶级议会的真正本质，不仅在议会制的立宪国内是这样，在其中最民主的共和国内也是这样。"③"即使在最民主的资产阶级共和国里，人民仍旧摆脱不了雇佣奴隶的命运。"④

列宁在深刻批判资产阶级人权的同时，对无产阶级社会主义的人权给予了高度评价和热情肯定。"十月革命"胜利后，俄国建立的无产阶级专政的国家政权"第一次提供人民享受的、大多数人享受的民

①　《列宁全集》第 4 卷，人民出版社 1984 年版，第 219—220 页。

②　《列宁全集》第 31 卷，人民出版社 1985 年版，第 96 页。

③　同上书，第 43 页。

④　《列宁全集》第 32 卷，人民出版社 1985 年版，第 19 页。

主，同时对少数人即剥削者实行必要的镇压"①。人民政权以宪法和法律来保障人民当家做主的权利与自由："以法律（宪法）保证全体公民直接参加国家的管理，保证全体公民享有自由集会、自由讨论自己的事情和通过各种团体和报纸影响国家事务的权利。"② 为了真正保证人民当家做主的权利得以实现，列宁推动俄共采取了一系列措施加以落实：苏维埃第二次代表大会通过了《和平法令》、《土地法令》、《关于成立工农政府的法令》等文件，扩大劳动群众是国家的主人，享有管理国家和社会的权利；苏维埃第三次代表大会通过《被剥削劳动人民权利宣言》的法律文件，确认劳动人民在经济、政治和社会生活方面的权利；苏维埃第五次代表大会通过"第一部宣布国家政权是劳动者的政权、剥夺剥削者——新生活建设的敌人——的权利的宪法"③，用宪法的形式确认了主权属于人民以及实现人民主权的形式。通过上述的一系列法律和政策措施，新生的社会主义苏维埃国家政权为改善和保障人民群众的生存权、广大公民的受教育权等社会经济权利的实现，开辟了历史上从未有过的广阔的道路和空间，从而从根本上变革了俄国的经济、政治和社会制度。

列宁对苏维埃政权的先进性充满了自豪和信心，并通过鲜明的对比揭示了资产阶级民主狭隘的阶级本质。列宁以铿锵有力的语言强调："无产阶级民主比任何资产阶级民主要民主百万倍，苏维埃政权比最民主的资产阶级共和国要民主百万倍"，而资产阶级民主"在资本主义制度下不能不是狭隘的、残缺不全的、虚伪的、骗人的民主，对富人是天堂，对被剥削者、对穷人是陷阱和骗局"④。与资产阶级千方百计地排斥群众，使他们不能参加国家管理、不能享受集会和出版自由相比，"苏维埃政权是世界上第一个（严格说来是第二个，因为巴黎公社已开始这样做）吸引群众即被剥削群众参加管理的政权"，"苏维埃是被剥削劳动群众自己的直接的组织，它便于这些群

---

① 《列宁全集》第31卷，人民出版社1985年版，第86页。
② 《列宁全集》第2卷，人民出版社1985年版，第90页。
③ 《列宁全集》第34卷，人民出版社1985年版，第503页。
④ 《列宁全集》第35卷，人民出版社1985年版，第249、244页。

众自己用一切可能的办法来建设国家和管理国家"①。与"资本使任何一种、甚至最民主的那种资产阶级民主变得面目全非和残缺不全"② 不同，"苏维埃政权把成千上万座最好的建筑物一下子从剥削者手里夺过来，就使群众的集会权利更加'民主'百万倍"③。世界上没有哪一个资产阶级民主国家的普通工人、雇农和农村半无产者，能够像苏维埃俄国政权那样享有开会、发表自己意见和维护自己利益的自由，"享有推选正是本阶级的人去管理国家、'建设'国家的自由"④。列宁非常重视选举人对代表的罢免权问题，认为它是"真正民主的和确实代表人民意志的机关"的基本原则。在资产阶级议会下，当选者之所以成为镇压人民的帮凶，原因就在于选民没有罢免议员的权利，而在苏维埃政权下，以任何理由而拒绝实行罢免权、阻挠行使罢免权以及限制罢免权的行为都是违反民主制的，是完全违背俄国已经开始的社会主义革命的基本原则和任务的。⑤

特别值得一提的是，列宁在结束战时共产主义政策、实行新经济政策期间提出的一系列社会主义的新理论、新观念，以及采取的一系列政策措施，对我们深入理解他的人权问题的理论与观点和对我们深入反思和总结世界社会主义运动史上的经验和教训，有着重大意义。

"十月革命"胜利后的最初几年间，由于帝国主义的武装干涉和国内叛乱，由于采取向社会主义直接过渡的经济政策，苏俄实行了一系列战时共产主义政策，即实行余粮收集制；对粮食和其他必需品由国家统购统销，禁止私人买卖；加速工业的国有化进程；实行高度集中的管理和普遍的义务劳动制；等等。这些政策的实质，是对资本主义经济关系进行限制、制约、削弱、消除，试图绕过一个以国家调节下的资本主义经济关系作为中间阶段和中间环节的历史时期，而直接过渡到社会主义的经济关系和经济制度。这种政策的作用是特定历史

---

① 《列宁全集》第 35 卷，人民出版社 1985 年版，第 248 页。

② 同上书，第 386 页。

③ 同上书，第 249 页。

④ 同上书，第 249—250 页。

⑤ 《列宁全集》第 33 卷，人民出版社 1985 年版，第 102 页。

条件下最大限度地集中起全国的人力和经济资源，打破了帝国主义和国内反动派的围攻，捍卫了新生的苏维埃政权。但是苏俄也为这一政策的实行付出了高昂而沉重的代价：不仅国民经济严重下滑，而且最重要的是，由于否定和消灭了商品货币市场关系而严重挫伤了农民的经济活动的自由和生产积极性，导致了农民强烈的不满情绪而在全国范围内爆发了一百多次农民暴动。城市居民也发生了反对战时共产主义政策的怠工、矿工、罢工等各种形式的斗争。这一由战时共产主义政策导致的严重经济危机和政治危机，核心就在于剥夺了工人和农民的生存自由和经济自由，使他们的人权受到了严重伤害和侵犯。

因此战时共产主义政策的严重后果，是导致列宁破除必须消灭商品货币市场关系的关于社会主义的教条式理解，面向现实果断采取新经济政策的根本原因所在。而新经济政策的实质，是在承认商品货币市场关系的意义上重新肯定了农民的贸易自由、买卖自由等经济社会权利，是把人民群众的根本利益作为最高价值目标的人权观念的确立，作为执政党执政理念和执政实践的出发点和落脚点。

列宁的过早逝世没有使新经济政策持续实行下去。1928 年斯大林中止了这一通过商品货币市场关系的全面确立而保障人民经济自由的人权政策和人权实践，并随着新经济政策的废除而逐渐确立了高度集权的经济政策、经济体制和政治体制，使社会主义国家的经济政治和社会体制失去活力，成为苏联和第二次世界大战后其他社会主义国家体制僵化的根源，并最终导致了苏联东欧剧变。

2. 列宁关于集体人权的理论与观点

人权问题可以划分为个人人权和集体人权两个基本方面。列宁在人权问题上的重要贡献之一，是他在论述和阐明个人人权的同时，也高度关注在帝国主义时代条件下的一切被剥削被压迫民族和人民的自由和人权问题，从而创造性地提出和阐发了民族自决权这一处在殖民地半殖民地条件下的民族自由、国家独立和人民解放的集体人权问题。

列宁以发展和创新马克思主义的巨大理论勇气，在帝国主义和无产阶级革命时代的新的历史条件下，创造性地提出了独具特色的以反对民族压迫和殖民统治为核心内容的民族自决权理论，成为推动亚非拉民族解放运动的一面光辉旗帜；列宁第一次把殖民地半殖民地国家的人民争取民族自决权的斗争与世界社会主义革命运动有机地联系在一起，从而使民族自决权问题成为与无产阶级国际主义相联系的集体人权原则。

列宁的民族自决权理论，是基于俄国民族问题的复杂性、基于帝国主义和无产阶级革命时代的民族问题的现状而提出并展开论述的。而用大量的心思、笔墨和篇幅去论述民族自决权问题，也充分表明列宁作为一个无产阶级政党的领袖，对俄国国内的少数民族和世界其他被压迫民族的集体人权的高度重视和尊重，显示了一个马克思主义者的国际主义情怀。

俄罗斯是一个多民族的国家，列宁充分认识到：如何处理俄罗斯民族与非俄罗斯民族之间的关系，不仅对无产阶级政党领导的民主革命，而且对俄罗斯的未来都是意义深远而重大的。列宁在深入地考察和分析了俄国复杂的民族关系后，认为俄国是一个以大俄罗斯民族为中心的国家，但非俄罗斯民族占全国人口的 50% 以上，它们所受的压迫很重，多集中在边疆地区，民族独立性很强，亚洲邻国的民主革命和民族运动开始兴起并影响到了境内的非俄罗斯民族。所以"正是由于俄国民族问题的这些具体的历史特点，我们在当前所处的时代承认民族自决权，具有特别迫切的意义"[1]。在民族问题与阶级斗争问题交织的情况下，列宁认为无产阶级政党应当自觉地承认并坚持民族自决权，才能反对大俄罗斯的民族主义，从而"才能保证对群众进行真正民主主义和真正社会主义的教育"，"才能保证俄国在它仍旧是一个多民族的国家时，有最大的民族和睦的可能，一旦出现分离为各民族国家的问题，又能保证最和平地（并且对无产阶级的阶级斗争最无害地）实行这种分离"[2]。

---

[1] 《列宁全集》第 25 卷，人民出版社 1984 年版，第 236 页。
[2] 同上书，第 242 页。

　　帝国主义列强发动第一次世界大战后，殖民地问题空前尖锐，许多殖民地半殖民地国家爆发了争取民族独立的民族解放运动，被压迫民族和被压迫人民要求民族平等、反对民族压迫、争取集体人权的问题空前凸显。在这样的历史时代，列宁敏锐地意识到争取以民族平等为核心的民族自决权已成为各国工人阶级及其政党的迫切任务。列宁认为："谁不承认和不坚持民族平等和语言平等，不同各种民族压迫和不平等作斗争，谁就不是马克思主义者。"①

　　列宁严格区分了资产阶级民族主义和无产阶级国际主义在民族自决权问题上的不同，认为它们是"两个不可调和的敌对口号，它们同整个资本主义世界的两大阶级营垒相适应，代表着民族问题上的两种政策（也是两种世界观）"②。马克思主义坚持和倡导的民族观是："各民族完全平等，各民族享有自决权，各民族工人打成一片——这就是马克思主义教给工人的民族纲领，全世界经验和俄国经验教给工人的民族纲领。"③

　　列宁在帝国主义时代民族殖民地问题空前尖锐的时代背景下，正确地把民族区分为压迫民族和被压迫民族，从而为全世界一切被压迫民族的独立和解放，为各国无产阶级革命找到了更为广大的同盟军。列宁认为从沉睡中觉醒了的殖民地半殖民地人民的反对任何民族压迫、争取民族独立和人民民主的斗争都是进步的，是世界反帝斗争的重要组成部分。无产阶级的社会主义革命，将是全世界无产者同一切殖民地半殖民地人民联合起来反对帝国主义的斗争。

　　列宁坚决支持东方世界人民的民族解放运动，满怀热情地讴歌亚洲人民的觉醒和革命运动的高涨："在亚洲，强大的民主运动到处都在发展、扩大和加强。那里的资产阶级还在同人民一起反对反动势力。数亿人正在觉醒起来，追求生活，追求光明，追求自由。这个世界性的运动使一切懂得只有民主才能达到集体主义的觉悟工人多么欢

---

① 《列宁全集》第 20 卷，人民出版社 1989 年版，第 11 页。
② 《列宁全集》第 24 卷，人民出版社 1990 年版，第 128 页。
③ 《列宁全集》第 25 卷，人民出版社 1984 年版，第 285 页。

欣鼓舞！一切真诚的民主主义者对年轻的亚洲多么同情！……世界上没有任何力量能阻止无产阶级的胜利，而这一胜利一定能把欧洲各国人民和亚洲人民都解放出来。"[1]

列宁的民族自决权理论是关于集体人权的光辉而伟大的理论，它在殖民地半殖民地人民为争取民族自由、国家独立和人民解放这一集体人权斗争中，在反对帝国主义的世界社会主义运动中，发挥了重大而又独特的指导作用，而且至今对我们正确处理和对待国内外的民族问题仍具有重要的指导意义。

三　中国共产党人的人权
观点和人权理论

近代以来，中国人民争取包括集体人权和个人人权在内的人权的斗争与实践已经经历了170多年的历史岁月。在这一前仆后继可歌可泣的奋斗历程中，中国共产党人总结前人成功与失败的经验和教训，领导中国人民进行民族民主革命和改革开放，实现了20世纪20年代以来中国历史天翻地覆的变革。中国共产党人把马克思列宁主义关于人权问题的理论和观点与中国人民争取民族自由、国家独立和人民解放的具体实践相结合，实现了马克思主义中国化的两次伟大的历史性飞跃，中国的人权状况由此发生了历史性的变革，中国的人权事业也由此获得了空前的巨大成就。

1. 毛泽东的人权理论与观点

毛泽东作为第一代中国共产党人的最杰出的代表，为中华民族摆脱百年屈辱、为中国人民争取集体人权意义上的人权作出了巨大贡献。毛泽东在领导中国人民争取民族自由、国家独立和人民解放的民族民主革命的伟大实践中，作出了不可磨灭的贡献。毛泽东之所以成

---

[1]　《列宁全集》第23卷，人民出版社1990年版，第166页。

为现代中国历史上的伟大人物，是他在历史实践中逐渐形成并不断发扬光大的人民本位的历史观、价值观的必然产物。

人民本位的历史观作为毛泽东人权观念的哲学基础，奠定了他一生为之奋斗不息的理念和实践的基调。

对人民群众的力量始终抱有坚定不移的信念，是毛泽东在任何艰难困苦、挫折重重的形势下，依然对中国革命的未来充满革命乐观主义的根本原因。在抗日战争初期的严峻形势下，毛泽东基于对世界历史和中国历史发展规律的深刻研究，基于对中国人民和世界人民正义力量的坚定信心，写下了《论持久战》这篇光辉著作。在这篇著作中，毛泽东专门以"兵民是胜利之本"为标题，论述了全面抗战、全民抗战的观点。他指出："战争的伟力之最深厚的根源，存在于民众之中"，主张"根本态度（或根本宗旨）问题""就是尊重士兵和尊重人民。从这种态度出发，于是有各种的政策、方法、方式"。有了这种根本态度做基础，才能进行广泛的、热烈的政治动员，解决兵源、财源等困难问题，才能达到"官兵一致，军民一致，瓦解敌军"的目标。毛泽东再三强调抗战是全军全民的抗战，"抗日统一战线是全军全民的统一战线，决不仅仅是几个党派的党部和党员们的统一战线"，强调这是抗战胜利的"最基本的条件"①。中国共产党领导的抗日武装及抗日根据地的不断扩大，充分说明了这条抗战路线的正确性。

在中国人民的抗日战争和全世界人民的反法西斯战争即将胜利的历史时刻，毛泽东对人民创造历史的伟大力量作了热情歌颂："人民，只有人民，才是创造世界历史的动力。"② 也正是基于对人民力量的坚定信念，毛泽东在解放战争初期的严峻形势下，表达了对一切反动派和包括原子弹在内的新式武器的蔑视："一切反动派都是纸老虎。看起来，反动派的样子是可怕的，但实际上并没有什么了不起的力量。从长远的观点看问题，真正强大的力量不是属于反动派，而是属

---

① 《毛泽东选集》第 2 卷，人民出版社 1991 年版，第 509—513 页。
② 《毛泽东选集》第 3 卷，人民出版社 1991 年版，第 1031 页。

于人民。""决定战争胜败的是人民，而不是一两件新式武器。"① 毛泽东对革命规律的深刻和乐观的把握，同样建立在人民力量的基础之上："捣乱，失败，再捣乱，再失败，直至灭亡——这就是帝国主义和世界上一切反动派对待人民事业的逻辑……这是一条马克思主义的定律"，"斗争，失败，再斗争，再失败，再斗争，直至胜利——这就是人民的逻辑……这是马克思主义的又一条定律。"②

进入社会主义建设时期后，毛泽东在 1957 年的《关于正确处理人民内部矛盾的问题》这篇著名讲话中指出：人民民主专政的"目的是为了保卫全体人民进行和平劳动，将我国建设成为一个具有现代工业、现代农业和现代科学文化的社会主义国家"，我们"在人民内部是实行民主集中制。我们的宪法规定：中华人民共和国公民有言论、出版、集会、结社、游行、示威、宗教信仰等等自由。我们的宪法又规定：国家机关实行民主集中制，国家机关必须依靠人民群众，国家机关工作人员必须为人民服务。我们的这个社会主义的民主是任何资产阶级国家所不可能有的最广大人民的民主。我们的专政，叫做工人阶级领导的以工农联盟为基础的人民民主专政。这就表明，在人民内部实行民主制度，而由工人阶级团结全体有公民权的人民，首先是农民，向着反动阶级、反动派和反抗社会主义改造和社会主义建设的分子专政。所谓公民权，在政治方面，就是说有自由和民主的权利"③。"但是这个自由是有领导的自由，这个民主是集中指导下的民主，不是无政府状态。无政府状态不符合人民的利益和愿望。"④ "所谓两党制不过是维护资产阶级专政的一种方法，它绝不能保障劳动人民的自由权利。实际上，世界上只有具体的自由，具体的民主，没有抽象的自由，抽象的民主。在阶级斗争的社会里，有了剥削阶级剥削劳动人民的自由，就没有劳动人民不受剥削的自由……民主自由都是相对的，不是绝对的，都是在历史上发生和发展的……在人民内部，

---

① 《毛泽东选集》第 4 卷，人民出版社 1991 年版，第 1195 页。
② 同上书，第 1486—1487 页。
③ 《毛泽东文集》第 7 卷，人民出版社 1999 年版，第 208 页。
④ 同上书，第 207—208 页。

不可以没有自由，也不可以没有纪律；不可以没有民主，也不可以没有集中。这种民主和集中的统一，自由和纪律的统一，就是我们的民主集中制。在这个制度下，人民享受着广泛的民主自由；同时又必须用社会主义的纪律约束自己。"①

毛泽东始终把人民的根本利益作为中国共产党人历史选择的出发点："应该使每个同志明了，共产党人的一切言论行动，必须以合乎最广大人民群众的最大利益，为最广大人民群众所拥护为最高标准。"② 这一建立在人民本位的历史观基础上的"最高标准"，就是毛泽东所阐明的中国共产党人进行历史选择的最高价值尺度。

总体而论，毛泽东人权观的基本特征是基于人民本位的整体权利观、群体权利观。虽然毛泽东在他的有关论述中也谈到"公民权"的概念，但就政治思想的总体框架和思维方式而言，他的人权观中的人权观念，主要是或基本上是作为集体人权意义上的人民利益或人民主权，作为个人人权或个体维度意义上的公民权利依然不占主导地位，与西方传统中以个人为本位的公民权利观存在着重大的、根本性的不同。毛泽东继承了马克思、列宁主义的阶级分析方法和从阶级本质上批判资产阶级人权观的精神传统，对资产阶级人权的理论与实践表示了根本性的怀疑和批判，但在如何学习、借鉴和继承资产阶级人权理论与实践的经验和优点，并把这些经验和优点与中国的传统、国情和实践创造性地结合起来以创制中国特色的人权体制方面，毛泽东的人权观还存在着不足，甚至还有缺陷。这当然是有其深刻历史和思想原因的。由此亦可以看出，毛泽东基于人民本位的整体权利观、群体权利观的这样一种权利观，是他高度肯定"大鸣"、"大放"、"大字报"、"大辩论"式的、无法治的非现代意义上的"大民主"的重要原因，对他晚年发动和领导以群众运动为基本特征的"文化大革命"产生了重大影响，也是他力图通过大规模的群众运动来保证和实现人民利益的一个基本动机。

① 《毛泽东文集》第 7 卷，人民出版社 1999 年版，第 208—209 页。
② 《毛泽东选集》第 3 卷，人民出版社 1991 年版，第 1096 页。

2. 邓小平的人权理论与观点

邓小平作为中国特色社会主义理论和道路的开辟者，在深入反思和总结世界和中国社会主义运动正反两个方面的成就和举行的基础上，提出了一系列人权理论与人权观点，为在改革开放的新的时代条件下推进中国的人权事业作出了重大贡献。邓小平关于民主、法治、人权的一系列论述，是中国特色社会主义理论的重要组成部分，在马克思主义发展史上占有重要历史地位。

邓小平把民主作为人民的一项基本权利，严厉批判了林彪、"四人帮"违背民主精神和原则，宣传什么"全面专政"，对人民实行封建法西斯专政的"左"倾专制主义错误，得出了"没有民主就没有社会主义，就没有社会主义现代化"① 的著名论断。

鉴于世界社会主义运动和新中国成立后一段时期中民主问题上的严重教训，邓小平强调民主是社会主义的一个基本特征或基本规定，是社会主义现代化的一个基本目标或基本任务，从而在理论上把民主与社会主义、民主与社会主义现代化有机统一起来，为中国共产党人在新的历史条件下通过发展社会主义政治文明和建设社会主义民主政治来保障人民的民主权利，提供了强有力的理论根据。

邓小平关于社会主义民主的一个鲜明特点，就是把民主与制度、民主与法治有机地联系在一起加以考察和论证，为在中国的土地上建立社会主义的有法制保障的民主制度指明了基本方向。邓小平关于民主与制度、民主与法治相互关系的论述，在世界社会主义历史上，在有着强大而深厚的人治传统和人治特征的中国社会中，历史性地开辟和倡导了一种既坚持社会主义方向，又顺乎现代世界潮流的具有现代意义的法治观。那么究竟怎样才能克服和走出强大的人治传统，真正地防止和避免再次发生像苏联时期的肃反扩大化、反右扩大化特别是"文化大革命"的悲剧？邓小平强调指出："为了保障人民民主，必须加强法制。必须使民主制度化、法律化，使这种制度和法律不因领

---

① 《邓小平文选》第 2 卷，人民出版社 1994 年版，第 168 页。

导人的改变而改变，不因领导人的看法和注意力的改变而改变。"①
正是因为邓小平深刻地认识到了把国家的前途命运寄托在个人和少数
人身上的人治传统的重大缺陷，所以他才一再谆谆告诫全党："如果
一个党、一个国家把希望寄托在一两个人的威望上，并不很健康。那
样，只要这个人一有变动，就会出现不稳定。"②"一个国家的命运建
立在一两个人的声望上面，是不很健康的，是很危险的，不出事没问
题，一出事就不可收拾。"③ 邓小平把人治问题谈得很深刻，也很具
体，认为人治"就是往往把领导人说的话当做'法'，不赞成领导人
说的话就叫做'违法'，领导人的话改变了，'法'也跟着改变"。为
了走向法治，就"应该集中精力制定刑法、民法、诉讼法和其他各种
必要的法律，例如工厂法、人民公社法、森林法、草原法、环境保护
法、劳动法、外国人投资法等等，经过一定的民主程序讨论通过，并
且加强检察机关和司法机关，做到有法可依，有法必依，执法必严，
违法必究"④。

在《党和国家领导制度的改革》这篇著名的讲话中，邓小平多方
面地深刻分析和总结了之所以在传统社会主义条件下党和国家的事业、
社会主义的人权事业造成严重损失，根本原因就在于法制和制度不健
全："我们过去发生的各种错误，固然与某些领导人的思想、作风有
关，但是组织制度、工作制度方面的问题更重要。这些方面的制度好可
以使坏人无法任意横行，制度不好可以使好人无法充分做好事，甚至会
走向反面。"⑤ 因此邓小平强调，即便是社会主义条件下，人权问题的
根本性解决依然必须靠法制、靠制度："旧中国留给我们的，封建专制
传统比较多，民主法制传统比较少。解放以后，我们也没有自觉地、系
统地建立保障人民民主权利的各项制度，法制很不完备，也很不受重
视，特权现象有时受到限制、批评和打击，有时又重新滋长。克服特权

---

① 《邓小平文选》第 2 卷，人民出版社 1994 年版，第 146 页。
② 《邓小平文选》第 3 卷，人民出版社 1993 年版，第 272 页。
③ 同上书，第 311 页。
④ 《邓小平文选》第 2 卷，人民出版社 1994 年版，第 146—147 页。
⑤ 同上书，第 333 页。

现象，要解决思想问题，也要解决制度问题。公民在法律面前人人平等，党员在党章和党纪面前人人平等。"① 这是直接针对中国在探索社会主义的过程中所出现的问题和弊端而言的，但实际上我们通过回顾整个世界社会主义运动、包括苏联东欧等社会主义国家的政治实践就可以看到，这是所有传统社会主义条件下普遍存在的问题。因此邓小平以法治为核心的人权思想和人权观点，不仅是对中国特色社会主义的贡献，而且是对整个世界社会主义事业的贡献。

邓小平人权观点和理论的重大贡献之一，是在与西方世界、特别是与美国的论争中，一方面坚持强调马克思主义关于人权问题的阶级性观点；另一方面又始终对国家主权问题所代表的最高国家利益保持着清醒意识，深刻而明确地把集体人权与个人人权统一起来加以强调。邓小平指出："什么是人权？首先一条，是多少人的人权？是少数人的人权，还是多数人的人权，全国人民的人权？西方世界的所谓'人权'和我们讲的人权，本质上是两回事，观点不同。"② 针对西方国家借助人权问题干涉别国内政和侵犯别国主权的霸权主义行径，邓小平同志鲜明地强调国权重于人权的立场。他在会见不同国家的领导人时多次指出："人们支持人权，但不要忘记还有一个国权。谈到人格，但不要忘记还有一个国格。"③ "真正说起来，国权比人权重要得多。"④ "国家的主权、国家的安全要始终放在第一位，对这一点我们比过去更清楚了。西方的一些国家拿什么人权、什么社会主义制度不合理不合法等做幌子，实际上是要损害我们的国权。"⑤ 邓小平从发展中国家的根本利益出发，明确指出西方国家用人权问题对第三世界进行煽动，制造混乱，"实际上是搞强权政治、霸权主义，要控制这些国家，把过去不能控制的国家纳入他们的势力范围"⑥。"第三世界

---

① 《邓小平文选》第 2 卷，人民出版社 1994 年版，第 332 页。
② 《邓小平文选》第 3 卷，人民出版社 1993 年版，第 125 页。
③ 同上书，第 331 页。
④ 同上书，第 345 页。
⑤ 同上书，第 348 页。
⑥ 同上。

国家的国权经常被他们侵犯。他们那一套人权、自由、民主，是维护恃强凌弱的强国、富国的利益，维护霸权主义者、强权主义者利益的。"① 邓小平由此义正词严地批评西方国家："搞强权政治的国家根本就没有资格讲人权，他们伤害了世界上多少人的人权！从鸦片战争侵略中国开始，他们伤害了中国多少人的人权！"② "西方国家说我们侵犯了人权，其实他们才是真正的侵犯人权。"③ 邓小平关于国权重于人权的思想，一方面揭露和批判了西方国家推行"人权外交"的实质；另一方面也深刻地揭示了国权（集体人权）与人权（个人人权）的相互关系，说明了对包括中国在内的发展中国家而言，拥有国权才是人权的前提和保障。

邓小平指出，"离开具体的社会历史条件而谈人，这就不是谈现实的人而是谈抽象的人"④。正是从这种抽象的人出发，西方国家强调人权的主体是个人，主张个人的人权，否认人权的社会性、民族性、阶级性和时代性。邓小平向我们展示的，正是从人与社会的内在联系出发的马克思主义的人权观，这种人权观强调人权是集体人权和个人人权的统一，反对把人权主体简单地规定为个人，而首先强调国家、民族、阶级等集体人权的主体地位；人权不能只体现为个人的权利，同时也体现为国家、民族的权利，即国家的独立和主权（国权）、民族的自决权。国权作为国家在国际社会中的对外主权，是国家作为国际法不可取代的主体独立地处理内部事务的权利，是一个现代民族国家所固有的权利。我们知道，在近代几百年西方列强的殖民扩张中，发展中国家因为痛失主权而导致了国民的个体权利严重沦落，从这一意义上说，国权的存在就是个体人权的存在，国权的沦落就是个体人权的沦落。

邓小平的人权理论与观点不仅在 1978 年以来改革开放的伟大历程中变革了中国社会主义的理念与实践，为中国公民权利的获得和扩

---

① 《邓小平文选》第 3 卷，人民出版社 1993 年版，第 345 页。
② 同上书，第 348 页。
③ 同上书，第 345 页。
④ 同上书，第 41 页。

大提供了深刻有力的理论论证和政治动力，而且也为中国共产党人在国际人权领域的斗争提供了一种不同于西方世界的社会政治理论和人权理念，为中国共产党人在国际社会的人权冲突中赢得主动提供了深刻的理论基础和战略策略原则。

3. 江泽民、胡锦涛的人权理论与观点

党的十三届四中全会以来以江泽民为主要代表的中国共产党的第三代领导集体，党的十六大以来以胡锦涛为总书记的新一代中国共产党人，在新的时代条件下坚持、运用和发展了毛泽东、邓小平的人权理论与观点，在人权问题上发表了一系列重要观点和重要论述，丰富了马克思主义人权理论宝库，进一步推进了中国人权建设的社会政治实践，为世界社会主义人权事业和全人类的人权事业作出了重要贡献。

江泽民在不同时间、不同场合，向中国，也向世界庄严宣示和阐发了中国共产党人的人权观点、理论和立场，阐明和论证了中国共产党的革命、建设和改革的人权目的、人权实践和人权成就。在中国共产党的十五大报告中，江泽民明确论述了中国共产党执政的根本目的和价值目标，就是保障中国人民的基本自由和基本人权："共产党执政就是领导和支持人民掌握管理国家的权力，实行民主选举、民主决策、民主管理和民主监督，保证人民依法享有广泛的权利和自由，尊重和保障人权。"① 在 1999 年 10 月剑桥大学的演讲中，江泽民向西方，也向世界阐明了中国共产党人认真继承并发扬光大中华民族尊重人的尊严和价值的优秀传统，由此阐明了中国共产党人的人权目标和人权成就："中华民族历来尊重人的尊严和价值。在遥远的古代，我们的先人就已经提出'民为贵'的思想，认为'天生万物，唯人为贵'。一切社会的发展和进步，都取决于人的发展和进步，取决于人的尊严的维护和价值的发挥。中国共产党领导人民进行革命、建设、改革，就是要实现全中国人民广泛的自由、民主、人权。今天中国所

---

① 《江泽民文选》第 2 卷，人民出版社 2006 年版，第 29 页。

焕发出来的巨大活力，是中国人民拥有广泛自由、民主的生动写照。"① 在 "1999《财富》全球论坛·上海" 开幕晚宴的讲话中，江泽民再一次论述了中华民族的人权传统与中国共产党的人权追求之间的继承和发展关系，阐发了中国共产党人的人权理念和人权成就："中华民族历来尊重人的尊严和价值。中国共产党领导人民进行革命、建设、改革，就是要实现全中国人民广泛的自由、民主和人权。今天中国所焕发出来的巨大活力，生动地反映出中国人民具有自由、民主地发挥创造力的广阔空间。"这是江泽民在国际社会领域多次阐明的关于中国党和政府的人权观点和人权立场。

针对西方把人权与主权、政治权利与经济社会权利割裂开来的人权观念，江泽民继承邓小平关于国权与人权相互关系的观点，强调集体人权与个人人权的有机统一，认为："集体人权与个人人权，经济、社会、文化权利与公民、政治权利紧密结合和协调发展，这适合中国国情因而是中国人权事业发展的必然道路。"② 江泽民在许多场合一再向国际社会，特别是西方社会讲明，中国共产党和中国政府主张集体人权与个人人权，经济、社会、文化权利与公民、政治权利紧密结合有机统一的立场和观点，在国际人权领域的对话、交流与合作中赢得了主动，并获得了第三世界国家和地区政府和人民的广泛认同。

进入 21 世纪新阶段，以胡锦涛为总书记的新一代中国共产党人坚持立党为公、执政为民，在全面推进经济建设、政治建设、文化建设、社会建设和党的建设的同时，不断推进理论创新，创造性地提出了科学发展观、构建社会主义和谐社会等一系列重大战略思想，将尊重和保障人权提到了空前的高度。尊重和保障人权先后写入中国共产党的十六届三中全会、四中全会、五中全会、六中全会的决定和文件之中。提出了发展为了人民、发展依靠人民、发展成果由人民共享；关注人的价值、权益和自由，关注人的生活质量、发展潜能和幸福指数，致力于实现人的全面发展；注重社会公平，保护弱势群体的利益

---

① 《江泽民文选》第 2 卷，人民出版社 2006 年版，第 56 页。

② 同上。

等思想。党的十六届三中全会提出坚持"以人为本"的科学发展观，成为中国共产党人权理论史上具有重大意义的里程碑。中国共产党顺应世界潮流和时代要求，提出了具有重大和深远意义的修宪建议。2004年3月14日，第十届全国人民代表大会第二次会议通过宪法修正案的形式，首次将"人权"概念引入宪法，第一次把"国家尊重和保障人权"的条款正式载入国家的根本大法。尊重和保障人权由中国共产党和中国政府文件的政策性规定，上升为国家根本大法的一项基本原则。党的十六届四中全会从中国共产党提高构建社会主义和谐社会的执政能力的高度，明确提出中国共产党的执政就是要"尊重和保障人权，保证人民依法享有广泛的权利和自由"①。2006年4月22日，胡锦涛主席在耶鲁大学的演讲中指出："保障人民的生存权和发展权仍然是中国的首要任务。我们将大力推动经济社会发展，依法保障人民享有自由、民主和人权，实现社会公平和正义，使13亿中国人民过上幸福生活。"②

2008年12月10日，在《世界人权宣言》发表60周年纪念日之际，胡锦涛致信中国人权研究会，指出联合国在60年前发表的《世界人权宣言》表达了世界各国人民对推进世界人权事业的共同愿望，对世界人权事业发展产生了重要影响。胡锦涛指出，新中国成立以来，中国社会取得了举世公认的巨大进步，中国人民的命运发生了翻天覆地的变化，中国人权事业也实现了历史性发展。特别是改革开放30年来，党和政府把尊重和保障人权作为治国理政的重要原则，庄严地载入了中国共产党章程和中华人民共和国宪法，并采取切实有效的措施促进人权事业发展，使广大人民群众的物质文化生活水平得到显著提高，政治、经济、文化、社会权益得到切实保障，谱写了中国人权事业发展的新篇章。胡锦涛强调，在全面建设小康社会、加快推进社会主义现代化的进程中，我们要一如既往地坚持以人为本，既尊重人权普遍性原则，又从基本国情出发，切实把保障人民的生存权、

---

① 《中共中央关于加强执政党能力建设的决定》，人民出版社2004年版，第17页。
② 《人民日报》2006年4月23日。

发展权放在保障人权的首要位置，在推动经济社会又好又快发展的基础上，依法保证全体社会成员平等参与、平等发展的权利。胡锦涛表示，中国人民将一如既往地加强国际人权合作，同世界各国人民一道，共同为推动世界人权事业健康发展，为建设持久和平、共同繁荣的和谐世界作出应有的贡献。①

四 当代中国关于人权问题的基本立场

马克思主义人权观的实践性决定了它的开放性和与时俱进的品格。自马克思主义诞生一个半世纪以来，马克思主义人权观一方面在争取无产阶级的阶级自由和人类解放的理论与实践的统一中发挥了巨大作用；另一方面也在与其他社会政治理论的对话和相互开放中，不断地丰富和发展着自身的理论内容和存在形态。

在当代世界全球化进程日益加剧的时期中依然存在着社会主义与资本主义两种社会制度和意识形态的矛盾冲突，在推进中国特色社会主义的历史进程中，与时俱进的马克思主义人权观依然是我们取之不尽、用之不竭的理论资源，是指导我们冷静观察和深入思考各种人权现象和人权理论的重要理论武装。

1. 传统社会主义条件下马克思主义人权观运用过程中的成就与教训

马克思主义关于人权问题的阶级本质观念和阶级分析方法，成为传统社会主义条件下理解人权问题的占主导地位的认识框架和思想方式。马克思主义人权观的这一理解维度，对社会主义国家的整个上层建筑领域的革命性变革发挥了有力的指导作用，对已经取得了社会主义革命胜利的国家如何建立人民当家做主的国家政权和政治制度，起到了深刻而重大的作用。

---

① 2008 年 12 月 12 日新华网。

同时，我们应当指出，在如何理解和运用马克思主义人权观问题上，各个社会主义国家在一段很长的历史岁月中也为我们留下了过度教条化片面化的沉痛历史教训。我们在考察和回顾世界社会主义发展史的历史经验时，必须对这个重大理论和实践问题作出认真的反思和总结。

传统社会主义条件下的各国在理解和运用马克思主义人权观问题上的最重要的历史教训之一，就是在强调人权问题，特别是强调资产阶级人权问题的阶级本质的同时，严重忽略了资产阶级在人权问题上的理论与实践，对社会主义国家建立和发展以法治为核心的保障人权的社会政治体制所具有的重大意义。同时，这种过度强调人权的本质而忽视人权功能的思想方式，严重影响了年轻的社会主义国家在建立人权保障体制的过程中，对历史上特别是资产阶级的人权得以保障的体制、机制的冷静研究、学习和借鉴，影响了社会主义的人权体制在与资本主人权主体制的相互开放中提高和完善的许多历史机遇。

苏联东欧剧变引发了世界社会主义发展史上的最深刻的反思。之所以发生这样的悲剧，当然存在着多方面的历史原因，但由于过分强调人权的阶级本质而忽视人权的普遍功能的建设，导致高度集权的政治体制的建立而造成法制建设的严重缺失。这就不仅使得经济、社会和政治体制严重僵化、官僚主义盛行而缺乏效率，而且严重影响和损害了公民的政治自由和民主权利，使执政的共产党人逐渐脱离了同人民群众的血肉联系。基本人权和基本自由的严重缺失，是苏联共产党和东欧各国共产党在社会变革的浪潮中，之所以最终失去人民的信任进而失去政权的最重要的历史原因和历史教训。

当代中国共产党人关于"保护公民的合法的私有财产"的现代宪政主张，关于"物权法"的理论和立法实践，以及"国家尊重和保护人权"的现代政治理念，表明中国共产党人的社会政治观念发生了顺乎现代世界文明潮流的深刻而巨大的变革，这一历史性的变革有力地推动了中国理论界、学术界的思想解放，为确立具有中国特色的人权的理论与实践开辟了广阔道路。

中国的改革开放在人权领域的一个重大突破，就是中国共产党人不再僵化而教条、过度看重人权的本质而忽视人权的功能。与此相联系，无论在思想理论界还是在实践领域，人们不再因为强调资产阶级人权的阶级本质，而完全忽视和否定它在人权理论与实践上所取得的成就及其借鉴意义。这就为人们在重视人权的阶级本质的前提下，以开放的态度和胸襟去深入而具体地研究包括资产阶级人权在内的各种保障人权的体制、形式和机制开辟了巨大空间。

2. 当代中国关于人权的基本立场和基本态度

当代中国共产党人从马克思主义的基本立场和观点出发，创造性地把马克思主义关于人权问题的理论运用于中国社会的实践和国际人权领域的斗争，鲜明地提出了一系列关于人权问题的理论和观点，丰富和发展了马克思主义人权问题的理论宝库。当代中国共产党人关于人权问题的基本理论和基本观点可概括如下。

第一，中国共产党领导中国人民进行革命、建设和改革的根本出发点和落脚点，就是为了追求和保障中国人民的基本权利和基本自由。

第二，与西方社会仅仅强调个人的权利与自由不同，中国共产党根据中国人民 1840 年以来的发展历程和发展中国家的生存前景出发，强调作为国家主权和民族尊严的集体自由、集体人权与个人自由、个人人权的有机统一。

第三，与西方强调和注重个人权利与自由中的政治权利不同，中国共产党从中国仍然是发展中国家的这一基本国情出发，强调中国公民的首要人权是生存权和发展权。

第四，从马克思主义的唯物史观的基本理论出发，中国共产党人强调民主自由人权作为上层建筑，必须建立在坚实雄厚的物质基础之上。

第五，与西方社会撇开各个国家和民族不分具体国情、文化传统和民族特性，把民主、自由、人权片面地看做是各国必须无条件地遵守和实践的普适价值不同，中国共产党坚持和强调民主、自由、人权的普遍性与特殊性的有机统一。

　　第六，与以美国为首的西方社会提出的"人权高于主权"的观点从而为干涉别国的主权和内政不同，中国共产党人一再强调，民主、自由、人权问题的解决本质上属于国家主权范围，不允许借人权问题损害别国的国家主权和民族尊严。

（刘敬东　清华大学马克思主义学院教授、博士生导师）

第十一讲

马克思主义公平正义观

马克思和恩格斯的公平正义观的核心是他们的平等观。马克思和恩格斯首先持有的是资产阶级的平等观，因为他们最初都是资产阶级民主主义者。在资产阶级革命时期，为了消解封建贵族的等级特权，获得政治上的平等权利，因此把平等作为一个普遍观念提了出来。在马克思到了巴黎、恩格斯到了英国后，他们发现资本主义的平等只是表面上的，其中隐藏着资产阶级对无产阶级的剥削，而资产阶级赖以剥削的手段是生产资料的私有制。只有消灭了私有制，实现公有制，从而首先实现经济上的平等，政治上和文化上的普遍性的平等才变为可能。马克思和恩格斯以平等观为核心的公平正义观，散见于《马克思恩格斯全集》。为了全面把握他们的平等观，需要对他们的观点进行系统的阐发。本讲将分为两个部分：第一部分是对马克思和恩格斯的公平正义观的阐发；第二部分是马克思主义与中国的公平正义观。

一　对马克思和恩格斯的公平正义观的阐发

公平和正义的含义比较多，但从总体上说，正义主要是指社会的制度安排是合理的。自法律产生以来，法律成了社会制度安排的表现，所以法律首先必须是正义的。通常说来，正义追求的目标是平等。对此，恩格斯说：

平等是正义的表现，是完善的政治制度或社会制度的原则，这一观念完全是历史地产生的。①

但一个社会能够真正实现的正义是在其经济发展水平可能和不阻碍生产力发展的限度内能够达到的最大限度的平等。因此，一种正义观是否合理，需要具备如下因素：第一，它追求的目标是不是每个人的平等。有了这个目标，社会才能与时俱进地尽可能实现最大多数人的平等。在共产主义社会中，每个人都能享受到实质性的平等。第二，它的现行目标是否与社会的经济发展水平相匹配。任何超越社会经济发展水平的正义目标都是不可行的。第三，它的实现是否会阻碍生产力的进一步发展。生产力的持续发展是正义得以持续实现的经济保障。第四，程序安排是否能够制约腐败的发生。第五，暴力机构在必要时是否能够保证正义的实施。

公平则是一个人对社会是否正义和社会是否正义地对待自己的评价。它主要受如下因素的影响：第一，社会追求的正义目标是否是平等。如果一个社会越发展越不平等，而且它的目标是建立一个不平等的社会，人们就会对这个社会的发展前景持否定态度。第二，社会现行的正义目标是否是可行的。如果一个社会提出的现行的正义目标是超越社会的经济发展水平的，则必然出现说得好而做不到的现象，人们会认为这个社会只会说大话和说空话而不办实事，从而产生悲观失望的情绪。第三，社会现行的正义目标是否在阻碍生产力的发展。如果人们感觉这个社会是在坐吃山空，人们就会对未来的生存和发展产生恐慌心理。第四，如果个人承认了社会在制度安排上达到了可能的情况下最大限度的平等，他还关注这种正义是否实际地落实到他个人身上。如果社会总体是正义的，而他本人却遭受到了不公平的待遇，他同样会感觉愤怒。第五，如果一个社会无法制止严重的腐败的发生，无论社会的制度安排如何合理，人们都会产生强烈的不公平感。

---

① 恩格斯：《反杜林论》，人民出版社 1999 年版，第 358 页。

第六，暴力机构是能及时有效地用来防止不公正事件的发生，还是只被用来维护一些人的特权。总的说来，当个人感觉社会追求的目标是平等，而且做到了在可能情况下的最大限度的平等，个人在其中也得到了平等的待遇，个人就会认为这个社会是正义和公平的。

这里关系到对于平等的理解。平等指的是个人的权利和义务的对等性。在理解平等时需要注意如下几点：第一，平等不否定等级的存在。社会要组织起来必然需要有个结构，有结构必然产生等级。平等要求的是这种等级结构是开放的，人们可以自愿地在等级中上下流动，机会是平等的。等级形成的依据是人们认同的，比如说以真才实学为依据或以结构功能的需要为依据。上下等级之间的权利和义务是平等的，不是在上者只享受权利或享受更多的权利，而在下者只承担义务或承担更多的义务。第二，平等不是平均。平均可能产生的恰好是不平等。在正义层面上所说的平等，遍及社会和人生的各个方面，指人在社会生活的各个方面都是权利与义务对等的。比如说，贡献大者报酬应该比较多，应该更受尊重。而平均主义主要是指在分配时每人不管贡献大小，均得一份。推广到社会领域，则是不管贡献大小，每个人都得到同样的评价。第三，平等观是有阶级性的。以资本主义的平等观为例，恩格斯指出：

> 以往的一切社会形式和国家形式、一切传统观念，都被当做不合理的东西扔到垃圾堆里去了；到现在为止，世界所遵循的只是一些成见；过去的一切只值得怜悯和鄙视。
>
> 只是现在阳光才照射出来。从今以后，迷信、非正义、特权和压迫，必将为永恒的真理，为永恒的正义，为基于自然的平等和不可剥夺的人权所取代。
>
> 现在我们知道，这个理性的王国不过是资产阶级的理想化的王国；永恒的正义在资产阶级的司法中得到实现；平等归结为法律面前的资产阶级的平等；被宣布为最主要的人权之一的是资产阶级的所有权；而理性的国家、卢梭的社会契约在实践中表现为，而且也只能表现为资产阶级的民主共和国。18 世纪的伟大

思想家们，也同他们的一切先驱者一样，没有能够超出他们自己的时代使他们受到的限制。①

马克思和恩格斯在他们构想的共产主义社会中，虽然倡导平等，但并不否定社会管理中的等级结构，而且反对平均主义。马克思对平等的关注，主要因为那是个资产阶级革命的时代，资产阶级以"平等"为口号来建立资本主义。后来恩格斯在《家庭、私有制和国家的起源》一书中，进一步阐述了"平等"的来源。从平等在西方历史上的演变过程和个人的平等观的生成方式，我们可以看到西方人是如何看待公平和公正的。

人类的发展是以每个人都具有平等的主体地位开始的。在原始社会中，人与人之间是平等的。在这里，平等概念的内核是任何人都不受另外一个人的奴役。当一个人欺负了另外一个人时，要"以眼还眼，以牙还牙"地进行报复。当一个氏族侵犯了另外一个氏族，这个氏族就要进行复仇。而报复和复仇都是以平等为限度的，不能做得过分。当报复或复仇做得过分的时候，就破坏了平等，影响了公平，从而会产生新一轮的报复或复仇，从而冤冤相报，没完没了。由于人类以平等为起点，因此造就了人的自尊。自尊就是每个人都要求自己被平等地尊重和自己的人格不被污辱。人会因为听了一句辱骂自己的话而冲动杀人，就是因为人格是不能被侮辱的。所谓人格不能被侮辱，并不是说自己需要高高在上，而是不能被贬低为奴才或动物，需要具有平等的人格。恩格斯在论述处于原始共产主义社会中的易洛魁人时说：

> 虽然当时的公共事务比今日多得多——家户经济是由一组家庭按照共产制共同经营的，土地乃是全部落的财产，仅有小小的园圃归家户经济暂时使用——可是，丝毫没有今日这样臃肿复杂的管理机关。一切问题，都由当事人自己解决，在大多数情况

---

① 恩格斯：《反杜林论》，人民出版社 1999 年版，第 16 页。

下，历来的习俗就把一切调整好了。不会有贫穷困苦的人，因为共产制的家户经济和氏族都知道它们对于老年人、病人和战争残废者所负的义务。大家都是平等、自由的，包括妇女在内。他们还不曾有奴隶；奴役异族部落的事情，照例也是没有的……凡与未被腐蚀的印第安人接触过的白种人，都称赞这种野蛮人的自尊心、公正、刚强和勇敢。①

因此，当《圣经》说，"当人打你的左脸的时候，你把右脸也给他打"，一般人一看就感觉很可笑，因为感觉不平等。按平等的原则应该是：你打了我的左脸，我也应该打你的左脸；你踩了我的左脚，我也应该踩你的左脚。可是问题在于，报复必须是对等的，而实际上却难以做到。我打你的左脸的力度可能没有你打我左脸的力度大，所以为了找回这种力度，需要找补一下。而找补的可能又过重，从而引起新的找补。这样就会不断打下去。为了防止争斗以实现和平，《圣经》则另辟蹊径，采取了当人打了自己左脸的时候，把右脸也主动呈上。这实际上是要唤起打人者的公平心。当打人者感觉自己已经占了便宜啦，再打就更不公平啦，会引起众怒啦，于是不再打，从而结束了争斗。

由此引发出公平以外的另外一个为人原则，即宽容。人们把宽容作为一种美德，主要原因在于它能够减少争斗，实现和平。然而，宽容的潜台词是宽容者遭到了不公平的待遇，因此总会有他人有义愤填膺的感觉，从而出来打抱不平。宽容与忍气吞声是不同的。宽容作为一种道德修养，是在自己能够报复成功的情况下，自愿放弃报复。而忍气吞声则是在预见到自己没有报复成功的可能的情况下，不得不放弃报复，但是却耿耿于怀，感觉冤枉，要等时机成熟时再进行报复。宽容之所以只是作为一种特殊的无法普遍化的美德存在，就是因为其中包含着对不公平的容忍。如果大多数人都如此行为，则可能造成恶霸横行于道无人过问的情况。所以，当一个社会过分宽容的时候，不

---

① 《马克思恩格斯选集》第 4 卷，人民出版社 1995 年版，第 95 页。

公平的现象和冤枉的事就会屡见不鲜，使人感觉气愤。宽容只能在遇到国家"大义"与个人"小义"发生冲突的时候，放弃"小义"求"大义"时才是可取的。

在原始社会中，孕育着以等级的方式表达平等的公平观。在原始社会初期，由于原始人必须集体生存才能抗击自然灾害，在氏族内部必然要有对弱者的关怀和对具有美德的强者的崇敬。平均主义体现的就是对弱者的关怀。在没有剩余产品的情况下，在每个人都要吃饭才能活下来的情况下，分配只能是平均主义的。而且在一个人病了需要更多的关怀的时候，具有美德的、健壮的强者还会把自己的食物省下些给病人。因此，在氏族公社内部，有美德的强者因为对集体的贡献比较大，而且富有牺牲精神，因此具有高于其他成员的地位，比别人更受大家的爱戴和尊重。

在部落与部落的战争中，也是具有美德和智慧的强者比其他人更能为本部落立大功。在没有多余产品可以奖赏他们的情况下，成员们给予他的是精神上的鼓舞，给予他尊敬和爱戴。在这种尊敬和爱戴中产生了等级，成员们认为只有存在这种尊敬程度的差别的等级，对这些英雄们来说才是公平的，因此在这里公平就是个人享有与他的贡献相匹配的尊敬。也就是说，人与人之间是平等的，但如果有人们共同认同的理由的话，等级是公平合理的。在这里，因具有美德、智慧和才能而产生的对氏族贡献的大小成了人们划分等级并且感觉公平的标准。于是，在氏族内部有剩余产品的时候，论功行赏便成了人们认为公平的分配方式。贡献与所得相互匹配的公平观，便由此产生了。当一个人贡献大于所得时，成员们会有愧疚感。即便是这个人去世了，人们还要以各种方式祭奠他。而当有的人的贡献大到集体对他无以回报的时候，这个人便成为了在人类社会中的不朽的人物，为万世所传扬。因为大家认为只有这样做对这个人的贡献来说才是公平的。

一个部落的首领，领导本氏族征服了大片的土地，江山由他打下，因此以人们的论功行赏的观念来看，认为国家属于他是公平的。由他按照战功分封土地也是公平的。这样他们就以人们认为公平的方式获得了统治权和享受奢侈生活的合理性。而对国家没有立过大功的人，在分配中只能靠国王的赏赐得到一些土地。当然这些土地就不能多，而且因为是得了赏赐，因此本人是受恩者，必须知恩图报，对国王表示感激，因此交纳税收就是公平的。只有在税收过多的时候，人们才会感觉到他们的所得与他们的付出不成正比，这个时候人们才会感觉不公平，才会起义推翻国王。而在通常的情况下，人们是拥护国王的，而且如果有篡权者，则会认为篡权者是不公平的，因为天下不是他们打下来的。而且国王的孩子继承国王的王位和财产也是公平的，因为这也是对国王的功绩的肯定。

　　当穷人穷到一定的时候，不得不出卖自己的土地，最后不得不把自己卖为奴隶才能获得生存条件的时候，奴隶主便成了他们的恩人。因为奴隶主的收留使他们能够活下来，否则就得饿死。这样穷人们就自愿地成为富人的奴隶。而在战争中生存下来的俘虏，过去是被杀死的。当征服者不再杀他们，给予他们生路，虽然是做奴隶，他们也是愿意的，也感觉是公平的。征服者在留下他们做奴隶的时候，比较而言已经是很仁慈了。正如恩格斯所说：

> 在古代世界，特别是希腊世界的历史前提之下，进步到以阶级对立为基础的社会，是只能通过奴隶制的形式来完成的。甚至对奴隶来说，这也是一种进步；成为大批奴隶来源的战俘以前都被杀掉，而在更早的时候甚至被吃掉，现在至少能保全生命了。①

奴隶们认为吃着和穿着奴隶主的，自己又没有更大的本事，因此他们也认为被奴隶主作为工具使用是公平的。只有在奴隶主侮辱他们时，使他们感觉生活状况非常痛苦，他们的生命权经常被践踏，他们经常遭到毒打，这个时候他们才会起来反抗。这样出现了公平的另外一个原则，就是知恩图报。如果一个人对另外一个人有大恩，受恩者忠于恩人是公平的。

---

　　① 恩格斯：《反杜林论》，人民出版社1999年版，第189页。

在奴隶能够从地主那里租到土地，变成自耕农后，他们得到了比奴隶更多的自由。他们的人身是自由的，他们能够自由地安排自己的工作。他们主要关注的是能够丰收。而丰收主要得看天公是否作美。农民的收成交完租税后所剩的粮食通常只够吃饱，没有足够的积蓄。对此，可以从恩格斯对阿提卡的农民的状况的论述中看到：

> 农民只要被允许做佃户租种原地，能得自己劳动生产品的六分之一以维持生活，把其余六分之五作为地租交给新主人，那他就谢天谢地了。[①]

一旦遇到天灾，他们就得挨饿。农民们在丰收的时候，是愿意上税和交租的，而且认为是公平的。但是在荒年，农民们则认为减税和减租才是公平的，而国王和地主如果不配合，在农民无法生存的时候，就会联合起来反抗。

在西方社会中，农民们从农民变成工人的过程通常不像从奴隶变成农民那么开心。他们失去土地是因为他们的土地是从地主那里租用的。地主为了获得利益而把土地卖给了资本家。失去土地的农民们便像难民一样流入城市。但是他们认为这是公平的，因为土地本来就是他们租来的，地主要收回那是地主的自由，他们只要得到应有的补偿就是公平的。到达城市以后，找到份正式的工作他们就感觉很幸运了，否则只能成为城市里的乞丐。人成为乞丐，即使能够生存下来，但这要以失去尊严为代价的。失去自尊的人是无法感觉到受尊重的幸福的。在谈到资本主义国家时，恩格斯说：

> 在历史上的大多数国家中，公民的权利是按照财产状况分级规定的，这直接地宣告国家是有产阶级用来防御无产者阶级的

---

① 《马克思恩格斯选集》第 4 卷，人民出版社 1995 年版，第 110 页。

组织。①

无论是奴隶、农民还是工人，他们都有这样的公平原则：人应该是靠
自己的劳动生活的，但是人如果借用了别人的东西或受恩于人，自己
是应该给予对方补偿的。当人合理地富有了，是可以不靠劳动生活
的。人们并不把贫富分化看成是不公平的，只是富应该富得合乎情理
和法律。因此，人们通常不会把按需分配看成是公平的分配原则。作
为个人的奴隶、农民和工人与作为个人的奴隶主、地主和资本家相比
较的话，他们是缺乏力量和能力的。控制他们赖以生存的社会经济力
量的精英多出自奴隶主、地主和资本家阶层，因此人们通常相信历史
是由精英和英雄人物创造的，劳动人民是靠精英才得以生存的。这样
在历史的演变中，社会每前进一步，通常都得到了劳动人民的认同，
他们通常都认为社会是公平和正义的。在社会中存在的不公正和不公
平现象是个别人违反了规则，没有公平地按规则办事造成的。对此，
恩格斯曾说过：

> 一个社会的分配总是同这个社会的物质生存条件相联系，这
> 如此合乎事理，以致经常在如此深刻地在人民的本能上反映出
> 来。当一种生产方式处在自身发展的上升阶段的时候，甚至在和
> 这种生产方式相适应的分配方式下吃了亏的那些人也会欢迎这种
> 生产方式。②

从个人的公平观的演变过程来看，每个人的公平观因为他们所处
的时代不一样而不一样。每个人生来都并不带有任何公平观。支配人
的首先是一些自然性的特征。他不知道要约束自己的行为。看到好玩
儿的，不管是不是自己家的，就想拿来玩儿。看到好吃的，不管是不
是自己家的，就想拿来吃。他不知道尊卑贵贱。从这个意识上说，人

---

① 《马克思恩格斯选集》第 4 卷，人民出版社 1995 年版，第 173 页。
② 恩格斯：《反杜林论》，人民出版社 1999 年版，第 154 页。

生来是按自由和平等的方式行为的，尽管他们不知道自由和平等的定义是什么。然后他就会在无意识的状态中，接受来自家庭的规矩教育。从这里，他知道他应该如何约束自己的行为。他知道他怎么做，就能够得到笑脸；得到笑脸后通常会得到赞扬的话；得到赞扬的话后通常会得到奖励。他也知道他怎么做会看到大人难看的脸色；看到难看的脸色后通常会得到批评的话；得到批评的话后通常会得到惩罚，有的时候还会挨打。在这种奖惩中，人无意识地形成了一些行为规范。他通常根据奖罚来判断什么事是好事，什么事是坏事，应该做什么和不应该做什么，而不知道到底什么是好事和什么是坏事，到底什么是应该和什么是不应该。

人并不是从父母的基因中获得行为规范的，但人通常会继承父母的行为规范，因为父母是他们行为规范的第一任教师。越是喜欢自己父母的孩子，受父母的行为规范的影响越大。如果孩子在成长的过程中，他一直没有反思或改正过自己的行为规范，那么他们一生的行为规范都是从父母那里不自觉地继承下来的家规。这些家规成了他们公正行事和评价一个行为是否公平的标准。在人的成长过程中，他也会因为某些原因而改变他的行为规范，比如说：社会交往、学校教育、哲学作品、艺术作品、文学作品、宗教信仰、大众传播，等等。他通常会从自己喜欢的人那里学习到行为规范，也会因为讨厌什么人而厌恶其行为规范。当人的行为规范改变了的时候，他关于社会正义的标准和判断是否公平的观念也会发生变化。为使一个人感觉公正，首先必须有他认同的正义标准，然后让他感觉同等的人在同等的状况能得到同等的待遇，标准对每个人是一样的。所以一个没有人们认同的规范的群体，完全按领导的意志和好恶行为的群体，必然会导致人们的不公平感。对个人来说，公平就是先立下人们认可的规矩，再严格地按规矩办事。要改变规矩时，必须得到利益相关者的认同。

人出生在不同的社会中，从父母和社会那里继承来的行为规范是不一样的，因为不同社会的人有不同的公平标准。在原始社会中出生的人，他们把平等和自由看成是平等的标准。在奴隶社会中出生的人，奴隶主的孩子把自己看成是主人，奴隶的孩子把自己看成是仆人，主仆之间的关系被默认为是公平的关系。主人按主人的方式行为，仆人按仆人的方式行为，人们通常安分守己。在封建社会中，地主的孩子按地主家的行为方式行为，农民家孩子的方式按农民家的孩子行为，他们通常也安分守己。在资本主义社会中，富人的孩子按富人家的方式行为，而穷人家的孩子按穷人家孩子的方式行为，这也才被认为是正常现象。如果一个穷人家的孩子像大款儿一样花钱，人们便会感觉他浪费。如果一个富人家的孩子像穷人一样花钱，人们便会感觉他吝啬。

而在社会中，总会出现这样的情况。人是有思考能力的。总会有人思考为什么人与人是不一样的，尤其是处于社会下层和生活得不舒适的人，常会想我为什么不能像上层社会的人那样生活呢？这时统治者就需要利用一套理论来说明，为什么社会分成上层和下层是合理的，为什么统治权应该在他们的手里。也就是说，他们都需要有一套理论来证明他们统治的社会是正义的，他们统治的方式是公平的。统治阶级的意识形态起的就是这样的作用。只有他们让人们真正相信了社会是正义的和对每个人都是公平的，人们才会是心平气和的，社会才会是安宁的。这样，天或上帝或社会契约论等都成了证明现存秩序的公正性的手段。只要这种手段是有效的，就会被社会启用。

在社会形态转变的时期，劳动人民的身份和统治阶级的身份都会发生比较大的变化。新的统治阶级为了消解旧的统治阶级的利益，首先需要破除旧的统治阶级赖以获得正义感的理论依据，因此这个时候以极端"愤青"的方式攻击旧的意识形态的理论就会受到统治者的欢迎，比如说，尼采就是在资产阶级与地主阶级进行斗争时说出了"上帝死了"这句名言的。如果他说早了，那死的就是尼采而不是上帝；如果他说晚了，在资产阶级完成了其革命任务，需要欢迎上帝回来帮助稳定社会的时候，他的话也就不会那么有影响力了。社会一旦处于"破"的阶段，通常会处于公正观紊乱的状态，从而使人无所适从，进入迷茫状态。随着旧的行为规范的解体，各种利益结构重新调整，而且这些调整没有新的意识形态的帮助，还不能普遍地被人们理解，因此会让人们产生严重的社会不公正的感觉。在利益结构调整完毕的时候，统治阶级会推出一套新的意识形态，说明新的利益结构是正义的和公平的。而经济的持续发展是最终能够解决正义和公平问题的前提。对此，恩格斯说：

> 对现存社会制度的不合理和不公平、对"理性化为无稽，幸福变成苦痛"的日益清醒的认识，只是一种征兆，表示在生产方法和交换形式中已经不知不觉地发生了变化，适合于早先的经济条件的社会制度已经不再和这些变化相适应了。同时这还说明，用来消除已经发现的弊病的手段，也必然以或多或少发展了的形式存在于已经发生变化的生产关系本身中。这些手段不应当从头脑中发明出来，而应当通过头脑从生产的现成物质事实中发现出来。①

马克思和恩格斯从经济利益的角度分析了阶级及其不公平产生的根源。对此，恩格斯说：

> 生产以及随生产而来的产品交换是一切社会制度的基础；在每个历史地出现的社会中，产品分配以及和它相伴随的社会之划分为阶级或等级，是由生产什么、怎样生产以及怎样交换产品来决定的。所以，一切社会变迁和政治变革的终极原因，不应当在人们的头脑中，到人们对永恒的真理和正义的日益增进的认识中去寻找，而应当到生产方式和交换方式的变更中去寻找；不应当到有关时代的哲学中去寻找，而应当到有关时代的经济学中去寻找。②

从阶级的角度看问题，看到了在任何的私有制社会中，劳动人民在实

---

① 恩格斯：《反杜林论》，人民出版社 1999 年版，第 284 页。
② 同上。

质上都受到了不公正的待遇，他们阐明了私有制是社会不公正和对劳动人民不公平的根源。在资本主义社会中，表面上是每个人都是自由和平等的，但实则不然。对此，恩格斯论述道：

> 劳动力被使用一天所创造的价值比它自身的日价值多一倍，这对于买者是特别幸运的，可是根据商品交换的规律，这对于卖者也绝不是不公平的。①

> 从资产阶级由封建时代的市民等级破茧而出的时候起，从中世纪的等级转变为现代的阶级的时候起，资产阶级就由它的影子即无产阶级不可避免地一直伴随着。同样地，资产阶级的平等要求也由无产阶级的平等要求伴随着。从消灭阶级特权的资产阶级要求提出的时候起，同时就出现了消灭阶级本身的无产阶级要求——起初采取宗教的形式，借助于原始基督教，以后就以资产阶级的平等论本身为依据了。无产阶级抓住了资产阶级的话柄：平等应当不仅是表面的，不仅在国家的领域中实行，它还应当是实际的，还应当在社会的、经济的领域中实行。②

劳动人民的个体与统治阶级的个体精英相比，他的力量和能力都比不上精英。而每个社会的劳动人民的整体力量却是统治阶级的整体力量所无法相比的。劳动人民是整个社会的人赖以生存的生活资料和生产资料的生产者。劳动人民的剩余价值养活了统治阶级，使他们能够有时间进行精神产品的创造。劳动人民也参与了部分精神产品的直接创造。因此，劳动人民才是历史的创造者。统治者养活了劳动人民的说法对劳动者的评价是不公平的。劳动者的付出与他的所得是不对等的，在其中存在着剥削，因此实质上是不公平的。只有最终消灭了私有制才能真正实现社会的正义和公平。

但是消灭私有制的前提是让私有制得到充分的发展，因此私有制

---

① 恩格斯：《反杜林论》，人民出版社 1999 年版，第 213 页。
② 同上书，第 110 页。

的发展能够给公有制和人类在经济上的解放提供前提条件。对此，恩格斯论述说：

> 现代资本主义生产方式所造成的生产力和由它创立的财富分配制度，已经和这种生产方式本身发生激烈的矛盾，而且矛盾达到了这种程度，以至于如果要避免整个现代社会毁灭，就必须使生产方式和分配方式发生一个会消除一切阶级差别的变革。现代社会主义必获胜利的信心，正是基于这个以或多或少清晰的形象和不可抗拒的必然性印入被剥削的无产者的头脑中的、可以感触到的物质事实，而不是基于某一个蛰居书斋的学者的关于正义和非正义的观念。①

在这种条件没有具备之前，贸然进入共产主义社会，只可能是暂时的或退回到原始共产主义状态。私有制能够促进生产力的发展，因此具有合理性。当私有制的存在还具有合理性的时候，人就不得不生活在私有制的经济结构中，也不得不接受与这种私有制相对应的上层建筑和意识形态，衡量一个社会好坏的标准也首先是它是否在促进生产力的发展。在私有制社会中，人还达不到普遍地把劳动看成是幸福的来源的境界，劳动还是一种外在于人的强制力量，而这种强制力主要来自人必须为生存而奋斗。当这种强制力解除的时候，这个社会就会产生大量的懒汉。因此，即使社会发展到了能够让人衣食无忧的时候，社会保障体系也不能过于舒适，否则人就不干活儿只玩了，最终会坐吃山空，导致社会的退化。但是私有制的合理性是有限的，因为当私有制发展到一定的阶段，它会阻碍生产力的进一步发展。当生产力发展到了能够稳定地提供人类赖以生存的消费资料后，当人们都有条件进行精神产品的创造活动，当人们真正地能够把劳动当成幸福的来源的时候，共产主义社会就能够在更大的程度上促进生产力的发展。

---

① 恩格斯：《反杜林论》，人民出版社1999年版，第164页。

二　马克思主义与中国的公平正义观

马克思主义的公平正义观主要是以西方的社会形态演变为依据的。而中国的社会形态的演变除了与西方社会有一定的共性外，还具有特殊性。这种特殊性也表现在中国人的特殊的正义和公平观上。下文将就中国人的正义观进行论述。中国的公平正义观同样产生于原始社会。在原始社会中，人们尊敬的人是德才兼备的英雄，这些英雄对于集体具有牺牲和贡献精神。从人不被人奴役的角度看，每个人是自由和平等的，即每个人都不属于另外一个人，他们都具有人身自由；人与人之间不存在奴役现象，因此人与人之间是平等的。在没有剩余产品的时候，在氏族内部存在过平均分配的现象。在平均分配中，强者贡献更多，而分配到的产品却与其他成员一样，因此实际上存在着以强扶弱的情况。而弱者对强者报以的是爱戴和感恩的感情。在有剩余产品的情况下，论功行赏便成了人们认为公平的原则。对此，恩格斯说：

> 在实行土地公有制的氏族公社或农村公社中（一切文明民族都是同这种公社一起或带着它的非常显著的残余进入历史的），相当平等地分配产品，完全是不言而喻的；如果成员之间在分配方面发生了比较大的不平等，那么，这就已经是公社开始解体的标志了。[1]

因此，在原始社会中，中国人对有道德的人情有独钟，所以被选为首领的人不一定武功高强，但一定要具有人们认同的道德品质。人们是依靠有道德的首领来保证他们的公平正义的。在他们看来，判断一个首领的行为是否正义就在于他是否无私地为公。"公"就是集体。首

---

[1]　恩格斯：《反杜林论》，人民出版社 1999 年版，第 153 页。

领可以以集体的名誉要求成员作出贡献和牺牲，并因此获得相应的荣誉和报偿。他们先认定首领的品质。如果认为他是个大公无私的人，然后就把自己交给他，开始信任他和服从他，并相信他做的事都是公平的，除非人们发现他确实不公正。当人们发现首领的道德品质有问题的时候，首领就会名声扫地，同时失去自己的位置。因此，在中国历史上，要陷害什么人的时候，通常首先是要败坏他的名誉，然后再下手才不会引起民愤。

　　中国原始社会末期的氏族社会的组织方式和生活方式以家族的方式被保留了下来。在奴隶社会中，统治阶级的家族内部还是保留着氏族社会的特征，因此中国的原始社会对于道德比较重视的传统也就在家族中保留了下来，直接通过儒家传承到封建社会，成为中国的主流文化的核心。由于人们很重视道德，因此当一个人的道德品质不端的时候，最能引起民愤，甚至成为人民的公敌。而对于这种公敌的惩罚是没有程度上的限制的。人们恨到什么程度，就可以处置到什么程度，这样人民才能够解除心头之恨，才能感觉是公平的，所以有"罪该万死"之说，所以我们可以在中国这个仁爱的国度里看到在公众中展示的极其残酷的刑罚，有的人还被公众活活咬死。人们认为没有道德的人，就不是人。因此只要判定一个人是没有道德的人，即使他只犯了很小的罪，在公众眼底下被打死也少有人认为不公平。因此，这不是一种"以眼还眼，以牙还牙"的报仇方式，往往是报复要比原来的伤害大得多，人们才感觉到解恨。因此这种报复方式往往会产生新的报复，因此为了避免进一步的报复，便有了斩草除根和诛杀九族的做法。

　　在中国的封建社会中，等级是以人们认为公平的方式产生的。皇帝拥有国家，因为天下是皇帝打下的。按照论功行赏的原则，皇帝就应该拥有国家。而整个国家都是属于皇帝的，所以皇帝是公的代表。所有的臣民都受恩于皇帝，因此必须对皇帝效忠，必须感恩戴德。正如中国人在惩罚罪恶时是以更多的恶来惩罚原有的恶才感觉是公平的一样，在报恩的时候也认为要报以更多才公平，因此有了"滴水之恩，涌泉相报"的说法。所以，在中国人的概念中，无论是报复还是报恩都不讲对等，也没有限度。虽然是一点小恩，只有一辈子相报才会让施恩人感觉公平。

中国的传统文化主要是来自封建社会。在封建社会中，中国人的公平观首先是与横向和纵向的秩序有关。这种秩序主要包括：

从大到小的各种家，主要以血缘关系的亲疏远近为顺序，最后落实到自我。对于中国人来说，"我"的概念首先是和"我们"联系起来的。而最大的"我们"就是中华民族。中华民族的整体利益为最高利益，为"大我"，为"大家"，为"大公"，与这种利益相比，其他都是"私"。每个家族首先受恩于代表大家的皇帝，有恩则要图报，报则先报大恩，而皇帝之恩为最大的恩，因此要忠君，因此在国家有难时，每个人都应该牺牲任何私利，包括自己的生命，来报效祖国。人们认为这不仅是正义的，而且是崇高的，能够有机会报效国家是人追求的最高目的，他能够从中得到最高的荣誉感。这种荣誉不光属于他个人，还属于他的整个家族。在国难当头的情况下，每个人都应该贡献出自己的所有。在个人作出贡献后，国家应该根据每个人的贡献的大小，进行与之相匹配的荣誉上的表彰和物质上的奖励，这样人才会感觉公平，否则他不仅会感觉自己"白干"了，而且会因为感觉不公平而郁闷。以后遇到同样的事情时，他将不再会积极参与，而是积极逃脱。在表彰中，一是有功的人都要表彰；二是对于功劳的大小的衡量要能恰如其分。

在封建社会中，中国人通常都生活在家族之中。一人有难，全家族的人都出动帮忙想办法解决。人通常不是在与单个人竞争，而是家族与家族之间在进行竞争，因此家族是否发展旺盛与其中的每个家庭的发展是否旺盛是相关的。在家族内部，按尊卑、长幼和血缘的远近形成秩序，每个人都处于这个秩序之中。家族中的做官之人为尊，因为他属于国家这个"大家"，而家族与之相比属于"小家"。而做官之人通常更有能力帮助家族，使这个家族受益，因此人们也认同以他为尊的做法，而他通常也要为家族多少有点儿功劳。他是这个家族依赖的"大树"，家族成员希望能够在这棵大树下乘凉。在这里也就埋下了腐败的隐患。做官的人遇到本家族的人有事相求，如果不帮忙会被全家族的人责怪，送来的礼不收也会被全家族的人责怪。而且自己享受了尊的位置，也希望家族的人认为自己很能干，这样便会见缝插针地帮助本家族的人，过度时则导致腐败。而当一个家族有比较多的人进入国家的各个机构做官，而且在官位上又通过施恩而建立其各种恩报关系后，官与官之家联姻又构成新的关系，官官相护时，腐败便会像癌症一样地扩散。所以一清理腐败便会清理出"一串"、"一堆"或"一伙"。当癌症发展到伤筋动骨或关系到王朝命运的时候，国家便无法自行割除这个肿瘤。革命通常就发生在这个时期。这时革命不再是割肿瘤的行动，而是建立新王朝的行动。

由此，中国文化与西方文化相比则有了特殊性。西方国家在发展的过程中，由于是按地域而不是血缘来划分居民，把原始社会的氏族血缘关系从底层解构了。虽然在西方的封建统治阶级中，仍然存在家族和通过门当户对而进行的家族联姻现象，但是劳动人民已经分散了，家族失去了力量。而且西方社会没有"学而优则仕"的通道，使得下层人几乎没有向上流动的可能性，因此没有产生"一人得志，鸡犬升天"的土壤。在贵族的家族中少有鸡犬，通常都是贵族。而中国由于存在家族性腐败和一人得志后本不该升天却升了天的鸡犬，也存在着因为做奴才做得好和拍马屁拍得合适的人得势的情况，所以人常感觉到不公平。得势的人不但不感觉不公平，而且还炫耀自己的得逞。他通常不仅拥有个人的力量，而且还拥有一伙人的力量，因此一个没有家族或关系背景的人，即便个人很能干，也难以与这些力量相抗衡。

对于家庭来说，家族又是"大家"，家庭是"小家"。一个家庭在家族中的地位，取决于家庭人丁是否兴旺，儿子是否有出息。而出息抽象地说是成为对国家有用和有贡献的人，具体地说就是是否能够当上官。所以，便有了"多子多福"和"不孝有三，无后为大"的说法。在一个家庭里，丈夫是当家做主的人。儿子生来就欠下了父母的恩情债，终身都要努力孝顺父母才能报答父母的恩情。如果有家仇，儿子必须为家人报仇。如果有家传，儿子有义务把家传发扬光大。儿子要能尽孝，父母才能够感到没有"白养"他，才感觉公平。

而儿子只有尽了孝，才感觉"对得起"父母，即对父母是公平的。丈夫还必须能够养家，才能够对得起妻子和孩子。妻子则应"嫁鸡随鸡，嫁狗随狗"，这样才"对得起"丈夫。所以是否"对得起"人，或是否"白养"，是否"白干"，是否"白培养"就是中国人用来评价是否公平的俗语。

这样，在中国的封建社会中，人生来就在一个伦理体系中生存，并根据自己在这个体系中的角色而承担着一定的义务，因为他生来就在这个体系中得到方方面面的关顾和培养，受恩于这个体系。他如果不回报这个体系，就是个忘恩负义的人，对这个体系本身和在这个体系中帮助过他的人就是不公平的。因此，他必须用他的一生来感激和报答这个体系及其中的人，他才是个有担当的和对得起这个体系的人，否则他将永远生活在愧疚之中。而在报答时是有等级顺序的，先报大后报小。在国家有难时，国家为大，应该牺牲小家报大家。在家族有难时，应该以家族为大，要牺牲家庭利益保全家族。在家庭中，父母通常选择为了儿子牺牲自己，因为儿子是他们未来的希望。在家庭只能供得起一个人读书以图家庭的好的前程时，选其中读书最好的人读书，全家都供养他。由于全家都供养他读书，所以当他做官的时候，他就对整个家庭负有不可推卸的责任，全家人都应该沾他的光。有恩不报的人就是对不起他人的人，就是对别人不公平的人。

在中国的封建社会中，人们是认同这样的以恩报为核心的伦理体系的，认为这样的伦理体系是正义的。如果大家都按部就班和按自己的角色行为，人们就认为是公平的。不正义和不公平来自破坏这种伦理体系的人。在这个体系中，人们习惯了不自由，即不按自己的意志行事，而是按照国家、家族、家庭的意志行事；习惯了等级观念，即人与人之间是有尊卑和长幼顺序的。只是因为人们自愿服从于这样的顺序，认为应该具有这样的秩序，否则会感觉没大没小，感觉很乱和不和谐，因此人们并不认为这种等级是不公平的，相反感觉没有等级才是不公平的，因为人没有得到他应得的身份和地位。在内部存在着的平等观就是有恩必报，而且报应该远远大于恩，这样才能表现出人们对于恩这种美德的重视。

恩报关系不是买卖关系，因此不能是得到与付出对等的关系。通常的恩不是人能买到的，不是一种权钱交易。恩，是一个人在另一个人非常无助的情况下自愿帮助了他。在帮助他的时候，恩人并没有想得到回报，只是出于善心帮助了需要帮助的人。这种恩通常是没有报的，因为接受帮助的人通常是没有报的能力。但是当受恩的人以后碰巧有机会发达了，他有能力来报答恩人了，他应该是滴水之恩，涌泉相报的，因为没有恩人的帮助，他可能就没有后来的成功。而且对于恩这种美德，也应该以报的方式给予肯定，使人们能够感觉到善有善报。

孔子通过他的伦理道德体系描绘和提升了这种关系，因此他的理论能够成为中国封建社会的意识形态。他从这种关系中提升出道德的崇高性来。遍及整个体系的是：仁即爱人。而爱是有差等的和有远近的。等级越高，越能代表公，离自己越远。一个无私的人要从公出发，越是从高处出发，越能为公，越没有私心，因此越能体现个人的道德崇高性。这样，就是把"平天下"放在了最高的位置上，这样的追求最具有崇高性。另外，从血缘关系的角度看，离自己越远的人，离自己的私利越远。对离自己最远的人的爱才能表现出自己的大爱无疆，因此越具有崇高性。从自私的角度上看，人最爱自己，然后依次更爱在血缘上离自己比较近的人；而从为公的角度上看，能够爱在血缘上离自己越远的人，越能表明自己的无私。而人一生最有意义的追求就是为公"平天下"，这是最大的公平。

而为了按统一的差等爱人，就需要有礼。对待礼的态度是信。在没有制定礼的地方要用自己的智慧来使自己的行为合乎义，指引智慧的基本原则是："己所不欲，勿施于人；己欲立而立人，己欲达而达人。"由于孔子的伦理道德体系立于"公"字之上，因此按他的伦理道德体系做事就能体现公，反之则为私。这样，一个人是否公正就看他是否按这种伦理道德行事。君确实履行了君的责任，他享有君位及其待遇就是公平的；臣确实履行了臣的责任，他享有臣的位置和待遇就是公平的；父确实履行了父的责任，他享有的父的位置和待遇就是公平的。如果君不君，臣不臣，父不父，那么他们再享有相应的位置和待遇就是不公平的。因此，在社会道德沦丧的时候，人们最能够感觉到社会不公，最容易引起义愤。在这个时候，如果国家的经济出现危机，起义就会到来。当皇帝勤政清廉的时候，即使下面出现腐败现象，人们也没有起义的动机，因为他们对皇帝抱有希望，认为腐败只是暂时现象，一定能够得到惩治。而当皇帝无能且穷奢极侈，再遇到经济危机的时候，人们不仅会感觉到社会不公，而且会突破了他们能够忍耐的极限，社会就会出现不稳定现象。

孔子的伦理道德体系是崇高的，但是当统治阶级和大众在实际运用这种伦理道德体系时，出现了变种。孔子说人当官的目的是为了"平天下"，而有的人当官却是为了获得"黄金屋"和"颜如玉"，伦理道德成了他们冠冕堂皇的伪善的遮羞布。而且即使是真的有伟大的抱负，因为官位是稀缺的，而趋之若鹜的人却是众多的，因为人们通常认为只要读好书就有机会出仕。这样必然会产生众多的怀才不遇之人。这些人怀有天大的理想，而且认为他们的才华并不比考中科举的人差，而自己就是没有当成官。这些人自然就容易变成"愤青"。这些"愤青"会感觉社会或命运对他们不公平。而在很多时候他们又敢怒不敢言，因为怕得罪人。

而心中的郁闷又需要解除，这就为老庄的道家思想的存在留下了余地。人们在老庄哲学里从心理上消解了他们感觉不公平的命运。在这里不当官倒是值得肯定的和潇洒的，而当官反倒俗气了。所有人与宇宙的博大相比，都是渺小的，成败又算什么呢？只是道家还讲享受生活。被世俗化了的变种的道家变成了人们追求吃喝玩乐的理由。而吃喝玩乐是需要钱的。因此，一旦人在仕途上走到绝境时，追官的人就可能变成追钱的人，利用最后的职务之便进行腐败的现象就会产生了。

而对于那些坚信儒家价值观的人来说，失去了理想或当不成官就变成了行尸走肉，人生便没有了意义。而要了断这个没有意义的人生，采取自杀的方式又会给家人带来负面影响，于是便采用佛家的四大皆空的观念来调节自己的心理状态，因此在中国实际相信佛教哲学的人比真正出家的人要多。由于有了道家和佛家的存在，人们消解不公平感的能力比较强，因此承受不公平感的能力也比较强，因此只要社会经济发展比较好，不影响到人们的生存，人们只是采取私下抱怨，或不理睬，或睁一只眼闭一只眼，或转信道佛的方式来对付不公平感，而不去采取实际行动。

墨家的伦理道德主要用来解决民与陌生人或与非亲非故或平行的横向的人之间的公平关系问题，其要点是"兼相爱，交相利"，即：交往是具有交互性的和有来有往的。当发现不公平的事情时，墨家提倡"路见不平，拔刀相助"的侠义精神。为国捐躯的叫英雄，而为民除害的叫大侠。法家讲奖惩严明，不顾及人情。它倡导以社会正义的法则为依据，严格执行法度，六亲不认。这种理论是有利于保证公平的，但在触及势力比较大的人物，有可能造成社会不稳定时，严格执法的人通常不会被重用。

中国的封建社会就是在儒、道、佛、墨、法的共同作用中运行着的。它的运行规则大致是：一个王朝先是比较兴盛，这时的典型特征是皇帝比较能干，官场上的各种千丝万缕的关系还没有交错着形成强大的网。在上面正的时候，下面的人通常不敢胡作非为。人民的劳动积极性比较旺盛，社会经济繁荣，政治稳定。而在发展到一定的时期，官场内外、官民之间的各种关系网便建立起来了。大官一腐败，这种腐败便很快蔓延到其关系网之中，大多数有权势之人见势不妙，也看不到什么前程，便能捞即捞，直到社会腐败到不可收拾，然后以农民起义的方式告终。对此，恩格斯有过相关的论述：

> 只有当这种生产方式已经走完自身的没落阶段的颇大一段行程时，当它多半已经过时的时候，当它的存在条件大部分已经消失而它的后继者已经在敲门的时候——只有在这个时候，这种越来越不平等的分配，才被认为是非正义的，只有在这个时候，人们才开始从已经过时的事实出发诉诸所谓永恒正义。①

---

① 恩格斯：《反杜林论》，人民出版社 1999 年版，第 155 页。

然后再开始新一轮的循环。

　　本讲用了大量的篇幅分析中国的封建社会，主要是因为封建社会的很多观念在当代依然变相地存在着。人们的正义观和公平观在很大程度上受封建社会观念的影响。在中国的近代，中国人民致力于救亡图存。虽然通过新文化运动批判了封建思想，虽然在新中国成立后一直在清除封建思想，但是这些运动大多没有触及大众的灵魂。人们通常迫于压力或在激情燃烧的时候，口头上以为自己已经完全变成了革命者，但事实上，封建社会的思想潜伏在人们的灵魂之中，一直影响着中国人的行为。其主要原因在于：

　　第一，中国农民的社会存在方式变化不大。他们依然是生活在世代传下来的土地之上，他们生活的村落还是原来的村落，他们的生活习惯和观念在很大程度上还是延续了过去的传统。他们不会轻易地改变这种传统，如果他们并没有从根本上认为这种传统是需要抛弃的。他们也很难改变这种传统，因为个别人的观念变了，而大多数人的观念不变，他们依然无法进行观念上的革新。最关键的是传统观念与他们的生存方式是合拍的，他们需要这样的传统观念，因此无法清除。当他们进到城市工作后，他们的观念在很大程度上还是保留了农村的传统观念，表现为他们与城市人的公平观和正义观很不一样，需要到自己的家乡找到自己的精神家园。

　　第二，中国的封建文化并没有得到全面的清理。全部抛弃，那就等于抛弃了这个民族。而全盘继承，又有不少地方与现代人的生活方式和发展不兼容。因此，中国确实需要一种能够兼收并蓄的体系，能够把中国的传统文化和西方文化的好的东西都吸收进来，通过吸收来消灭一种文化，才能从真正意义上消灭那种文化。任何一种旧的文化，在它的好的方面没有被完全吸收之前，总是会有一些人持有那些好的观念，直到它在新的体系中找到了新的位置。而且在一种新的公平正义观得到人们的认同之前，它是不可能替代人们原有的公平正义观的。

　　马克思主义在中国的发展过程中，其本身的发展存在着简单化和教条化的情况，而且在相当长的一段时间里，中国的传统文化和西方的传统及现代文化都是被当成批判的对象，基本上是被全盘抛弃。而想全盘抛弃一种文化的最有效的方法是吸收其中的全部营养。只有当中国的传统文化和西方文化的精华都能在马克思主义体系中找到其应有的位置，它们的存在才是没有必要的。而且要抛弃一种文化必须首先根除其存在的现实依据。当这种文化存在的现实依据仍然存在，这种文化就不可能被根除。

就目前的情况看来，中国在公平正义观上主要存在着如下需要解决的问题。

第一，在法律上，一方面确实需要通过保护私有财产和鼓励投资来促进生产力的发展和提高效率，因为中国目前的发展阶段决定了人的劳动积极性主要是由利益驱动的，劳动还没有成为人们的幸福的来源，缺乏利益驱动会产生大量的懒汉；另一方面由于先富起来的人大多数不是靠高尚的道德而是靠私利驱动而发展企业的，因此他们在主观上并不具备帮助弱势群体的品质，为此，对于弱势群体的帮助主要是靠国家通过转移支付的方式来解决问题。也就是说，国家应该通过市场解决效率问题，通过转移支付解决公平问题。弱势群体需要在政策上给予特殊保护，在经济上给予特殊支持，需要通过特殊政策的扶持才能使他们与其他竞争者处于起点平等的位置上，为国家的持续发展提供更大的支持。马克思讲到的如下原则是可以来支持这种做法的：

> 在提供的劳动相同、从而由社会消费基金中分得的份额相同的条件下，某一个人事实上所得到的比另一个人多些，也就比另一个人富些，如此等等。要避免所有这些弊病，权利就不应当是平等的，而应当是不平等的。①

第二，要建立普遍的社会保障，使每位公民的衣食住行、身体健康和教育的平等权利真正得以落实，应该给予每个人足够的公平的发

---

① 《马克思恩格斯选集》第 3 卷，人民出版社 1995 年版，第 305 页。

展机会和发展空间。受儒家传统的影响，中国人普遍要求自己和孩子有出息或出人头地，因此即使衣食无忧，他们依然会努力使自己获得更高的社会地位和更高的收入，他们依然有得到更多的利益的动机驱动，通常只有在他们感觉没有机会或没有发展空间时才会放弃。事实上，在中国，很多已经解决了温饱问题的人，还有很多企业家已经挣够了他花不完的钱，但是他们依然在奋斗，除非他们已经感觉到没有发展的空间或机会。保住人们的生存底线，使人能够活得像人一样，有自己的尊严，能够抵制一些非人的劳动机会，能够让人的心灵不再焦虑，能够增进人们的幸福感，从而保证社会的稳定。

第三，执法要公平。有再好的法律，没有好的办法保证公平执法，即便法律是正义的，也无法保证每个人得到真正公平的待遇。影响执法公正的主要原因是无法割断的人情关系。当有人来求，而执法者又有灵活执法的空间，不帮忙以后就无法再面对来求之人及与此人关系密切的所有人，而且会得到不好的口碑。很多人际关系破裂的原因是求人的人没有得到他认为是举手之劳的帮助。因为现实情况复杂，执法缺乏灵活性是不行的。要有一种能够制约人求人办不公平的事的动机，才能更好地解决这个问题。如果执法者一个人做不了主，要特办一件事需要通过的程序比较多，而这些程序不是执法者很容易控制的，就会有助于制约人情关系，使执法者也能够有借口不帮忙办不公正的事。一个官比较大的人，很容易让很复杂的程序都得以通过。但是因为程序复杂，知道这件事的人就多，再通过举报和只向最高决策人问责的方式，也能比较有效地制约人情关系。

第四，国家要选拔一批优秀的专门为请不起律师的人进行义务辩护的律师，以真正实现在法律面前人人平等的公平权利。在法律纠纷中，有不少告状的人是处于弱势的有冤无处诉的人，他们通常请不起好的律师。一个国家的法律体系是否公平，主要不是看这个法律是不是在实际上保护了处于优势地位的人的利益，而是要看弱势群体的冤屈是否得以昭雪。如果在法律诉讼中，不管程序如何，其实际结果是有钱有势的人得不到惩罚或得到的惩罚与他应得的惩罚不符，而无钱无势的人即使得到了与法律规定相符的惩罚，对这些人来说也是不公平的。在一些非经济纠纷的案子中，经济补偿不应该作为减刑的依据。如果说中国在立法时应该多考虑来自儒家的仁的因素，而在执法中则应该考虑法家的面对罪恶六亲不认和绝不心慈手软的做法。

第五，尽管目前社会发展的潜在驱动力是人们对于利益的追求，但是这对于大多数人来说是不得已的事情，大家是迫于生计而不得已而为之。从人们需要的心灵的慰藉来说，人们需要有对于高尚的情操的认同。因此，尽管在社会中，真正能够做到高尚的人不多，但人们会普遍认同高尚，因此要有对于高尚的人的大力赞扬才能让人感觉到社会是温暖的和有希望的。而且确实有一些先进分子，他们的境界已经达到了共产主义的精神境界，他们能够把劳动看成是自己幸福的来源，他们能够鞠躬尽瘁地为国家和人类的事业作贡献。也就是说，虽然共产主社会的来临尚需经历很长的历史发展阶段，但是共产主义的生活方式则是可以在一些先进分子那里实现的。国家应该把这样的生活方式作为主旋律加以弘扬。他们的行为在引领世界走向一种新的正义和公平的境界。

（韦正翔　清华大学马克思主义学院教授、博士生导师）

第十二讲

马克思主义宗教观

马克思和恩格斯在创立马克思主义的过程中，对宗教的研究和批判始终是他们理论工作的重点之一。这是因为对宗教的研究和批判，具有非常重要的理论意义和现实意义。

首先，宗教研究和批判是马克思、恩格斯完成自身世界观转变的重要环节之一。马克思、恩格斯是在宗教文化非常浓厚的西方文明背景下成长起来的。19世纪欧洲的文化传统有两个方面：一个是古希腊文化；另一个是基督教文化，这就造成了欧洲文化的极其深厚的宗教色彩。所以马克思、恩格斯需要通过对宗教的批判来清算自己思想上曾经受到过的宗教唯心主义和神学观念的影响，完成世界观由唯心主义向辩证唯物主义的转变，进而形成辩证唯物主义世界观。

其次，宗教研究和批判是创立辩证唯物主义世界观的重要环节。在欧洲漫长的中世纪时期，基督教曾经是西方社会唯一的意识形态，它深刻地影响着人们的世界观和思维方式。因此，一种新的、辩证唯物主义的世界观、思维方式的形成，必须从理论上彻底批判基督教的世界观和思维方式，才能使人们彻底摆脱基督教的世界观和思维方式的束缚和影响，才能从现实中生长出一种与基督教世界观截然不同的、新的世界观和思维方式。

再次，宗教研究和批判是马克思、恩格斯启发工人阶级觉悟，号召工人阶级起来革命的关键环节之一。长期的宗教世界观和思维方式的影响，严重地影响着工人阶级觉悟的提高，宗教像鸦片一样麻醉了工人阶级的革命精神和政治觉悟。因此，宗教批判的重要意义就在于消除宗教对工人阶级提高政治觉悟的有害影响，使工人阶级能够接受辩证唯物主义和社会主义理论，以革命的态度面对阶级剥削和阶级压迫。马克思正是因此这样说道："废除作为人民幻想的幸福的宗教，也就是要求实现人民的现实的幸福。要求抛弃关于自己处境的幻想，也就是要求抛弃那需要幻想的处境。因此对宗教的批判就是对苦难世界——宗教是它的灵光圈——的批判的胚胎。""宗教批判使人摆脱了幻想，使人能够作为摆脱了幻想、具有理想的人来思想，来行动，来建立自己的现实性；使他能够围绕着自身和自己的现实的太阳旋转。"①

最后，宗教研究和批判本身就是无产阶级革命事业的重要组成部分之一。宗教（主要是以世界三大宗教为代表的人为宗教）作为一种产生于私有制的意识形态，其本质上是服务于私有制的社会制度的，具有为阶级剥削和阶级压迫作论证，为维护私有制社会的稳定服务的作用。因此，宗教批判本身就具有革命的性质，宗教批判显然是革命事业的重要组成部分。正如马克思所指出的："彼岸世界的真理消逝以后，历史的任务就是确立此岸的真理。人的自我异化的神圣形象被揭穿以后，揭露非神圣形象中的自我异化，就成了为历史服务的哲学的迫切任务。于是对天国的批判就变成对尘世的批判，对宗教的批判就变成对法的批判，对神学的批判就变成对政治的批判。"②

正是基于以上原因，马克思、恩格斯历来十分重视宗教研究和批判工作。在他们的理论著作中，有大量运用辩证唯物主义和历史唯物主义观点对宗教问题进行研究和和批判的内容，这些有关论述内容十分深刻，极为精辟。

马克思、恩格斯的宗教研究和批判思想构成了马克思主义宗教观的基本理论框架。后来又被马克思主义的其他经典作家所丰富、发展和完善，形成了内容深刻而丰富的马克思主义宗教观。我国现在虽然已经进入了社会主义社会，我国宗教的性质和在社会生活中的作用也

---

① 《马克思恩格斯选集》第 1 卷，人民出版社 1972 年版，第 2 页。

② 同上。

发生了很大变化，但是宗教对社会生活的影响包括积极的和消极的影响依然很大，近年来社会上甚至还出现了所谓"宗教热"的现象，这就促使我们必须进一步深入研究和认识宗教的本质及其社会作用，特别是研究在社会主义条件下宗教发展变化的趋势和它所起的社会作用的性质。因此，深入理解马克思主义宗教观的基本观点，显然对于我们认识和解决好社会主义条件下的宗教问题具有十分重要的理论指导意义。

一 马克思主义宗教观的经典表述

1. 宗教是对支配着人们日常社会生活的外部力量的幻想的、颠倒的反映

马克思、恩格斯在谈到宗教的本质时，是从宗教产生的原因、宗教反映现实生活的方式等角度来论述的。

关于宗教即神灵崇拜产生的原因，恩格斯指出："宗教按其本质来说就是剥夺人和大自然的全部内容，把它转给彼岸之神的幻影，然后彼岸之神大发慈悲，把一部分恩典还给人和大自然。"[1] "一切宗教都不过是支配着人们日常生活的外部力量在人们头脑中的幻想的反映，在这种反映中，人间的力量采取了超人间的力量的形式。"[2] 也就是说，宗教作为一种思想意识所反映的内容是支配人们日常生活的异己的外部力量，包括异己的自然力和异己的社会力。人们无助地屈服于这些异己力量的压迫，就在宗教中把它们人格化和神化为无所不能的神灵，然后企图通过对神的顶礼膜拜求得神的恩典，从而获得面对艰难生活困境的精神支柱。

关于宗教产生的社会历史原因，马克思、恩格斯认为归根结底应该从生产力发展的水平仍处于比较低下状态，是导致人们屈服于异己

---

[1] 《马克思恩格斯全集》第 1 卷，人民出版社 1956 年版，第 647 页。
[2] 《马克思恩格斯选集》第 3 卷，人民出版社 1972 年版，第 354 页。

自然力和社会力，进而导致神灵崇拜这一根本因素出发去给予说明。所以，人们"如果真的想谈宗教的'本质'即谈这一虚构的本质的物质基础，那么，他就应该既不在'人的本质'中，也不在上帝的宾词中去寻找这个本质，而只有到宗教的每个发展阶段的现成物质世界中去寻找这个本质"。"应该用一向存在的生产和交往的方式来解释。"① 同时，马克思、恩格斯还指出了在私有制条件下阶级压迫是宗教产生的重要的社会历史原因。马克思说："宗教是被压迫生灵的叹息，是无情世界的心境，正像它是无精神活力的制度的精神一样。"② 恩格斯说："在各阶级中必然有一些人，他们既然对物质上的解放感到绝望，就去追寻精神上的解放来代替，就去追寻思想上的安慰，以摆脱完全的绝望处境。""几乎用不着说明，在追求这种思想上的安慰，设法从外在世界遁入内在世界的人中，大多数必然是奴隶。"③ 这是因为，严酷的阶级压迫是导致社会力量成为一种对于人们来说是异己性质的力量的根本原因。

关于宗教反映现实生活的方式，恩格斯说这是一种幻想的、颠倒的反映，"宗教的第一句话就是谎话"④。所以，"宗教本身既无本质也无王国。在宗教中，人们把自己的经验世界变成一种只是在思想中的、想象中的本质，这个本质作为某种异物与人们对立着"⑤。

2. 宗教是一种粗俗的唯心主义世界观

马克思、恩格斯指出宗教是一种粗俗的唯心主义世界观："一切唯心主义者，不论是哲学上的还是宗教上的，不论是旧的还是新的，都相信灵感、启示、救世主、奇迹创造者，至于这种信仰是采取粗野的、宗教的形式还是文明的哲学的形式，这仅仅取决于他们的教育程

---

① 《马克思恩格斯全集》第 3 卷，人民出版社 1960 年版，第 170 页。
② 《马克思恩格斯选集》第 1 卷，人民出版社 1995 年版，第 2 页。
③ 《马克思恩格斯全集》第 19 卷，人民出版社 1963 年版，第 334 页。
④ 《马克思恩格斯全集》第 1 卷，人民出版社 1956 年版，第 648 页。
⑤ 《马克思恩格斯全集》第 3 卷，人民出版社 1960 年版，第 170 页。

度"①，"唯心主义的达赖喇嘛们和真正的达赖喇嘛有共同的地方，即他们都甘愿使自己相信，似乎他们从中获取食物的世界离开他们的神圣的粪便就不可能存在。只要这种唯心主义的狂想成为实践的狂想，立即就会暴露出它的有害的性质：它的僧侣的权势欲、宗教的狂热、江湖骗子的行径、敬神者的虚伪、笃信宗教者的欺骗"②。在马克思、恩格斯看来，宗教与唯心主义哲学相似，它也是一种唯心主义世界观，但是这是一种粗俗的唯心主义世界观。宗教这种唯心主义世界观在实践中是十分有害的，它会在现实社会中导致许多丑恶现象的产生。

列宁完全赞成马克思、恩格斯的这一观点，关于宗教与唯心主义哲学的这种同源异流的关系，列宁也进行了深刻地分析："唯心主义不过是信仰主义的一种精巧圆滑的形态，信仰主义全副武装着，它拥有庞大的组织，它继续不断地影响群众，并利用哲学思想上的最微小的动摇来为自己服务。"③ "唯心主义就是僧侣主义。这是对的。" "哲学唯心主义是经过人的无限复杂的（辩证的）认识的一个成分而通向僧侣主义的道路。"④

3. 宗教是扭曲了的和异化了的人的主体意识

关于宗教与人的主体状态和主体意识的关系，在马克思、恩格斯看来，宗教是人们在失去了人的主体性时的主体意识，或者是一种被扭曲了的主体意识。马克思说："宗教是那些还没有获得自己或是再度失去了自己的人的自我意识和自我感觉。"⑤ 恩格斯则指出："宗教就是人的自我空虚的行为。"⑥

人与动物的重要区别就在于人是一种具有主体性和主体意识的存

---

① 《马克思恩格斯全集》第 3 卷，人民出版社 1960 年版，第 630 页。
② 同上书，第 631 页。
③ 《列宁选集》第 2 卷，人民出版社 1974 年版，第 365 页。
④ 同上书，第 715 页。
⑤ 《马克思恩格斯选集》第 1 卷，人民出版社 1972 年版，第 1 页。
⑥ 《马克思恩格斯全集》第 1 卷，人民出版社 1956 年版，第 648 页。

在物，因此，人们本来应该以主人翁的态度对待自己和外部世界。人们不仅应该意识得到自己对于外部世界的主体地位，而且人们还应该以这种主人翁的态度去改造世界中不适合人们生活的需要和要求的状态，总之，人们应该做自己和外部世界的主人。但是，宗教本质上却要求人们屈服于异己力量和生活逆境，要求人们跪伏在异己的外部力量即神灵面前，企求这种外在力量的恩典和赏赐。因此，宗教精神是一种与人的主体状态和主体精神相背离的、与人的本质要求背道而驰的人的主体意识，是一种被扭曲了的人的主体意识。因而这种宗教意识在本质上是动物性的。正如马克思、恩格斯在《德意志意识形态》中在谈到原始宗教意识的性质时所说的："自然界起初是作为一种完全异己的、有无限威力的和不可制服的力量与人们对立的，人们同它的关系完全是像动物同它的关系一样，人们像牲畜一样服从它的权力，因而，这是对自然界的一种纯粹动物式的意识（自然宗教）。"①

在马克思、恩格斯看来，宗教其实是人们把自己的主体性、主体意识扭曲地转到了神的身上，然后再从对神的崇拜中重新获得主体性或主体意识这种精神活动的产物。其实，在宗教中，神所具有的主体状态和主体精神正是人的主体状态和主体精神的反映，当然，这是一种扭曲的、颠倒的反映。所以，恩格斯说："历来总是提出这样的问题：神是什么？德国哲学这样回答问题：神就是人。人只须要了解自己本身，使自己成为衡量一切生活关系的尺度，按照自己的本质去估价这些关系，真正依照人的方式，根据自己本性的需要，来安排世界，这样的话，他就会猜中现代的谜了。不应当到虚幻的彼岸，到时间空间以外，到似乎置身于世界深处或与世界对立的什么'神'那里去找真理，而应当到近在咫尺的人的胸膛里去找真理。"② 因此，摆脱宗教影响，回归真正的、现实的人性或人的本质的正确的态度或做法应该是："人在宗教中丧失了自己的本质，失去了自己的人性，现在由于历史进步了，宗教动摇了，于是他才发觉自己的空虚和不稳

---

① 《马克思恩格斯选集》第 1 卷，人民出版社 1972 年版，第 35 页。
② 《马克思恩格斯全集》第 1 卷，人民出版社 1956 年版，第 651 页。

定。但是他只有彻底克服一切宗教观念，坚决地、诚心地回到自己本身，而不是回到'神'那里去，才能重新获得自己的人性、自己的本质。"①

4. 宗教是精神鸦片，在私有制条件下其社会作用是化解人民群众反对统治阶级的斗争意志维护阶级统治

马克思、恩格斯对私有制条件下的宗教的社会作用进行了尖锐的批判。马克思指出："宗教的苦难既是现实苦难的表现，又是对这种现实苦难的抗议。宗教是被压迫生灵的叹息，是无情世界的感情，正像它是没有精神的状态的精神一样。宗教是人民的鸦片。"② 马克思认为宗教一方面表现了人民群众在私有制社会中被压迫、被剥削的苦难状态，所以宗教中所描绘的人生的种种苦难其实正是现实生活中的苦难的反映；而另一方面宗教又起着麻醉人民群众的作用，宗教通过为现实生活中所存在的种种苦难作出了神学说明，这就可以使人民群众甘愿忍受种种现实苦难而不试图去改变现状，从而能够在严酷的生活条件下麻木不仁地生存下去。

列宁称马克思关于"宗教是人民的鸦片"的思想是"马克思主义在宗教问题上的全部世界观的基石"③，他发挥道："宗教是终身给他人劳作、为穷困和孤独紧压着的人民群众到处蒙受的精神压迫的一种。被剥削阶级由于没有力量同剥削者进行斗争，必然会产生对死后的幸福生活的憧憬，正如野蛮人由于没有力量同大自然搏斗而产生对上帝、魔鬼、奇迹等的信仰一样。对于工作一生的人，宗教教导他们在人间要顺从和忍耐，劝他们把希望寄托在天国的恩赐上。对依靠他人劳动而过活的人，宗教教导他们要在人间行善，廉价地为他们的整个剥削生活辩护，廉价地售给他们享受天国幸福的门票。宗教是麻醉人民的鸦片。宗教是一种精神上的劣质酒，资本的奴隶饮了这种酒就

---

① 《马克思恩格斯全集》第 1 卷，人民出版社 1956 年版，第 651 页。
② 《马克思恩格斯选集》第 1 卷，人民出版社 1972 年版，第 2 页。
③ 《列宁选集》第 2 卷，人民出版社 1974 年版，第 375 页。

毁伤了自己做人的形象，忘记要求稍微过一点人所应当过的生活。"①

马克思认为，在私有制社会条件下宗教对维护私有制和阶级统治起着非常重要的作用。关于宗教维护阶级统治的方式，马克思写道："基督教并不评定国家形式的价值，因为它不懂得它们之间的差别，它像宗教应该教导人们那样教导说：你们要服从权力，因为任何权力都是上帝赐予的。"② 马克思还指出："基督教的社会原则曾为古代奴隶制进行过辩护，也曾把中世纪的农奴制吹得天花乱坠，必要的时候，虽然装出几分怜悯的表情，也还可以为无产阶级遭受压迫进行辩解。""基督教的社会原则宣扬阶级（统治阶级和被压迫阶级）存在的必要性，它们对被压迫阶级只有一个虔诚的愿望，希望他们能得到统治阶级的恩典。""基督教的社会原则颂扬怯懦、自卑、自甘屈辱、顺从驯服，总之，颂扬愚民的各种特点，但对不希望把自己当愚民看待的无产阶级说来，勇敢、自尊、自豪感和独立感比面包还要重要。"③

恩格斯还指出了资产阶级需要用宗教来维护阶级统治的原因：资本家"自己是信教的，他的宗教曾经是他用来战胜国王和贵族的旗帜；不久他就发现这同一个宗教可以用来操纵他的天然下属的灵魂，使他们服从那些由上帝安置在他们头上的主人的命令"④。这就是说，宗教要求人们服从现实的社会制度和忍受实际的生活状况，宗教的这一要求显然是对化解人们的革命精神、维护阶级统治的稳固起着十分重要的作用，因此历代统治阶级总是不遗余力地扶植宗教来为阶级统治服务。

列宁对马克思、恩格斯的这一观点也进一步作了发挥，他说："所有一切剥削阶级，为了维护自己的统治，都需要有两种社会职能：一种是刽子手的职能，另一种是牧师的职能。刽子手镇压被压迫者的反抗和暴动。牧师安慰被压迫者，给他们描绘一幅在保存阶级统治的

①　《列宁全集》第 10 卷，人民出版社 1958 年版，第 62—63 页。
②　《马克思恩格斯全集》第 1 卷，人民出版社 1956 年版，第 127 页。
③　《马克思恩格斯全集》第 4 卷，人民出版社 1958 年版，第 218 页。
④　《马克思恩格斯选集》第 3 卷，人民出版社 1972 年版，第 393—394 页。

条件下减少痛苦和牺牲的远景（这些话说起来就特别容易，因为不用担保‘实现’这种远景），从而使他们忍受这种统治，使他们放弃革命行动，打消他们的革命热情，破坏他们的革命决心。"①

5. 总的说来，宗教起着反对、阻碍科学和其他社会文明进步的作用

马克思、恩格斯认为：宗教在科学和其他社会文明的发展中所起的是一种阻碍甚至是反动的作用，所以宗教对社会进步是一种反面的力量。恩格斯说：中世纪"从没落了的古代世界承受下来的唯一事物就是基督教和一些残破不全而且失掉了文明的城市。其结果正如一切原始发展阶段中的情形一样，僧侣们获得了知识教育的垄断地位，因而教育本身也和其它一切科学一样，成了神学的分支，一切按照神学中通行的原则来处理"②。因此，"科学只是教会的恭顺的婢女，它不得超越宗教信仰所规定的界限，因此根本不是科学"③。

由于科学和其他文明的发展常常会与宗教的观念和理论发生冲突，从而对宗教的权威和宗教对人们的精神统治造成威胁，因此宗教必然要反对和阻碍科学和其他文明的进步。欧洲中世纪的宗教对那些给宗教造成威胁的科学家进行了极其野蛮、残酷的迫害。对此，恩格斯愤慨地写道："同现代哲学从之开始的意大利伟大人物一起，自然科学把它的殉道者送上了火刑场和宗教裁判所的牢狱。值得注意的是，新教徒在迫害自然科学家的自由研究上超过了天主教徒。塞尔维特正要发现血液循环过程的时候，加尔文便烧死了他，而且还活活地把他烤了两个钟头；而宗教裁判所只是把乔尔丹诺·布鲁诺简单地烧死便心满意足了。"④ 结果，在基督教这一当时唯一的意识形态的长期统治下，"古代留传下欧几里得几何学和托勒密太阳系，阿拉伯人留传下十进制、代数的发端、现代的数字和炼金术；基督教的中世纪

---

① 《列宁选集》第 2 卷，人民出版社 1974 年版，第 638 页。
② 《马克思恩格斯全集》第 7 卷，人民出版社 1959 年版，第 400 页。
③ 《马克思恩格斯全集》第 22 卷，人民出版社 1965 年版，第 348 页。
④ 《马克思恩格斯选集》第 3 卷，人民出版社 1972 年版，第 446 页。

什么也没有留下"①。

6. 宗教作为一种社会现象，是一个产生、发展和消亡着的历史过程

马克思、恩格斯指出，宗教并不具有神圣的、永恒的性质，宗教作为一种特殊的社会意识形式，是一个产生、发展和消亡的历史过程。

首先，宗教的观念，乃至于宗教本身，都是社会历史的产物，是对社会生活的反映，它们会随着社会历史的发展而变化。恩格斯说："更高的即远离物质经济基础的意识形态，采取了哲学和宗教的形式。在这里，观念同自己的物质存在条件的联系，越来越错综复杂，越来越被一些中间环节弄模糊了。但是这一联系是存在的。"② "宗教是在最原始的时代从人们关于他们本身和周围的外部自然界的错误的、最原始的观念中产生的。但是，任何意识形态一经产生，就同现有的观念材料相结合而发展起来，并对这些材料作进一步加工。"③ 宗教观念还会随着社会生活条件的变化而发生着相应的改变。正如马克思、恩格斯所指出的："非常明显，随着每一次社会制度的巨大历史变革，人们的观点和观念也会发生变革，这就是说，人们的宗教观念也会发生变革。"④ 例如，路德和加尔文宗教改革实际上是宗教反映新兴资产阶级革命要求的表现。正如恩格斯所说的："除了德国人路德以外，还出现了法国人加尔文，他以真正法国式的尖锐性突出了宗教改革的资产阶级性质，使教会共和化和民主化。"⑤

其次，宗教还必然会随着社会历史的发展而逐渐消亡。关于宗教与现实社会历史条件的关系，马克思、恩格斯说："在我们看来，宗教已经不是世俗狭隘性的原因，而只是它的表现。因此，我们用自由公民的世俗桎梏来说明他们的宗教桎梏。我们并不认为：公民

---

① 《马克思恩格斯选集》第 3 卷，人民出版社 1972 年版，第 447 页。
② 《马克思恩格斯选集》第 4 卷，人民出版社 1995 年版，第 253—254 页。
③ 同上书，第 254 页。
④ 《马克思恩格斯全集》第 7 卷，人民出版社 1959 年版，第 240 页。
⑤ 《马克思恩格斯选集》第 4 卷，人民出版社 1995 年版，第 256 页。

要消灭他们的世俗桎梏，必须首先克服他们的宗教狭隘性。我们认为：他们只有消灭了世俗桎梏，才能克服宗教狭隘性。我们不把世俗问题化为神学问题。我们要把神学问题化为世俗问题。相当长的时期以来，人们一直用迷信来说明历史，而我们现在是用历史来说明迷信。"①

　　至于宗教消亡的社会历史条件，马克思、恩格斯认为："废除作为人民幻想的幸福的宗教，也就是要求实现人民的现实幸福。要求抛弃关于自己处境的幻想，也就是要求抛弃那需要幻想的处境。因此对宗教的批判就是对苦难世界——宗教是它的灵感圈——的批判的胚胎。"② 然而，对旧社会进行批判进而为宗教的消亡创造条件，关键是消除私有制和私有制条件下的必然产物——阶级和阶级压迫。马克思写道："世俗的基础使自己和自己本身分离，并使自己转入云霄，成为一个独立新王国，这一事实，只能用这个世俗基础的自我分裂和自我矛盾来说明。因此，对于世俗基础本身首先应当从它的矛盾中去理解，然后用排除这种矛盾的方法在实践中使之革命化。因此，例如，自从在世俗家庭中发现了神圣家族的秘密之后，世俗家庭本身就应当在理论上受到批判，并在实践中受到革命改造。"③ 因为，"意识的一切形式和产物不是可以用精神的批判来消灭的，也不是可以通过它们消融在'自我意识'中或化为'幽灵'、'怪影'、'怪想'等等来消灭的，而只有实际地推翻这一切唯心主义谬论所由产生的现实的社会关系，才能把它们消灭；历史的动力以及宗教、哲学和任何其他理论的动力是革命，而不是批判"④。

　　最后，当社会发展到"当谋事在人，成事也在人的时候，现在还在宗教中反映出来的最后的异己力量才会消失，因而宗教反映本身也就随着消失"⑤。也就是说，当社会生产力高度发展，社会进步为真

---

　　① 《马克思恩格斯全集》第 1 卷，人民出版社 1956 年版，第 425 页。

　　② 《马克思恩格斯选集》第 1 卷，人民出版社 1972 年版，第 2 页。

　　③ 同上书，第 17 页。

　　④ 同上书，第 43 页。

　　⑤ 《马克思恩格斯选集》第 3 卷，人民出版社 1972 年版，第 356 页。

正的和谐社会，人们能够基本上做到自己支配自己的命运，也就是说自然力和社会力对人们已经不再是一种异己的力量时，宗教信仰就不再成为人们的一种精神需要，这样宗教就自然而然地消亡了。

以上是马克思、恩格斯宗教批判思想的主要内容和基本观点。

二　马克思主义宗教观在
当代中国的发展

新中国成立以来，中国就面临着如何处理宗教和社会主义制度的关系这一重要问题。新中国的几代领导人都在实践中继承和发展了马克思、恩格斯的宗教批评思想，并在理论建设和实际工作中取得了重要的成就。马克思主义宗教观在当代中国的发展主要表现在以下几方面。

1. 概括了社会主义条件下宗教社会作用具有两重性的特点

马克思、恩格斯曾深刻地揭示了私有制条件下宗教的社会作用是维护阶级统治。这一结论是根据人为宗教是在私有制条件下产生的以及宗教在私有制条件下所起的主要作用得出来的。在私有制条件下，宗教通过为现实社会制度做神学论证来说明其合理性和神圣性，宗教还通过要求人民群众根据神的意志忍受现实苦难憧憬来世幸福来消除人民群众反抗剥削和压迫的意志，以缓和社会矛盾维护阶级统治。但是在社会主义新中国的社会条件下，宗教的性质和作用发生了重要变化，所以要对宗教的社会作用做出新的概括。

新中国成立不久，周恩来、李维汉等党和国家领导人在对中国宗教的一般特点进行概括时，指出中国宗教具有“五性”，即群众性、民族性、国际性、长期性、复杂性，这一思想成为人们认识和对待宗教问题的指导原则之一。① 周恩来在 1950 年对吴耀宗等宗教界人士发

---

①　参见罗竹风主编《中国社会主义时期的宗教问题》，上海社会科学院出版社 1987 年版，第 5 页。

表讲话时指出：基督教曾经是帝国主义侵略中国的工具，所以中国人民要反对基督教；因此，新中国条件下的基督教必须肃清帝国主义的影响，必须反对基督教中的少数反动分子；基督教应该割断与帝国主义的一切联系，还宗教的本来面目，建立自治、自传、自养的教会，使自身的形象在中国人民心目中耳目一新；唯物主义和唯心主义可以在政治上合作，宗教应该考虑如何为中国人民服务，使基督教有益于新民主主义社会。[①]

周恩来等人的上述思想和讲话体现了新中国刚刚成立时期中国领导人对宗教社会作用问题的辩证理解，即宗教的社会作用是与社会制度相联系的，因此对宗教的社会作用应该坚持以历史的和辩证的态度来分析。在私有制条件下，由于人为宗教本质上是私有制的产物，而且是被统治阶级扶植起来主要是作为进行阶级统治的一种工具来发挥作用的，因而其社会作用必然像马克思、恩格斯所指出的那样其主导方面是消极的，甚至是反动的。而在新中国的社会条件下，宗教逐步摆脱了国内外反动势力的控制，进行了社会主义的民主改革，其教义和社会活动都逐步与新社会相协调起来，并开始为人民和新中国服务，这样，宗教就能逐步转变为有益于新社会和人民的社会团体，其社会作用也就不再主要是消极或反动的，而是日益具有一定的积极作用。正是在这种思想的指导下，新中国成立不久中国的佛教、基督教、天主教、伊斯兰教、道教等宗教团体就纷纷成立了全国性的爱国教会组织，并且在新中国的发展和建设中发挥了一定的积极作用。

新时期中国党的第三代领导人根据新中国成立以来的历史经验概括了社会主义条件下宗教社会作用具有两重性的理论。一方面，我国宗教在其产生和发展的过程中与我国文化的发展相互交融，吸取了我国文化艺术、科技、哲学等领域中的许多成就，因此研究宗教有助于发展我国的科学文化事业；宗教道德中的某些教人弃恶扬善的内容有助于引导人们提升自身的道德水准；宗教对教徒的心理

---

① 参见张志刚主编《宗教研究指要》，北京大学出版社 2005 年版，第 384—385 页。

慰藉作用有助于稳定群众心理、调节群众情绪，等等。这些积极作用应该得到发挥和肯定。① 但是，另一方面，宗教固有的消极作用则必须予以重视和消除。

2. 提出了社会主义时期宗教与社会主义相协调的理论

新中国成立以后，鉴于在社会主义条件下宗教还会长期存在这一现实，党和国家领导人提出了社会主义时期宗教与社会主义相协调的理论。尤其是"文化大革命"结束以后，中国领导人纠正了以往在宗教问题上的种种错误做法，总结了宗教工作的经验和教训，使宗教与社会主义相协调的理论得到了更加系统、完整和准确的表述形式。1982 年中央关于宗教问题的 19 号文件《关于我国社会主义时期宗教问题的基本观点和基本政策》指出："要使全体信教和不信教的群众联合起来，把他们的意志和力量集中到建设现代化的社会主义强国这个共同目标上来，这是我们贯彻执行宗教信仰自由政策，处理一切宗教问题的根本出发点和落脚点。"② 这一理论为"文化大革命"后在解决宗教问题时的指导思想和政策的提出奠定了理论基础，同时这一理论也是提出宗教与社会主义相协调理论的基本依据。

我国提出宗教与社会主义社会相协调理论的主要根据在于：第一，宗教是社会历史发展到一定阶段的产物，因此它通常会根据社会历史条件的变化而变化，从而与变化了的历史条件相适应。第二，社会主义条件下宗教存在的社会历史根源还没有消失，因此宗教会长期存在下去。在社会主义条件下，宗教存在的阶级根源已经消失，统治阶级扶植利用宗教来维护自身的统治已经不是宗教在社会主义条件下产生和存在的主要原因。宗教在社会主义条件下存在的原因主要在于"由于人们意识的发展总是落后于社会存在，旧社会遗留下来的旧思想、旧习惯不可能在短期内彻底消除；由于社会生产力的极大提高，

---

① 参见张志刚主编《宗教研究指要》，北京大学出版社 2005 年版，第 475 页。
② 转引自张志刚主编《宗教研究指要》，北京大学出版社 2005 年版，第 401 页。

物质财富的极大丰富，高度的社会主义民主的建立，以及教育、文化、科学、技术的高度发达还需要长久的奋斗过程；由于某些严重的天灾人祸所带来的种种困苦，还不能在短期内彻底摆脱；由于还存在一定范围的阶级斗争和复杂的国际环境，因而宗教在社会主义社会一部分人中的影响，也就不可避免地还会长期存在"①。因此在社会主义条件下，宗教显然还会长期存在下去。第三，在社会主义条件下由于剥削阶级已经不再作为一个完整的阶级而存在，宗教存在和发挥作用的条件和状况已经发生了重大变化。一般说来，宗教问题上的矛盾已经不再属于阶级矛盾的范畴，而是属于人民内部矛盾。因此，宗教完全可以与社会主义社会相协调。第四，宗教信仰属于人们精神领域的问题，对于精神领域的问题只能用精神的手段去解决，而不能用行政命令等等强制手段解决，因此解决宗教问题需要一个漫长的历史时期。第五，在社会主义条件下，宗教信徒与其他人民群众在根本利益上是一致的，是否信仰宗教并不妨碍他们团结一致为建设社会主义、争取共同的富裕幸福的生活条件而奋斗的要求。这是因为，他们之间关于是否存在天堂的争论相对于追求现实生活中的富裕幸福的生活条件来说，只能是第二位的。因此，19号文件强调："全党同志一定要清醒地理解，党的宗教政策，决不是临时的权宜之计，而是建立在马克思列宁主义、毛泽东思想的科学理论基础上的，以团结全国各族人民共同建设社会主义现代化强国为目标的战略规定。在社会主义条件下，解决宗教问题的唯一正确的根本途径，只能是在保障宗教信仰自由的前提下。通过社会主义的经济、文化和科学技术的逐步发展，通过社会主义物质文明和精神文明的逐步发展，逐步地消除宗教得以存在的社会根源和认识根源。这要经过很长的历史时期，经过若干代人，包括广大信教和不信教的人民群众的共同奋斗，才能成就。"②

　　1993年江泽民在全国统战工作会议上进一步提出了要积极引导宗教与社会主义社会相适应的要求。他指出，要改革不适应社会主义

---

　　① 《新时期宗教工作文献选编》，宗教文化出版社1995年版，第54页。

　　② 同上书，第72—73页。

的宗教制度和宗教教条；要利用宗教教义、宗教教规和宗教道德中的某些积极因素为社会主义服务。1999 年江泽民又进一步阐释了"相适应"的两方面含义：一是信教群众要遵守社会主义国家的法律、法规和方针政策；二是宗教活动要服从于、服务于国家的最高利益和民族的整体利益。①

我国党和政府关于宗教与社会主义社会相协调的理论，是马克思、恩格斯宗教批评思想在社会主义条件下的重要发展。

3. 充实和发挥了坚持宗教信仰自由的政策

马克思、恩格斯关于宗教本质及其产生根源的学说，是列宁提出的坚持宗教信仰自由政策的理论基础。新中国成立以后，中国党和政府充实和发挥了社会主义条件下的宗教信仰自由政策。

1982 年的 19 号文件重申和充实了宗教信仰自由政策，完整、全面地表述了宗教信仰自由政策的含义。其中包括：强调保证宗教信仰自由政策的同时，也要强调保证不信仰宗教的自由；不允许宗教干预国家行政、司法、学校教育和社会公共教育事务；不允许强迫 18 岁以下的少年儿童入教；不允许恢复已经被废除的宗教封建特权和宗教压迫剥削制度；不允许利用宗教反对党的领导和社会主义制度；不允许利用宗教破坏国家统一和民族团结；强调争取、团结和教育宗教人士是贯彻执行宗教政策的重要前提条件；强调合理安排宗教活动场所；要充分发挥爱国宗教组织的作用；正确区分和处理正常的宗教活动和在宗教外衣掩盖下的违法活动，以及不属于宗教范围内的迷信活动，等等。② 这些论述对正确执行宗教信仰自由政策具有十分重要的指导意义。

4. 提出了在宗教问题上要区分两类不同性质矛盾的思想

在新中国成立初期，毛泽东提出了在宗教问题上要区分两类性

---

① 参见张志刚主编《宗教研究指要》，北京大学出版社 2005 年版，第 478—479 页。
② 参见《新时期宗教工作文献选编》，宗教文化出版社 1995 年版，第 62—66 页。

质矛盾的要求。他运用这一理论和方法，正确有效地处理了大量的宗教问题。毛泽东提出凡是利用宗教进行反共、反人民的反动势力，他们和人民群众的矛盾属于敌我矛盾，这种矛盾必须采用专政的方法来解决。至于宗教界爱国人士和信教群众由于宗教不同而引起的同其他劳动群众之间的矛盾，则是属于人民内部矛盾。对于这种矛盾，只能采取民主的方法，按照宗教信仰自由的政策来处理。[①]毛泽东的在宗教问题上要区别两类不同性质矛盾的思想是马克思、恩格斯关于宗教问题上的阶级分析观点在社会主义条件下的继承和重要发展。

5. 提出了在宗教工作中要善于体察民族问题与宗教问题的区别和联系的要求

1982 年的 19 号文件从我国是一个多民族、多宗教国家，民族问题和宗教问题通常是紧密联系的这一实际状况，提出了宗教工作者必须善于认识民族问题与宗教问题的区别和联系的要求："在宗教同民族关系问题上，各个民族和各种宗教有不同的情况。有些少数民族基本上全民信仰某一种宗教，如伊斯兰教和喇嘛教，那里的宗教问题和民族问题往往交织在一起；但在汉族中，佛教、道教、天主教和基督教则同民族问题基本没有联系。因此要善于具体分析各个民族和各种宗教的不同情况，善于体察民族问题与宗教问题的区别和联系，并且正确处理。一定要警惕和反对任何利用宗教狂热来分裂人民，破坏各民族之间团结的言论和行动。在领导中国这样一个多民族大国进行社会主义现代化建设的伟大斗争中，我们党如果不能清醒而坚定地掌握这一方面的问题，我们就不能很好地团结各族人民共同前进。"[②] 对民族和宗教问题的关系以及处理原则的提出，是马克思主义宗教批判思想在社会主义建设时期的发展。

---

① 参见张志刚主编《宗教研究指要》，北京大学出版社 2005 年版，第 468 页。
② 《新时期宗教工作文献选编》，宗教文化出版社 1995 年版，第 68 页。

6. 提出了正确认识和处理宗教问题要有世界眼光的观点

进入 21 世纪以后，江泽民指出，从历史和现实的角度看宗教问题，必须注意把握其中的三个主要特点：一是宗教的存在有深刻的社会历史根源，将会长期存在并发生作用；二是宗教与一定社会的经济、政治、文化问题交织在一起，对社会的发展和稳定产生重大影响；三是宗教常常与现实的国际斗争和冲突相交织，是国际关系和世界政治中的一个重要因素。因此，我们观察和分析宗教问题，开展宗教工作，必须深刻注意并充分估计宗教的这些特点及其带来的影响，认识和处理宗教问题要有世界眼光。这是马克思、恩格斯关于宗教具有社会历史性的思想在新的历史时期的发展。①

7. 提出了共产党员要坚持无神论和马克思主义宗教观，不能信仰宗教，要坚持对人民群众进行唯物论和无神论教育的思想

江泽民针对近些年来中国共产党党内受到有神论、迷信甚至邪教影响的具体情况指出：宗教世界观是同马克思主义世界观根本对立的，共产党员不能信仰宗教，不能参加宗教活动。他说，马克思主义世界观是共产党人的指导思想，我们应该学习并坚持历史唯物主义观点，要有宣传马克思主义无神论的勇气。对那些参与宗教活动的党员，要耐心进行教育，使他们逐步摆脱宗教束缚。至于对群众进行无神论教育，要同对党员的要求区别开来，并同社会主义两个文明建设，同培育"四有"新人的具体实践结合起来。②

总之，马克思、恩格斯的宗教评判思想在中国的发展，是马克思主义宗教观与中国社会主义条件下处理宗教问题的理论和实践相结合的过程。马克思、恩格斯的宗教批判思想为中国社会主义条件下处理宗教问题的理论与实践提供了基本的指导原则，而中国社会主义条件下处理宗教问题的理论和实践则丰富和发展了马克思、恩格斯的宗教评判思想。

---

① 参见张志刚主编《宗教研究指要》，北京大学出版社 2005 年版，第 474 页。
② 同上书，第 479—480 页。

三 马克思主义宗教观对当代中国 社会主义实践的指导意义

马克思主义宗教观运用辩证唯物主义和历史唯物主义观点分析宗教问题，对于我们关于宗教问题的理论研究和实际工作具有非常重要的理论指导意义。我们至少可以从以下几方面来认识马克思主义价值观对当前理论工作和实际工作的现实指导意义。

1. 必须认识到在社会主义条件下宗教产生的根源还没有消失，宗教及其影响还会长期存在

马克思主义宗教观关于宗教的本质与宗教产生的根源的论述，揭示了社会主义条件下宗教还会长期存在的必然性。在社会主义条件下虽然社会有了很大进步，但是只要异己的自然力量和异己的社会力量仍然存在，宗教就有其产生的土壤，宗教就会继续存在和发挥作用。

在我国社会主义条件下，宗教还会长期存在的原因主要在于：

第一，宗教作为一种社会意识，它对于社会存在来说具有相对的独立性，社会主义条件下的宗教大多是旧社会遗留下来的，因此虽然社会历史条件发生了不小的变化，但是宗教观念还会在相当长的时间里存在下去。

第二，宗教作为一种世界性的现象而普遍存在，社会主义国家不可能摆脱国际环境的这种影响而率先进入无宗教社会。

第三，在社会主义国家中，宗教赖以存在的自然根源（实质是社会根源的一个方面）依然存在。这是指目前我国的社会生产力的发展水平还远远没有达到可以比较有效地控制和消除重大自然灾害以及生老病死等因素对人们生活和生命质量的深刻影响，自然力仍然是一种强大的异己力量。

第四，在社会主义条件下，宗教赖以存在的社会根源，还未能得到彻底消除。这是指我国目前的社会发展水平还远远没有达到比较理想的和谐社会的状态。意想不到的经济发展比例失调、企业破产、个人和社会遭受重大经济损失的现象也时有发生，尤其是在国家和执政党犯重大错误时，甚至还会给个人和社会带来灾难性的后果。由于社会制度还不完善，旧社会遗留下来的思想和作风的影响还存在，这就难免在一部分政府工作人员身上滋生官僚主义的作风，从而产生对群众的压制、欺侮行为。同时，经济、政治体制的不完善也会造成人与人之间形成不正常的人际关系，甚至产生尖锐的矛盾。在这种情况下，人们同样也会感到来自社会异己力量的压迫。

第五，在社会主义条件下，宗教存在下去的认识根源、心理根源也仍然存在。由于我国目前科学技术和文化教育还不发达，许多自然、社会现象尚未得到科学的说明；由于科学知识普及的程度还不高，人们也还未普遍树立起科学的世界观和人生观，不少人对世界、人生、生死还无法形成正确的认识。在这种情况下，当人们在社会生活中因失恋、丧偶、疾病、升学、就业失败、受冤屈等挫折和打击造成极大痛苦时，往往不能采取正确的态度和方法解决问题时，就会去求助于宗教。

总之，由于上述种种原因，在社会主义条件下宗教还会在一段相当长的历史时期中存在下去。因此我们必须有面对宗教现象做长期艰苦、细致的理论研究和实际工作的思想准备。

2. 在社会主义条件下宗教不是社会主义的意识形态，也不是社会主义精神文明的组成部分

马克思主义宗教观认为，宗教是一种虚幻的、颠倒的世界观，是一种粗俗的唯心主义世界观，它是与人们对自然、对社会发展的客观规律的科学认识相违背的，这就决定了它必然会对人们建设社会主义的认识和实践活动起阻碍、干扰的作用。因此，宗教具有与社会主义不相协调的方面。

宗教与社会主义社会不相协调主要在于以下两个方面：

首先，宗教不是社会主义上层建筑的组成部分。

在社会主义条件下，宗教尽管发生了与社会主义相协调的某些变化，但是，由于它是在私有制社会条件下产生和遗留下来的，是在私有制的经济基础之上产生的，本质上是为私有制服务的，所以它与作为我国社会主义上层建筑的指导思想——马克思主义的性质是不相容的和对立的。从本质上看，宗教不具备为社会主义经济基础服务的功能，而是有害于它的，因此，不能将宗教看成是社会主义上层建筑的组成部分。

宗教由于与马克思主义的科学世界观和科学理论不相容，因此它对于社会主义制度会产生种种消极影响。例如，宗教把一切归于天命、神意，从而否定了社会主义制度的产生和发展是历史发展的必然，否定了人民群众按照客观规律改造客观世界的意义；宗教道德的抽象性也妨碍了人们与各种危害社会主义制度的人和势力作斗争；等等。

其次，从总体上看，宗教也不是社会主义精神文明的组成部分，不应在人们的精神生活中对它加以弘扬和提倡。

社会主义精神文明是社会主义条件下人们在改造客观世界的同时也改造主观世界的精神成果的总和，是这一时期精神生产的发展水平及其积极成果的体现。社会主义精神文明包括两个方面：一方面是社会主义条件下社会的知识、智慧、经验和技能发展的状况，如人们在科学、教育、文艺、卫生、体育等方面的素养和所达到的水平，也包括与此有关的文化、体育设施的数量和质量；另一方面是指社会主义社会的政治思想、道德面貌，人们的世界观、信念、觉悟、理想、情操以及组织性和纪律性等方面的状况。而宗教并不能体现人们在社会主义精神生产方面的积极成果，总的说来，它是旧社会遗留下来的，本质上是属于人们精神世界中仍然被旧观念、旧意识占据的方面，是远远落后于社会主义时代的东西。显然，宗教是与社会主义时代科学知识和人们的智慧的发展相违背的；也是与社会主义时代人们应具备的世界观、理想、信念和觉悟相抵触、相对立的，因此它不能体现社会主义时代人们应有的精神面貌。

所以，我们在社会主义精神文明建设中不仅不能去宣传宗教思想和宗教精神，相反，应通过宣传无神论的科学世界观和社会主义的思想理论，促使人们树立起科学的世界观和人生观，树立起社会主义共产主义的科学信念。当然，为了更好地团结广大教徒同心同德地建设国家，这一工作应该在坚持宗教信仰自由政策的前提下，以科学的、策略的方式进行。

3. 在肯定社会主义条件下宗教有一定积极作用的同时必须注意克服宗教所产生的消极影响

在社会主义条件下，宗教发生了一系列变化，以适应新的社会条件，这就使宗教与社会主义制度在一定程度上能够协调起来。在这种情况下，宗教对社会主义建设事业也能够起到一定的积极作用。

第一，在"爱国爱教"的思想激励之下，广大教徒努力参加社会主义建设事业，成为中国特色社会主义建设中的一支不可忽视的积极力量。

第二，宗教道德的某些内容能有效地促使教徒弃恶扬善、洁身自好，有利于净化社会道德风貌。

第三，宗教界所从事的文物保护、宗教学术研究等事业有助于社会主义的某些经济、文化事业的发展。

第四，宗教界人士通过同国外宗教界的友好往来，有助于促进我国同各国人民的文化交流和友谊的发展，有利于维护世界和平。

宗教的上述积极作用应该给予肯定，并且要创造条件使其得以充分发挥。但是，由于宗教是一种唯心主义、形而上学的幻想的、颠倒的世界观，它不是社会主义上层建筑的组成部分，也不属于社会主义精神文明的范畴，因此，宗教与社会主义还有不协调的一面，它在社会生活中必然会产生消极影响。因此，马克思、恩格斯所指出的宗教在私有制社会条件下的消极作用在社会主义条件下又以不同的表现形式对社会生活发生着消极的影响。这种消极影响至少表现为以下几方面。

第一，某些传统的宗教观念和宗教活动严重地妨碍了人们提高思想觉悟，影响人们从事社会主义建设的积极性。

虽然社会主义条件下的宗教对传统的教义和神学思想做出了一

些新的解释，但是宗教本身固有的麻醉人们精神的作用却不可能改变。同时，这些新的解释由于种种原因不可能充分地传播到穷乡僻壤，并真正深入到每个教徒的心里，所以传统的宗教观念依然在很大的范围内发生作用。例如，不少教徒由于相信神的奇迹和寄希望于来世的幸福，他们面对现实的贫困落后的局面，不是积极地投身生产建设实践去改造它，而是消极等待神的恩赐。这些人往往不关心国内外发生的重大事件，对生产建设工作消极懒散，对坏人坏事听之任之。

第二，宗教的迷信观念在贫困落后地区严重阻碍着科学文化知识的传播，给人们带来了更大的困难和痛苦。

在贫困落后地区，那些文化较低、思想守旧的教徒很难接受科学知识的传播，极易被各种谣言所欺骗。他们生病后不是去求医问药，而是求神拜佛，往往延误了治疗。有些人为了改变贫困处境，他们往往听信谣言，将本来极为有限的钱物无谓地耗费在宗教活动中，结果加剧了贫困。

第三，国内外的反动势力极力企图重新控制和利用我国的宗教来破坏社会主义事业，制造混乱，颠覆社会主义政权。

要克服宗教的上述种种消极作用，还需要一个相当长的时期，只有在社会主义经济和科学文化事业有了很大的发展，民主法制建设更加健全、完善的条件下，才能逐渐做到这一点。当前，应该认真对社会主义条件下宗教发生作用的特点和规律进行深入的研究，在大力发展社会主义精神文明的前提下为发挥宗教的积极作用、克服其消极作用创造条件。

4. 宗教信仰不利于人民群众的思想意识和精神面貌的健康发展

正如马克思所指出的，宗教是被扭曲了主体状态和主体精神的人的主体意识。因此宗教阻碍着人民群众的思想意识的健康发展。所谓人的主体意识具有以下特点：第一，人的主体意识首先是作为主体的人对于作为客体的自然和社会处于主导和支配地位的自主性的自我意识，是一种自主、自立、自强的精神状态。第二，人的主体意识还是一种关于肯定自身的要求和需要，肯定生命、生活的意义和价值的意识，是一种自尊、自重的精神状态。第三，人的主体性意识还是一种关于人的能动性的意识，是一种主动、进取的精神状态。第四，人的主体性意识还是一种关于人的创造性的意识，是一种批判的、创造性的精神状态。

然而，宗教观念是人的主体意识在发展进程中的一种扭曲的、异化的表现形态：

第一，宗教通过神灵崇拜，丧失了人作为自然和社会的主导者和支配者地位的自主性意识，丧失了基于人的本质的主体性所形成的主体意识中原本应有的自主、自立、自强的精神状态。

第二，宗教意识通过神灵观念的确立，丧失了人的主体意识中关于自身要求和需要，关于人的生命和生活意义的自我肯定性的价值态度，也就是说，人的主体意识中丧失了作为一个人所应有的自尊、自重的精神状态。

第三，宗教观念把神说成是世界上唯一的能动的主体，是包括人和自然在内的世界的创造者和宇宙秩序的安排者，于是人的主体意识中的能动性和人的主动、进取的精神状态也随之消解，甚至丧失了。

第四，同样，也正是因为宗教观念把神说成是世界上唯一的能动的主体，是包括人和自然在内的世界的创造者和宇宙秩序的安排者，于是人的主体意识中的批评性、创造性也就随之消解，甚至丧失了。

总之，宗教观念是人的主体意识的扭曲的和异化的表现，其最主要的特征就是把人的主体意识中的基于人的主体性而形成的自主性、能动性和批评性、创造性的意识让渡给虚幻的神灵，剥夺了人之为人的主体意识中的积极进取的自觉意识和精神状态，从而使人成为被动的、消极的、懦弱的、无价值的存在，成为失去了灵魂的、丧失了主体性的、"被物化了的"存在。因此，人们在宗教观念的影响下是不可能形成真正的、属于人的、表现了人的主体状态和主体精神的主体意识的。

5. 社会主义国家必须认真执行宗教信仰自由政策

马克思、恩格斯对宗教本质和宗教现象的分析，揭示了宗教作为人们一种特殊的精神活动的特点，宗教意识是非理性、情感性因素很强的精神状态，宗教对人们精神生活乃至全部社会生活的影响是全面而深刻的。因此，在社会主义条件下处理宗教问题，必须要有高度的政策性、策略性。我国长期以来不断实践着和完善着的宗教信仰自由政策，正是一种符合实际的科学的社会主义的宗教政策。马克思、恩格斯的宗教批判思想为我们深刻认识社会主义条件下执行宗教信仰自由政策的必要性和自觉性提供了重要的理论根据：

第一，宗教信仰是人们精神世界的问题，对待精神世界的问题，只能用精神手段去解决。

一个人信奉什么观念，或不信奉什么观念，这是通过一个人思想自身的活动决定的，而不受任何外部压力制约。这是思想的自由本性所规定的，人们无法改变这一事实。如果要一个人转变他原有的思想观念，只有通过说服教育、通过改变使他产生这种观念的外部条件，促使他通过对原有观念进行思考后再由自己的思想来决定取舍。也就是说，精神世界的问题只能用精神手段去解决，任何强迫命令、暴力压迫的手段都是无济于事的。

第二，在社会主义革命和建设的实践中，人民群众中关于有神论和无神论之间的思想分歧，应让位于、服从于人民群众争取实际解放的斗争和工作。

马克思、恩格斯宗教批判思想的根本宗旨就是从人民群众的利益、人民群众的政治解放的要求出发，最终服务于人类解放和人的自由而全面的个性发展。因此，宗教信仰自由政策的根本出发点同样是为了人民群众的利益和解放。正如列宁所指出的："在我们看来，被压迫阶级为创立人间天堂而进行的这种真正革命斗争一致，要比无产者关于天堂的意见的一致更为重要。"①

第三，在社会主义条件下由于还存在着宗教赖以长期存在下去的社会根源和思想认识上的根源，因此企图在这些根源消灭之前，人为消灭宗教是不切实际的想法。

---

① 《列宁全集》第10卷，人民出版社1958年版，第65页。

在社会主义时期，只有在保障宗教信仰自由的前提下，大力发展社会主义的经济和科技、文教事业，促使物质文明和精神文明不断发展，使宗教赖以存在的条件逐步消失，才是彻底解决宗教问题的根本途径。要做到这一点需要人们在一个相当长的历史时期内进行不懈的努力。

第四，历史经验表明，任何不尊重群众的宗教信仰，企图通过行政命令或暴力手段解决宗教问题的做法，都会走向反面，甚至会激起宗教狂热。

总之，在社会主义条件下，只有坚持宗教信仰自由政策，才能真正解决好宗教问题。

还需要指出的是，坚持宗教信仰自由的政策，绝不意味着共产党员、共青团员等先进分子也可以自由地信仰宗教。因为宗教信仰对国家来说，是私人的事情，而"对于工人政党来说决不是私人的事情"①。一个共产党员，不同于一般公民，他是马克思主义政党的成员，他在思想上必须坚持马克思主义的科学世界观和共产主义革命理想，因此他必须是一个无神论者，而不应当是有神论者。马克思、恩格斯的宗教批判思想深刻地表明了他们作为共产主义者对待宗教世界观毫不妥协、深刻批判的态度。我们党曾经多次作出明确规定：共产党员不得信仰宗教，不得参加宗教活动，长期坚持不改的要劝其退党。这样做是马克思主义的必然要求，是为了保持我们党的队伍的纯洁，保证我们党始终具有坚强的战斗力。

6. 马克思主义与宗教观念是根本对立的

马克思、恩格斯的宗教批判思想深刻揭示了马克思主义与宗教观念的本质对立。马克思主义作为一种世界观方法论体系、真理体系和价值观体系与宗教在这些方面有着本质区别。

马克思主义是辩证唯物主义世界观，而宗教是唯心主义、形而上学世界观。

---

① 《列宁选集》第2卷，人民出版社1974年版，第377页。

马克思主义是以人类的实践和科学的进步为基础而发展起来的关于世界观和思维、关于社会发展和社会进步、关于人类解放和人的个性自由而全面发展的规律的真理体系，而宗教却是对世界的幻想的、颠倒的意识。

作为价值观体系，马克思主义作为一种关于人的解放和人的个性自由而全面发展的科学信念与宗教关于神和天堂的信仰之间存在着深刻区别：

第一，科学信念是以辩证唯物主义和科学世界观为理论前提的，而宗教信仰则是以唯心主义的世界观为理论基础的。

第二，科学信念的确立是以真理为依据的，而宗教信仰则是与真理背道而驰的。

第三，科学信念鼓励人们进行理性的独立思考，要求人们充分发挥精神的自主性和首创性，而宗教信仰则要人们贬斥理性、盲信盲从，从而窒息了精神的活力。

第四，科学信念是人们改造客观世界、摆脱束缚和压迫，争取现实解放和实现真正自由的精神动力和思想工具，而宗教则要求人们屈服于逆境和压迫、逃避现实去憧憬虚幻的来世幸福，它是妨碍人们变革世界的精神麻醉剂。

综上所述，我们必须清醒地认识马克思主义与宗教的根本区别和对立，自觉地确立起马克思主义的观点和科学信念，摆脱宗教迷信思想的束缚，只有这样，才能使我们的事业永远兴旺发达。

总之，马克思主义宗教观是我国新时期认识和解决宗教问题的基本立场、方法、观点的理论基石，认真学习和坚持马克思主义宗教观，对新时期辩证唯物主义和无神论理论的发展、国家宗教政策的制定、社会主义精神文明建设、青少年思想政治工作实践都有十分重要的指导意义。

（吴倬　清华大学马克思主义学院教授、博士生导师）

第十三讲

马克思主义伦理道德观

马克思主义的创始人马克思和恩格斯并没有写作过专门论述伦理道德的作品，但是他们的伦理道德观不仅是他们创立的科学共产主义的灵魂，而且他们是在他们的伦理道德信念的指导下选择了终身为人类的解放而努力的伟大事业的。由于马克思和恩格斯的伦理道德观念散见于他们的著作的各个角落，无法以这些零散的论述作为系统阐述他们的思想的依据，因此必须在把握他们的整个人生轨迹、整个理论体系和整个思维方法的基础上进行创造性的阐发。本讲将分为三个部分：第一，马克思、恩格斯伦理道德观的形成；第二，对马克思、恩格斯伦理道德观的重新阐发；第三，中国伦理道德观的马克思主义化。

一 马克思、恩格斯伦理道德观的形成

马克思和恩格斯一生只做了一件在道德上流芳千古的事，那就是为人类的解放事业而奋斗。如果马克思和恩格斯的人生目标，只是为了娶得如玉的红颜，只是为了享受豪华的黄金屋，那么我们今天便不会知道历史上曾经有过叫马克思和恩格斯的人。伟大的人之所以伟大，首先要有崇高的人生目标。那么，生活在物欲横流的资本主义社会中的马克思和恩格斯，为什么会产生追求为人类的解放而奋斗这样崇高的人生目标呢？这个目标即使到今天在很多人看来还是那么"假大空"，而为什么他们能够用他们一生的努力来证明这个目标是

多么值得追求呢?下文将主要以格姆科夫等人编著的《马克思传》①
和《恩格斯传》② 提供的史料为基本依据,论述马克思和恩格斯的伦
理道德观的形成过程。

1. 马克思和恩格斯最初都是资产阶级的"自由、平等、博爱"伦理道德观的支持者

人的崇高的人生目标不是与生俱来的。马克思的崇高的人生目标
主要来自他的父亲、他后来的岳父和他的中学校长的影响。人通常不
会受到他不喜欢的人的价值观影响。马克思不是很喜欢他的母亲,所
以他在价值观上没有受到他母亲太大的影响。一个人小时候的价值观
主要来自他所爱的人潜移默化的影响。马克思的父亲非常爱马克思,
因为他是家里的长子,而且从小聪慧超凡。他的家族为犹太人的拉比
世家,他的父亲是德国特利尔市的著名律师。他的父亲非常希望他能
够成为一名优秀的律师和法学家。而马克思也非常爱他的父亲,所以
他认同了他父亲为他设立的职业目标,而且接受了他父亲崇尚法国资
本主义社会的自由、平等和博爱的道德观念。所以,马克思所向往的
理想社会,首先是法国的资本主义社会,而不是共产主义社会;他崇
尚的伦理观念首先是资本主义的自由、平等和博爱,而不是共产主义
的伦理道德观念。

马克思非常喜欢和认同他未来的岳父。马克思最早是从他未来
的岳父那里听到圣西门的空想社会主义理论的。这种理论对马克思
的影响是让他把视角转向了生活在苦难中的人民群众,使他对这些
人民充满了同情心,并希望通过自己的力量来解救他们。人类历史
上的伟人都是受人民群众敬佩的,所以一位根本不关心人民的人是
不可能成为人民心中的伟人的。对人民的关怀使马克思踏上了伟人
之路。但是那时的马克思依然是一位支持资本主义社会的人。当时

---

①　参见［德］海因里希·格姆科夫等著《马克思传》,易廷镇、侯焕良译,人民出版
社 2000 年版。

②　参见［德］海因里希·格姆科夫等著《恩格斯传》,易廷镇、侯焕良译,人民出版
社 2000 年版。

在德国存在着一个市民阶层，这个阶层主要是由城市里的行会工人和流亡到城市里的农民组成的，具有小资产阶级的特征。马克思的家庭是属于被歧视的犹太人和市民家庭，因此马克思支持市民阶层反对封建容克大地主的统治，渴望建立曾经占领过他的故乡的法国资本主义的民主共和国。

在市民阶层分化出大资产阶级和无产阶级后，支持资本主义的人也分化成了支持大资本家的资产阶级自由派和支持人民的资产阶级民主派。马克思因为关怀人民，因此持有资产阶级民主派的思想。而无论是资产阶级的自由派或民主派的共同的伦理道德观都是自由、平等和博爱。所以马克思依然持有自由、平等和博爱的伦理道德观。虽然马克思接触了社会主义理论，但是他与我们大多数人一样，认为那只是一个美丽的而无法实现的幻想。在他拿到博士学位后到《莱茵报》做主编的时候，当有人攻击该报是"普鲁士的共产主义"报的时候，他还对这样的观点加以驳斥，他并不认为自己是个共产主义者，尽管他认为在没有对社会主义理论进行深入研究的时候，不应该轻易否定这种理论。而也是为了为自己进行辩护，他读了大量的关于空想社会主义的作品，不自觉地为他后来转变为共产主义者做了理论上的准备。

马克思非常喜欢他的中学校长。这位校长也是资本主义的支持者和封建主义的反对者。更重要的是，这位校长鼓励学生要立大志，要为人类的幸福而奋斗。马克思作为这个学校的高才生，为这样的崇高理想所鼓舞，因此他在中学时代便写出了《青年在选择职业时的考虑》这样的具有崇高人生目标的作文。在文中，马克思写道：

> 在选择职业时，我们应该遵循的主要指针是人类的幸福和我们自身的完美。不应认为，这两种利益会彼此敌对、互相冲突，一种利益必定消灭另一种利益；相反，人的本性是这样的：人只有为同时代人的完美、为他们的幸福而工作，自己才能达到完美。如果一个人只为自己劳动，他也许能够成为著名的学者、伟大的哲人、卓越的诗人，然而他永远不能成为完美的、真正伟

的人物……历史把那些为共同目标工作因而自己变得高尚的人称为最伟大的人物；经验赞美那些为大多数人带来幸福的人是最幸福的人……如果我们选择了最能为人类而工作的职业，那么，重担就不能把我们压倒，因为这是为大家做出的牺牲；那时我们所享受的就不是可怜的、有限的、自私的乐趣，我的幸福将属于千百万人，我们的事业将悄然无声地存在下去，但是它会永远发挥作用，面对我们的骨灰，高尚的人们将洒下热泪。①

就这样，马克思走上了为人类的幸福而奋斗的征程，无论遇到什么样的困难和挫折，他都勇往直前，最终真的成为面对他的骨灰，高尚的人们都洒下了热泪的伟人。

恩格斯则是通过另外一条途径走上了为人类的解放而奋斗的道路。恩格斯本来想成为一名诗人，因此读了大量的文艺作品。而在他读的大量的文艺作品中，充满了资产阶级民主主义思想，其中包含着资产阶级的人本主义思想和人道主义思想。在人本主义思想中，包含着对宗教的质疑；在人道主义思想中，包含着对生活在贫困中的人民的同情。在前者的引导下，他从一名虔诚的基督教徒，最终变成了一位无神论者；在后者的引导下，他在他父亲的工厂里，看到的不再是利润，而是当时的工人们所处的悲惨状况。他希望自己能够像文学作品中的英雄一样，能够把人民从苦难中解救出来。

因为有了这样的崇高理想，恩格斯与他的作为资本家的父亲产生了价值观上的激烈冲突。因为崇高具有超越性，所以难以为常人所理解；而对于真正理解了并坚定不移地要追求崇高理想的人来说，崇高就是他的精神生命。为了这种精神生命的成长，他能够承受人生路上的一路艰辛，而且在必要时甚至能够为此牺牲他们的肉体生命。恩格斯就是那么一位为实现自己的崇高理想，牺牲了与父亲之间的感情，选择了与马克思一道成为人民心中的伟人。而恩格斯从文学作品中接受来的伦理道德观同样是资产阶级的"自由、平等和博爱"。

---

① 《马克思恩格斯全集》第 1 卷，人民出版社 1995 年版，第 459—460 页。

　　恩格斯在《家庭、私有制和国家的起源》一书中，以赞扬的口吻引用了摩尔根的《古代社会》一书中的片段，说道：

　　　　典型的印第安人氏族的职能就是这样。"它的全体成员都是自由人，都有相互保卫自由的义务；在个人权利方面平等，不论酋长或军事首领都不能要求任何优越权；他们是由血族纽带结合起来的同胞。自由、平等、博爱，虽然从来没有明确表达出来，却是氏族的根本原则，而氏族又是整个社会制度的单位，是有组织的印第安人社会的基础。这就可以说明，为什么印第安人具有那种受到普遍承认的强烈的独立感和自尊心。"[①]

　　　　"管理上的民主，社会中的博爱，权利的平等，普及的教育，将揭开社会的下一个更高的阶段，经验、理智和科学正在不断向这个阶段努力。这将是古代氏族的自由、平等和博爱的复活，但却是在更高级形式上的复活。"[②]

　　恩格斯和马克思始终都没有否定过"自由、平等和博爱"本身的价值，问题只是在于用什么样的方式才能够真正实现这样的理想。他们最初都认为只要建立了资产阶级共和国，就能够实现这样的理想。

2. 马克思和恩格斯因为意识到资本主义并不能真正实现它所倡导的"自由、平等和博爱"，所以走向科学共产主义

　　马克思是如何走向科学共产主义的呢？马克思刚到柏林大学上学时，最初希望如他父亲所期望的那样成为一名法学家和律师。为了建立他自己的法学理论体系，他需要一种哲学的理论框架做基础。他最初选择了康德的哲学体系，并以此体系为基础建立了他自己的法学理论体系。但是这个体系经不起他自己的批判，于是在抛弃他自己的体系的同时，他抛弃了康德，也抛弃了康德所代表的资产阶级的自由主

[①] 《马克思恩格斯选集》第4卷，人民出版社1995年版，第87页。
[②] 同上书，第179页。

义学派，这个学派主要代表的是大资本家的利益。但是马克思通过学习康德的理论，得到了系统的哲学的抽象思维能力的训练，使他具有了严谨的哲学推理的能力。他进而转向学习黑格尔的哲学。在黑格尔那里，他发现了辩证法具有很强的说服力，但这种辩证法只是停留在思维领域。

在学习哲学的过程中，马克思喜欢上了哲学本身，从而选择了攻读哲学博士而不是法学博士。为此，马克思在他的博士论文中写道：

> 伊壁鸠鲁在哲学中感到满足和幸福。他说："要得到真正的自由，你就必须为哲学服务。凡是倾心降志地献身于哲学的人，用不着久等，他立即就会获得解放，因为服务于哲学本身就是自由。"因此，他教导说："青年人不应该耽误了对哲学的研究，老年人也不应该放弃对哲学的研究。因为谁要使心灵健康，都不会为时尚早或者为时已晚。谁如果说研究哲学的时间尚未到来或者已经过去，那么他就像那个说享受幸福的时间尚未到来或者已经过去的人一样。"

> 德谟克利特感觉到必须走遍世界各地，而伊壁鸠鲁却只有两三次离开他在雅典的花园到伊奥尼亚去，不是为了研究，而是为了访友。最后，德谟克利特由于对知识感到绝望而弄瞎了自己的眼睛，伊壁鸠鲁却在感到死亡临近之时洗了一个热水澡，要求喝酒，并且嘱咐他的朋友们忠实于哲学。①

但是马克思学习哲学的目的，不是为了纯思辨，而是为了用它来改造现有的社会，使人类社会整体能够获得解放和幸福。费尔巴哈的唯物主义，使马克思彻底抛弃了宗教，并把唯物主义与辩证法结合起来，于是他找到了分析自然界的理论武器：唯物辩证法。

那么马克思是如何把唯物辩证法应用到社会历史领域的呢？这

---

① 马克思：《德谟克利特的自然哲学和伊壁鸠鲁的自然哲学的差别》，《马克思恩格斯全集》第1卷，人民出版社1995年版，第24—25页。

是与马克思的政治抱负有关的。马克思认为要改造德国社会，必须推翻德国的封建大地主的统治，建立资本主义共和国。那么通过什么力量来推翻封建大地主的统治呢？马克思认为只靠资产阶级的力量是办不到的，德国的资产阶级需要人民群众的支持，其中包括农民阶级和正在壮大的无产阶级。而德国的知识分子只是把无产阶级看成是被怜悯的对象，并不认为他们能够创造历史。马克思则注意到，单个的无产者的力量是微弱的，而当无产者联合起来成为一个阶级时，他们便具有了创造历史的力量。而无产阶级之所有具有创造历史的力量，主要是因为人民群众的力量是生产力的代表，而这种生产力决定着一个社会的物质和精神面貌。对此，马克思和恩格斯说道：

> 我们谈的是一些没有任何前提的德国人，因此我们首先应当确定一切人类生存的第一个前提，也就是一切历史的第一个前提，这个前提就是：人们为了能够"创造历史"，必须能够生活。但是为了生活，首先就需要吃喝住穿以及其他一些东西。因此第一个历史活动就是生产满足这些需要的资料，即生产物质生活本身，而且这是这样的历史活动，一切历史的一种基本条件，人们单是为了能够生活就必须每日每时去完成它，现在和几千年前都是这样。即使感性在圣布鲁诺那里被归结为像一根棍子那样微不足道的东西，它仍然须以生产这根棍子的活动为前提。因此任何历史观的第一件事情就是必须注意上述基本事实的全部意义和全部范围，并给予应有的重视。大家知道，德国人从来没有这样做过，所以他们从来没有为历史提供世俗基础，因而也从来没有过一个历史学家。①

因为生产力是一种物质力量，因此在自然界中通过实践证明了的辩证

---

① 马克思、恩格斯：《德意志意识形态》，《马克思恩格斯选集》第1卷，人民出版社1995年版，第78—79页。

法的规律及真理也适用于人类社会的历史发展，从而创立了关于历史发展的科学：历史唯物主义。

那么马克思的社会理想为什么会从建立资本主义共和国转向建立科学共产主义社会呢？马克思到达巴黎后，发现实现了资本主义社会，并不能真正实现他所向往的普遍的"自由、平等和博爱"。他看到的是资产阶级的财富的不断积累和无产阶级的贫困的不断积累，看到的是社会的不可避免的两极分化。而没有经济上的平等为前提，其他的权利对于无产者来说都是空话。这个社会的现实让马克思感到失望，于是他需要找寻一个能够克服资本主义的弊病的理想社会。这个时候马克思开始注意到空想社会主义理论中提到的私有制是导致两极分化的根源。那么私有制是怎么必然导致两极分化的呢？于是马克思的研究从法学、历史和哲学转向政治经济学。在研究中，马克思发现了在表面上自由、平等的资本主义社会中隐藏着资产阶级对无产阶级的剥削，于是创立了揭示资产阶级剥削的秘密的学说：剩余价值学说。对此，恩格斯在《反杜林论》中进行了说明：

> 无偿劳动的占有是资本主义生产方式和通过这种生产方式对工人进行的剥削的基本形式；即使资本家按照劳动力作为商品在商品市场上所具有的全部价值来购买他的工人的劳动力，他从这劳动力榨取的价值仍然比他为这种劳动力付出的多；这种剩余价值归根到底构成了有产阶级手中日益增加的资本量由以积累起来的价值量。①

那么恩格斯的社会理想为什么会从建立资本主义共和国转向建立科学共产主义社会的呢？恩格斯在柏林大学旁听的时候，接触到了黑格尔的辩证法，并与青年黑格尔派的鲍威尔兄弟成了朋友。恩格斯第一次去科伦见马克思时，没有见到马克思。第二次到科伦见到了马克思，但马克思对他的态度很冷淡，因为马克思认为恩格斯与鲍威尔兄弟是

---

① 恩格斯：《反杜林论》，人民出版社1999年版，第26页。

同伙，而马克思已经准备与鲍威尔兄弟等青年黑格尔派的成员决裂，不过马克思答应了恩格斯给《莱茵报》写通讯稿，于是保持了通信联系。恩格斯同样受到了费尔巴哈的唯物主义的影响，从而从一个虔诚的基督教徒变成了一个彻底的无神论者。

恩格斯到达英国的曼彻斯特后，看到了英国的资本主义社会并没有给无产阶级带来自由和平等，于是对资本主义的现实感到失望，从而需要构想一个新的理想社会。于是，他认真阅读了空想社会主义者的作品，并认为私有制是资本家得以剥削工人的根源，并觉察到经济利益在社会发展中的重要性，于是开始研究资产阶级的政治经济学。最后他得出了与马克思相同的结论，即经济基础决定着社会的物质和精神面貌。恩格斯与马克思合著《神圣家族》和《德意志意识形态》的动机之一是公开宣布自己站在马克思的一边，与他和马克思过去的老朋友鲍威尔兄弟及其他青年黑格尔派的成员决裂，于是二人开始了终身的合作。恩格斯有想法并善于阐发，而马克思长于严谨的哲学推理和抽象思维，于是恩格斯鼓动马克思研究政治经济学。恩格斯帮助马克思用他的严谨的论证能力构建起了剩余价值学说。

那么唯物辩证法、历史唯物主义和剩余价值学说是如何使空想社会主义变成科学共产主义的呢？马克思通过剩余价值理论，揭示了在资本主义社会存在着资产阶级对无产阶级的剥削，因此这个社会是不道德和不公正的社会。一个不道德和公正的社会是需要被消灭的社会。同时，马克思还揭示了资本主义社会的私有制必然产生周期性的经济危机，从而极大地破坏生产力。在经济危机来临的时候，无产阶级的生存状况必然进一步恶化，从而产生革命的形势，导致无产阶级联合起来推翻资产阶级的统治。在推翻资本主义社会后，应该建立一个什么社会呢？应该建立一个没有剥削和没有压迫的社会。这个社会首先要消灭的是无产阶级，而不消灭资产阶级就无法消灭无产阶级。为此，马克思说：

　　哲学不消灭无产阶级，就不能成为现实；无产阶级不把哲学变成现实就不可能消灭自己。①

因为无产阶级处于最贫困的状态，只要他们得到了解放，他们不再处于贫困状态了，那就意味着整个人类解放了。那么如何消灭资产阶级呢？必须消灭资产阶级赖以剥削无产阶级的生产资料私有制。因为：

> 以自己的劳动为基础的私有权，必然进一步发展为劳动者丧失所有权，同时一切财产越来越集中在不劳动的人的手中。②

在共产主义中才能真正实现每个人的自由和平等。第一，由于生产力的极大发展，使得社会财富极大地丰富，每个人的消费资料都能够按需分配。因此，人生来就能获得基本的生存资料，不用为了生存而出卖自己的劳动力，从而沦为他人的使用工具而被奴役，因此能够为人与人之间的平等提供经济上的前提。第二，生产资料实现了公有制，人不用为了使用资本家的生产资料以发挥自己的潜能而沦为资本家赚钱的工具。每个人都能够通过应用公有的生产资料进行劳动，发挥自己的潜能，最后的产品也供社会共同分享。第三，劳动本身成了人们的幸福的来源，因为人可以在劳动中反观自我的价值，让每个人都有自我实现的可能。第四，人们的道德境界普遍提高。人们不再以拥有多少为荣，而以贡献多少为荣。在这样的社会里，每个人的自由发展是其他人的自由发展的条件。正如马克思和恩格斯在《共产党宣言》里所说的那样：

> 代替那存在着阶级和阶级对立的资产阶级旧社会的，将是这样一个联合体，在那里，每个人的自由发展是一切人的自由发展

---

① 《马克思恩格斯全集》第3卷，人民出版社2002年版，第214页。
② 《马克思恩格斯选集》第4卷，人民出版社1995年版，第386页。

的条件。①

虽然马克思说明了资本主义社会是不道德的，共产主义是美好的，那如何证明社会发展必然地从资本主义社会过渡到共产主义社会呢？实践不是检验真理的唯一标准吗？如何用实践证明共产主义这个从来没有实现过的社会呢？马克思和恩格斯用生产力决定生产关系、经济基础决定上层建筑的历史唯物主义原理，证明了历史的发展是有规律性的。由于生产力是种物质力量，因此适用于自然界的物质发展的规律同样也适用于社会的发展。这样就把人们在实践中认识的自然界的物质发展规律即对立统一规律、量变和质变规律和否定之否定规律引入了社会历史领域，从而能够证明从资本主义社会过渡到共产主义社会的必然性。由此可见，马克思主义的唯物辩证法、历史唯物主义和剩余价值理论是一个整体，服务于建立科学共产主义这个理想的目标。

当然，由于当人们刚脱离资本主义社会时，还带有那个社会遗留下来的弊病，因此首先必须要建立无产阶级专政的社会主义，为最终进入共产主义准备条件。社会主义与共产主义的区别主要在于：在社会主义社会中，生产力的发展还没有达到按需分配的程度，因此实现按劳分配，承认人在劳动方面的差别。对此，马克思说：

> 我们这里所说的是这样的共产主义社会，它不是在它自身基础上已经发展了的，恰好相反，是刚刚从资本主义社会中产生出来的，因此它在各方面，在经济、道德和精神方面都还带着它脱胎出来的那个旧社会的痕迹。所以，每一个生产者，在作了各项扣除以后，从社会领回的，正好是他给予社会的。他给予社会的，就是他个人的劳动量。②

---

① 《马克思恩格斯选集》第 1 卷，人民出版社 1995 年版，第 294 页。
② 《马克思恩格斯全集》第 25 卷，人民出版社 2001 年版，第 18 页。

二　对马克思、恩格斯伦理道德观的阐发

在《马克思恩格斯全集》中，马克思、恩格斯的伦理道德观散见于他们的著作中，但对于伦理道德的本质的集中论述，主要集中在恩格斯的《反杜林论》中，本文的阐发主要以如下片段为依据：

善恶观念从一个民族到另一个民族、从一个时代到另一个时代变更得这样厉害，以致它们常常是互相直接矛盾的……今天向我们宣扬的是什么样的道德呢？首先是由过去信教时代传下来的基督教的封建的道德……和这些道德并列的，有现代资产阶级的道德，和资产阶级道德并列的，又有未来的无产阶级道德，所以仅仅在欧洲最先进国家中，过去、现在和将来就提供了三大类同时和并列地起作用的道德论。哪一种是合乎真理的呢？如果就绝对的终极性来说，哪一种也不是；但是，现在代表着现状的变革、代表着未来的那种道德，即无产阶级道德，肯定拥有最多的能够长久保持的因素。

但是，如果我们看到，现代社会的三个阶级即封建贵族、资产阶级和无产阶级都各有自己的特殊的道德，那么我们由此只能得出这样的结论：人们自觉地或不自觉地，归根到底总是从他们阶级地位所依据的实际关系中——从他们进行生产和交换的经济关系中，获得自己的伦理观念。

但是在上述三种道德论中还是有一些对所有这三者来说都是共同的东西——这不至少就是一成不变的道德的一部分吗？——这三种道德论代表同一历史发展的三个不同阶段，所以有共同的历史背景，正因为这样，就必然具有许多共同之处。不仅如此，对同样的或差不多同样的经济发展阶段来说，道德论必然是或多或少地互相一致的。

从动产的私有制发展起来的时候起，在一切存在着这种私有

制的社会里，道德戒律一定是共同的：切勿偷盗。这个戒律是否
因此而成为永恒的道德戒律呢？绝对不会。在偷盗动机已被消除
的社会里，就是说在随着时间的推移顶多只有精神病患者才会偷
盗的社会里，如果一个道德说教者想庄严地宣布一条永恒真理：
切勿偷盗，那他将会遭到什么样的嘲笑啊！

　　因此，我们拒绝想把任何道德教条当做永恒的、终极的、从
此不变的伦理规律强加给我们的一切无理要求，这种要求的借口
是，道德世界也有凌驾于历史和民族差别之上的不变的原则。相
反地，我们断定，一切以往的道德论归根到底都是当时的社会经
济状况的产物。而社会直到现在是在阶级对立中运动的，所以道
德始终是阶级的道德；它或者为统治阶级的统治和利益辩护，或
者当被压迫阶级变得足够强大时，代表被压迫者对这个统治的反
抗和他们的未来利益。没有人怀疑，在这里，在道德方面也和人
类知识的所有其他部门一样，总的说是有过进步的。但是我们还
没有越出阶级的道德。只有在不仅消灭了阶级对立，而且在实际
生活中也忘却了这种对立的社会发展阶段上，超越阶级对立和超
越对这种对立的回忆的、真正人的道德才成为可能。①

　　为了在新的历史背景和伦理学的新的研究成果的基础上发展马克
思主义伦理学，就必须在马克思和恩格斯的经典论述的基础上做进一
步的阐发。那么如何保证这样的阐发是马克思主义的呢？第一，具有
一致的目标。马克思和恩格斯的终身奋斗目标是要实现共产主义，因
此马克思主义的伦理道德思想体系的社会理想目标只能是共产主义。
第二，具有严整的唯物辩证法的思维方法。马克思和恩格斯的理论，
只有通过他们的唯物辩证法的方法才能正确阐发，以免写成一堆没有
现实合理性而只是字面上相关的语录和例证的堆积。第三，具有兼容
性。马克思和恩格斯的基本理论体系是完整系统的，所阐发的思想不
应该与马克思和恩格斯阐述的基本理论发生矛盾。如果产生了矛盾，

---

① 恩格斯：《反杜林论》，人民出版社 1999 年版，第 95—97 页。

要具体说明这样的矛盾是怎么产生的，如何从理论上加以解决。第四，在思考伦理道德问题时，一位马克思主义的思想家应该站在无产阶级的立场上，才能看清一个社会发展的真正的利弊，而不只是看自己是否是这个社会的受益者。如果社会不是普遍公平发达，人获得幸福的条件是具有偶然性的，取决于他出生在什么样的家庭，他在社会中处于什么地位。稍有闪失，他便可能跌入社会下层，他享有的获得幸福的条件也将离他而去。

那么什么是伦理和道德呢？伦理就是与一定社会的经济结构相配套的社会秩序。马克思说：

> 一切伦理的关系，按其概念来说，都是不可解除的，如果以这些关系的真实性作为前提，那就容易使人相信了。①

这是马克思的早期作品中的话。如果把这句话中的真实性理解为经济结构，那么伦理关系就不再是不可捉摸和任意的了。任何一个社会要正常运行，都需要一整套人们认同的社会秩序。大多数人认同一种社会秩序，不是认为这种秩序是完美无缺的，而是认为它是唯一可能的最好的秩序。正如恩格斯所说：

> 只要被压迫阶级——在我们这里就是无产阶级——还没有成熟到能够自己解放自己，这个阶级的大多数人就仍将承认现存的社会秩序是唯一可能的秩序。②

这个社会秩序是通过一系列的伦理关系表现出来的。根据人类的两大生产即生活资料的生产和人自身的再生产，可以把这种伦理关系分为婚姻家庭外的伦理关系与婚姻家庭内的伦理关系。根据这些伦理关系的需要，对个人提出的如何对待这些伦理关系和如何正确处理这些伦

---

① 《马克思恩格斯全集》第 1 卷上，人民出版社 1995 年版，第 348 页。
② 《马克思恩格斯选集》第 4 卷，人民出版社 1995 年版，第 173 页。

理关系的行为规范就是道德规范。也就是说，经济结构预制着合理的社会秩序，合理的社会秩序预制着合理的伦理关系，合理的伦理关系预制着合理的道德规范。没有社会就没有伦理，而没有伦理就没有道德。

当一个社会的生产力发展了，经济结构发生了变化，由经济结构预制的社会秩序必然发生变化，由社会秩序预制的伦理关系也必然发生变化，由伦理关系预制的道德规范也必然发生变化。正如恩格斯所说：

> 每一时代的社会经济结构形成现实基础，每一个历史时期的由法的设施和政治设施以及宗教的、哲学的和其他的观念形式所构成全部上层建筑，归根到底都应由这个基础来说明。①

衡量一种伦理道德体系好坏的标准不在于它是超前于或落后于它所适用的经济结构，而是正好与这种经济结构相配套，并随着这种经济结构的变化而与时俱进。当一种伦理道德体系提前或落后于其经济结构的时候，都会对其经济结构产生破坏作用，从而阻碍生产力的发展。

在一个社会的经济结构发生重大变革的时期，必然出现伦理关系混乱，从而出现道德规范失灵的情况。只有当这个社会的经济结构调整到位，基本上处于稳定状态，与此相配套的比较稳定的伦理关系得以确立，与此伦理关系相配套的规范个人行为的道德规范为人们实际遵循时，社会才会重归和谐状态。所以不能只是以道德规范是否失灵来判定一个社会的好坏。社会不变革没有进步，而社会变革时期必然导致道德规范的失灵。一种旧的道德规范的失灵预示着一套新的适合变化了的经济结构的伦理道德规范体系即将诞生。

如果经济结构是类似的，社会变动的原因只是为了改朝换代，这种社会变动不会导致这个社会的伦理道德体系发生根本变化，而且在

---

① 恩格斯：《反杜林论》，人民出版社1999年版，第25页。

改朝换代后会使原来的伦理道德体系更加健全和稳固。由于生产力是种物质力量，必须按照一定的规律发展才能达到预期的效果。与它配套的经济结构及伦理道德体系，都必须遵循这些规律才不至于阻碍生产力的发展，因此才为衡量一个社会的伦理道德体系是否科学奠定了基础，否则便会出现随心所欲地构造伦理道德体系，随心所欲地应用自己喜欢的伦理道德体系的现象，缺乏衡量一种伦理道德体系是否科学的客观依据。因此，尽管每个时代的哲学家们或伦理学家们都会为一个社会设计出自己认为理想的社会秩序，但是真正能够得以实现的社会秩序是与那个时代的经济结构相配套的社会秩序。正如马克思和恩格斯所说：

> 各代所遇到的这些生活条件还决定着这样的情况：历史上周期性地重演的革命震荡是否强大到足以摧毁现存一切的基础；如果还没有具备这些实行全面变革的物质因素，就是说，一方面还没有一定的生产力，另一方面还没有形成不仅反抗旧社会的个别条件，而且反抗旧的"生活生产"本身、反抗旧社会所依据的"总和活动"的革命群众，那么，正如共产主义的历史所证明的，尽管这种变革的观念已经表述过千百次，但这对于实际发展没有任何意义。①

而且，任何发挥实际作用的伦理道德观念都具有被大多数人接受的特点，并且都具有全民性的特点，因为一个阶级的伦理道德主张都是在它领导社会变革的时候提出的。那个时候，领导变革的阶级与人民群众具有共同利益。而当领导阶级获得统治权后，它不得不沿用它在革命时期提出的伦理道德观念，在它做不到的时候它就采取伪善的形式。对此，马克思和恩格斯说：

> 因为每一个企图取代旧统治阶级的新阶级，为了达到自己的

① 《马克思恩格斯选集》第 1 卷，人民出版社 1995 年版，第 93 页。

目的而不得不把自己的利益说成是社会全体成员的共同利益，就是说，这在观念上的表达就是：赋予自己的思想以普遍性的形式，把它们描绘成唯一合乎理性的、有普遍意义的思想。进行革命的阶级，仅就它对抗另一个阶级而言，从一开始就不是作为一个阶级，而是作为全社会的代表出现的；它俨然以社会全体群众的姿态反对唯一的统治阶级。①

另外，马克思和恩格斯主要是把西方国家的发展历史作为总结社会发展规律的依据。而在他们那个时代，从伦理道德观念上看，西方人关注的主要问题是自由和平等的问题，因此马克思和恩格斯关注的也主要是自由和平等问题。西方伦理道德体系的实际发展已经经历了一个从自由、平等到实质上的不自由、不平等的阶段。按照否定之否定的发展规律，下一个阶段必然是在更高的层次上回到自由、平等的发展阶段，即马克思和恩格斯所描绘的共产主义阶段。在这里，否定之否定规律具体表现为原始公有制—私有制—共产主义公有制这三个发展阶段。正如恩格斯所说：

　　一切文明民族都是从土地公有制开始的。在已经经历了某一原始阶段的一切民族那里，这种公有制在农业的发展进程中变成生产的桎梏。它被废除，被否定，经过了或短或长的中间阶段之后转变为私有制。但是在土地私有制本身所导致的较高的农业发展阶段上，私有制又反过来成为生产的桎梏——目前无论小地产或大地产方面的情况都是这样。因此就必然地产生出把私有制同样地加以否定并把它重新变为公有制的要求。但是，这一要求并不是要恢复原始的公有制，而是要建立高级得多、发达得多的共同占有形式，后者远不会成为生产的障碍，相反地它才将使生产摆脱桎梏。②

---

① 《马克思恩格斯选集》第 1 卷，人民出版社 1995 年版，第 100 页。
② 恩格斯：《反杜林论》，人民出版社 1999 年版，第 143—144 页。

在原始公有制时期，个人是具有人身自由的，他不属于和不依附任何人。部落不属于部落首领，所以虽然人的生存依赖于部落，但只是依赖于这个集体，而每个人都是这个集体中的平等的一员。他们共同劳动，共同分享劳动成果。正如恩格斯所说：

> 在实行土地公有制的氏族公社或农村公社中（一切文明民族都是同这种公社一起或带着它的非常明显的残余进入历史的），相当平等地分配产品，完全是不言而喻的；如果成员之间在分配方面发生了比较大的不平等，那么，这就已经是公社开始解体的标志了。①

首领与部落成员之间的关系在实质上是平等的，首领因为其才能和道德超群而获得大家的尊重，年长者因为经验丰富而受到尊重。成员之间互相帮助，一个人的困难就是大家的困难。整个部落团结得像一个人一样，一起抗击来自大自然的威胁和灾害。由于社会没有分裂成阶级，各个成员都从部落的集体利益出发考虑问题，不存在维护个人私利的问题。这种利益的一致性，使得人们通常能够达成完全一致的共识，因此在投票选举或投票决策时，通常采用的是全体通过而不是大多数人通过的原则。每个部落就相当于一个大的家庭，因此其伦理关系属于家庭内部的关系，人与人之间都是熟人，道德的力量无孔不入。一个破坏了伦理道德规范的人是无处安身的，因此一个人必须具有部落中公认的道德品质方能安身立命。

私有制获得成功的原因不是因为其伦理道德更加高尚，而是因为它是进步的，能够更好地促进生产力的发展，使人类总体首先能够从自然界的奴役下解放出来，而私有制必然灭亡的原因是因为它发展到一定的时候就会阻碍生产力的发展，而且它败坏了人类具有的原初的伦理道德风尚。人类在伦理道德方面的堕落是随着私有制的产生和发

---

① 恩格斯：《反杜林论》，人民出版社1999年版，第153页。

展而出现的。当原始初民们平等地分得私有财产时，成员们是赞同的；因为每个人都得到了自己认为公平的一份。而当有了私有财产之后，在大家族中出现了小家庭，家庭与家庭之间产生了交换产品的现象。商品的供求关系和各个家庭的不同的生产力导致了贫富不均。在穷人不得已而出卖自己的财产时，富人买走了穷人的财产。当穷人一无所有时，只能卖身成奴才能生存下来。

战俘在生产力低到一个人生产不出剩余价值的时候，通常是被杀死的。在一个人能够生产出剩余价值的时候，战俘被留了下来。变成奴隶总比被杀死好，因为人都有求得生存的自然欲望，好死不如赖活着。这样便出现了奴隶主阶级和对奴隶主具有人身依附关系的奴隶阶级。由于生产力水平比较低下，不加大奴隶劳动的强度和延长他们的劳动时间，就无法榨取他们的剩余价值，因此出现了极其野蛮地让奴隶在皮鞭下劳动的状况。到此为止，曾经普遍存在于整个社会的自由和平等没有了。奴隶阶级失去了自由和平等，成为被奴役的对象。奴隶主之间也划分了等级，由于奴隶分属于不同等级的奴隶主，因此在他们中也产生了等级观念。为了镇压人数越来越多的奴隶们的反抗，垄断着暴力手段、并服务于奴隶主阶级的国家产生了。在奴隶主和奴隶之间存在的伦理关系是主奴关系，相应的道德规范是忠诚：奴隶主拥有绝对尊严，奴隶绝对地服从。

尽管如此，奴隶制相对于原始社会来说是进步的。对此，恩格斯说：

> 生产已经发展到这样一种程度……劳动力获得了某种价值……战俘获得了某种价值；因此人们就让他们活下来，并且使用他们的劳动。这样，不是暴力支配经济状况，而是相反地暴力被迫为经济状况服务。奴隶制被发现了……只有奴隶制才使农业和工业之间的更大规模的分工成为可能，从而使古代世界的繁荣，使希腊文化成为可能……在这个意义上，我们有理由说：没有古代的奴隶制，就没有现代的社会主义。①

----

① 恩格斯：《反杜林论》，人民出版社 1999 年版，第 187—188 页。

随着生产力的进一步发展，劳动者能够生产出更多的剩余价值。在奴隶们的反抗下，社会进入封建社会。在封建社会中依然存在着自上而下的严格的等级制度。正如马克思所说：

> 在实行单纯的封建制度的国家即实行等级制度的国家里，人类简直是按抽屉来分类的。①

强势者处于强势地位，弱势者处于弱势地位。于是产生了下级服从上级、儿子服从父亲、妻子服从丈夫的伦理体系，与此伦理体系相应产生了一整套的道德规范体系。资本家出现后，他们要求农奴从土地上解放出来，成为他们的雇佣劳动者，于是有了对于自由的倡导；为了消解贵族的权力，于是他们反对封建等级制，提倡平等；为了解除宗教贵族对于上帝的独占，即必须通过他们才能与上帝交流，因此提出了上帝博爱的口号。只是这样的自由、平等在资本主义社会中，变成了无产者们在工作时因为出卖了自己的劳动力，完全像奴隶一样受资本家的意志所支配，他们只是被当成工具使用，失去了自由。在业余时间里，他们是自由的，自由到没有饭吃的时候资本家也没有义务过问。至于平等则转化为另外一种等级，即按金钱的多寡来划分的等级。拥有金钱的人则拥有更多的自由。

　　私有制必然导致等级，等级必然导致强势等级对于弱势等级的或多或少的奴役。与私有制的等级制相配套的伦理观念，必然是等级观念。与这种等级的伦理关系相配套的道德规范，必然是对于不同的等级的人或者说对于处于不同社会角色的人具有不同的道德要求。在资本主义社会中存在着资产阶级的道德、农民阶级的道德和无产阶级的道德。但是这些道德都属于资本主义的整个统一的伦理道德体系中的一个部分。处于一个等级伦理体系中的不同的阶级或不同的人，必然需要遵循不同的道德规范。随着个人的阶级地位的变化和个人角色的

---

① 《马克思恩格斯全集》第 1 卷，人民出版社 1995 年版，第 248 页。

变化，他必须按这个等级伦理体系的要求，遵循与他的身份、地位和角色相配的道德规范。等级制的伦理体系就是依靠其成员各自遵守与其身份角色相适合的道德规范来实现社会和谐的，这即是人们常说的"和而不同"的社会和谐状态。

在奴隶社会和封建社会中，人们主要生活在熟人社会中，从下等级流动到上等级的可能性比较少，法律比较严酷，因此除了由于饥荒等状况使人们无法生存下去导致起义或革命外，人们通常是安分守己的，底层人民通常是逆来顺受的，因此伦理秩序井然，普遍的违反伦理道德的现象比较少。而在资本主义社会中，生产积极性主要是靠刺激人们的欲望来实现的。个人在追求欲望最大化，而且流动性比较强，跨国移民比较容易，下等级向上等级流动的现象增多，各种品牌和奢侈的生活方式让许多人向往，因此把持不住自己欲望的人，便产生了违反伦理道德观念和违法犯罪的情况，因此资本主义社会在极大地促进了生产力的发展的同时，产生了历史上少有的违反伦理道德和法律的现象。在这样的社会中，人不再需要防备其他动物的袭击，而是随时要防备受骗上当。这里需要注意的是，一个社会提倡的伦理道德与实际的伦理道德状况是不同的。资产阶级提倡的"自由、平等、博爱"本身是好的，只是在这个社会中无法真正普遍地实现。各种伪善、自私、贪欲、欺诈、假冒伪劣现象的存在，并不是这个社会加以肯定而是在努力加以消灭的现象，只是因为其制度的局限性而无法被完全消除。

根据马克思和恩格斯关于生产力决定生产关系、经济基础决定上层建筑的原理，私有制的出现是必然的。没有经历这三种私有制的充分发展的社会，必然需要补课。只有把在这三种私有制下人类创造的全部文明的精华都吸收后，才能为彻底否定私有制和进入共产主义社会准备充足的条件。无论与原始公有制相配套的以原始自由和平等为核心的伦理道德体系，还是与私有制配套的以实质上不自由和不平等为核心的伦理道德体系，都是与生产力的发展水平相适应的必然出现的伦理道德体系。

原始的伦理道德观念虽然包含着共产主义社会将实现的自由和平等的观念，但当时的自由和平等观念不是人自觉选择的，主要是由于群体生存的需要而产生的。在部落与部落之间的战争中存在着野蛮的杀戮现象。在部落出现严重的食物危机的时候，还存在着食人现象。因此，就伦理道德本身来说，也是需要向更高层次发展。在私有制的伦理体系中，虽然都包含了上下级之间的义务和权利，但是由于处于强势地位的人经常只享受权利而不尽到完全的义务，而处于弱势地位的人常常只是被要求尽完全的义务，而不能真正享受到相应的权利，所以不公平。这些等级性的伦理体系即使在共产主义社会中也是可以被借鉴的，因为任何社会组织都需要有个结构。在这种结构中，人与人之间的重要性和地位是不同的。关键在于人应该交互承担这种义务并享受相应的权利。

在共产主义社会中，尽管人享有自由平等，但并不意味着社会中的每个人都完全一样或没有社会秩序，而是说人不被其他的人拥有并只是被当成工具使用，人也不会因为在社会中承担的角色不一样而被歧视或被强制。在这里，分工虽然依然存在，但是：

> 原来，当分工一出现之后，每个人都有自己一定的特殊的活动范围，这个范围是强加于他的，他不能超出这个范围：他是一个猎人、渔夫或牧人，或者是一个批判的批判者，只要他不想失去生活资料，他就始终应该是这样的人。而在共产主义社会里，任何人都没有特定的活动范围，每个人都可以在任何部门内发展，社会调节着整个生产，因而使我有可能随自己的兴趣今天干这事，明天干那事，上午打猎，下午捕鱼，傍晚从事畜牧，晚饭后从事批判，这样就不会使我老是一个猎人、渔夫、牧人或批判者。①

三　马克思主义与中国的伦理道德观

在应用马克思主义基本原理的时候，我们需要做好两个方面的工

---

① 《马克思恩格斯选集》第 1 卷，人民出版社 1995 年版，第 85 页。

作：一方面需要把马克思主义中国化，其基本依据是中国的经验具有特殊性的一面，完全照搬马克思主义必然导致教条主义和脱离实际，因此需要向实践的方向用力。这个方面的主要根据是中国独有的、无法推广的经验；另一方面需要把中国的经验马克思主义化，其基本依据是中国的经验也有一般性的一面，不把这些经验马克思主义化，就会犯经验主义的错误，因此需要向理论总结的方向用力。这个方面是通过中国的经验提炼出来的一般性规律，是可以分享的，能够在全球普遍推广，作为中国对于世界性的理论体系的贡献。下文将对这两个方面进行分析。

第一，按照马克思和恩格斯的生产力决定生产关系和经济基础决定上层建筑的原理，中国是否应该退回到资本主义制度，等中国的资本主义发展到一定时候，再重新进入社会主义及共产主义？对这个问题的回答，决定着中国的伦理道德观念体系是否应该采用资产阶级的"自由、平等、博爱"的伦理道德观。按照人类历史发展的一般进程，中国是应该先发展资本主义，等条件成熟后再发展社会主义。然而，由于中国的历史发展进程为外敌入侵打断，先发展起来的资本主义国家希望把中国变成一个原料供应市场，而不允许中国发展成为能够与它们竞争的发达的资本主义国家。因此，中国以苏联为样板，建立了社会主义国家。而且由于中国人民在近代历史上长期受到发达资本主义国家的凌辱，希望实现跨越式的发展以超越资本主义国家，恢复中国的在历史上的泱泱大国地位，而根据马克思主义的理论，社会主义是超越资本主义的社会形态，因此对社会主义建设抱有极大的热情。

因为全民在发展问题上都急于求成，毛泽东在一定的时期里，不自觉地顺应了这种要求，过分强调人的主观能动性，因此违背了生产力发展中存在的不可违背的刚性规律，阻碍了生产力的发展，使人们有了越穷越革命的看法。这种看法极大地影响了社会主义的声誉，使得接受过社会主义的贫穷煎熬的人想起社会主义就不寒而栗。这样中国人就形成了社会主义代表贫穷和资本主义代表富裕的观念，而这种观念又被误认为是马克思主义提倡的，因此造成了人们对于马克思和恩格斯的社会主义的误解。而马克思和恩格斯一生奋斗的目标就是要彻底消灭贫困。马克思和恩格斯要消灭的对象首先是无产阶级，而不是要把资产阶级变成无产阶级。在马克思和恩格斯构想的社会主义中，生产力发展水平是超过资本主义的，所以这种社会主义在物质上应该是比资本主义更加富足的。

中国不应该退回到资本主义制度，其主要理由是：中国人的国民性决定了中国人在心理上需要处于领先地位。在长期的历史发展中，中国人习惯了把本国看成是世界最文明的礼仪之邦，在物质文明和精神文明上都处于世界领先地位。如果中国退回到资本主义社会，那就意味着它只能是跟在其他发达的资本主义国家后的落后的资本主义国家，一切的经验和模式都得向这些国家学习，没有自己的文明特色。即使发达了也是采用他国的经验和智慧，证明的是他国的文明高于中国的文明，本国只是他国文明的模仿者而已。中国人希望超越资本主义国家，不仅在物质文明上，而且在精神文明上。而在建设社会主义上，目前已经没有其他国家可以模仿，尤其是现在最强大的社会主义国家就是中国，中国在社会主义国家的发展中处于领先地位。如果中国的社会主义模式做成功了，超过了资本主义国家，那中国就保证了其领先的地位。而且根据马克思和恩格斯的理论，社会主义是高于资本主义的社会形态。这样一旦中国的发展成功了，无疑就处于整个人类发展的领先地位，恢复了国民潜在期望的真正的崛起。所以，如果中国回到资本主义制度，整个国民的士气都会受到消极的影响，会使国民失去恢复大国地位的信心。顺应这种国民性，可以为国家的发展提供主观动力。但是这种国民性也是中国人习惯于犯急于求成的"左"的错误的根源。如果处理不好，就会脱离生产力决定生产关系、经济基础决定上层建筑的轨道，从而再次违背生产力发展的规律，造成欲速则不达的后果。

第二，中国是否可以跨越资本主义社会的发展阶段？对这个问题的回答，决定着中国应该建立什么样的伦理道德规范的问题。尽管中国不应该退回到资本主义制度，但中国如不学到资本主义国家发展的全部文明成果，就不可能真正地跨越资本主义阶段而进入共产主义社会，因此中国应该始终坚持改革开放的政策。中国之所以可以不退回到资本主义阶段，之所以能够跨越这个阶段，是因为有别的国家在积累发展资本主义的经验和提供其发展的成果，使得中国可以不亲自体验这种资本主义制度，就能够通过开放而学到资本主义发展的文明成果，从而使本国的生产力得到大力的发展。中国只有在物质文明的发展上比资本家国家更加优越，才能为进入共产主义提供物质前提。而且中国通过改革，采用了市场经济，允许私人企业的发展，不仅增加了社会发展的活力，提供了更多的就业机会，而且让中国人也部分地体验到资本主义在发展过程中必然产生的弊病，比如说严重的两极分化、假冒伪劣产品的盛行、环境的恶化等。在环境保护方面，恩格斯早就论述过资本主义社会的发展可能给人类带来的灾难。

> 但是我们不要过分陶醉于我们人类对自然界的胜利。对于每一次这样的胜利，自然界都对我们进行报复。每一次胜利，起初确实取得了我们预期的结果，但是往后和再往后却发生完全不同的、出乎预料的影响，常常把最初的结果又取消了……因此我们每走一步都要记住：我们统治自然界，决不像征服者统治异族人那样，决不是像站在自然界之外的人似的——相反地，我们连同我们的肉、血和头脑都是属于自然界和存在于自然之中的；我们对自然界的全部统治力量，就在于我们比其他一切生物强，能够认识和正确运用自然规律。①

所以，中国应该坚持科学发展观，走科学发展的道路。

中国还存在着封建和资产阶级的生存方式，因此中国目前必然处于社会主义的初级阶段。那么其伦理道德体系也只能是与这种初级阶段相配套的伦理道德体系，它要具有足够的宽容度和弹性，让各种伦理道德体系都有存在的空间，但强调主旋律的指导作用。由于中国的社会主义以公有制为基础，所以其主旋律文化应该以共产主义的伦理

---

① 《马克思恩格斯选集》第 4 卷，人民出版社 1995 年版，第 383—384 页。

道德体系为追求目标，这个体系的核心就是吸纳了原始共产主义和资本主义的自由平等的合理因素的社会公平和人的全面自由的发展，所不同的是社会主义社会要为每个人的全面自由的发展提供超越过去所有社会制度的公平的物质条件和平等的机会。

中国也应该吸收封建社会建立起的等级文化，因为任何秩序都是有等级的，只是要强调等级的服务职能和交互性。封建社会的等级文化，主要强调上对下的权力，忽视上对下的义务；而且在上下等级之间缺乏公平的流动性。如果等级是建立在自愿基础上的，而且这种等级是交互性的，那么即便是存在等级也是公平的。比如说，主奴关系。如果一个人总是主，只是主，而另外一个人总是奴和只是奴，那就是不公平的。但是如果他们之间的关系是可以互换的而不是单向度的，比重是一样的，他们互为奴隶，互为主人，即便是主奴关系也可以是公平的，只要这种关系是建立在互相自愿的基础上。而当对主奴关系进行了交互性的转换后，他们之间的关系的本质也就发生了根本性的变化，成为互相服务的关系了。因此，封建等级文化经过这样的转换，可以用来构造公平和谐的社会秩序。

在中国的儒家伦理道德体系中，道德规范可以分为两种：一种是对待伦理秩序的态度，如仁、义、礼、智、信这五德，这类道德规范表明的是人应该如何对待伦理秩序和与之相应的道德，具有道德形式的意义，因此是可以直接吸收的。另外一种是与伦理关系相对应的道德规范，比如说与君臣关系相对应的忠，与父子关系相对应的孝，与夫妻关系相对应的贞，是需要进行交互性和等比性改造的。上级与下级的关系改造为民主协商的关系、父子之间的关系改造为尊老爱幼的关系、夫妻关系改造为互相之间的爱情关系。

而且马克思和恩格斯追求的共产主义，看上去类似于中国儒家的大同社会理想，而实际上却存在着很大的区别。《礼运·大同篇》如是说：

> 大道之行也，天下为公。选贤与能，讲信修睦。故人不独亲其亲，不独子其子。使老有所终，壮有所用，幼有所长。矜寡孤独废疾者，皆有所养。男有分，女有归。货恶其弃于地也，不必

藏于己。力恶其不出于身也，不必为己。是故谋闭而不兴，盗窃乱贼而不作。故外户而不闭。是谓大同。

其中描述的是理想的封建社会，而不是马克思和恩格斯所描述的共产主义社会。在这种理想的封建社会中，公的代表是皇帝，天下为公就是天下忠于皇帝，而不是马克思和恩格斯所说的公有制，即人民拥有生产资料。在这种理想的封建社会中还是精英即贤能治国，而不是马克思和恩格斯所说的每个人都有治理国家的义务和权利。在这种理想的封建社会中，依然存在非对等性的等级观念，如男有分、女有归，而在马克思和恩格斯所描述的共产主义社会中，个人是自由的，人与人之间享有平等的权利。在这种理想的封建社会中，人劳动的目的还是为了吃饭；而在马克思和恩格斯的共产主义社会中，人吃饭的目的是为了劳动，因为劳动成了人们幸福的来源。社会为人提供了富足的生存条件，并为每个人的全面发展提供支持，使人能够把自身的全部潜能发挥出来，完成每个人的自我实现。每个人都能通过自我实现完满地实现自己的价值，从而获得其他动物无法享受到而只有人才能享受到的精神上的幸福。

随着全球化的发展，还使一些新的伦理关系突出出来，比如说：人类社会与地球之间的关系、国家与国家之间的关系。环境伦理要处理的实际上就是人类社会与地球之间的关系。由于目前民族国家还是全球社会或国际社会中的主要主体，因此每个国家还是应该提倡基于爱国主义基础上的人类主义和国际主义。人类主义主要表现为保护自然环境，爱护人类共同的家园，为未来的人类留下发展的空间。国际主义主要表现为国与国之间的平等互惠，不以强凌弱，以大欺小。在其他国家面临天灾人祸时，能够提供人道主义援助。爱国主义主要体现为对本民族的热爱和尊重，个人力图通过本国实现对于人类社会或国际社会的贡献。知如何平天下，然后知如何治国；知如何治国，然后知如何齐家，知如何齐家，然后知如何修身，于是知如何建造一个公平合理的全球和国际和谐社会。

（韦正翔　清华大学马克思主义学院教授、博士生导师）

第十四讲

马克思主义人生价值观

人生价值观是世界观的重要组成部分和它在人生问题上的具体体现。世界观决定人生价值观。但世界观只有具体化为人生价值观，才能更有效地指导人们的思想和行动。

一 人生价值观产生和
演变的现实基础

人生价值观是人们对人生目的、人生意义和人生价值的根本看法和根本态度。一个人和一个阶级的人生观的产生、演变，以及不同的人生观之间的差异性，从根本上说，都是社会地和历史地被决定的。

首先，每一代人及其人生状况都是一定的社会历史条件下的产物。社会是人生活的环境，离开社会，离开群体，人将无法进行活动，也就无法生存。社会为进入生活的每一代人都准备好了一定的社会物质生活条件和文化背景。每一代人都是在一定的历史条件下生存和发展的。这种现实的物质生活条件和文化背景，同时也就从根本上决定和影响着那一代人的人生选择、人生道路和生活方式。每一代人都只能把经过历史发展、积累和形成的这种社会物质生活条件和文化背景，作为自己生存、活动和发展的前提和基础，而无法摆脱这个前提和基础。这就是马克思所深刻分析的，人们自己创造自己的历史，但是他们并不是随心所欲地创造，并不是在他们自己选定的条件下创造，而是在直接碰到的、既定的、从过去承继下来的条件下创造。随着社会的进步和历史条件的变化，即人与自然、人与人之间关系的变化和发展，造成了不同时代的人生观的差异和历史性的发展。现代人类对自己及其与世界关系的根本看法，不仅不同于原始社会和奴隶社会的人，也很不同于封建社会的人。在今天，生活在社会主义社会条件下的人，也区别于生活在资本主义社会中的人。人生观总是随着时代进步而进步的。

其次，任何人生观都是基于一定的生产力发展水平的社会关系的产物。不论是在历史上，还是在现实社会生活中，各种不同的甚至根本对立的人生价值观的存在，是不以人们意志为转移的客观现象。历史唯物主义认为，人们的人生价值观的形成，不是由于人性的"自然要求"，不是什么人性的"自我实现"或"自我完成"，更不是什么上帝或神的启示，而是人们所处的一定的生活条件和社会关系的产物，是人们的社会地位和社会存在的反映。人们对人生的目的、价值和道路等重大问题所形成的根本看法，都可以从其现实的社会生活条件，特别是社会经济关系中探寻到它的根源。当然，人们在人生价值观形成的过程中，都要受到受教育的程度、文化背景、亲友和生活经历的影响。但是，当我们进一步问，他们通过传统和环境教育承受的，为什么正是这些情感和观点，而不是别的情感和观点呢？同样，只有到现实的社会物质生活条件及其社会关系和社会实践需要中去寻找原因。社会关系有自己的逻辑和作用规律，当人们还处于某种社会关系之中时，他们的思想、情感和行动选择，就不能脱离这种社会关系的制约和影响。人们的人生价值观，归根结底都是在当时的社会物质生活条件及其相应的社会关系的基础上产生的。在阶级社会里，人生价值观就是一定阶级所处的社会关系的反映。不同阶级的人们，由于各自不同的经济利益和政治要求，才形成了不同的或对立的人生价值观。关于世界观、人生价值观等观念上层建筑的形成的根源，马克思曾精辟地指出："在不同的所有制形式上，在生存的社会条件上，耸立着由各种不同的、表现独特的情感、幻想、思想方式和人生观构成的整个上层建筑。整个阶级在它的物质条件和相应的社会关系的基础上创造和构成这一切。"① 只有从这种理论高度来看待人生价值观，才能了解其实质。

最后，人生价值观作为一种社会意识形式，在内容上都来自人们在一定社会条件下对自己实际生活过程的意识。"意识在任何时候都只能是被意识到了的存在，而存在就是他们的实际生活过程。"② 人们的实际生活过程，就是人们的社会实践过程，包括人们的经济活动、政治活动、科学实践活动及其他的社会交往和活动。人生价值观这种社会意识的内容，即人们对人生意义、人生价值的根本看法与根本态度，不可能来源于人的意识本身，也不可能来自于人的实际生活以外的事物，而只能来自于人们对实际社会生活过程中所提出的任务、职责和使命的认识。当然，这些认识是要受到人们在社会生活中所形成的感情、意志以及其他各种复杂心理活动的影响。其中，有的认识明确，有的认识模糊；有的觉悟很早，有的迟迟不能自觉；有的目标坚定，有的摇摆游移，有的甚至悲观、绝望和沉沦，等等。尽管如此，处在同一社会历史时代的同一阶级，或同一社会生活处境的人们的人生价值观，一般说来，本质上还是差别不大的。也正因如此，不同社会历史时代、不同阶级和不同社会生活处境的人的人生价值观又各有特殊的本质，并且有着不同的历史命运。人生价值观的这种差异和阶级性，不仅揭示了各种人生价值观的历史根源和社会本质，而且揭示了人生价值观演变的原因及其规律。

二 剥削阶级利己主义的人生价值观

利己主义是剥削阶级人生价值观的共同本质。一切剥削阶级的人生价值观，都是在生产资料私有制基础上产生的，都是剥削阶级的阶级利益和阶级意志的反映。历史上的所有剥削阶级的人生价值观，虽

---

① 《马克思恩格斯选集》第 1 卷，人民出版社 1995 年版，第 611 页。
② 同上书，第 72 页。

然在具体内容和表达形式上有这样或那样的差异，但它们的核心思想却都是自私自利、损人利己。利己主义是剥削阶级人生价值观的共性。这是因为，不论是奴隶主阶级、封建地主阶级，还是资产阶级，它们所处的社会历史条件都是以私有制和阶级对抗为共同的经济、政治特征；它们的实际生活过程，都是通过压迫和剥削劳动阶级，无偿占有他们的剩余劳动，来满足本阶级和个人的私欲，并且始终是围绕着个人的物质享受和政治权力而展开的。也正因为如此，各种剥削阶级的人生价值观，往往是相互贯通、相互承袭、相互结合的，表现出了共同的本质。正如恩格斯所深刻揭示的："最卑下的利益——无耻的贪欲、狂暴的情欲、卑劣的名利欲、对公共财产的自私自利的掠夺——揭开了新的、文明的阶级社会；最卑鄙的手段——偷盗、强制力、欺诈、背信——毁坏了古老的没有阶级的氏族社会，把它引向崩溃。而这一新社会自身、在其整整两千五百余年的存在期间，只不过是一幅区区少数人靠牺牲被剥削和被压迫的大多数人的利益而求得发展的图画罢了，而这种情形，现在比从前更加厉害了。"[①]

利己主义是一个历史的范畴。利己主义作为私有制经济的产物和反映，在奴隶社会和封建社会就已出现古典形态的利己主义。如在中国古代，先秦时期的杨朱提出"贵生"、"重己"、"拔一毛利天下而不为也"，就是古典的利己主义的典型。在古希腊，德谟克利特和伊壁鸠鲁就认为人是天生的利己主义者，并主张人的一切德行都应该以此为根据。但总的说来，在古典利己主义那里，还没有形成具有完整理论形态的利己主义。利己主义作为一种系统的价值观念和系统化、理论化的人生观，形成于近代资产阶级革命时期，即形成于资本主义商品经济产生和发展过程中。

从 14 世纪至 15 世纪的文艺复兴运动开始，资产阶级在早期反封建斗争中，以个人利益、个人幸福、个人快乐的天然合理性，抨击宗教禁欲主义，为了实现资本的原始积累，以野蛮的、残忍的、卑鄙的手段巧取豪夺，以血与剑的搏斗抢掠、聚敛财富，一心为己，贪婪无

---

① 《马克思恩格斯选集》第 4 卷，人民出版社 1995 年版，第 97 页。

厌，损人利己，把个人私利凌驾于他人利益、社会利益之上，暴露出其赤裸裸的利己主义面目。由此，霍布斯说，自私、利己使"人对人像狼一样"。在资产阶级初步取得统治地位以后，为了防止极端利己主义所造成的社会分裂、仇杀、憎恨、动乱现象。爱尔维修、费尔巴哈等人对早期赤裸裸的公开的利己主义理论作了修正、补充和发展，提出"合理利己主义"。所谓"合理利己主义"主要包括两方面的内容：人有追求享受的天性，但酗酒头痛、放荡生病、纵欲伤身，过度享乐会给人造成不幸和悲剧。所以，应当以是否对自己身体健康有利为限度，对享乐应进行合理的自我节制。为了自己的幸福必须关心别人的幸福。"对己以合理的自我节制，对人以爱（又是爱！），这就是费尔巴哈的道德的基本准则。"① 这是"合理利己主义"的共性观点。合理利己主义强调个人利益的必然性、正当性和至上性，但提倡人们注意处理个人与他人、个人与社会的利益关系，这无疑蕴涵着一定程度的合理因素。但从本质上看，只有资产者、有钱者才能纵欲享乐。无论纵欲还是吝啬，都是资产者的利己本性。对一贫如洗的穷困者，大谈节制享乐岂不荒唐可笑吗？把爱别人当做爱自己的手段，把利他当做利己的方式，以伪善的面目干着谋取"合理"私利的勾当，"合理利己主义"的实质是为资产者卑鄙而虚伪的利己活动作"合理"论证。

当资本主义进入相对稳定时期以后，资产阶级的利己主义人生价值观又表现为新的形态。这就是边沁和穆勒所创立的功利主义。资产阶级功利主义的基本原则是：衡量任何一种行为应当予以赞成和反对，是看该行为增进还是减少当事者的幸福。对当事者有功利、效用的行为，就应当赞成；反之，就应当反对。因此，这种功利原则实际上是一种个人的苦乐原则、幸福原则。边沁认为，只有一个一个人的利益，没有团体（群体）利益。社会是虚构的团体，社会利益是虚构的抽象利益，应当用所谓"最大多数人的最大幸福"，代替"社会利益"概念，或者把它作为"社会利益"概念的内涵规定。而这种"最大多数人的最大幸福"，是以个人幸福做基础的，个人利益的总

---

① 《马克思恩格斯选集》第 4 卷，人民出版社 1995 年版，第 238 页。

和就是所谓社会利益。个人利益的增长就是所谓社会利益的增长。边沁竭力反对个人利益要服从社会利益的原则，反对利他、利社会的自我牺牲。他认为，个人利益是唯一现实的利益，脱离个人利益，最大多数人的利益同样也只是一种抽象。边沁的功利主义是自由资本向私人联合资本转变时期的伦理原则。

资本主义发展到现代，传统的利己主义理论在嬗变中获得了新形式。不少新的思想流派从新的角度论证的利己主义本质，以新的理论体系宣扬利己主义价值观念。如实用主义者杜威说，自私、利己、个人主义是永恒的现象。在旧个人主义不适合今天的情况下，要创造新个人主义。新个人主义以个人为本位，为个人谋私利，却能促进社会的"联合化和集体化"。再如萨特的存在主义宣称，社会是沉沦了的人的祖国。唯有个人才是至上的，人要实现他存在的本质，就必须努力摆脱他人、群体和社会的约束。"他人就是地狱"，每个人只有在对抗群体社会、反对别人的时候，才会有个人的绝对自由和幸福。存在主义本身是一种以自我为中心的利己主义。值得注意的是，现代西方很多思想流派一般尽量扬弃利己主义的传统概念和刺眼术语，以"人的存在"、"人的需要"、"人的目的"、"人的价值"、"人的自由"、"人的幸福"等时髦语言，建构各式各样的实质上是利己主义的新的理论体系，使利己主义披上了一种"新时代的盛装"，获得新的形式和特点。

近代西方资本主义社会，先后出现的这些利己主义的人生价值观理论，尽管五花八门、花样翻新，却万变不离其宗，始终维护和遵循一个本质，那就是只承认人的个体性、独立性，否认人的群体性；以人的肉体感性、自然本性否定人的社会特质；以私利、利己的一面否认利他、利群的一面，更否认群体利益高于个人利益的优先地位。

正因为利己主义是一个历史范畴，所以需要历史地看待它。一般说来，在私有制即剥削制度下，利己主义的产生并成为社会中占统治地位的意识形态的核心，是不可避免的。并且在其不同的历史时期，它发挥的作用也有所不同。当一个剥削阶级处于革命和上升的历史阶段，这个阶段的利己主义意识，作为一种"恶的力量"，对破坏旧的剥削制度，建立新的剥削制度，还是有积极作用，并推动社会进步的。但是到了必须用社会主义制度取代资本主义剥削制度的时代，今天的社会主义社会中，一切形式的利己主义都已丧失了历史必然性和历史正当性，必须用集体主义、社会主义、共产主义思想取而代之。社会主义的集体主义是今天科学的人生价值观的思想和行为的准则。

三　社会主义和共产主义的人生价值观

社会主义和共产主义人生价值观的产生。社会主义和共产主义人生价值观的产生和发展，是以人们对社会历史的发展及其实践任务的认识为基础的。社会主义和共产主义的人生价值观，也只有到了伴随生产力的发展而出现无产阶级的时候才能产生，这就是无产阶级的人生价值观。

社会主义和共产主义的人生价值观的产生，有其深刻的历史必然性。它是在资本主义的社会化大生产所造成的历史条件下，无产阶级作为人类历史上最先进的生产力的代表，从本阶级的根本利益和历史地位出发，运用马克思主义提供的科学世界观，正确总结群众性历史活动的经验，批判继承人类历史上的进步人生价值观的积极因素，而深刻理解无产阶级认识和改造世界的崇高职责和历史使命的结晶。

正如毛泽东同志所指出的："社会的发展到了今天的时代，正确地认识世界和改造世界的责任，已经历史地落在无产阶级及其政党的肩上。这种根据科学认识而定下来的改造世界的实践过程，在世界、在中国均已达到了一个历史的时节——自有历史以来未曾有过的重大时节，这就是整个地推翻世界和中国的黑暗面，把它们转变过来成为前所未有的光明世界。"① 一方面，历史发展的客观进程，提出了消灭私有制和阶级，建立社会主义社会的任务；另一方面，历史发展本身又造成了这样一个最革命、最先进的工人阶级。它不仅能够认识这

---

① 《毛泽东选集》第 1 卷，人民出版社 1991 年版，第 296 页。

个伟大的历史任务，而且能够根据这个历史任务和自己的职责，确定自己的人生目的和意义。这就是要为消灭私有制、消灭阶级、实现共产主义和人类的解放而奋斗。由此决定了社会主义和共产主义的人生价值观的科学性和革命性。它所以是科学的，是因为它建立在对社会发展规律的正确认识的基础上；它所以是革命的，因为它要革命地改造旧世界，解放劳动阶级和全人类，最终实现共产主义。无产阶级人生价值观的根本宗旨就是为共产主义而奋斗，全心全意为人民服务。这样无产阶级的人生价值观就科学地揭示了人生的价值和意义。人生的最大意义不在于吃喝玩乐、清静无为或高官显位，而在于在为人民服务的事业中作出贡献，从而也实现自身的完美；人民的利益、社会进步的利益，是人生价值的最高标准；个人的发展和人生选择，要着眼于人民的、集体的需要，并只有在社会集体中才能发展个人的智慧和才能，扩大个人自由，发展个性，达到自我实现。人生的目的在于为促进社会发展而贡献个人的一切力量。一个人只有把自己的生活、命运同社会进步、同广大劳动人民和整个人类的解放联系起来，把自己的一生贡献给最壮丽的共产主义事业，才是最有价值、最有意义的。

"为人民服务"是社会主义和共产主义人生价值观的核心。学习马克思主义，树立社会主义和共产主义的人生价值观，最重要的是要确立和掌握马克思主义的立场、观点、方法，而其中立场又是最根本的。立场问题就是为什么人的问题。"为什么人的问题，是一个根本的问题，原则的问题。"[①] 它在实际上、实践上决定一个人站在谁一边，实际上代表谁的利益的问题。为少数人服务，利己自私，唯利是图，是一切剥削阶级的行为准则和人生价值观的核心；而先人后己，大公无私，全心全意为人民服务，则是无产阶级及其政党——共产党人的行为准则和人生价值观的核心。

马克思和恩格斯在《共产党宣言》中指出：至今发生过的一切运动都是少数人的运动，或者是为少数人谋利益的运动。无产阶级的运

---

① 《毛泽东选集》第3卷，人民出版社1991年版，第857页。

动是绝大多数人为绝大多数人谋利益的独立自主的运动。无产阶级的解放，同时是全人类的解放。无产阶级如果不废除一切私有制，使全人类得到解放，就不能彻底解放自己。共产党人的立场，一切社会主义和共产主义者的立场，就是要为无产阶级、劳动人民和全人类的解放而奋斗。这正是社会主义和共产主义者的最高人生宗旨，正是社会主义和共产主义人生价值观的核心。因为离开这一根本立场，观点和方法就失去了灵魂，没有了意义；离开了为无产阶级、劳动人民和全人类解放的事业而奋斗，社会主义和共产主义者的人生奋斗，也就没有了出发点和归宿。实际上，如果没有为无产阶级、劳动人民和全人类谋利益的立场，也不可能彻底掌握马克思主义的观点和方法，也不可能真正确立社会主义和共产主义的人生价值观。

为无产阶级、劳动人民和全人类的解放而奋斗，作为马克思主义的根本精神和无产阶级人生价值观的核心，在中国得到了发展，并且取得了新的民族形式。这就是全心全意为人民服务思想的提出。把无产阶级的解放全人类的最高人生宗旨，化为全心全意为人民服务的具体人生宗旨，使社会主义和共产主义的人生观取得了中国化的表现形式。毛泽东同志作为中国共产党人的杰出代表，在《为人民服务》、《纪念白求恩》、《愚公移山》等一系列著作中，集中论述了全心全意为人民服务的光辉思想，强调指出："我们的共产党和共产党所领导的八路军、新四军，是革命的队伍。我们这个队伍完全是为着解放人民的，是彻底地为人民的利益工作的。"[①]"我们共产党人区别于其他任何政党的又一个显著标志，就是和最广大人民群众取得最密切的联系。全心全意地为人民服务，一刻也不脱离群众，一切从人民的利益出发，而不是从个人或小集团的利益出发。""共产党人的一切言论行动必须合乎最广大人民群众的最大利益，为广大人民群众所拥护为最高标准。"[②]全心全意为人民服务的光辉思想，完全体现了马克思主义人生价值观的根本精神，同时也是与中国自古就有的忧国忧民，

---

① 《毛泽东选集》第3卷，人民出版社1991年版，第1004页。

② 同上。

"先天下之忧而忧，后天下之乐而乐"，"以天下为己任"，为民族、为社会而奉献一切的民族精神一脉相承的。

特别是，毛泽东还在中国革命的伟大实践中，在把马克思主义人生价值观与中国优秀的传统文化精神相结合的过程中，将"为人民服务"这一社会主义和共产主义人生价值观的核心进一步展开，形成了中国化的社会主义和共产主义人生价值观体系。毛泽东在《为人民服务》和《论联合政府》等著作中将"为人民服务"的光辉思想展开为带有中华民族特色的科学生死观："人总是要死的，但死的意义有不同。中国古时代有个文学家叫司马迁的说过，'人固有一死，或重于泰山，或轻于鸿毛'。为人民利益而死，就比泰山还重，替法西斯卖力，替剥削人民和压迫人民的人去死，就比鸿毛还轻。"① "以中国最广大人民的最大利益为出发点的中国共产党人，相信自己的事业是完全合乎正义的，不惜牺牲自己个人的一切，随时准备拿出自己的生命去殉我们的事业。"② 在毛泽东的书房里，还挂着他亲笔手书的条幅，录引民族英雄文天祥在《过零丁洋》一诗中写下的"人生自古谁无死，留取丹心照汗青"的名句。他为刘胡兰烈士题词："生的伟大，死的光荣"。这是马克思主义人生观、生死观与中华民族的民族精神的水乳交融。中国共产党人不仅继承光大了古往今来的中华民族脊梁们的优秀品格和浩然正气，而且在新的历史条件下加以改造、创新和发展，即以是否有利于人民的利益和社会进步，作为一个人生与死的意义和价值的唯一标准。

在《纪念白求恩》等著作中，毛泽东同志又将"为人民服务"的光辉思想，进一步展开为带有中华民族特色的崇高的道德观和崇高的人生境界。他指出："白求恩同志毫不利己专门利人的精神，表现在他对工作的极端负责任，对同志对人民的极端的热忱。""我们大家要学习他毫无自私自利之心的精神。从这一点出发，就可以变为大有利于人民的人。一个人能力有大小，但只要有这点精神，就是一个

① 《毛泽东选集》第3卷，人民出版社1991年版，第1004页。
② 同上书，第1096—1097页。

高尚的人，一个纯粹的人，一个有道德的人，一个脱离了低级趣味的人，一个有益于人民的人。"毛泽东所赞颂的这种崇高道德观和崇高人生境界，和中华民族传统文化中的重人伦道德价值、重人格价值、重人的精神和精神境界的优秀思想，是有承继关系的，而且加以创新、发展，将其扎根于为人民服务的伟大事业中，并升华为"毫不利己，专门利人"的崇高精神。这样，以为人民服务为核心的社会主义和共产主义的人生价值观，就成为中国共产党人和一切拥护社会主义事业的人的人生指针。不论是在革命战争时期，还是在社会主义革命和建设时期，它都指引着中华民族的优秀儿女，为人民的解放和人民的幸福，去奋斗，去献身。在社会主义革命和建设时期，虽然不像战争年代那样轰轰烈烈了，但仍有众多的人，把以为人民服务为核心的社会主义和共产主义的人生价值观，落实在一言一行上，去身体力行，在平凡的工作岗位上创造出了不平凡的业绩。雷锋精神就是以为人民服务为核心的社会主义和共产主义人生价值观，在新的历史时期所结出的丰硕果实。"人的生命是有限的，可是，为人民服务是无限的，我要把有限的生命，投入到无限的为人民服务之中去。"这是人生的最强音，必将继续呼唤和激励一代又一代的社会主义新人，去实践以为人民服务为核心的社会主义和共产主义人生价值观，去为中国和世界人民的解放和幸福而奋斗不息。

四 科学地回答人生价值观的基本问题

人生价值观作为对人生和人生价值的自我认识，所体现的是关系人生目的、人生价值和人生意义的观念体系，所要回答的基本问题，有理想与信念问题、生死观问题、苦乐观问题和荣辱观问题等。

1. 理想与信念问题

人有理想与信念，生命才有所附丽。

　　理想是人生的奋斗目标和方向。托尔斯泰曾说："理想是指路明星。没有理想就没有坚定的方向。而没有方向，也就没有生活。"马克思在其中学毕业论文中，也指出："使人生具有意义的不是权势和表面的显赫，而是寻找那种不仅满足一己利益，且能保证全人类幸福的完美理想。"

　　理想的含义。理想是确立于人们的观念中并为之奋斗的目标。它是一个人的世界观、人生价值观的集中表现，包括向往什么样的社会，应成为什么样的人，以及个人生活、职业等方面所企求达到的目的。理想作为一种社会意识，是一定社会物质生活条件的产物。是对社会和人生走向的观念把握和追求。从个体生命的发展来看，人生理想的出现是人成熟的标志。每个人从生理发育到精神上逐渐成熟的人生时期，便开始怀有自我生命的希望，开始越来越热烈地寻找理想，越来越经常地思考人生的"秘密"，向往使人生有意义的前进目标。并由以逐渐形成一定模式的处世态度，越来越少机械地仿效现成的行动榜样。从这时候起，人才开始真正意识到自己的种种需要，意识到个人对社会的责任，并力图去克服希望和现实、愿望和可能的冲突，以使自己成为某种角色。诚如马克思所指出："作为确定的人，现实的人，你就有规定，就有使命，就有任务。至于你是否意识到这一点，那都是无所谓的，这个任务是由于你的需要及其与现存世界的联系所产生的。"① 所谓使命、任务、目的和理想，不过是以意识形式出现的对人生的"将来时代"的不同表达形式。使命、任务、目的和理想的确立，是人的思想和行为发展的一个界碑。它意味着人开始控制自己的活动，并力图做自己命运的主人。理想内在地包含了人生的价值目标。有了这个人生价值目标，人就能够选择生活的"最终目的"，确立人生准则和生活方式。因此，人有了人生的目的和理想，也就确立了自我生存的方式，并获得了人生的精神的支柱和动力。

　　理想有不同的类型和层次。按理想的主体来分，有人类理想、集体理想和个人理想。人类理想，应是人们对社会发展总趋势的预测和

---

　　① 《马克思恩格斯全集》第 3 卷，人民出版社 1960 年版，第 329 页。

反映人民群众根本利益的最高奋斗目标。但自从社会划分为阶级后，就没有人类统一的理想了。集体理想，是指某个社会集团、阶级、民族、国家所要实现的共同奋斗目标。个人理想，是指社会上的每个成员根据自己的主客观条件所确立的人生目标。按理想的内容来分，有社会政治理想、道德理想、职业理想和生活理想等。社会政治理想是一定社会以及社会中的一定阶级或社会集团及其成员，所持有的关于被其向往的最好的社会及其社会关系结构的观念，它通常包括下列内容：人的社会地位和命运、财产和生活财富的支配、权利和义务、贡献与报酬、个人利益和社会利益等的合理关系。社会政治理想反映了社会整体利益与人的发展的需要。道德理想，是指一定社会、阶级的理想人格：应该做一个什么样的人或做人的标准，是道德理想所要回答的问题。职业理想是人对专业志趣的选择、确定和崇尚。生活理想是关于饮食、起居、爱情和伴侣选择的标准和追求。生活理想具有明显的个体性。人生理想内容的这四个方面，是一个由低级到高级的层次结构。生活理想处于最低层次，人的社会政治理想处于最高层次。社会政治理想不仅是社会成员个体的理想，而且是社会群体的理想，它的立足点不是为个人，而是为全社会。社会政治理想是人生理想的核心，它决定和制约着其他理想的具体内容、发展方向和实现程度。人们应为正确的社会政治理想的实现而奋斗，以锤炼和培育人们的道德理想，确定合适的职业理想，选择健康的生活理想。同样，每一种崇高的政治理想的实现，都需具有高尚的道德品质的个人和群体为之奋斗，为之献身，也需要从事这种奋斗的人们正确处理职业理想和生活理想等问题。因此，在历史发展的不同阶段上，任何先进、进步的阶级或在上升时期的阶级，在提出自己的社会政治思想的同时，也都相应地发展着自己的道德理想，宣传正当的职业理想，提倡健康的生活理想。在我国现阶段，建设中国特色社会主义，实现国家社会主义现代化，振兴中华，是全体人民的共同的政治理想；而最终实现共产主义社会，则是工人阶级和共产党人所抱定的崇高的社会政治理想。我们应在这种理想的指导下，去建构不同层次的道德理想和生活理想。

理想和现实的辩证统一。理想是以客观可能性作为内在根据的美好构思、设计和愿望。必然性是理想的现实基础，凡是不根据现实产生的理想，都不会成为现实的理想；凡不是以历史进程为根据的理想作指导的行动，都不会是有效的行动。因此，理想的形成必须以现实为根据，必须是现实发展的条件和主观要求的统一。也就是说，现实的理想必须来源于现实，现实之中才能孕育着现实的理想。但现实的理想来源于现实，并不直接等同于现实；它高于当下的现实，更令人神往，是对美好的未来的合理构想。因为它是现实生活的客观逻辑的合乎规律的引申，因而经过努力就会转化为新的更美好的现实。特别是科学的社会理想，达到了对客观世界内部矛盾的规律性认识，能在事物发展的总体上，在矛盾运动的必然趋势上，把握事物的发展和人生的未来，就更是引导现实的旗帜，改造现实的精神力量。

因此，严格说来，所谓"现实"，并不就是直接看得见、摸得着的现象，也不等于实存。现实的东西比现象和实存更深刻、更有普遍性和生命力。在现实中包含着事物的本质和实存，它是本质和实存的统一。因此在现实中包含着理想和实现理想的根据。黑格尔说：凡是现实的都是合理的，凡是合理的都是现实的。就是说，凡是现实的都是有其存在的根据和理由的，而凡是有根据和理由的可能的东西，在发展过程中也终将变为现实。也正是在这个意义上，我们说理想之树深深扎根于现实的沃土之中。现实是理想的基础，理想是未来的现实。普列汉诺夫在说明理想与现实的辩证关系时，曾经以恩格斯为例指出："恩格斯把自己的全部生命献给一个非常崇高的目的：解放无产阶级。他有理想，但是他的理想从来没有脱离过现实。他的理想，也就是现实，但这是明天的现实，是将要发生的现实，它将要发生并不是因为恩格斯是一个有理想的人，而是因为目前现实的特性就是如此，因为那可以叫做恩格斯的理想的明天的现实，是应该从目前的现实中，应该按照目前现实本身的内部规律发展而来的。"①

理想由可能性变为现实，是依据现实中的根据和条件而得到的发

---

① 《普列汉诺夫哲学著作选集》第 1 卷，三联书店 1962 年版，第 547 页。

展。一般说来，在现实中具备了发展根据和条件的，就有可能变为现实。但是，具有现实性的理想，并不是在一切情况下都能充分展开为现实。从现实的可能性向现实转化的决定性条件，就是人们的主观与客观相统一的实践活动，是人们积极争取实现真正理想的努力。这就是说，现实与理想的因果联系是以实践为中介的实际联系，不经过实践这一环节，现实与理想之间是不可能发生因果联系，实现由因到果的转化的。所以，从人生的实践来说，要把握理想与现实的辩证统一关系，要克服对待理想与现实的片面性。使理想在我们的实践活动中不断地转化为现实，必须创造和掌握三个方面的条件：（1）必须使理想成为有现实根据的、合理的理想，而不是无现实根据的幻想和空想；（2）必须具备坚强的意志，把理想付诸实践，使意志自律和实存的他律统一起来；（3）要根据对客观、主观条件的认知，找出正确的实践途径和方法，设计可行的计划和方案，扎扎实实地保证理想的实现。

共产主义理想的科学性和实践性。共产主义是人类最壮丽的事业，它把人类的社会理想带进了一个无限美妙的世界。按照马克思在《哥达纲领批判》等著作中的论述，共产主义社会制度的基本特征为：在社会共同占有生产资料的制度中，生产力高度发展，社会财富极大丰富，实现"各尽所能，按需分配"原则，人们的思想觉悟极大提高，消灭了与旧式分工相联系的三大差别，人们不再把劳动作为谋生的手段，而是把它当做人生的第一需要，每个人都能在丰富多彩的生活中成为体力和智力全面发展的新人。

共产主义理想的科学基础，是由马克思主义奠定的。毛泽东同志曾指出："在很长的历史时期内，大家对于社会的历史只能限于片面的了解，这一方面是由于剥削阶级的偏见经常歪曲社会的历史；另一方面，由于生产规模的狭小，限制了人们的眼界。人们能够对于社会历史的发展作全面的历史的了解，把对于社会的认识变成了科学，这只是到了伴随巨大生产力——大工业而出现近代无产阶级的时候，这就是马克思主义的科学。"① 此前，人们对未来世界虽有"大同世

① 《毛泽东著作选读》（上册），人民出版社1986年版，第121—122页。

界"，有空想社会主义者所作的种种美好的设想和描述。然而，这只是空想的"乌托邦"。共产主义理想正是马克思、恩格斯批判继承了空想社会主义者及历史上一切思想家的优秀成果，创立了唯物史观和剩余价值学说，在这两大发现的基础上建立的，是符合人类历史发展规律的科学预见；共产主义理想是代表无产阶级长远利益的社会理想，符合人类最高利益。它对人类社会的进步起着巨大的促进作用，是无产阶级和劳动人民改造自然、改造社会的强大精神力量。因此，共产主义理想是人类最科学、最进步的理想。中国共产党人之所以坚持马克思主义、坚持社会主义和最终实现共产主义的理想信念不动摇，就在于他们用无产阶级的宇宙观，即用辩证唯物主义和历史唯物主义的世界观，"作为观察国家命运的工具，重新考虑自己的问题"，也就是把马克思、列宁主义的基本原理，把它所阐明的共产主义理想信念与中国革命和建设的具体实践相结合。换言之，中国共产党人之所以坚持共产主义理想信念不动摇，就在于共产主义理想的科学性和实践性。

共产主义理想是科学性和实践性的统一。"对实践的唯物主义者，即共产主义者说来，全部问题都在于使现存世界革命化，实际地反对和改变事物的现状。"① 共产主义理想的实践性，主要表现为两个方面：其一，共产主义的思想体系和远大目标是无产阶级革命和建设在其一切发展阶段上的指导思想，它指引着我们无产阶级整个事业的发展方向；其二，共产主义的理想信念必须与当前的具体实践相结合，即需要把共产主义的远大理想目标与眼前的脚踏实地的具体工作有机地统一起来。共产主义理想大厦的建成，靠我们每一个人的添砖加瓦，靠我们一代又一代人的艰苦奋斗。我们不能因为自己无法亲眼看到共产主义社会的最终实现，就认为共产主义理想对自己缺乏现实的价值和意义。共产主义是一种社会政治理想，但又是一种社会的现实运动，是一种实现理想的实际运动。现阶段，我们建设中国特色的社会主义，实现社会主义现代化，实现全国人民的共同理想，就是最终

① 《马克思恩格斯选集》第 1 卷，人民出版社 1995 年版，第 75 页。

实现共产主义的实际步骤。这既是共产主义运动的现实构成部分，又是为将来实现共产主义创造条件。正如邓小平同志所说："我们多年奋斗就是为了共产主义，我们的信念理想就是要搞共产主义。在我们最困难的时期，共产主义理想是我们的精神支柱，多少人牺牲就是为了实现这个理想。"①

2. 生死观问题

人生之最大考验，莫过于生死的考验。对生死的态度集中反映了一个人对待人生意义、人生目的和人生价值的根本看法和态度。人为什么而生，为什么而死，如何对待生与死，这是生死观中最重要、最根本的问题。由于人们持有不同的人生目的和人生态度，因而也就形成了不同的生死观和实际的对待。无产阶级的生死观是人类历史上最为进步的生死观。它是建立在历史唯物主义和集体主义之上的生死观，它表现为生为人民而奋斗、死为人民而献身的崇高精神和价值取向。

唯物辩证法认为，生与死是任何生物有机体中既相对立又相依存，并贯穿于生物有机体的生命活动之始终的两个对立方面。但经过一个或长或短过程之后，最终死的因素取得支配地位，使该生物个体归于死灭。人也一样，生生死死，死死生生，这是自然规律，任何人均无例外。问题在于，人怎样生活，怎样度过一生才有意义和价值？又应怎样对待死亡，怎样面对死亡才有意义和价值？在人类历史的长河中，每个人都要交上这样一份人生答卷。当然，不同时代、不同阶级和不同思想境界的人，其回答不一样。

历史上，一切剥削阶级以利己主义作为自己人生观的核心和考虑生死问题的立足点。他们认为，人生的最大意义就是统治和剥削别人，积敛财富，出人头地，光宗耀祖，挥霍享受，甚至喊出了"人为财死，鸟为食亡"的心声。对于死，剥削阶级的典型表现就是贪生怕死，唯恐天年不永，不能长期纵欲。因此，其多数人对死消极悲观，用"生死有命，富贵在天"来麻痹自己。其中有些人，甚至幻想

---

① 《邓小平文选》第 3 卷，人民出版社 1993 年版，第 137 页。

"长生不老"。当然，历史上也有一些杰出人物，虽出身剥削阶级，但又超越了阶级的局限，怀着关心社会发展和民族命运的情愫、博大的胸怀，持积极进取、奋发有为的人生态度，在德行、功业和言论著述各方面作出了一般人不可企及的贡献。其思想品行经受住了为一般人所不可企及的考验，成为人类共同的精神财富。但在剥削阶级中，这种人只是"凤毛麟角"。

无产阶级的生死观与一切剥削阶级的生死观有着本质区别。它建立在集体主义和人民利益的基础之上，以彻底唯物主义的态度和历史的责任感来看待生死问题，是一种具有崇高意义的生死观，无产阶级珍爱生命、热爱生活、努力创造新生活；无产阶级把为真理、为人民利益而献身，作为自己崇高的生活目的。在国家、民族和人民的利益需要牺牲个人一切的时候，能视死如归，舍生取义，为人民而生，为人民而死。

无产阶级生死观认为，人的唯一的一次生命不单纯属于个人，它也属于自己的阶级和社会。有限的个人生命是人类种族无限延续的一种存在形式，每个人的人生都是人类发展过程中的一个网点或环节，人类发展是由世世代代许许多多的个人发展史构成的。所以，生命，无论对社会、对个人，都是十分宝贵的。人的生命之所以宝贵，是因为它作为社会生活的能动主体，既能够为人类进步和社会发展作出有价值的贡献，又能够享有宇宙间其他物种所没有、而只有人才会有的真、善、美等价值生活。"人总是要死的，但死的意义有不同。"为了革命事业，为了人民利益而牺牲生命，这虽然中断了个体的生命前途，但却延长和发展了整个人类的生命。因为要解放人民就需要奋斗，而要奋斗就会有牺牲。对于有觉悟的无产者来说，珍视生命不仅是为了自己，更是为了革命大业，因为他的生命是与无产阶级和广大人民群众的利益紧密联系在一起的。因此，为了革命大业和同胞，在必要时，个人甘愿作出牺牲。无论是在战争时期，还是在和平建设时期，都有不少先进分子为此而献出生命。作为生命个体的人，也在这种牺牲中实现了自己生命的伟力和生命的价值。毛泽东在《为人民服务》中，精辟地表达了无产阶级的生死观："人总是要死的，但死的意义有不同。中国古时候有个文学家叫司马迁的说过'人固有一死，或重于泰山，或轻于鸿毛'。为人民利益而死，就比泰山还重；替法西斯卖命，替剥削人民和压迫人民的人去死，就比鸿毛还轻。"[①] 毛泽东的这些论述，不仅适用于战争年代，也适用于和平建设时期。虽然在战争年代，生死的考验更为普遍和严峻一些；但在现阶段，有时也会面临生死考验，而且如何严肃地、有意识地认识和对待"生"，更为经常和有挑战性。

3. 幸福观问题

"幸福"令人激动、向往，对"幸福"的追求更是人们从心灵深处发出的呼唤。然而，现实生活又是那样的富有戏剧色彩：有的人追求幸福真的走向了幸福；有的人追求幸福反而远离了幸福；有的人追求幸福却陷入了绝境和深渊。这就不能不需要人们在追求幸福的同时，审视一下幸福的真正内涵。

幸福是一个社会历史范畴。就一般的意义来说，所谓幸福就是处于一定社会经济关系和历史环境中的人们，在创造物质生活条件和精神生活条件的实践中，由于感受和理解到目标和理想的实现，而得到的精神上的满足。幸福观有着鲜明的时代性和阶级性，不同的时代和阶级有着不同的幸福观。不同的幸福观及其区别，根源于现实的社会经济生活条件。历史上的剥削阶级，由于占有着社会物质生产和精神生产的资料，拥有各种谋取和满足自己私欲的手段，他们往往是将个人权势、地位、金钱的获取和最大的物质享乐视为最大幸福，并且总是把本阶级少数人的幸福建筑在大多数人的痛苦之上。在剥削制度下，小生产者想通过自己的劳动，创造实现幸福的生活条件，但又常常与幸福无缘，并沦为自己创造的生活条件的奴隶。他们一方面受剥削阶级的利己主义幸福观的影响；另一方面他们又力图只靠个人的奋斗来改变窘迫的处境，并幻想那遥不可及的幸福。无产阶级的先进分子，能够深刻地理解社会化大生产必然要求以公有制为基础的生产关

---

① 《毛泽东选集》第3卷，人民出版社1991年版，第1004页。

系同它相适应，深刻地理解无产阶级的解放条件和伟大使命。因而，他们总是把争取广大人民群众的幸福，实现工人阶级和人类的解放，看做是最大的幸福。这种为人类美好未来而进行的革命斗争，赋予了个人的生命以崇高的内容，并显示出伟大的价值，从而得到内心的最大快乐和幸福，实现创造与享受的统一。

因此，对无产阶级和广大劳动人民来说，真正的幸福是一种劳动创造中的享受。劳动创造的欢乐是幸福的主旋律。人的幸福，蕴涵着创造与享受两个基本的方面。而这二者的关系，在一般意义上则是创造制约着享受，创造是享受的前提，享受是创造的结果。人类创造物质财富和精神财富的劳动，是幸福的真正源泉。但是在剥削制度下，劳动创造和享受表现在人身上经常是分离的。对于劳动者来说，劳动是外在的东西，也就是说，是不属于他的本质的东西。因此，劳动者在自己的劳动中，并不是肯定自己，而是否定自己；不是感到幸福，而是感到不幸；不是自由地发挥自己的体力和智力，而是使自己的肉体受到折磨、精神遭到摧残。在这种情况下，劳动与幸福是相异化、相对立的。

只有消灭了阶级剥削和压迫的社会主义制度，才为劳动者使创造新生活与享受新生活统一起来开辟了广阔的前景。广大劳动者的幸福感受，才从自己劳动创造的源泉中不断涌流出来。劳动创造是人的生命活动不同于动物的本质属性，是人的本质力量的体现，也是人类生存和发展的基础。人在劳动创造的过程中，积极、能动地改造自然，使之适应于人类生活的需要，也改造着劳动者自身。而劳动所创造的对象，则是人的体力和智力的凝结，也是人自身本质力量的对象化和肯定。因此，每个劳动者为社会创造物质财富和精神财富的过程，既是个人社会本质的实现过程，又是人的生命潜能和个性特点的发挥过程。只有在这种创造性的劳动中，才能感觉到人生的乐趣，领略到生命存在的真正价值。一个劳动者在劳动创造活动中所感受到的这种精神享受，正是他作为一个创造者的莫大幸福。尤其是，每当一项艰苦实践的主体，在克服和战胜了重重的困难、险阻与曲折，而获得成功时的幸福感，那是别人所无法体验到的。

在新时期，改革开放，发展社会主义市场经济，建设中国特色社会主义，是一桩前无古人的创造性的伟大事业。这为有志于改革和进取的人们提供了发挥其聪明才智的广阔天地。为这项社会主义大业，为振兴中华而奋斗、奉献，就是为中华民族和全体劳动人民造福。在成就这桩伟业的过程中，它的奋斗者们也会从中得到无穷无尽的乐趣，获得应有的幸福。

然而，在我们的社会里，人们对于幸福的理解和追求，也是不尽相同的。有少数人在改革开放的条件下，面对拜金主义和物质主义的冲击，就一改过去认同的社会主义价值观和幸福观，改而信奉享乐主义和个人主义的幸福观，有的甚至向往西方腐朽没落的生活方式。

所谓享乐主义幸福观，就是把追求感官刺激、吃喝玩乐、挥霍浪费、讲排场、比阔气等纵欲行为作为根本的人生追求，即把纵欲当成人生的最高幸福和最终目的。享乐主义，是腐朽没落的剥削阶级的人生追求和生活方式。享乐主义幸福观源远流长，并在当代西方社会有广泛的影响。一些学者还为它作哲学上的论证，例如弗洛伊德的精神分析学从人的本能出发，提出了所谓"快乐原则"。宣称幸福与满足人的本能欲望成正比，人感到肉体愉快，就构成自我幸福。满足自我不可遏制的、野蛮的本能冲动而出现的幸福感，比满足由社会文明遏制本能所产生的情感要强烈得多！说社会文明破坏着人本能的快乐和幸福。由此，弗洛伊德断言，每个人都面临如下的选择：或者为追求幸福，而无拘无束地去满足那些强烈的本能欲望，或者去服从文明社会的约束而抛弃幸福，二者必居其一。

这里问题的要害和关键是，所谓本能欲望的满足，能不能成为必然幸福的定则？我们的回答是否定的！人的欲望追逐着幸福，但幸福却不会无条件地从欲望中升起。人的欲望可能会片面地、膨胀地反映自身的需要，甚至错误地、虚幻地、歪曲地反映自身的需要。这就造成有的人在追求满足某些欲望的时候，不但没有给自己带来幸福，反而给自己的身心发展带来痛苦和灾难。而"尽情享乐"必然走上纵欲主义的道路。它不仅会导致个体和社会的冲突，也会导致个体自身的沉沦、堕落乃至毁灭。因为过分的纵欲行为，要受到双重的矫正。

第一，要受到行为后果的自然矫正。酒醉之后，必定头痛；放荡成习，必生疾病。第二，要受到社会行为规范的矫正。如果人们满足自己欲望的行为越过了一定的社会规范和界限，就会受到舆论和道德的谴责，严重的要受到法纪的制裁。享乐主义，特别是纵欲主义，不仅有悖于中华民族的传统美德，而且与中国国情和社会主义建设所需要的艰苦奋斗精神更是格格不入。

当然，不赞成享乐主义，反对纵欲主义，绝不是要提倡禁欲主义，让人们去做"苦行僧"。其实，感官的快乐并不是人生的过错。过错只在于把感官上的快乐推向极端，走向了违背自然规范、社会的道德规范和人生的意义规范，即走到了"享乐主义"。因为，饥而欲食，渴而欲饮，寒而欲衣，劳而欲息，是人之常情、常理。

社会主义和共产主义的目的，说到底，就是要使全体人民最终达到共同富裕，让人民群众物质和文化生活日益丰裕起来。可是享乐主义者却不顾大多数人的生活冷暖和疾苦，只顾个人的欲望和满足，甚至采取不正当的手段，去追求这种满足。因而，对享乐主义的幸福观，必然会被社会的发展、时代的潮流所淘汰。

所谓个人主义幸福观，就是以个人为本位，主张个人幸福高于一切，宣扬单靠个人的"奋斗"，就可争得"幸福"。这就否定了人的幸福的社会性和个体幸福的社会条件，否定了个人幸福只有在社会和集体的共同奋斗中才能得以实现。把个人幸福和社会幸福、集体幸福、他人幸福割裂和对立起来，甚至以损害社会、集体和他人幸福来谋取所谓的个人"幸福"。这种个人主义的幸福观必然把人引进对幸福追求的误区和沼泽。因为，正如恩格斯所说："如果一个人只同自己打交道，他追求幸福的欲望只有在非常罕见的情况下才能得到满足，而且决不是对己对人都有利。他的这种欲望要求同外部世界打交道，要求有得到满足的手段：食物、异性、书籍、娱乐、辩论、活动、消费和加工对象。"① 实现个人幸福的物质条件和精神条件都是由社会、集体、他人提供的，离开社会和集体，靠个人孤独的追求、

① 《马克思恩格斯选集》第 4 卷，人民出版社 1995 年版，第 238 页。

个人主义的奋斗，所谓个人幸福只能是空谈和幻想。社会生活是互相联系的整体，个人离不开社会，个人幸福和社会幸福是不可分离的。

个人主义的幸福观，实质上是资产阶级的一种幸福观。它根植于资本主义私有制，是资本主义商品货币关系的观念表现。资本主义生产方式从其产生时开始，就在批判封建主义的过程中，把个人、人性和个人幸福作为资本主义的思想旗帜和精神动因。个人主义是资本主义意识形态的核心原则，因此势必要提倡和推行个人主义的幸福观。

在社会主义条件下，个人主义和个人主义幸福观从根本上失去了经济根据，已成为一种没落和过时的思想观念。在我们的社会里，由于生产资料的公有制是社会经济结构的主体，个人的利益与人民的利益、社会的利益在根本上是一致的，个人主义的幸福观也就从根本上失去了经济根据和社会利益关系基础。没有人民的整体的幸福，就没有个人的幸福。个人的幸福只有在人民的幸福不断增长中才能得到保障；个人也只有在为人民服务中作出贡献，得到人民的尊重和赞誉，才能在内心里真正得到幸福的感受，这种幸福才是真实的。人民的整体的幸福是个人幸福的基础，个人幸福是人民的整体的幸福的表现。离开人民的整体的幸福，个人幸福是不能实现和得到保障的。

4. 荣辱观问题

在各种人生价值观当中，都包含着对人生荣辱的看法和评价。人们的荣辱观，是由人们对人生的意义、人生的目的和人生的价值的根本态度和看法所决定的。人们对荣与辱的看法和评价是紧密地联系在一起的，有了什么样的荣誉观念，也就有了与之相对应的耻辱观念。一定的荣辱观，是一定的人格特征的鲜明体现。

荣辱观是随一定的社会历史条件和人的社会地位的变化而变化的。它在不同的历史时代，不同的阶级或集团中，有着不同的社会内容和表达形式。也正如恩格斯所说的："每个社会集团都有它自己的荣辱观。"① 在没有阶级的原始社会，荣誉往往同维护氏族整体利益

① 《马克思恩格斯全集》第39卷，人民出版社1974年版，第251页。

的劳动和义务联系在一起，诚实劳动、履行氏族义务、遵守氏族的风俗习惯等，就是这个历史阶段荣誉的主要社会内容，而与之相悖的行为则被公认为是耻辱。

进入阶级社会以后，人们的荣誉观念就受到了私有制的制约，打上了阶级的烙印。奴隶主阶级所理解的荣誉，是他们的身份和特权，特别是以拥有奴隶的多少来衡量名声和荣耀。为了维护奴隶主的利益，巩固奴隶主阶级的统治，他们还把保卫奴隶主国家而表现的勇敢推崇为最高的社会荣誉。

奴隶社会被封建社会取代之后，封建贵族和地主阶级的荣辱观认为，等级、权势和门第就是尊严和荣耀。他们不仅认为把自己同没有财产的平民和农民相比是一种耻辱，而且认为同没有权势和门第的商人、资产者相比，也是一种耻辱。当然，在封建社会，也有些出身剥削阶级但比较进步的知识分子，批评把荣誉等同于等级、权势和门第，而主张荣誉是对履行社会义务的德行的评价，例如，中国东汉末年的进步思想家王符，尖锐地抨击"以族举德，以位命贤"的"俗士之论"，指出"所谓贤人君子者，非必高位厚禄、富贵荣华之谓也"，"宠位不足以尊我，而卑贱不足以卑己"。这种进步的荣辱观，是与封建等级制度相矛盾的，因而不可能成为评价封建社会人们的思想和行为的荣与辱的通行标准。

随着资本主义制度的形成和确立，产生了资产阶级的荣辱观。他们以金钱和个人发迹来评价荣誉，即一方面用拥有金钱的多少来衡量人的价值和行为的荣辱；另一方面又极力强调个人的才能和发展是值得赞誉的，从而使个人主义的功利观、金钱欲，同作为道德评价的荣誉感混同起来。资产阶级的更有甚者甚至不讲人格，不讲气节，不讲操守，有时还把耻辱作为旗帜来挥舞。总之，剥削阶级的荣辱观都是以个人的财富和特权为基础的。他们把个人的荣华富贵，即把谋取个人财富和特权放在社会公益之上，把不劳而获和剥削压迫劳动人民作为威望和尊严来炫耀。

在阶级社会的各个历史时期，被剥削和被压迫的劳动人民有着与剥削阶级根本不同的荣辱观。他们都把勤恳的劳动生活和反抗剥削和压迫的斗争看做最值得赞誉和尊敬的行为，特别是对那些为阶级和民族的解放事业作出贡献和牺牲的人，给予崇高的荣誉和敬仰；而把不劳而获的剥削行为看做是可耻的，把沽名钓誉、谄媚取宠于剥削者和权势者看做是卑劣的。无产阶级荣辱观继承了历代劳动人民和进步知识分子的荣辱观的积极因素，并在革命实践中有了进一步的丰富和发展。

无产阶级荣辱观是建立在历史唯物主义基础之上的，是与社会主义和共产主义的伟大事业紧密相连的。它认为，荣誉不是由财富、权势、门第、特权和金钱赋予的，而是由对民族、对人民、对无产阶级事业的无私奉献决定和衡量的。而且在无产阶级看来，靠剥削和压迫劳动人民所获得的财富、权势和特权，不仅不是荣誉，而且是极大的耻辱；靠自私的投机钻营所求得的名誉，也不是真正的荣誉，而是暂时的虚荣。只有忠实地履行自己对社会主义、共产主义事业的义务，全心全意地为人民服务，从而得到人民的赞誉尊敬，才是真正的荣誉。无产阶级荣辱观不仅科学地揭示荣与辱的本质，而且科学地回答了个人荣誉与集体荣誉的关系。无产阶级荣辱观认为，应该从社会主义社会个人利益和集体利益根本一致的基础上，来看待和实现个人荣誉与集体荣誉的统一。社会主义现代化的伟大事业是人民群众的事业、集体的事业，个人在事业上的贡献和功绩是同人民群众和集体的奋斗分不开的，是在群众和集体的共同努力下取得的。因此个人荣誉并不仅仅是个人努力、个人奋斗的结果，而是凝结着广大人民群众和集体的奋斗，是人民和集体荣誉在个人身上的体现。另外，社会主义现代化的伟大事业的成功，又离不开每个人的努力工作、积极贡献，特别是一大批先进分子的卓越贡献。因此人民和群体的荣誉，是由每个人建立的功绩组成的。对那些先进分子在为社会主义现代化事业所建树的功绩，应该给予客观公正的肯定和评价，给予必要的荣誉，以资鼓励，并发挥示范作用。在一定意义上说，人民和集体的荣誉也是由许多杰出的先进分子和人民群众共同创造的。

总而言之，在社会主义社会中，个人荣誉和集体荣誉达到了辩证的统一。集体荣誉是个人荣誉的归宿，个人荣誉是集体荣誉的体现和组成因素。个人应该把自己的荣誉归功于人民和集体，看做是社会和集体对自己的鼓励和更高要求。社会和集体应当鼓励个人去建立功勋，争取荣誉，应当尊重和保护个人正当的荣誉感、自尊心。一个人、一个集体和我们社会有了正确的荣辱标准和荣辱观，就知道应该提倡和鼓励什么，就知道应该否定和防止什么。

5. 苦乐观问题

艰苦奋斗是无产阶级世界观、人生观的重要体现，是无产阶级和劳动人民的阶级本色。所谓苦乐观，就是指人们在实践和日常生活中对苦与乐所持的看法。无产阶级提倡艰苦奋斗，这是为人民的事业、为社会主义和共产主义的理想进行英勇顽强的斗争的客观需要。无产阶级推翻旧世界、建设新世界的斗争，是人类历史上空前伟大而艰巨的事业。其前途光明，但道路曲折，只有通过一代又一代人的艰苦奋斗才能成就这项事业。因此，毛泽东同志特别强调要面对困难，勇挑重担，吃苦在前，享受在后。他说："艰苦的工作就像担子，摆在我们的面前，看我们敢不敢承担。担子有轻有重。有的人拈轻怕重，把重担子推给人家，自己拣轻的挑。这就不是好的态度。有的同志不是这样，享受让给人家，担子拣重的挑，吃苦在别人前头，享受在别人后头。这样的同志就是好同志。这种共产主义者的精神，我们都要学习。"[①] 中国共产党领导人民进行革命斗争的历史，就是一部艰苦奋斗的历史。"中国共产党以自己艰苦奋斗的经历，以几十万英勇党员和几万干部的英勇牺牲，在全民族几万万人中间起了伟大的教育作用。"[②] 由于这种精神的激励、鼓舞，才使更多的共产党人和革命群众从中吸取了精神力量，有了精神支柱，实现了革命大业的成功，也使一代又一代的共产党人和革命者在成就这一大业中实现了闪光的人生价值。

---

① 《毛泽东选集》第 4 卷，人民出版社 1991 年版，第 1161—1162 页。
② 《毛泽东选集》第 1 卷，人民出版社 1991 年版，第 184—185 页。

如果从更普遍的意义上看，艰苦奋斗也是人类社会生活的一个永恒的基本条件，因为劳动是人类社会发展的永恒的必然性。而劳动本身包括体力劳动和脑力劳动，都要克服种种困难和阻力，都要求有一种奋斗的精神。劳动实践中需要的这种艰苦奋斗，正是不甘落后、发愤图强、改变现状的进取精神，代表着人类精神的进步面和光明面，是进取的人生哲学的重要源泉。然而，在目前社会中，由于个人主义、享乐主义等思潮的冲击，出现了"浮躁"、"厌烦"、"活得太累"、"没劲"、"追求享受"等消极情绪，简单地认为革命战争年代所形成的以井冈山精神、长征精神和延安精神为代表的艰苦奋斗精神过时了，不适用了。于是，转而向往安逸，及时行乐，提倡所谓的"潇洒人生"。这些都是对真正的苦与乐缺乏正确的理解。

其实，苦与乐的关系是辩证的。伟大的共产主义战士雷锋在日记中写道："苦中有乐，乐在苦中"，"有理想有出息的革命者必定是乐于吃苦的人"。这些话语言简意赅，道出了革命者对待苦乐的深刻哲理。人们在劳动和创造过程中，"苦"与"乐"总是不可分离的。没有"苦"就无所谓"乐"，没有"乐"就无所谓"苦"。"苦"是付出劳动、获得乐趣的过程，是手段；"乐"是劳动的结果，是享受劳动果实的过程，是目的。无论什么时代，或在什么社会条件下，都不能只讲目的，不讲手段，或只讲享受，不讲吃苦。"苦"与"乐"又是相互渗透的。徐特立在长征路上问董必武："为什么在我们最困难的时候你还那么快乐？"董必武回答说："因为我们有伟大的前途。"可见，对一个革命者来说，为人民的根本利益而"吃苦"，确实是"虽苦犹甜"，"虽苦犹乐"。同时，"苦"与"乐"又是可以相互转化的。俗话说："苦尽甘来。"无数革命先辈爬雪山、过草地、吃树皮、啃草根，可以说吃尽了人间之苦。但是正是中国共产党人自觉地吃苦，才换来了今天的社会主义社会。正因为如此，有的人苦了一辈子，似乎很苦，但他为人类社会作出了应有贡献，因而感悟到了自己存在的价值，体验到人生创造活动和成功的幸福。有的人"乐"了一阵子，甚至是一辈子，享尽了人间的荣华富贵，似乎很"幸福"，但他并没有为人类社会作出什么正事和贡献，碌碌无为，虚度了青春年华，最后才感到万分的空虚和痛苦。这正是苦与乐的辩证法。

(赵甲明　清华大学马克思主义学院教授、博士生导师)

第十五讲

马克思的商品观

在政治经济学中，马克思把资本主义作为"人体"进行解剖，旨在透视和剖析资本主义的"生理结构"，即"经济结构"。由于资本主义建立在商品存在和运动的基础之上，"资本主义生产方式占统治地位的社会的财富，表现为'庞大的商品堆积'，单个的商品表现为这种财富的元素形式"。① 因此，商品就成为马克思研究和阐释资本主义经济运动的起点和初始范畴。

一　商品与使用价值

马克思说："商品首先是一个外界的对象，一个靠自己的属性来满足人的某种需要的物。"② 这就是说，作为外界的"物"，凡是商品都具有这样或那样的"属性"，也即各种"几何的、物理的、化学的或其他的天然属性"。③ 这些属性由构成商品体的自然的物质存在和结构决定，不以人的主观意志为转移，因而是"客观的"。

商品依靠自身的这些属性，可以满足人们这样或那样的"需要"，从而形成商品的"有用性"。每一种商品"都是许多属性的总和，因此可以在不同的方面有用"。一方面，商品的有用性"不是悬在空中

---

① 马克思：《资本论》第 1 卷，人民出版社 2004 年版，第 47 页。

② 同上。

③ 同上书，第 50 页。

的。它决定于商品体的属性，离开了商品体就不存在"。另一方面，商品的这种有用性又是相对于人的需要而言的，取决于或者说依赖于人的需要，离开了人的需要，就无所谓"有用"还是"无用"。

正是外界物的这种"有用性使物成为使用价值"。① 换言之，商品的"使用价值"也就是商品的有用性。一个具有各种自然属性的外界物，只要能够满足人的需要，对人有用，就具有使用价值；人的需要满足的程度越大，商品的使用价值就越大；反之就越小。所以，在马克思看来，"社会需要，即社会规模的使用价值"。② 同人的需要的满足和满足的程度构成本质性关联的，是也只能是商品的使用价值。商品的使用价值体现了人与自然的关系，也即商品体的自然属性同人的需要之间的满足和被满足的关系。正因为如此，马克思总是把商品的使用价值等同于"商品体"本身，认为"商品体本身，例如铁、小麦、金刚石等等，就是使用价值，或财物"。③

任何商品的使用价值都包含了"质"的规定和"量"的规定，因而都可以从质和量两个方面加以考察。商品使用价值的质的规定，也就是商品体的自然的物质存在和"物质规定"本身；商品使用价值的量的规定，则是如何对商品体的物质存在本身进行"度量"或"计量"的问题。不同的使用价值，其计量的"社会尺度"也不同。例如，"手表"用"块"来计量，"麻布"用"码"来计量，而"铁"则用"吨"来计量。究竟以何种"尺度"来计量一种使用价值，这一方面取决于商品体的自然的物质存在和物质性质本身，另一方面则取决于人们的"约定俗成"。发现商品体的各种不同的自然属性，从而发现商品的各种使用价值和使用方式，"是历史的事情"，为使用价值的"量"找到社会尺度，也是历史的事情。④

无论什么样的社会，没有使用价值，就没有"物质财富"。使用价值的生产是社会物质财富创造和增进的"必要条件"。所以马克思

---

① 马克思：《资本论》第 1 卷，人民出版社 2004 年版，第 48 页。
② 马克思：《资本论》第 3 卷，人民出版社 2004 年版，第 716 页。
③ 马克思：《资本论》第 1 卷，人民出版社 2004 年版，第 48 页。
④ 参见马克思《资本论》第 1 卷，人民出版社 2004 年版，第 48 页。

讲："不论财富的社会的形式如何，使用价值总是构成财富的物质的内容。"① "更多的使用价值本身就是更多的物质财富，两件上衣比一件上衣多。两件上衣可以两个人穿，一件上衣只能一个人穿，依此类推。"② 由于使用价值是相对于人的"需要"和需要的"满足"而言的，所以，"使用价值只是在使用或消费中得到实现"。③ 没有被人使用或消费的使用价值，只是"可能"的使用价值，而不是"现实"的使用价值。不仅如此，由于商品不能用来满足生产者自己的需要，而是必须卖出去满足其他人的需要，所以，商品的使用价值具有"排己性"，是一种"社会的使用价值"。马克思说："谁用自己的产品来满足自己的需要，他生产的虽然是使用价值，但不是商品。要生产商品，他不仅要生产使用价值，而且要为别人生产使用价值，即生产社会的使用价值。"④ 这就说明，对于商品的"买者"来说，它才"是"一种使用价值，或者说才"作为"使用价值而存在；没有"买者"，或者"卖"不出去，它就仅仅是一种"劳动产品"，而不是商品。

马克思曾经讲："商品的使用价值为商品学这门学科提供材料"⑤，"关于'财物'的知识应该到《商品学指南》中去找"。⑥ 据此，有种观点认为，马克思对使用价值从总体来看持一种排拒态度，其政治经济学研究的对象是生产关系和（剩余）价值，而不是生产力和使用价值，使用价值被排除在研究的范围以外，缺乏应有的位置和作用。⑦ 这成为马克思劳动价值论和以此为基石构建的政治经济学理论大厦的致命缺陷。

其实，对使用价值与马克思政治经济学的关系，不能一概而论，需要做具体分析。

第一，作为"使用价值"的使用价值，不是政治经济学研究的对

---

① 马克思：《资本论》第1卷，人民出版社2004年版，第49页。
② 同上书，第59页。
③ 同上书，第49页。
④ 同上书，第54页。
⑤ 同上书，第48页。
⑥ 《马克思恩格斯全集》第31卷，人民出版社1998年版，第420页注①。
⑦ 晏智杰：《劳动价值学说新探》，北京大学出版社2001年版，第13页。

象。用马克思的话说："同经济的形式规定像这样无关的使用价值，就是说，作为使用价值的使用价值，不属于政治经济学的研究范围。"① 所谓的"形式规定"，指的是特定的生产关系和权力关系为各种自然的物质存在和物质关系所承载，或者说，作用于自然的物质存在和物质关系之后形成的"经济—社会"规定。② 马克思把经济范畴与生产关系联系在一起，强调作为权力关系的生产关系对于经济和经济运行的基础和本质地位。一种使用价值，如果不承载一定的生产关系，或者说不表现或反映一定的生产关系，那么，它就同经济的形式规定无关，就不具有"经济"的意义，而只是一种自然的物质存在。"例如，这个商品作为使用价值，是一颗钻石。从钻石本身看不出它是商品。当它作为使用价值时，不论是用在装饰方面还是机械方面，在娼妓胸前还是在玻璃匠手中，它是钻石，不是商品。成为使用价值，对商品来说，看来是必要的前提，而成为商品，对使用价值来说，看来却是无关紧要的规定。"③ 马克思主义政治经济学，不研究作为"装饰品"的钻石，不研究作为"机械工具"的钻石，不研究妇女胸前的钻石，不研究玻璃匠手中的钻石。

第二，同"形式规定"有关的使用价值，则是政治经济学研究的对象。马克思指出："政治经济学所研究的是财富的特殊社会形式，或者不如说是财富生产的特殊社会形式。财富的材料，不论是主体的，如劳动，还是客体的，如满足自然需要或历史需要的对象，对于一切生产时代来说最初表现为共同的东西。因此，这种材料最初表现为单纯的前提。这种前提完全处在政治经济学的考察范围之外，而只有当这种材料为形式关系所改变或表现为改变这种形式关系的东西时，才列入考察的范围。"④ 这表明，使用价值在两种情况下会与形式关系和形式规定发生联系。其一是使用价值为形式关系所改变，由

---

① 《马克思恩格斯全集》第 31 卷，人民出版社 1998 年版，第 420 页。

② 对马克思的"形式规定"及其与经济范畴的关系的详细分析，参阅王峰明《经济范畴规定性的哲学辨析》，载《教学与研究》2006 年第 7 期。

③ 《马克思恩格斯全集》第 31 卷，人民出版社 1998 年版，第 420 页。

④ 《马克思恩格斯全集》第 46 卷下，人民出版社 1980 年版，第 383 页。

此同形式规定发生联系。例如，一颗钻石，受经济关系和生产关系的作用，承载、体现和反映着生产者特定的经济关系和生产关系，从而作为商品体而存在，是"商品"的使用价值，这颗钻石，这种使用价值，就是政治经济学研究的对象。在这种情况下，钻石不再是作为使用价值的使用价值，而是成为商品的使用价值，从而同形式规定联系起来，或者说这种使用价值本身就是一种形式规定。所以，马克思讲："只有当使用价值本身是形式规定的时候，它才属于后者的研究范围。它直接是表现一定的经济关系即交换价值的物质基础。"① 其二是使用价值改变了形式关系，由此同形式规定发生联系。例如，资本本身是一种形式规定，它是"雇佣劳动"这种生产关系和经济关系同各种自然的物质存在和物质关系——如生产资料和劳动力——相结合的产物。同时，资本又具有各种不同的"形式规定"，如"不变资本"和"可变资本"等。资本之所以能够取得这些不同的形式规定，恰恰是由于生产资料和劳动力对于资本主义生产过程的展开和完成，对于资本主义生产关系的生产，起着不同的作用或者说具有不同的用途即使用价值；离开生产资料和劳动力各自不同的使用价值，就无法理解不变资本和可变资本这些不同的形式规定。因此，马克思说："表现为资本躯体的使用价值所具有的特殊性质，本身在这里表现为规定资本的形式和活动的东西，它赋予某一资本一种与其他资本不同的特殊属性，使资本特殊化。因此，正如我们在许多场合看到的，以为使用价值……根本不属于经济的形式规定，那是莫大的错误。"②

第三，一些特殊的使用价值本身就是政治经济学研究的对象。例如，马克思讲："对于作为货币关系的主体，即货币关系的化身的贵金属的研究，决不是像蒲鲁东所认为的那样超出了政治经济学的范围，就像颜色和大理石的物理性质没有超出绘画和雕刻的范围一

---

① 《马克思恩格斯全集》第 31 卷，人民出版社 1998 年版，第 420 页。
② 《马克思恩格斯全集》第 46 卷下，人民出版社 1980 年版，第 154 页。

样。"① 这是因为，不研究金银等贵金属的物理学、地质学和矿物学等自然属性，就无法弄清楚金银何以将其他商品体排挤掉，最终取得对"一般等价物"的独占地位，也就无法弄清楚货币的起源和本质。

总之，在马克思看来，"使用价值本身起着经济范畴的作用。至于它在什么地方起这种作用，那要由论述本身来确定"。② 所以，以为马克思政治经济学不重视或排除了使用价值的地位和作用，是不符合文本事实的。

二　商品与交换价值和价值

商品不仅能够满足人的需要，具有使用价值，而且还要用于交换，具有"交换价值"。马克思确认了商品使用价值的"排己性"或"为他性"，对此，恩格斯进一步指出："不只是简单地为别人。中世纪农民为封建主生产作为代役租的粮食，为神父生产作为什一税的粮食。但不管是作为代役租的粮食，还是作为什一税的粮食，都并不因为是为别人生产的，就成为商品。要成为商品，产品必须通过交换，转到把它当做使用价值使用的人的手里。"③ 在使用价值的层面，尚不能把商品同"劳动产品"区别开来，因为，任何劳动产品都具有使用价值。劳动产品要转化为商品，就必须用于交换，就必须具有交换价值。"使用价值同时又是交换价值的物质承担者。"④

那么，商品的交换价值究竟是什么呢？

有一种观点认为："交换价值……是指商品能够相互交换的属性"，"从纯概念上说，交换价值其实就是使用价值的延伸，使用价值通常是指对当事人本身的价值，而交换价值是指对别人的使用价

---

① 《马克思恩格斯全集》第 46 卷上，人民出版社 1979 年版，第 121 页。
② 《马克思恩格斯全集》第 46 卷下，人民出版社 1980 年版，第 154 页。
③ 马克思：《资本论》第 1 卷，人民出版社 2004 年版，第 54 页。
④ 同上书，第 49 页。

值"。① 以此来看，无论是使用价值还是交换价值，其规定都具有相对性，或者说都是相对于"人"在交换中所处的位置而具有的规定性。在自己这里是交换价值，到了别人那里就成了使用价值。这是一种极为糊涂甚或荒谬的认识。诚然，如果商品不具有交换价值，就没有"能力"或可能进行交换，交换价值为交换行为的进行和完成提供了"可能性"，正如商品如果不具有彼此异质的使用价值，就没有"意愿"或必要去交换，使用价值为交换行为的启动和发生提供了"必要性"。但是，交换价值就是交换价值，不能同时具有使用价值的规定，这恰恰是使用价值和交换价值作为"纯概念"而显示出来的基本特征，对于买卖双方都是如此。如果认为交换价值就是使用价值的"延伸"，或者认为能够用来交换本身就是商品的交换价值，那就混淆了使用价值和交换价值这两种具有质的区别的经济范畴。交换价值显示的是商品交换的可能性，关键是如何理解和把握这种"可能性"。

在马克思看来，"交换价值首先表现为一种使用价值同另一种使用价值相交换的量的关系或比例"。② 例如，1 夸特小麦与 a 英担铁相交换，可以用等式"1 夸特小麦 = a 英担铁"来表示。"1 夸特"和"a 英担"显示或表达了在小麦和铁这两种"使用价值"或"商品体"之间存在的"物质"的量的"关系"（=）或"比例"（1：a）。这种"物量"的"关系"或"比例"，就是商品的交换价值。

一个商品可以与其他许多不同的商品相交换，而且与不同商品交换的"物量"即"物质的量"的关系或比例也不尽相同，这使得同一种商品会有各种不同的交换价值。正如马克思所说的："某种一定量的商品，例如 1 夸特小麦，同 x 量鞋油或 y 量绸缎或 z 量金等等交换，总之，按各种极不相同的比例同别的商品交换。因此，小麦有许多种交换价值，而不是只有一种。"不仅如此，"这个比例随着时间和地点的不同而不断改变。因此，交换价值好像是一种偶然的、纯粹

---

① 晏智杰：《劳动价值学说新探》，北京大学出版社 2001 年版，第 13、14 页。

② 马克思：《资本论》第 1 卷，人民出版社 2004 年版，第 49 页。

相对的东西，也就是说，商品固有的、内在的交换价值似乎是一个形容语的矛盾"。① 这就是说，从现象层面来看，同一种商品与其他不同的商品相交换，会形成各种不同的交换价值；即使是与另一种同样的商品相交换，随着时空条件的变化也会形成各种不同的交换价值。以此来看，交换价值好像是一种外在于商品的纯粹偶然的和相对的规定，而不是存在于商品体内部、为商品本身所固有的一种属性。

实则不然。"既然 x 量鞋油、y 量绸缎、z 量金等等都是 1 夸特小麦的交换价值，那么，x 量鞋油、y 量绸缎、z 量金等等就必定是能够互相代替的或同样大的交换价值。"② 由此，马克思得出两点结论。

其一，同一种商品的各种有效的交换价值表示一个等同的东西。

马克思以小麦和铁这两种商品的交换关系为例指出："不管二者的交换比例怎样，总是可以用一个等式来表示：一定量的小麦等于若干量的铁，如 1 夸特小麦 ＝a 英担铁。这个等式说明什么呢？它说明在两种不同的物里面，即在 1 夸特小麦和 a 英担铁里面，有一种等量的共同的东西。"③ 这种在"量"上"相等"即所谓"等量"，并且在"质"上"相同"即所谓"共同"的东西，显然不可能是商品体本身即商品的使用价值，因为，就使用价值来看，商品之间是无法进行比较、计算和折算的。使用价值之间建立的量的比例和关系，在使用价值的范围内是有悖常理和不可理喻的。数词"1"和代表数词的字母"a"怎么能相等呢？量词"夸特"和"英担"又怎么能相等呢？所以，马克思说："这种共同东西不可能是商品的几何的、物理的、化学的或其他的天然属性。商品的物体属性只是就它们使商品有用，从而使商品成为使用价值来说，才加以考虑。另一方面，商品交换关系的明显特点，正在于抽去商品的使用价值。在商品交换关系中，只要比例适当，一种使用价值就和其他任何一种使用价值完全相等。"④

---

① 马克思：《资本论》第 1 卷，人民出版社 2004 年版，第 49 页。
② 同上。
③ 同上书，第 49—50 页。
④ 同上书，第 50 页。

　　包含在商品体中并同使用价值判然有别的这种"等量的共同的东西"，马克思称之为"第三物"或"第三种东西"。1 夸特小麦与 a 英担铁之所以相等，是因为小麦和铁"这二者都等于第三种东西，后者本身既不是第一种物，也不是第二种物。这样，二者中的每一个只要是交换价值，就必定能化为这第三种东西"。其中的道理，用一个简单的几何学例子就可以说明。"为了确定和比较各种直线形的面积，就把它们分成三角形，再把三角形化成与它的外形完全不同的表现——底乘高的一半。各种商品的交换价值也同样要化成一种共同东西，各自代表这种共同东西的多量或少量。"① 这里的"第三种东西"或"第三物"，与其说是同彼此发生交换关系的两种商品不同的另一种商品，毋宁说，它是两种商品所具有的"等量的共同的东西"的象征，或者说它代表了两种商品的这种"共同性"。没有这种共同性或共同的东西，不同使用价值的商品之间就缺乏进行量的比较、计算和折算的前提和基础。因此，对于在使用价值上完全异质的商品来说，"为了可以在量上把它们加以比较，它们必须首先是同名的量，是在质上同一的"。②

　　这种"共同性"，或者说"等量的共同的东西"，或者说在"量"上"相等"而在"质"上"相同"的东西，或者说在量的"相等性"背后的质的"等同性"，就是商品的"价值"。

　　其二，交换价值只能是可以与它相区别的某种内容的表现方式或表现形式。

　　马克思说："我们已经看到，在商品的交换关系本身中，商品的交换价值表现为同它们的使用价值完全无关的东西。如果真正把劳动产品的使用价值抽去，就得到刚才已经规定的它们的价值。因此，在商品的交换关系或交换价值中表现出来的共同东西，也就是商品的价值。"③ 这就是说，价值是存在于商品体中的等量的共同的东西，交

---

① 参见马克思《资本论》第 1 卷，人民出版社 2004 年版，第 50 页。
② 《马克思恩格斯全集》第 26 卷 Ⅲ，人民出版社 1974 年版，第 137 页。
③ 马克思：《资本论》第 1 卷，人民出版社 2004 年版，第 51 页。

换价值则以一种"物质"的"量"的关系或比例把这种等量的共同的东西表现出来，使之外化或外在化。这样，在交换价值与价值之间就形成了表现和被表现的关系。为交换价值所表现的价值是"内容"，表现价值的交换价值则是"形式"。鉴于交换价值和价值之间这种表现和被表现的关系，可以说，交换价值就是价值在交换中的表现，或者说是在交换中表现出来的商品的价值。

由此可见，"使用价值"、"交换价值"和"价值"是商品所具有的不同因素和规定。它们既彼此联系又相互区别，共同构成或决定着商品之为商品的存在。深入揭示这些因素的内在规定及其辩证关系，正是马克思能够超越古典政治经济学的关键所在。马克思指出："李嘉图应该受责备的只是，他在阐述价值概念时没有把不同的因素，即没有把在商品交换过程中出现或者说表现出来的商品交换价值和商品作为价值的存在（这种存在与商品作为物、产品、使用价值的存在不同）严格区分开来。"① 以亚当·斯密和李嘉图为代表的古典政治经济学的致命之处，正在于混淆了包含在商品中的不同因素的不同内涵和规定。

商品的"使用价值"不同于"交换价值"。因为，"作为使用价值，商品首先有质的差别；作为交换价值，商品只能有量的差别，因而不包含任何一个使用价值的原子"。② 商品的"使用价值"也不同于"价值"。商品的使用价值是"可感觉的"或"可以捉摸的"，"商品作为使用价值的这种存在，和它的自然的、可以捉摸的存在是一致的"。③ 与此相反，商品的价值则是"不可捉摸的"。对此，马克思有一个很诙谐的比喻和比较："商品的价值对象性不同于快嘴桂嫂，你不知道对它怎么办。"这是因为，"同商品体的可感觉的粗糙的对象性正好相反，在商品体的价值对象性中连一个自然物质原子也没有。因此，每一个商品不管你怎样颠来倒去，它作为

---

① 《马克思恩格斯全集》第 26 卷 Ⅲ，人民出版社 1974 年版，第 134 页。
② 马克思:《资本论》第 1 卷，人民出版社 2004 年版，第 50 页。
③ 《马克思恩格斯全集》第 31 卷，人民出版社 1998 年版，第 419 页。

价值物总是不可捉摸的"。^① 最后，商品的"价值"也不同于"交换价值"。"商品的'价值'既不是它的使用价值，也不是它的交换价值。"^② 交换价值是价值的表现形式，是价值在自然的物质量上的表现。"商品的价值是在商品用其他使用价值来表现时显现出来的，也就是在其他使用价值同这一商品相交换的比例中显现出来的。"但是，这种表现形式和被表现的内容则是两种完全不同的东西。"商品作为使用价值相互交换的量的比例，诚然是商品价值的表现，是商品的实现了的价值，但不是商品价值本身，因为同样的价值比例可以表现在完全不同的使用价值量上。商品作为价值的存在不表现在商品本身的使用价值上——不表现在商品作为使用价值的存在上。"这一点很明显地体现在："90 夸特谷物的价值可能丝毫不小于（甚至大于）100 夸特的价值，100 夸特的价值可能大于 120 夸特的价值，120 夸特的价值可能大于 150 夸特的价值。"^③ 就是说，在量上相等的价值可以表现为不同的交换价值，在量上不相等的价值也可以表现为相同的交换价值。所以，商品的价值绝不等同于它的交换价值。

总之，商品的"使用价值"、"交换价值"和"价值"都各自具有独特的内涵和规定，需要仔细甄别，不能混为一谈。

三　商品的两个因素与劳动的二重性

所谓商品的两个因素，指的就是使用价值和价值，而不是使用价值和交换价值。所以，严格地说，商品是使用价值与价值的统一，而不是使用价值与交换价值的统一。对此，马克思讲得非常明确："'商品'，一方面是使用价值，另一方面是'价值'——不是交换价

---

① 马克思：《资本论》第 1 卷，人民出版社 2004 年版，第 61 页。
② 《马克思恩格斯全集》第 19 卷，人民出版社 1963 年版，第 413 页。
③ 《马克思恩格斯全集》第 26 卷 Ⅲ，人民出版社 1974 年版，第 80、136 页。

值，因为单是表现形式不构成其本身的内容。"① 交换价值是商品价值的外在表现，而价值则是内在于商品体中的"等量的共同的东西"。那么，这种"等量的共同的东西"究竟是什么呢？

我们看到，商品除了具有使用价值外，还必须是人类劳动的产品。一个同人的劳动没有干系的外界物，即或具有使用价值，也不会具有价值，也不能成为商品。马克思说："一个物可以是使用价值而不是价值。在这个物不是以劳动为中介而对人有用的情况下就是这样。例如，空气、处女地、天然草地、野生林等等。"② 这样，劳动产品就成了一切商品体即使用价值具有的共同属性。"如果把商品体的使用价值撇开，商品体就只剩下一个属性，即劳动产品这个属性。"③ 只要是商品，不论它具有什么样的使用价值，都毫无例外是人类劳动的产品。显然，商品的价值规定，必然同人的劳动相关，就存在于"劳动"产品这种"共同属性"之中。

但是，人的劳动可以从两个方面进行考察。

一方面，"劳动总是联系到它的有用效果来考察的"。④ 这就是说，人类从事生产劳动，是为了也必须生产出满足自身需要的产品即使用价值来，否则，就是一种"无效"或"无用"甚至可以说是"无意义"的行为；而要生产出能够满足各种需要的使用价值，人在劳动中就必须利用或使用不同的"手段"和"工具"，采取不同的"方式"和"方法"，加工和改造不同的"对象"。马克思把这方面考察的劳动，叫做"有用劳动"或"具体劳动"。具体劳动之所以"具体"，就在于它在目的、操作方式、对象、手段和结果等方面都是有"区别"的，或者说各具特点。

正是具体劳动的不同，决定了使用价值的不同。马克思讲："上衣是满足一种特殊需要的使用价值。要生产上衣，就需要进行特定种类的生产活动。这种生产活动是由它的目的、操作方式、对象、手段

---

① 《马克思恩格斯全集》第 19 卷，人民出版社 1963 年版，第 412 页。
② 马克思：《资本论》第 1 卷，人民出版社 2004 年版，第 54 页。
③ 同上书，第 50—51 页。
④ 同上书，第 55 页。

和结果决定的。"① 反之，从使用价值身上，可以看出各种具体劳动的不同。"每个商品的使用价值都包含着一定的有目的的生产活动，或有用劳动。各种使用价值如果不包含不同质的有用劳动，就不能作为商品互相对立。"② "上衣和麻布是不同质的使用价值，同样，决定它们存在的劳动即缝和织，也是不同质的。如果这些物不是不同质的使用价值，从而不是不同质的有用劳动的产品，它们就根本不能作为商品来互相对立。上衣不会与上衣交换，一种使用价值不会与同种的使用价值交换。"③ 可见，有什么样的具体劳动，就会生产什么样的使用价值。正是有用劳动或具体劳动的多样性和异质性，决定了商品使用价值的多样性和异质性。

　　因此，在马克思看来，使用价值是自然物质和有用劳动或具体劳动相结合的产物。"上衣、麻布等等使用价值，简言之，种种商品体，是自然物质和劳动这两种要素的结合。如果把上衣、麻布等等包含的各种不同的有用劳动的总和除外，总还剩有一种不借人力而天然存在的物质基质。"而且，马克思强调指出："人在生产中只能像自然本身那样发挥作用，就是说，只能改变物质的形式。不仅如此，他在这种改变形态的劳动本身中还要经常依靠自然力的帮助。因此，劳动并不是它所生产的使用价值即物质财富的惟一源泉。"④ "劳动是财富之父，土地是财富之母"。这一道理早已为威廉·配第说破。

　　各种不同的具体劳动或有用劳动，例如，农业劳动和制造业劳动，形成劳动的分工体系并通过多样化的劳动产品体现出来。马克思说："各种使用价值或商品体的总和，表现了同样多种的、按照属、种、科、亚种、变种分类的有用劳动的总和，即表现了社会分工。"⑤ 但是，商品的使用价值并不依赖于劳动的分工，并不为人与人之间的分工关系所决定。"对上衣来说，无论是裁缝自己穿还是他的顾客穿，

---

① 马克思：《资本论》第 1 卷，人民出版社 2004 年版，第 55 页。
② 同上书，第 56 页。
③ 同上书，第 55 页。
④ 同上书，第 56 页。
⑤ 同上书，第 55 页。

都是一样的。在这两种场合，它都是起使用价值的作用。"同样，使用价值与具体劳动之间的关系，也不依赖于劳动的分工，并不为人与人之间的分工关系所决定。"上衣和生产上衣的劳动之间的关系本身，也并不因为裁缝劳动成为专门职业，成为社会分工的一个独立的部分就有所改变。在有穿衣需要的地方，在有人当裁缝以前，人已经缝了几千年的衣服。但是，上衣、麻布以及任何一种不是天然存在的物质财富要素，总是必须通过某种专门的、使特殊的自然物质适合于特殊的人类需要的、有目的的生产活动创造出来。"因此，马克思讲："劳动作为使用价值的创造者，作为有用劳动，是不以一切社会形式为转移的人类生存条件，是人和自然之间的物质变换即人类生活得以实现的永恒的自然必然性。"①

另一方面，如上所述，商品体所包含的"共同的东西"，不是商品的使用价值，同商品体的物质的自然属性无关，因而也就同人的具体劳动或有用劳动无关，具体劳动无法说明一切商品所内在地具有的"质的等同性"。

所以，要把握商品的价值，就必须排除商品的各种具体的有用性即使用价值，而"如果我们把劳动产品的使用价值抽去，那么也就是把那些使劳动产品成为使用价值的物体的组成部分和形式抽去。它们不再是桌子、房屋、纱或别的什么有用物。它们的一切可以感觉到的属性都消失了"。②要把握商品的价值，还必须进一步排除赋予商品各种使用价值的具体劳动，而"如果把生产活动的特定性质撇开，从而把劳动的有用性质撇开，劳动就只剩下一点：它是人类劳动力的耗费"。③"它们也不再是木匠劳动、瓦匠劳动、纺纱劳动或其他某种一定的生产劳动的产品了。随着劳动产品的有用性质的消失，体现在劳动产品中的各种劳动的有用性质也消失了，因而这些劳动的各种具体形式也消失了。各种劳动不再有什么差别，全都化为相同的人类劳

---

①　马克思：《资本论》第 1 卷，人民出版社 2004 年版，第 56 页。

②　同上书，第 51 页。

③　同上书，第 57 页。

动，抽象人类劳动。"可见，如果不考虑商品在使用价值上表现出来的多样性和异质性，以及决定这种多样性和异质性的各种劳动的"具体"特点，商品体中所剩下的就"只是同一的幽灵般的对象性，只是无差别的人类劳动的单纯凝结，即不管以哪种形式进行的人类劳动力耗费的单纯凝结。这些物现在只是表示，在它们的生产上耗费了人类劳动力，积累了人类劳动"。在商品体上凝结着的"抽象"的或者说"一般"的"人类劳动"或"劳动力"，正是商品中所包含着的"共同的东西"，是商品在质的规定上取得"等同性"的现实基础。因此，"这些物，作为它们共有的这个社会实体的结晶，就是价值——商品价值"。① 价值是由"抽象劳动"决定的，离开抽象劳动，就无法说明商品的价值。与此不同，从使用价值来看，"商品体的这种性质（指使用价值。——引者），同人取得它的使用属性所耗费的劳动的多少没有关系"。②

那么，如何理解人类劳动的这种"抽象性"或"一般性"呢？

第一，它是一切人类劳动都具有的一种"共性"。"尽管缝和织是不同质的生产活动，但二者都是人的脑、肌肉、神经、手等等的生产耗费，从这个意义上说，二者都是人类劳动。这只是耗费人类劳动力的两种不同的形式。"③ 从具体形式和有用性来看，人类劳动千差万别，各不相同；而从内容来看，人类劳动无论是在什么样的形式下进行的，都毫无例外地是"劳动力"的消耗。所谓"劳动力"或"劳动能力"，就是"一个人的身体即活的人体中存在的、每当他生产某种使用价值时就运用的体力和智力的总和"。④ "一切劳动，一方面是人类劳动力在生理学意义上的耗费；就相同的或抽象的人类劳动这个属性来说，它形成商品价值。一切劳动，另一方面是人类劳动力在特殊的有一定目的的形式上的耗费；就具体的有用的劳动这个属性

① 马克思：《资本论》第 1 卷，人民出版社 2004 年版，第 51 页。
② 同上书，第 48 页。
③ 同上书，第 57 页。
④ 同上书，第 195 页。

来说，它生产使用价值。"①

第二，它是任何一个正常的劳动者都能够完成的。马克思说："人类劳动力本身必须已有或多或少的发展，才能以这种或那种形式耗费。但是，商品价值体现的是人类劳动本身，是一般人类劳动的耗费。正如在资产阶级社会里，将军或银行家扮演着重要的角色，而人本身则扮演极卑微的角色一样，人类劳动在这里也是这样。它是每个没有任何专长的普通人的有机体平均具有的简单劳动力的耗费。"②正因为如此，马克思又把一般劳动称为"简单劳动"。至于"简单"到什么程度，衡量的标准是什么，则是一个具体的历史的问题，"在不同的国家和不同的文化时代具有不同的性质"。当然，在一定的历史时代和社会发展条件下，简单劳动是"一定"和"确定"的。"比较复杂的劳动只是自乘的或不如说多倍的简单劳动，因此，少量的复杂劳动等于多量的简单劳动。"这就是说，无论多么复杂的劳动，都可以"简化"为这种简单劳动的倍数。而且，经验证明，这种简化是经常进行的。"一个商品可能是最复杂的劳动的产品，但是它的价值使它与简单劳动的产品相等，因而本身只表示一定量的简单劳动。"需要注意的是，在马克思看来，"各种劳动化为当做它们的计量单位的简单劳动的不同比例，是在生产者背后由社会过程决定的，因而在他们看来，似乎是由习惯确定的"。③

第三，它是一种剥离了所有非本质性的关系和因素之后形成的"抽象"。在现实中，不同的劳动者所具有的劳动能力不同，这种劳动能力在劳动过程中的耗费也不同。不同劳动力在相同的时间里的耗费不同，一个典型的例子就是男劳动力与女劳动力在单位时间里耗费的差异；即使是同一个劳动力，在不同的时间里耗费的强度也不同。但是，作为价值的源泉，一般劳动均舍弃了这些现实的差异，是一种纯粹的和抽象的考察。马克思讲："完全不同的劳动所以能够相等，

---

① 马克思：《资本论》第 1 卷，人民出版社 2004 年版，第 60 页。
② 同上书，第 57—58 页。
③ 同上书，第 58 页。

只是因为它们的实际差别已被抽去，它们已被化成它们作为人类劳动力的耗费、作为抽象的人类劳动所具有的共同性质。"① 只有这样的抽象，才能抓住事物的"本质"和"规律"；只有从这样的本质和规律出发，才能揭示和阐明事物的各种表面特征和情状。在此意义上，现实中千差万别的具体劳动，都不过是这种抽象本质的具体存在形式或表现形式。

　　只要是商品的价值，就是"一般人类劳动的耗费"，或者说是"人类劳动力在生理学意义上的耗费"，那么，能否反过来讲，只要是一般人类劳动的耗费，就形成商品的价值呢？显然不能。因为，只要是人的劳动，就会有生理学意义上的劳动力的耗费，古今中外概莫能外。但是，人的劳动并非都是生产商品的劳动，并非都创造价值。在马克思看来，在劳动力的生理学意义上耗费的层面，只是确认了形成商品价值的"实体"或"载体"，换言之，只是在"实体"或"载体"的层面或意义上确认或规定了商品价值的本质。把商品中凝结着的活的"人类劳动（力）"称为"价值实体"的道理就在于此。但是，对价值本质的认识，仅仅停留在实体或载体这个层面上，或者说，对创造价值的人类劳动的认识，仅仅停留在生理学意义上的"力"的耗费这个层面上，还是远远不够的。使人类劳动力的耗费成为"价值"的，不在于这种消耗本身，而在于人类劳动在社会发展的一定阶段上所具有的特殊性质，这就是劳动的"私人性"，以及由此引起的"私人劳动"与"社会劳动"的矛盾。正是由于劳动的私人性，由于私人劳动与社会劳动的矛盾，使得人类的劳动成为生产商品的劳动，一般劳动力的耗费成为商品的价值。

　　所谓劳动的"私人性"指的是，就这种劳动的"直接"存在而言，它是私人的事情，生产什么，生产多少，都是由劳动者个人决定的，同他人没有关系。所谓"私人劳动"与"社会劳动"的矛盾指的是，当劳动处在个人自主支配的"私人"的阶段，或者说具有私人性的时候，它还不是社会劳动，不具有"社会性"，尚未成为社会

────────

① 马克思：《资本论》第 1 卷，人民出版社 2004 年版，第 90 页。

劳动体系中的一个组成部分，尚未同他人的劳动发生社会联系；要实现向社会劳动的转化，要获得社会性，要成为社会劳动体系的一个部分，要同他人的劳动发生社会联系，就必须进行交换，把自己的劳动产品卖出去；而一旦处于交换中并通过交换进入社会劳动体系的大家庭中，成为其中的一员，劳动就不再是一种私人劳动，不再具有私人性。比如，什么产品能够用于交换，有多少产品完成了交换，这绝不再是一件私人说了算的事情。所谓劳动的"社会性"或"社会劳动"指的就是，人类劳动之间存在的相互联系、相互依赖、相互影响和相互作用的性质，以及由此形成的协调、有机、统一和完整的劳动体系。

正是借助于"交换"，劳动产品才转化为商品，凝结在其中的活的劳动才转化为价值。马克思说："个人劳动必然只有通过自身的转让（异化）才表现为抽象一般的、社会的劳动。"[①]"劳动产品只是在它们的交换中，才取得一种社会等同的价值对象性，这种对象性是与它们的感觉上各不相同的使用对象性相分离的。"但是，有商品和价值，不一定就有商品生产；人类劳动只有在其本身就是为了交换而进行的条件下，才是生产商品的劳动，而这一点必须以十分发达的交换的存在为前提。马克思指出："劳动产品分裂为有用物和价值物，实际上只是发生在交换已经十分广泛和十分重要的时候，那时有用物是为了交换而生产的，因而物的价值性质还在物本身的生产中就被注意到了。"[②] 随着商品生产的出现，"生产者的私人劳动真正取得了二重的社会性质。一方面，生产者的私人劳动必须作为一定的有用劳动来满足一定的社会需要，从而证明它们是总劳动的一部分，是自然形成的社会分工体系的一部分。另一方面，只有在每一种特殊的有用的私人劳动可以同任何另一种有用的私人劳动相交换从而相等时，生产者的私人劳动才能满足生产者本人的多种需要"。[③]

---

① 《马克思恩格斯全集》第 26 卷 Ⅱ，人民出版社 1973 年版，第 575 页。译文有改动。
② 马克思：《资本论》第 1 卷，人民出版社 2004 年版，第 90 页。
③ 同上书，第 90—91 页。

当然，这并未否定一切人类劳动所特有的社会性，只不过在商品生产中，人类劳动的社会性不具有"直接性"，只有通过迂回曲折的道路，这种社会性才能够得以实现和表现出来。因此，马克思讲："使用物品成为商品，只是因为它们是彼此独立进行的私人劳动的产品。这种私人劳动的总和形成社会总劳动。因为生产者只有通过交换他们的劳动产品才发生社会接触，所以，他们的私人劳动的独特的社会性质也只有在这种交换中才表现出来。换句话说，私人劳动在事实上证实为社会总劳动的一部分，只是由于交换使劳动产品之间、从而使生产者之间发生了关系。因此，在生产者面前，他们的私人劳动的社会关系就表现为现在这个样子，就是说，不是表现为人们在自己劳动中的直接的社会关系，而是表现为人们之间的物的关系和物之间的社会关系。"① 这就是说，在商品生产和商品经济条件下，人类劳动具有一种"特殊"的"社会性质"，它需要借助于物与物即商品与商品之间的交换才能得以实现和表现出来，换言之，人的劳动的社会联系只有通过作为商品的物与物之间的联系才能建立起来。

马克思指出："在产品普遍采取商品形式的社会里，也就是在商品生产者的社会里，作为独立生产者的私事而各自独立进行的各种有用劳动的这种质的区别，发展成一个多支的体系，发展成社会分工。"② 私人劳动的这种分工是商品生产存在的条件，但是不能反过来说，商品生产是社会分工存在的条件。例如："在古代印度公社中就有社会分工，但产品并不成为商品。或者拿一个较近的例子来说，每个工厂内都有系统的分工，但是这种分工不是由工人交换他们个人的产品引起的。"而且，分工只是为商品生产的出现提供了"可能性"，这种可能性要向"现实性"转化，就必须有私有制。正是生产资料的私人所有制，才使得劳动具有私人性，才使得私人劳动只具有一种"间接"的社会性。马克思说："只有独立的互不依赖的私人劳

---

① 马克思：《资本论》第 1 卷，人民出版社 2004 年版，第 90 页。
② 同上书，第 56 页。

动的产品，才作为商品互相对立。"① 正如商品的使用价值与劳动分工没有本质性关联一样，商品的价值规定与"劳动分工"也没有本质的必然联系。② 同商品的价值规定构成本质性关联的，只能是私有制。如果没有生产资料的私人所有制，劳动就不具有私人性，劳动产品也就不需要交换，私人劳动与社会劳动之间的矛盾也就不可能发生。因此，马克思特别强调，要站在劳动的"私人性"，或生产资料的私有制，或生产关系和经济关系的高度上来理解和把握商品价值、商品和商品生产的本质规定。如果说，人类劳动力在生理学意义上的耗费，只是商品价值的"实体"即自然的"物质规定"，那么，私有制这种生产关系才是决定商品价值之为价值的"本质规定"。商品价值这个经济范畴作为一种"形式规定"，正是这两个方面的辩证统一。

同使用价值一样，商品的价值不仅具有质的规定，而且具有量的规定。价值的质的规定在于，它是一般或抽象劳动，而且，这种劳动既是生理学意义上劳动力的耗费，更是具有一种特殊的"社会性质"——它反映或体现了私人劳动与社会劳动之间的矛盾；其量的规定则在于，它是一定的"劳动时间"。马克思说："不仅价值量决定于不同的劳动时间量，而且价值实体决定于社会劳动。"③ 价值的质的规定，为不同商品之间的比较提供了可能性，量的规定则使这种比较基础上的计算和折算成为现实。因为，"既然商品的价值量只是表示商品中包含的劳动量，那么，在一定的比例上，各种商品应该总是等量的价值"。例如，假定 1 件上衣的价值比 10 码麻布的价值大一倍。"它们价值量的这种差别是从哪里来的呢？这是由于麻布包含的劳动只有上衣的一半，因而生产后者所要耗费劳动力的时间必须比生产前者多一倍。"可见，"上衣和麻布不仅是价值一般，而且是一定量的价值"。商品价值是质的规定和量的规定的统一体。

---

① 马克思：《资本论》第 1 卷，人民出版社 2004 年版，第 55 页。

② 笔者曾将人与人之间"分工"和"协作"的"劳动关系"误判为"生产关系"，并由此说明商品"价值"的本质规定（参见王峰明、牛变秀《哲学方法论视域中马克思的劳动价值论——兼评劳动价值论争论中的一些观点》，载《哲学研究》2004 年第 2 期）。

③ 《马克思恩格斯全集》第 26 卷 Ⅱ，人民出版社 1973 年版，第 139—140 页。

如果不考虑劳动生产力的变化，同一种商品的价值量与其使用价值量成正比。例如："如果生产一件上衣所需要的一切有用劳动的生产力不变，上衣的价值量就同上衣自身的数量一起增加。如果一件上衣代表 x 个工作日，两件上衣就代表 2x 个工作日，依此类推。"①

在劳动生产力发生变化的情况下，商品的使用价值量与劳动生产力成正比，用马克思的话说，"有用劳动成为较富或较贫的产品源泉与有用劳动的生产力的提高或降低成正比"。这是因为，生产力"始终是有用的、具体的劳动的生产力，它事实上只决定有目的的生产活动在一定时间内的效率"。劳动生产力不同，"在同样的时间内提供的使用价值量是不同的：生产力提高时就多些，生产力降低时就少些"。② 与此相反，商品的价值量则与劳动生产力没有关系，生产力的变化本身丝毫也不会影响表现为价值的劳动。这是因为，"生产力属于劳动的具体有用形式，它自然不再能同抽去了具体有用形式的劳动有关。因此，不管生产力发生了什么变化，同一劳动在同样的时间内提供的价值量总是相同的"。③

当然，这是从商品生产的整体或总体来考察的。就单位商品而言，其价值量与劳动生产力成反比，生产力的这种变化则不影响商品的使用价值。例如，随着劳动生产力的变化，"假定生产一件上衣的必要劳动增加一倍或减少一半。在前一种场合，一件上衣就具有以前两件上衣的价值，在后一种场合，两件上衣就只有以前一件上衣的价值，虽然在这两种场合，上衣的效用和从前一样，上衣包含的有用劳动的质也和从前一样。但生产上衣所耗费的劳动量有了变化"。④ 以此来看，"那种能提高劳动成效从而增加劳动所提供的使用价值量的生产力变化，如果会缩减生产这个使用价值量所必需的劳动时间的总和，就会减少这个增大了的总量的价值量。反之亦然"。⑤

---

① 马克思：《资本论》第 1 卷，人民出版社 2004 年版，第 59 页。

② 同上书，第 59—60 页。

③ 同上书，第 60 页。

④ 同上书，第 59 页。

⑤ 同上书，第 60 页。

　　商品是"使用价值"和"价值"的统一体，生产商品的劳动是"具体劳动"和"抽象劳动"的统一体。正是生产商品的劳动的"二重性"决定了商品的"两个因素"。需要强调的是：劳动之区分为具体劳动和抽象劳动，是站在不同的角度上对生产商品的劳动所具有的两种不同性质的把握，并不意味着它们是两"次"或者说两个不同阶段上的劳动；同理，商品之区分为使用价值和价值，也是站在不同的角度上对商品所包含着的两个不同因素的把握，并不意味着它们是两种不同的商品。

　　从使用价值与具体劳动的关系来看，作为使用价值的上衣和麻布是有一定目的的生产活动同布和纱的结合。正是由于"缝"和"织"这两种生产活动具有不同的质，它们才是形成作为不同使用价值的上衣和麻布的要素。因此，就使用价值来说，有意义的只是商品中包含的劳动的质；就生产使用价值的劳动来说，它涉及的是"怎样劳动、什么劳动"的问题。

　　从价值与抽象劳动的关系来看，作为价值的上衣和麻布，不过是同种劳动的凝结，同样，这些价值所包含的劳动之所以算作劳动，并不是因为它们同布和纱发生了生产上的关系，而只是因为它们是人类劳动力的耗费。因此，正如在作为价值的上衣和麻布中，它们的使用价值的差别被抽去一样，在表现为这些价值的劳动中，劳动的有用形式即缝和织的区别也被抽去了。正是由于它们的特殊的质被抽去，由于它们具有相同的质，即人类劳动的质，它们才是上衣价值和麻布价值的实体。因此，就价值量来说，有意义的只是商品中包含的劳动的量，不过这种劳动已经化为没有质的区别的人类劳动；就生产价值的劳动来说，它涉及的是"劳动多少、劳动时间多长"的问题。①

　　如果说，价值是人类劳动所具有的一种特定的"社会形式"；那么，商品就是人类劳动产品所具有的一种特定的"社会形式"。劳动力的耗费只是形成商品价值的物质载体或实体，使这种耗费成为价值的只能是生产资料的私人所有制这种生产关系；同理，构成商品体的

---

　　①　马克思：《资本论》第 1 卷，人民出版社 2004 年版，第 58—59 页。

各种自然属性只是形成商品的物质载体或实体，使这种实体成为商品的也只能是生产资料的私人所有制这种生产关系。因此，作为生产关系的私有制构成商品的"本质规定"，而商品体的各种自然物质存在及其属性则构成商品的"物质规定"；两者的辩证统一，使商品范畴同其他一切经济范畴一样，成为一种"形式规定"。如果把作为形式规定的商品看做是一个活的、有"生命"的存在，那么，物质规定就是其"躯干"，而赋予其本质规定的生产关系就是"灵魂"。这样看来，马克思的商品理论是其唯物史观"生产方式"理论在政治经济学的微观层面的具体展开。

四　商品拜物教：根由与出路

商品是一个"可感觉而又超感觉的物"。

商品之所以"可感觉"，是因为"就商品是使用价值来说，不论从它靠自己的属性来满足人的需要这个角度来考察，或者从它作为人类劳动的产品才具有这些属性这个角度来考察，它都没有什么神秘的地方"。例如，用木头做成的桌子，虽然说木头受到人劳动的作用后形状改变了，可是桌子还是木头，还是一个普通的可以感觉的物。在此，人通过自己的活动按照对自己有用的方式来改变自然物质的形态，其中的道理是极为明显的。所以，最初一看，商品是极为"平凡"、"普通"和"简单"的东西。

商品之所以又"超感觉"，是因为对商品的分析表明，就它是价值来说，总是显得极为"玄妙"和"古怪"，用马克思的话说，其中充满了"形而上学的微妙和神学的怪诞"。例如，桌子一旦作为商品出现，它就"不仅用它的脚站在地上，而且在对其他一切商品的关系上用头倒立着，从它的木脑袋里生出比它自动跳舞还奇怪得多的狂想"。[①] 这就是说，使桌子成为商品，或者说把桌子作为商

①　马克思：《资本论》第1卷，人民出版社2004年版，第88页。

品支撑起来的，是价值属性，而不是使用价值属性。从使用价值方面看，桌子不过是一件可感觉的外界物，依靠它的自然物质的"木头腿"站立着；而从价值方面看，桌子是商品，它靠着自身中凝结着的一般或抽象人类劳动才站立起来，并同其他商品相互联系在一起。由抽象或一般人类劳动决定的价值属性，就像是从桌子的物质身上长出来的"木脑袋"。所以，桌子作为商品是头足倒立着的，不仅其价值属性无从感觉，以此为纽带所形成的商品世界的广泛而普遍的联系也无法感知。

商品所具有的"超感觉性"使它显得极为"神秘"，商品是一种神秘莫测的存在。商品的这种"神秘性"自然与其使用价值无关，不是来源于商品的使用价值，同样，这种神秘性质也绝不是来源于价值规定的内容。这是因为，"第一，不管有用劳动或生产活动怎样不同，它们都是人体的机能，而每一种这样的机能不管内容和形式如何，实质上都是人的脑、神经、肌肉、感官等等的耗费。这是一个生理学上的真理。第二，说到作为决定价值量的基础的东西，即这种耗费的持续时间或劳动量，那么，劳动的量可以十分明显地同劳动的质区别开来。在一切社会状态下，人们对生产生活资料所耗费的劳动时间必然是关心的，虽然在不同的发展阶段上关心的程度不同。最后，一旦人们以某种方式彼此为对方劳动，他们的劳动也就取得社会的形式"。①

那么，劳动产品一采取商品形式就具有的谜一般的性质，也即商品的神秘性究竟是从哪里来的呢？

马克思指出："显然是从这种形式本身来的。人类劳动的等同性，取得了劳动产品的等同的价值对象性这种物的形式；用劳动的持续时间来计量的人类劳动力的耗费，取得了劳动产品的价值量的形式；最后，生产者的劳动的那些社会规定借以实现的生产者的关系，取得了劳动产品的社会关系的形式。"② 这就是说，正是劳动产品所采取的商品这种"社会形式"或"形式规定"本身，才导致了商品和商品

---

① 马克思：《资本论》第 1 卷，人民出版社 2004 年版，第 88—89 页。

② 同上书，第 89 页。

世界的神秘性。在商品和商品世界里，作为体力和脑力耗费的人类劳动的质的规定转化为商品的价值规定，可以用时间来测度的人类劳动的量的规定转化为商品的价值量规定，体现劳动的"社会性"的劳动者之间的联系转化为商品之间的物的联系。后三者就如同三件外衣，加在前三者身上，将之牢牢地包裹、掩藏起来。换言之，本质被现象所遮蔽，神秘性由此而生。一切神秘性皆起因于自然的或人为的包裹和遮蔽，这就像著名相声演员马三立说的相声段子《挠挠》。

马克思讲得好："商品形式的奥秘不过在于：商品形式在人们面前把人们本身劳动的社会性质反映成劳动产品本身的物的性质，反映成这些物的天然的社会属性，从而把生产者同总劳动的社会关系反映成存在于生产者之外的物与物之间的社会关系。由于这种转换，劳动产品成了商品，成了可感觉而又超感觉的物或社会的物。"① 他以人的视觉活动为例指出："正如一物在视神经中留下的光的印象，不是表现为视神经本身的主观兴奋，而是表现为眼睛外面的物的客观形式。但是在视觉活动中，光确实从一物射到另一物，即从外界对象射入眼睛。这是物理的物之间的一种物理关系。相反，商品形式和它借以得到表现的劳动产品的价值关系，是同劳动产品的物理性质以及由此产生的物的关系完全无关的。这只是人们自己的一定的社会关系，但它在人们面前采取了物与物的关系的虚幻形式。"②

要为此种社会现象寻找一个形象的比喻，马克思认为："我们就得逃到宗教世界的幻境中去。在那里，人脑的产物表现为赋有生命的、彼此发生关系并同人发生关系的独立存在的东西。在商品世界里，人手的产物也是这样。"这就是所谓的"拜物教"。"劳动产品一旦作为商品来生产，就带上拜物教性质，因此拜物教是同商品生产分不开的。"③ 在商品经济条件下，人们对商品的关系，就如同宗教信徒对其偶像的关系；无论什么样的偶像，都是经由人自己树立起来

---

① 马克思：《资本论》第1卷，人民出版社2004年版，第89页。
② 同上书，第89—90页。
③ 同上书，第90页。

的，但是人们却反过来为这些偶像所宰制，在其面前顶礼膜拜、唯命是从。

既然说，人们头脑中的拜物教意识，是商品生产和商品经济的产物，特别是，这种意识在资本主义条件下发展到登峰造极的地步；那么，要想消除这种拜物教意识，就必须消除商品生产和商品经济。而要达到这一点，就必须诉诸生产关系的革命性变革，不仅需要扬弃生产资料的劳动者个体私有制，还需要扬弃生产资料的资本主义私有制。

（王峰明　清华大学马克思主义学院教授、哲学博士）

第十六讲

马克思的货币观

　　货币问题，是经济理论中的一个难点。马克思曾用格莱斯顿的话指出："因恋爱而受愚弄的人，甚至还没有因钻研货币本质而受愚弄的人多。"[①] 早在 17 世纪最后几十年，人们已经知道货币是商品，这在货币分析上无疑具有十分重要的意义。但是，"困难不在于了解货币是商品，而在于了解商品怎样、为什么、通过什么成为货币"。[②] 在货币思想史上，马克思的独特之处就在于运用逻辑与历史相统一的方法，将货币商品放到现实的商品交换关系和这种关系的现实的历史运动中去，通过分析货币商品生成和嬗变的真实动因及其所扮演的角色和所起的作用来揭示货币的起源和本质，从而破解商品"怎样"、"为什么"和"通过什么"成为货币的难题。这是古典经济学从来没有、也不打算做的事情。

一　价值形式:货币分析的基础

1. 价值形式与交换价值

　　马克思对货币的分析始于对价值形式的研究。所谓"价值形式"，顾名思义，就是指商品价值的"表现形式"。研究价值形式，就是研究价值

---

①　《马克思恩格斯全集》第 31 卷，人民出版社 1998 年版，第 458 页。
②　马克思:《资本论》第 1 卷，人民出版社 2004 年版，第 112 页。

"如何"也即通过什么样的"方式"或"形式"把自己表现出来。

这很容易使我们联想到前面论述过的"交换价值"概念。价值是存在于商品体内部的等量的共同的东西，交换价值则以一种"物质"的"量"的关系或比例把这种等量的共同的东西表现出来，使之外化或外在化。这样，在交换价值与价值之间就形成了一种表现和被表现的关系。为交换价值所表现的价值是"内容"，表现价值的交换价值则是"形式"。正是基于交换价值和价值之间这种表现和被表现的关系，才把交换价值界定为：价值在交换中的表现，或者说在交换中表现出来的商品的价值。

实际上，价值形式就是交换价值，研究价值形式同研究交换价值是一回事。因为，"一个商品的价值是通过它表现为'交换价值'而得到独立的表现的"。① 换言之，只有在交换价值即商品与商品之间的交换关系或价值关系中，一个商品的价值才能得到表现。所以，马克思在研究价值的表现形式时，采用的标题是"价值形式或交换价值"。②

研究价值形式，就是进一步深入而具体地对交换价值进行剖析探究，考察在商品交换关系发展的不同阶段上价值表现自己的不同形式，考察这些不同形式之间的内在联系，考察它们在从低级到高级的历史嬗演中如何促成了货币的产生。马克思首先研究了价值形式的两极。

2. 价值形式的两极

如前所述，价值是一切商品体中包含的"一般人类劳动"，它看不见、摸不着。一个商品的价值在自身之内是难以得到表现的，例如，"我不能用麻布来表现麻布的价值。20 码麻布 = 20 码麻布，这不是价值表现。相反，这个等式只是说，20 码麻布无非是 20 码麻布，是一定量的使用物品麻布"。③ 要表现自己的价值，它就必须借助于

---

① 马克思：《资本论》第 1 卷，人民出版社 2004 年版，第 75—76 页。
② 同上书，第 61 页。
③ 同上书，第 63 页。

另一个商品，这种表现因而具有相对性。例如，20 码麻布的价值表现为 1 件上衣，用公式表示就是："20 码麻布 = 1 件上衣。"

在这个等式中，位于两端或两极的商品具有不同的特点，起着不同的作用。

位于等式左边的商品麻布，通过位于右边的商品上衣把自己的价值表现出来，相应的，上衣就成为麻布表现自身价值的材料。前者起着主动作用，带着要表现自己价值的意志和愿望，成为这一行为的积极的和自觉的发动者；后者则起着被动作用，就像一面留下了影像的"镜子"，反映或表现着商品的价值。在这种关系中，"前一个商品的价值表现为相对价值，或者说，处于相对价值形式。后一个商品起等价物的作用，或者说，处于等价形式"。① "相对价值形式"和"等价形式"就构成价值表现形式的两极或两端。

相对价值形式之为"相对价值形式"，指的就是，位于等式左边的商品即麻布，要主动表现自己的价值，或者说，它作为价值存在，是价值之原像，这种内含于商品体中的价值，要设法把自己表现出来，让世人"看"到它的存在。有鉴于此，马克思认为："要表达商品 B 同商品 A 相等是商品 A 自己的价值表现，德文'Wertsein'（价值，价值存在）就不如罗曼语的动词 valere，valer，valoir（值）表达得确切。"② 相对价值形式是价值表现行为中主动的一极，处于相对价值形式的商品即 20 码麻布，在市场上主动要求把自己内在的价值表现出来，它要向世界表明：我"有"价值，或者说，我的价值是"存在"的。但是，德文"Wertsein"是名词，不足以表达这种积极性、主动性和能动性。

等价形式之为"等价形式"③，指的就是位于等式右边的商品即上

---

① 马克思:《资本论》第 1 卷，人民出版社 2004 年版，第 62 页。

② 同上书，第 67 页。

③ "价值形式"由两个项组成，"等价形式"只是其中之一。价值形式作为价值表现的形式或方式，是通过左边与右边两个项的关系实现的，价值形式所表示的就是这两个项之间的关系。但是，由于表现出来的价值，是处于相对价值形式的商品的价值，而不是处于等价形式的商品的价值，所以，马克思有时又把等价形式叫做"价值形式"，把等价物所起的作用叫做价值形式起着的作用。如他讲："在上衣成为麻布的等价物的价值关系中，上衣形式起着价值形式的作用。"（马克思:《资本论》第 1 卷，人民出版社 2004 年版，第 66 页）

衣承担了反映和表现麻布价值的任务，它本身透显着这样的信息：20码麻布具有价值或有所"值"。值什么？比如说值1件上衣。因此，1件上衣与20码麻布的价值是一种"等同"的关系，20码麻布的价值就等同于1件上衣。这样，等价形式就作为一面"镜子"，依靠自身的自然的物质存在，把商品的价值"照"出来，让人们"看"或"直观"到了麻布所具有的价值。当然，正如映现在镜子里的人不是人本身，而只是人的影像一样，反映在等价形式或等价物上的价值也不是内在于商品的价值本身，而只是商品价值的外在表现。但无论如何，借助于等价物，价值从商品体内部"走"了出来，获得了外在的反映和表现。

从内在于商品的价值来说，处于相对价值形式的商品是"绝对"的价值存在，而处于等价形式的商品则是"相对"的价值存在；从价值的外部表现来说，处于相对价值形式的商品是"相对"的价值存在，而处于等价形式的商品则是"绝对"的价值存在。之所以说位于等式左边的商品麻布处于"相对价值形式"，位于等式右边的商品上衣处于"等价形式"，正是出于价值的表现与被表现的外部关系，也即麻布自身绝对的价值存在要得到相对的反映和表现，同时，上衣要以自身相对的价值存在来绝对地反映和表现商品的价值。

以此来看，相对价值形式既包含了价值的质的规定性，又包含了价值的量的规定性，是价值质的规定和量的规定的辩证统一。

相对价值形式所包含的价值的"质的规定"，指的是，处于相对价值形式的商品如麻布自身的价值，借助处于等价形式的商品上衣表现出来。如，在20码麻布＝1件上衣的关系中，"作为使用价值，麻布是在感觉上与上衣不同的物；作为价值，它却是'与上衣等同的东西'，因而看起来就像上衣。麻布就这样取得了与它的自然形式不同的价值形式。它的价值存在通过它和上衣相等表现出来"。[①]

相对价值形式所包含的价值的"量的规定"，指的是，处于相对价值形式的商品如麻布自身价值的一定量，借助处于等价形式的商品上衣的一定量表现出来。如，在麻布和上衣的价值关系中，上衣这种商品不

---

① 马克思：《资本论》第1卷，人民出版社2004年版，第66页。

仅作为"价值一般"被看做在质上同麻布相等，而且是作为"一定量"的价值体如 1 件上衣，被看做同一定量的麻布如 20 码麻布相等。"20 码麻布 = 1 件上衣，或 20 码麻布值 1 件上衣"这一等式的前提是：1 件上衣和 20 码麻布正好包含同样多的价值实体。可见，"价值形式不只是要表现价值一般，而且要表现一定量的价值，即价值量"。①

与此不同，等价形式本身却不具有价值的量的规定性。对此，马克思讲得非常明确："商品的等价形式不包含价值的量的规定"，"一个商品的等价形式并不包含该商品的价值量的量的规定"。② 这是因为，处于等价形式的商品，只能表现处于相对价值形式的商品的价值和价值量，它绝不能表现自己的价值和价值量。例如，"一定量的上衣也就足以表现麻布的一定的价值量。因此，两件上衣能够表现 40 码麻布的价值量，但是两件上衣决不能表现它们自己的价值量，即上衣的价值量"。不仅如此，"在价值等式中，等价物始终只具有某物即某种使用价值的单纯的量的形式"。③ 例如，在麻布的价值关系中，"上衣……是当做表现价值的物，或者说，是以自己的可以捉摸的自然形式表示价值的物"。④ 上衣在表现麻布的价值和价值量时，是以一定量的自然存在即使用价值的面貌出现的。可见，一旦某种商品在价值表现中取得等价物的地位，"它的价值量就不是作为价值量来表现了"。⑤ 它要反映和表现自己的价值和价值量，就不是等价物或不能处于等价形式，而必须处于相对价值形式。"一种商品在等价形式中表现为某种物质的单纯的量，这恰恰是因为它的价值量没有得到表现。"⑥ 当然，这并不是说处

① 马克思：《资本论》第 1 卷，人民出版社 2004 年版，第 68 页。
② 同上书，第 71、111 页。
③ 同上书，第 71 页。
④ 同上书，第 66 页。
⑤ 同上书，第 71 页。
⑥ 马克思：《资本论》（根据作者修订的法文版第一卷翻译），中国社会科学出版社 1983 年版，第 33 页。在此，马克思并没有明确地讲等价形式与价值的量的规定的关系问题，但是并不等于回避和取消了这个问题。只要相对价值形式有"价值的量的规定性"问题，那么，等价形式是否存在着价值的量的规定性的问题，就是一个回避不了、取消不了的重点和难点问题。遗憾的是，我们从一些马克思主义政治经济学教科书中却找不到对这一问题的任何分析和论述。

于等价形式的商品不具有价值的量的规定，而只是说，这种等价形式本身不反映和表现自己价值的量。

那么，能否由此得出结论说，等价形式本身也不具有"价值的质的规定"呢？当然不能。这是因为，"在这个关系中，上衣是价值的存在形式，是价值物，因为只有作为价值物，它才是与麻布相同的"。"上衣这种商品在这里起着等价物的作用，作为使用价值的上衣与麻布相对立时是充当价值体。"① 在麻布的价值关系中，"上衣只是显示出这一方面，也就是当做物体化的价值，当做价值体"，或者说"上衣是当做与麻布同质的东西，是当做同一性质的物，因为它是价值"。② 在价值关系中，等价物是被当做"价值物"、"价值体"甚至说就是"价值"本身来看待的。正是因为它是价值体，"因而获得了一种特殊的属性，即处于能够与麻布直接交换的形式"。处于等价形式的商品具有"直接的可交换性"，在此意义上又可以说："一个商品的等价形式就是它能与另一个商品直接交换的形式。"③ 这样，通过价值形式，商品使用价值与价值之间的内部对立就被外在化了，处于等价形式的商品与处于相对价值形式的商品的关系，可以说就是价值与使用价值的关系。所以，处于等价形式的商品的价值，并不需要把自己的价值表现出来，恰恰相反，它的使命和任务就是去反映和表现别的处于相对价值形式的商品的价值。换言之，等价形式本身不存在表现自己的价值的问题，以此来看，等价形式是否具有"价值的质的规定"的问题，是一个"伪问题"。这里，关键是要弄清楚等价物之为"等价物"的含义，并注意将处于等价形式的"商品"的规定同等价形式或等价物本身的规定区别开来。

价值形式或价值表现形式具有以下三个特点。

第一，既然说，作为等价物或处于等价形式的商品，其"商品体例如上衣这个物本身就表现价值"，"上衣代表这两种物的超自然属

---

①　马克思：《资本论》第 1 卷，人民出版社 2004 年版，第 64、71 页。

②　同上书，第 66 页。

③　同上书，第 70 页。

性，即它们的价值，某种纯粹社会的东西"；① 那么，也就意味着，处于相对价值形式的商品的价值，是通过处于等价形式的商品的自然的物质存在即使用价值而表现出来的。用马克思的话说，就是"使用价值成为它的对立面即价值的表现形式"。②

第二，既然说，价值是通过使用价值表现出来的，使用价值成为它的对立面即价值的表现形式；那么，也就意味着，创造处于相对价值形式的商品价值的"抽象劳动"，是通过创造处于等价形式的商品使用价值的"具体劳动"表现出来的。用马克思的话说，就是"具体劳动成为它的对立面即抽象人类劳动的表现形式"。例如，"如果上衣只当做抽象人类劳动的实现，那么，在上衣内实际地实现的缝劳动就只当做抽象人类劳动的实现形式"。③

第三，以上两点同样意味着，"私人劳动成为它的对立面的形式，成为直接社会形式的劳动"。④ 这是因为，像其他生产商品的人类劳动一样，生产作为等价物的上衣的劳动，就其直接存在而言，也是一种私人劳动或者说具有私人性。但是现在，由于上衣是等价物，由于等价物是商品价值的反映和表现，由于价值是凝结在商品中的一般人类劳动，所以，生产作为等价物的上衣的私人劳动就取得了社会劳动的形式，或者说，生产等价物上衣的私人劳动成为直接具有社会形式的劳动。

其他任何处于相对价值形式的商品，只要获得等价物，生产这种商品的劳动就会像生产麻布的劳动一样，不再是一种单纯的私人行为，而是具有了"社会性"，转化为一种"社会劳动"。这样，等价物就俨然是一张"通行证"，有了它，才能取得进入由不同的私人劳动组成的社会劳动体系中来，成为这个大家庭中的一员的资格。也同样可以说，等价物就像是一名"代表"，它自身的自然的物质存在本身，就包含了"经济—社会"的意义，即它代表着劳动的社会联系或社会性，代表着社会劳动。因此，马克思说："铁这个物体作为重量

---

① 马克思:《资本论》第1卷，人民出版社2004年版，第72页。
② 同上书，第71页。
③ 同上书，第73—74页。
④ 同上书，第74页。

尺度，对于塔糖来说，只代表重，同样，在我们的价值表现中，上衣这个物体对于麻布来说，也只代表价值。"①

相对价值形式和等价形式在同一价值表现中是互相依赖、互为条件、不可分离的。一个商品如麻布一旦处在相对价值形式上，就必然要求有另一个与它相对立的商品如上衣处在等价形式上，以表现麻布的价值。没有相对价值形式，就不会有等价形式；反之亦然。

同时，相对价值形式和等价形式在同一价值表现中又是互相排斥、互相对立的。一个商品，处于等价形式就只能是等价物，不能同时是处于相对价值形式的相对价值存在。它要处于相对价值形式，就必须从等式的右边转移到等式的左边。处于相对价值形式的商品也是如此。这就说明，商品的相对价值形式只能位于等式的左边，相应的，商品的等价形式就只能位于等式的右边。因此，马克思指出："诚然，20 码麻布 = 1 件上衣，或 20 码麻布值 1 件上衣，这种表现也包含着相反的关系：1 件上衣 = 20 码麻布，或 1 件上衣值 20 码麻布。但是，要相对地表现上衣的价值，我就必须把等式倒过来，而一旦我这样做，成为等价物的就是麻布，而不是上衣了。可见，同一个商品在同一个价值表现中，不能同时具有两种形式。不仅如此，这两种形式是作为两极互相排斥的。"

当然，这是对现实的商品交换行为和关系的一种本质的抽象和逻辑的分析。对于发生了交换关系的两种商品 "A" 和 "B" 来说，究竟哪一方处于相对价值形式，哪一方处于等价形式，现实的情况是相当复杂的，需要具体情况具体分析。马克思指出："一个商品究竟是处于相对价值形式，还是处于与之对立的等价形式，完全取决于它当时在价值表现中所处的地位，就是说，取决于它是价值被表现的商品，还是表现价值的商品。"② 从这种 "主动" 与 "被动" 的关系来看，在现实中，既存在着商品 A 是主动的一方因而处于相对价值形式，商品 B 是被动的一方因而处于等价形式的情况；也存在着与此相

---

① 马克思：《资本论》第 1 卷，人民出版社 2004 年版，第 72 页。
② 同上书，第 63 页。

反的情况；还存在着商品 A 和 B 两者都是主动的，从而出现从 A 来看，B 处于等价形式，从 B 来看，A 处于等价形式，或者说，从 A 来看，A 处于相对价值形式，从 B 来看，B 处于相对价值形式的情况。

可以说，商品包含的使用价值与价值之间的矛盾即对立统一关系，是价值形式产生的内在动因。马克思讲："更仔细地考察一下商品 A 同商品 B 的价值关系中所包含的商品 A 的价值表现，就会知道，在这一关系中商品 A 的自然形式只是充当使用价值的形态，而商品 B 的自然形式只是充当价值形式或价值形态。这样，潜藏在商品中的使用价值和价值的内部对立，就通过外部对立，即通过两个商品的关系表现出来了。"[①] 在这个关系中，价值要被表现的商品只是直接当做使用价值，而另一个表现价值的商品只是直接当做价值。价值形式是商品内部使用价值和价值之间的矛盾的外在化，同时，这种外化了的矛盾又推动着价值形式从低级向高级不断发展，孕育并最终产生了货币商品。

二　价值形式的历史发展与货币的产生

1. 简单的、个别的或偶然的价值形式（Einfache, einzelne oder zufällige Wertform）

从历史上看，"商品交换是在共同体的尽头，在它们与别的共同体或其成员接触的地方开始的"。[②] 最初的商品交换是一种以物易物的交换，交换关系或者说价值关系，就体现为一种商品同另一种商品（不管是哪一种商品都一样）的关系。马克思把这种价值表现的形式叫做"简单的、个别的或偶然的价值形式"。上面分析的"20 码麻布 = 1 件上衣，或 20 码麻布值 1 件上衣"，就是这种价值形式。它可以表示为：x 量商品 A = y 量商品 B，或 x 量商品 A 值 y 量商品 B。这里，"商品 A 的价值，通过商品 B 能与商品 A 直接交换而在质上得到

---

① 马克思：《资本论》第 1 卷，人民出版社 2004 年版，第 76—77 页。
② 同上书，第 107 页。

表现，通过一定量的商品 B 能与既定量的商品 A 交换而在量上得到表现"。①

这种价值形式之所以是"个别"的，是因为，商品的价值从一个"单个"的种（一种商品）对另一个"单个"的种（另一种商品）的交换关系或价值关系中表现出来。德文"einzelne"既有"个别"的含义，同时有"单个"、"单独"的含义。这种"一对一"或"单个对单个"的价值表现形式，就是"个别的价值形式"。

这种价值形式之所以是"简单"的，是因为这种价值形式的两极只是由两种商品构成。上衣只是对麻布这"一种"商品来说，才处于等价形式，才起等价物的作用，它与其他种类的商品无关，它不表现其他种类商品的价值。处于相对价值形式的商品麻布也是如此。既然不涉及更多种类的商品，就是简单的，因而是易于理解和把握的。德文"einfache"既有"简单"的含义，也有"单一"和"容易"的含义。

这种价值形式之所以是"偶然"的，是因为，在等式 20 码麻布 = 1 件上衣中，"这两个商品能以一定的量的比例相交换，可能是偶然的事情"。② 这种事情不仅"是由偶然的需要、欲望等等决定的"③，而且，20 码麻布与 1 件上衣相交换，意味着拥有麻布的人希望得到上衣，希望在上衣上表现商品的价值，而拥有上衣的人也希望得到麻布，也希望在麻布上表现商品的价值。这种双方都合心意的事情，就如同一见钟情的恋人，在现实中当然并不多见，往往由碰巧的机缘才能促成。尽管如此，这种价值形式就出现在商品交换的早期。马克思说："很明显，这种形式实际上只是在最初交换阶段，也就是在劳动产品通过偶然的、间或的交换而转化为商品的阶段才出现。"④

总之，"一个商品的简单价值形式包含在它与一个不同种商品的价值关系或交换关系中"。在交换初期出现的这种价值形式中，"两

---

① 马克思：《资本论》第 1 卷，人民出版社 2004 年版，第 75 页。
② 同上书，第 79 页。
③ 《马克思恩格斯全集》第 46 卷上，人民出版社 1979 年版，第 154 页。
④ 马克思：《资本论》第 1 卷，人民出版社 2004 年版，第 82 页。

个商品的价值关系为一个商品提供了最简单的价值表现"。①

从等价物或等价形式方面看，等价形式的发展程度是同相对价值形式的发展程度相适应的，前者的发展只是后者发展的表现和结果。"与一个商品的简单相对价值形式相适应的，是另一个商品的个别等价形式"，或者说，"一个商品的简单的或个别的相对价值形式使另一个商品成为个别的等价物（einzelnen Äquivalent）"。② 在简单的、个别的或偶然的价值形式中，处于等价形式的商品作为等价物，是"单个"的一种商品，因而是一种"个别等价物"。

马克思说："一看就知道，简单价值形式是不充分的，是一种胚胎形式。"就是说，商品的价值在这种形式中并未获得充分表现，这主要体现在以下几个方面。

第一，没能充分地把商品的价值与使用价值区别开来。在简单价值形式中，商品 A 的价值表现在某个商品 B 上，如 20 码麻布的价值表现在 1 件上衣上，10 磅茶叶的价值表现在 1/2 吨铁上，等等。这"只是使商品 A 的价值同它自己的使用价值区别开来"，而没有同其他一切商品的使用价值区别开来。20 码麻布的价值表现为 1 件上衣，上衣的自然形态代表了麻布的价值，而麻布的自然形态则代表了麻布的使用价值，通过上衣，麻布把自己的价值（上衣）同自己的使用价值区别开来了。但是，上衣作为价值体，并没有把其他商品如茶叶的价值和使用价值区别开来，因为，表现或代表着茶叶的价值的，是另一种商品铁。

第二，没能充分地建立起不同商品之间的价值关系或交换关系。显然，从上衣身上，看不出麻布同其他一切商品的价值关系。因此，这种价值形式"也只是使商品 A 同某一种与它自身不同的个别商品发生交换关系，而不是表现商品 A 同其他一切商品的质的等同和量的比例"。③ 也就是说，它并没有使商品 A 同其他一切商品发生交换

① 　马克思：《资本论》第 1 卷，人民出版社 2004 年版，第 62、75 页。

② 　同上书，第 77、84 页。

③ 　参见马克思《资本论》第 1 卷，人民出版社 2004 年版，第 77 页。

关系。

第三，没能充分地展现或体现一切商品所具有的价值共同性。价值是凝结在商品中的一般人类劳动，是一切商品在"质"上所具有的共性。但是，在这种"一对一"的交换关系或价值关系中，麻布的价值表现为与上衣等同，茶叶的价值表现为与铁等同，等等。上衣只是麻布价值的表现，而不同时是茶叶价值的表现。显然，麻布和茶叶各自的价值表现是不相同的，正如上衣和铁不相同一样。① 这样，麻布和茶叶价值的共同性，从而一切商品的价值共同性就没能在等价物上得到充分体现。

第四，从量的方面来看，简单价值形式对商品价值的"量"的表现也是"不确定"的。马克思说：在简单价值形式"即 20 码麻布 = 1 件上衣中，这两个商品能以一定的量的比例相交换，可能是偶然的（zufällige）事情"，因为，"它们能够交换，是由于它们的占有者彼此愿意把它们让渡出去的意志行为"。② 既然是偶然的事情，既然出于人们的意志行为，就必然带有"随机性"和不确定性。也就是说，在由共同体边缘偶然发生的这种交换关系中，20 码麻布的价值在量上表现为 1 件上衣，还是表现为 2 件上衣，具有随机性和不确定性，我们从这种形式中看不出任何确定的量的关系和比例，或者说，看不出在量的关系和比例方面的确定性。

第五，从价值形式的两极即相对价值形式和等价形式之间的对立来看，虽然说，在等式"20 码麻布 = 1 件上衣"中已经包含着这种对立，但是，它并"没有使这种对立固定下来。我们从等式的左边读起，麻布是相对价值形式，上衣是等价形式，从等式的右边读起，上衣是相对价值形式，麻布是等价形式。在这里，要把握住两极的对立还相当困难"。③ 也就是说，在简单价值形式，商品价值与使用价值之间的区别和对立还没有得到"确定"的展现，我们也就难以把握

---

① 参见马克思《资本论》第 1 卷，人民出版社 2004 年版，第 82 页。

② 马克思：《资本论》第 1 卷，人民出版社 2004 年版，第 79、107 页。

③ 同上书，第 84 页。

这种区别和对立。

　　既然如此，商品的价值形式就不能停留于这一阶段。"个别的价值形式会自行过渡到更完全的形式"。①

2. 总和的或扩大的价值形式（Totale oder entfaltete Wertform）

　　虽然说，在共同体边界上发生的物物交换，如 20 码麻布与 1 件上衣的交换是一种偶然的行为，但是，从逻辑上讲，麻布的价值无论表现为 1 件上衣，还是表现为 1/2 吨铁或 1 夸特小麦或其他什么东西，都是一样的，都属于价值的简单形式。因此，马克思说："通过个别的价值形式，商品 A 的价值固然只是表现在一个别种商品上，但是这后一个商品不论是哪一种，是上衣、铁或小麦等等，都完全一样。"② 从现实情况来看，麻布会不断地同上衣之外的其他商品发生交换关系，从而不断地"扩大"表现其价值的商品的数量。结果是，"随着同一种商品和这种或那种不同的商品发生价值关系，也就产生它的种种不同的简单价值表现。它可能有的价值表现的数目，只受与它不同的商品种类的数目的限制。这样，商品的个别的价值表现就转化为一个可以不断延长的、不同的简单价值表现的系列"。③ 马克思把这种价值表现形式叫做"总和的或扩大的价值形式"。它可以表示为：z 量商品 A ＝ u 量商品 B，或 ＝ v 量商品 C，或 ＝ w 量商品 D，或 ＝ x 量商品 E，或 ＝ 其他。例如：

$$
20\text{ 码麻布}\begin{cases}=1\text{ 件　上衣}\\=10\text{ 磅　茶叶}\\=40\text{ 磅　咖啡}\\=1\text{ 夸特小麦}\\=2\text{ 盎司　金}\\=1/2\text{ 吨　铁}\\=x\text{ 量商品 A}\end{cases}
$$

---

① 马克思：《资本论》第 1 卷，人民出版社 2004 年版，第 77 页。
② 同上。
③ 同上书，第 77—78 页。

这种价值形式之所以是"扩大"的，是因为，商品价值表现的范围扩大了，或者说，表现商品麻布的价值的商品种类增多了，价值形式不再是"一个"单个的种（一种商品）对"另一个"单个的种（另一种商品）的形式，而是变成了"一个"单个的种对"多个"其他的种，即"一"对"多"的形式。

这种价值形式之所以是"总和"的，是因为，它是在简单价值形式单纯量的增多的基础上进行加总的结果。"扩大的相对价值形式只是由简单的相对价值表现的总和，或第一种形式的等式的总和构成，例如：20码麻布＝1件上衣，20码麻布＝10磅茶叶，等等。"①

从等价物或等价形式方面看，随着向总和的或扩大的价值表现形式的发展，等价形式也不再是"个别"的等价形式，而是转化为"特殊"的等价形式。"扩大的相对价值形式，即一个商品的价值在其他一切商品上的表现，赋予其他一切商品以种种不同的特殊等价物（besonderer Äquivalente）的形式。"② 在这种价值形式中，上衣、茶叶、小麦、铁，等等，每一种商品，都在麻布的价值表现中充当等价物，充当价值表现的材料。"每一种这样的商品的一定的自然形式，现在都成为一个特殊等价形式，与其他许多特殊等价形式并列。同样，种种不同的商品体中所包含的多种多样的一定的、具体的、有用的劳动，现在只是一般人类劳动的同样多种的特殊的实现形式或表现形式。"③ 德文"besonder"很好地诠释了这种关系。它既有"特殊"的含义，也有"单独"的含义，但这里的"单独"又不同于"个别"，它不是"唯一"，而是构成"多"的"一"，是"之一"。上衣不再是表现麻布价值的唯一的等价形式，茶叶、小麦和铁等其他商品都可以用来表现麻布的价值。但是，就麻布价值的每一次表现而言，用上衣就不能用小麦，反之亦然，这是一种鱼与熊掌的关系。因此，

---

① 马克思：《资本论》第 1 卷，人民出版社 2004 年版，第 80 页。

② 同上书，第 84 页。

③ 同上书，第 79—80 页。

马克思说："因为每一种商品的自然形式在这里都是一个特殊等价形式，与无数别的特殊等价形式并列，所以……其中每一个都排斥另一个。"① "特殊"意味着一种"排他性"，一种把某个等价物从其他等价物中分离出来的特性。

与简单的价值形式相比，总和的或扩大的价值形式已经是一种发展了的形式。这表现在以下几个方面。

第一，在这种价值形式中，"一个商品例如麻布的价值表现在商品世界的其他无数的元素上。每一个其他的商品体都成为反映麻布价值的镜子"。② 这样，这个价值本身才真正表现为"无差别"的人类劳动的凝结。因为，"形成这个价值的劳动现在十分清楚地表现为这样一种劳动，其他任何一种人类劳动都与之等同，而不管其他任何一种劳动具有什么样的自然形式，即不管它是对象化在上衣、小麦、铁或金等等之中"。就此而言，价值共同性的表现是充分的。

第二，现在，麻布通过自己的价值形式，不再只是同另一种个别商品发生社会关系，而是同整个商品世界发生社会关系。作为商品，它是这个世界的一个公民。换言之，商品世界的联系扩大了。就此而言，商品之间的价值关系或交换关系是充分的。

第三，商品价值表现的这个无限的系列表明，"商品价值是同它借以表现的使用价值的特殊形式没有关系的"。③ 商品麻布的价值，既与上衣使用价值的特殊形式无关，也与茶叶、铁和其他一切使用价值的特殊形式无关。麻布的价值现在是在一切可能的形式上与它的自然形式相对立，它的价值与上衣等同，与铁等同，与茶叶等同，与其他一切东西等同，只是不与上衣等同。这样，第二种价值形式就比第一种形式"更完全地把一种商品的价值同它自身的使用价值区别开来"。④ 就此而言，价值和使用价值的区别是充分的。

第四，商品的价值在"量"上得到了"确定"的表现。在这种

---

① 马克思：《资本论》第 1 卷，人民出版社 2004 年版，第 80 页。

② 同上书，第 78 页。

③ 参见马克思《资本论》第 1 卷，人民出版社 2004 年版，第 79 页。

④ 马克思：《资本论》第 1 卷，人民出版社 2004 年版，第 82 页。

价值形式中，麻布的价值量无论是表现在上衣上，还是表现在咖啡、小麦或铁上，总是一样大。它的价值量既不会随着咖啡、小麦和铁这些商品的无数千差万别的使用价值而有所改变，更不会因为它们是属于各个不同占有者的商品而有所改变。这样，以前那种存在于"两个单个商品占有者之间的偶然关系"就消失了，"一个根本不同于偶然现象并且决定着这种偶然现象的背景马上就显露出来了"。① 这是一种什么样的背景呢？从现实来看，"扩大的价值形式，事实上是在某种劳动产品例如牲畜不再是偶然地而已经按照习惯同其他不同的商品交换的时候，才出现的"。② 并且，"它们互相交换的量的比例是由它们的生产本身决定的。习惯把它们作为价值量固定下来"。③ "一定"量的商品 A 与其他各种"一定"量的不同的商品相交换，这种量的比例由生产本身决定，并且已经作为一种习惯而被固定下来。

第五，从价值形式的两极即相对价值形式和等价形式之间的对立来看，"每一次总是只有一种商品可以完全展开它的相对价值，或者说，它自身具有扩大的相对价值形式，是因为而且只是因为其他一切商品与它相对立，处于等价形式。在这里，不能再变换价值等式（例如 20 码麻布 = 1 件上衣，或 = 10 磅茶叶，或 = 1 夸特小麦等等）的两边的位置，除非改变价值等式的全部性质"。④ 对于处于相对价值形式的商品如麻布来说，其他一切商品如上衣、茶叶、咖啡和铁等等，都只能作为反映和表现它的价值的等价物而同它自身相对立，这样，麻布自身的价值和使用价值之间的区别和对立也就得到"确定"的展现，我们已经能够确切地把握住这种区别和对立。

当然，总和的或扩大的价值形式也有自身的局限性。它表现在以下几个方面。

第一，相对价值表现是未完成的或不完全的。因为，"它的项的

①　马克思：《资本论》第 1 卷，人民出版社 2004 年版，第 79 页。
②　同上书，第 82 页。
③　同上书，第 107 页。
④　同上书，第 84 页。

系列永无止境。每当一种新的商品提供一种新的表现材料时，以每一次价值比较作为一个环节的锁链就会延长"。这是就同一种商品如麻布的价值表现来说的，有无数商品的使用价值可以用来充当其价值表现的材料。

第二，相对价值表现的系列是未完成的或不完全的。马克思说："像必然会发生的情形一样，如果推广这种形式，把它用于任何一种商品，那么，最后就可以得到和商品同样多种的、无穷无尽的价值表现系列。"这是就不同商品的价值表现来说的，每一种商品都有一个由无限多样的价值表现材料形成的系列，而这些价值表现系列本身又是无限多样的。

第三，等价形式也是未完成的或不完全的。因为，每一种商品的自然形式在这里都是一个特殊的等价形式，与无数别的特殊等价形式并列，所以，"只存在着不完全的等价形式"。

第四，从价值共同性的每一次表现来说仍然是不充分的。因为，"每个等价物中包含的有用的、具体的劳动，都只是人类劳动的特殊的形式，也就是说，人类劳动的不充分的表现。诚然，这种劳动在这些特殊形式的总和中，获得自己的完全的或者总和的表现形式"。①这就是说，从特殊等价形式的总体来看，作为价值表现材料的使用价值和具体劳动，把价值共同性和决定它的劳动的共同性充分地和完全地表现出来了；但是，从特殊等价形式的每一个个体来看，由于彼此之间的互相排斥和否定，尚不足以完全地和充分地表现和体现商品价值的共同性和劳动的共同性。

第五，价值表现的形式是不统一的。既然有诸多商品可以充当价值表现的材料，就说明价值表现形式尚处于分散状态，缺乏统一性，或者说，商品价值尚未获得统一的反映和表现。因此，马克思指出，在这里，"商品的任何共同的价值表现都直接被排除了，因为在每一

---

① 参见马克思《资本论》（根据作者修订的法文版第一卷翻译），中国社会科学出版社1983年版，第42页。

种商品的价值表现中，其他一切商品现在都只是以等价物的形式出现"。① "这里还缺少形式和表现的统一性。"②

第六，价值形式的两极即相对价值形式和等价形式之间的对立，在总体上仍然是"不确定"的和"不充分"的。因为，虽然说，对每一种商品如麻布来说，其等价形式有一个确定的和充分展开了的系列；但是，从不同商品来看，它们各自的等价形式的系列又不尽相同。这样就使得相对价值形式和等价形式之间的区别和对立重新变得不确定和不充分，由此决定商品价值和使用价值的区别和对立也重新变得不确定和不充分。

总和的或扩大的价值形式所具有的这些局限性，促使价值形式继续向更高的阶段发展。

3. 一般的价值形式（Allgemeine Wertform）

从逻辑上讲，如果把 20 码麻布 = 1 件上衣，或 = 10 磅茶叶，或 = 其他等这个系列倒转过来，也就是说，把事实上已经包含在这个系列中的相反关系表示出来，我们就得到：

$$
\left.\begin{array}{ll}
1 \text{ 件} & \text{上衣} = \\
10 \text{ 磅} & \text{茶叶} = \\
40 \text{ 磅} & \text{咖啡} = \\
1 \text{ 夸特} & \text{小麦} = \\
2 \text{ 盎司} & \text{金} = \\
1/2 \text{ 吨} & \text{铁} = \\
x \text{ 量商品 A} & =
\end{array}\right\} 20 \text{ 码麻布}
$$

这种情况在现实交换中的表现则是："如果一个人用他的麻布同

---

① 马克思：《资本论》第 1 卷，人民出版社 2004 年版，第 82 页。

② 马克思：《资本论》（根据作者修订的法文版第一卷翻译），中国社会科学出版社 1983 年版，第 42 页。

其他许多商品交换，从而把麻布的价值表现在一系列其他的商品上，那么，其他许多商品占有者也就必然要用他们的商品同麻布交换，从而把他们的各种不同的商品的价值表现在同一个第三种商品麻布上。"① 麻布作为"第三种商品"的出现，使得价值表现形式的性质发生了变化，即由总和的或扩大的价值形式发展为"一般价值形式"。

为什么说这种价值形式是"一般"的呢？马克思做了这样的解释："现在，商品价值的表现：1. 是简单的，因为都是表现在惟一的商品上；2. 是统一的，因为都是表现在同一的商品上。它们的价值形式是简单的和共同的，因而是一般的。"② 这就是说，这种价值形式之所以是"一般"的，是因为，它像第一种价值形式那样是"简单"的，因为商品的价值表现在"惟一"的一种商品上；但是，它又不是像第一种形式那样是一个"单一"的种，而是像第二种价值形式那样包含了"许多"的种；但是，它又不是像第二种形式那样彼此排斥的"杂多"，而是具有一种"共同性"或"统一性"。一般价值形式的特点是，它既是"一"，又是"多"；"一"中有"多"，"多"中有"一"；是"一"与"多"的"合题"或辩证统一，是第一种价值形式和第二种价值形式的"合题"或辩证统一。德文"allgemeine"，既有"一般"的含义，还有"普遍"和"共同"的含义，表达的都是"多"中的"一"，或者说基于"多样性"的"统一性"。

从等价物或等价形式方面看，由于其他一切商品把一种特殊的商品作为它们统一的、一般的价值表现的材料，这种特殊的商品就取得了"一般等价形式"，成为一般等价物。马克思说："商品世界的一般的相对价值形式，使被排挤出商品世界的等价物商品即麻布，获得了一般等价物（allgemeinen Äquivalents）的性质。"③ 如果说，个别等价物是个"一"，特殊等价物是个"多"，那么，一般等价物就既是"一"，又是"多"，是"一"与"多"的辩证统一。从这里可以看

① 马克思：《资本论》第 1 卷，人民出版社 2004 年版，第 80—81 页。
② 同上书，第 81 页。
③ 同上书，第 83 页。

出，等价形式的发展程度是同相对价值形式的发展程度相适应的，
"等价形式的发展只是相对价值形式发展的表现和结果"。①

　　正是由于辩证地整合了前两种价值的表现形式，在推进价值形式
的发展方面，一般价值形式呈现出以下特点。

　　第一，在第一种形式和第二种形式中，"都只是使一种商品的价
值表现为一种与它自身的使用价值或商品体不同的东西"②，也就是
说，只能把处于相对价值形式的商品自己的价值和使用价值充分或不
充分地区别开来。但是，在第三种价值形式中，每种商品的价值作为
与麻布等同的东西，"不仅与它自身的使用价值相区别，而且与一切
使用价值相区别"。因为，既然说所有商品的价值都等同于麻布，麻
布与上衣的区别，就是上衣的价值与使用价值的区别；麻布与茶叶的
区别，同样是茶叶的价值与使用价值的区别。这样，麻布就把一切商
品的价值与使用价值区别开来。

　　第二，在第一种形式和第二种形式中，商品的价值或者表现在一
种商品上，或者表现在各种不同的商品上，都难以体现价值所具有的
一般性和共同性。一般价值形式则始终使商品世界的价值表现在从商
品世界中分离出来的同一种商品上，例如表现在麻布上，从而使得一
切商品的价值都通过它们与麻布等同而表现出来。麻布成为一切商品
共同的或统一的价值表现，"正因为这样才表现为它和一切商品共有
的东西"。③ 这样，一切商品价值的共同性才真正得到展现。

　　第三，在第一种形式和第二种形式中，只是两种商品或一些不同
种商品之间发生了交换关系或价值关系。但是，在第三种形式中，
"一切商品，在与麻布等同的形式上，不仅表现为在质上等同，表现
为价值一般，而且同时也表现为在量上可以比较的价值量"。④ 这是
因为，由于它们都通过同一种使用价值或材料，如通过麻布来反映和
表现自己的价值量，这些不同的价值量之间也就可以互相反映和表

---

① 马克思：《资本论》第 1 卷，人民出版社 2004 年版，第 84 页。
② 同上书，第 81 页。
③ 参见马克思《资本论》第 1 卷，人民出版社 2004 年版，第 82 页。
④ 马克思：《资本论》第 1 卷，人民出版社 2004 年版，第 83 页。

现。例如，10磅茶叶=20码麻布，40磅咖啡=20码麻布。因此，10磅茶叶=40磅咖啡。或者说，一磅咖啡所包含的价值实体即劳动，只等于一磅茶叶所包含的1/4。由此可见，只有一般价值形式，"才真正使商品作为价值互相发生关系，或者使它们互相表现为交换价值"。

第四，在第一种形式和第二种形式中，一种商品"使自己取得一个价值形式可以说是个别商品的私事，它完成这件事情是不用其他商品帮助的"。① 例如，麻布只要在市场上找到能够表现自己价值的商品上衣就够了，与茶叶是否能够找到这样的等价物无关，与表现茶叶价值的等价物是否也是上衣更是无关。"相反地，一般价值形式的出现只是商品世界共同活动的结果。一个商品所以获得一般的价值表现，只是因为其他一切商品同时也用同一个等价物来表现自己的价值，而每一种新出现的商品都要这样做。"② 只有当一切商品——包括既有的和将出现的——都把麻布作为等价物来表现和反映自己价值的时候，一般价值形式才是成立的。

第五，在第一种形式和第二种形式中，价值表现行为的个体性，价值关系或交换关系的有限性，都使得价值存在的社会性，或者说价值作为一种"社会存在"的性质不能完全地展现出来。第三种形式则不同，麻布取得表现一切商品价值的等价物的地位，既搭建了商品世界普遍联系的平台，同时又是商品世界共同活动、共同选择的结果，从而为商品世界所普遍认同。马克思指出：第三种形式表明，"因为商品的价值对象性只是这些物的'社会存在'，所以这种对象性也就只能通过它们全面的社会关系来表现，因而它们的价值形式必须是社会公认的形式"。③ 商品价值的社会性跃然而出。

第六，在第一种形式和第二种形式中，表现一种商品的价值，或者是通过唯一一种与它不同的商品，或者是通过许多种与它不同的商

---

① 参见马克思《资本论》第1卷，人民出版社2004年版，第82页。
② 马克思：《资本论》第1卷，人民出版社2004年版，第82—83页。
③ 同上书，第83页。

品构成的系列。"对它来说，其他商品只是起着被动的等价物的作用"。① 例如，在麻布面前，茶叶、咖啡等商品同上衣一样，都只是一种被动的表现价值的材料。第三种价值形式的情况则不同，茶叶、咖啡等商品同上衣一样，都把麻布作为表现自己价值的材料，它们都处于相对价值形式，因而都变成了积极的能动的主体。

第七，在第一种形式和第二种形式中，作为等价物的一种商品或者一些不同种商品，都只具有有限的"交换能力"，或者说尚未获得普遍的可交换性。与此不同，在第三种形式中，首先，"麻布自身的自然形式是这个世界的共同的价值形态"；其次，"它的物体形式是当做一切人类劳动的可以看得见的化身，一般的社会的蛹化"；最后，"织，这种生产麻布的私人劳动，也就处于一般社会形式，处于与其他一切劳动等同的形式"。总之，"构成一般价值形式的无数等式，使实现在麻布中的劳动，依次等于包含在其他商品中的每一种劳动，从而使织成为一般人类劳动的一般表现形式"。这就是说，麻布的使用价值本身成为一切商品价值的代表，同时，生产麻布的具体劳动和私人劳动也就分别成为抽象劳动和社会劳动的代表。这样，麻布就获得了一种"直接"而"普遍"的可交换性，"因此，麻布能够与其他一切商品直接交换"。

第八，在第一种形式和第二种形式中，对象化在商品价值中的劳动，只是"消极地表现为被抽去了实在劳动的一切具体形式和有用属性的劳动"。也就是说，只有撇开劳动的各种有用的或具体的形式，才能理解和把握生产商品的劳动所具有的一般性和共同性。与此不同，在第三种形式中，结晶为价值的人类劳动，"它自身的积极的性质也清楚地表现出来了。这就是把一切实在劳动化为它们共有的人类劳动的性质，化为人类劳动力的耗费"。② 通过一般等价形式，人类劳动的一般性和共同性自动地和能动地呈现在我们面前。马克思说："把劳动产品表现为只是无差别人类劳动的凝结物的一般价值形式，

---

① 马克思：《资本论》第 1 卷，人民出版社 2004 年版，第 82 页。
② 参见马克思《资本论》第 1 卷，人民出版社 2004 年版，第 83 页。

通过自身的结构表明，它是商品世界的社会表现。因此，它清楚地告诉我们，在这个世界中，劳动的一般的人类的性质形成劳动的独特的社会的性质。"① 在一般等价形式的结构中，人类劳动的一般性不仅得到能动体现，而且这本身就使得人类劳动取得了一种"独特的社会的性质"。因为，在其他一切社会的经济形态中，劳动的一般性和社会性都不需要通过这样的结构来体现和实现自身的存在。

第九，从价值形式两极的对立的情况来看，在第三种形式中，相对价值形式和等价形式之间的对立，不仅在个体上，而且在总体上被确定下来。因为，"除了一个唯一的例外，商品世界的一切商品都不能具有一般等价形式"。因此，一种商品如麻布处于能与其他一切商品直接交换的形式，或者说，处于直接的社会的形式，是因为而且只是因为其他一切商品都不是处于这种形式。"相反地，充当一般等价物的商品则不能具有商品世界的统一的、从而是一般的相对价值形式。"如果麻布，或任何一种处于一般等价形式的商品，要同时具有一般的相对价值形式，那么，它必须自己给自己充当等价物。于是我们得到的就是 20 码麻布 = 20 码麻布，这是一个既不表现价值也不表现价值量的同义反复。要表现一般等价物的相对价值，我们就必须把第三种形式倒过来。因此，"一般等价物没有与其他商品共同的相对价值形式，它的价值相对地表现在其他一切商品体的无限的系列上。因此，扩大的相对价值形式，即第二种形式，现在表现为等价物商品特有的相对价值形式"。② 这显示出，"价值形式本身发展到什么程度，它的两极即相对价值形式和等价形式之间的对立，也就发展到什么程度"。③

但是，一般价值形式并没有终结价值表现形式的发展，因为，"一般等价形式是价值本身的一种形式。因此，它可以属于任何一种商品"。"这种一般等价形式同引起这个形式的瞬息间的社会接触一

---

① 马克思：《资本论》第 1 卷，人民出版社 2004 年版，第 83—84 页。
② 参见马克思《资本论》第 1 卷，人民出版社 2004 年版，第 85 页。
③ 马克思：《资本论》第 1 卷，人民出版社 2004 年版，第 84 页。

起产生和消失。这种形式交替地、暂时地由这个或那个商品承担"。①
从"共时态"来看，它受到交换的区域或范围的限制。在一定范围
内，由某种商品如麻布来充当一般等价物，但是一旦超出了这个范
围，充当"一般等价物"的就会是另外一种不同的商品，如茶叶。
从"历时态"来看，在历史发展过程中，各种不同的商品，如盐、
毛皮、牲畜甚至是奴隶②，都充当过一般等价物。这表明，商品价值
尚未把表现自己的材料确定下来。任何商品都可以充当价值表现的材
料，这同时就意味着，没有任何一种材料可以表现一切商品的价值。
以此来看，一般价值形式仍然是一种有缺陷的价值表现形式，尚未产
生不受时间和空间制约的一般等价物，或者说，一般等价物还没有被
彻底地"固定"下来，成为某一种商品的专门职能，而这正是价值
形式在下一个发展阶段的目标。

4. 货币价值形式（Geldform）

从逻辑上讲，只要把一般等价物固定在贵金属特别是金和银上，
价值形式的发展就会进入"货币价值形式"阶段。在此意义上，货
币价值形式不过是一般价值形式发展的一个高级阶段，与后者并非具
有实质性区别。因此，马克思讲："在第一种形式过渡到第二种形式，
第二种形式过渡到第三种形式的时候，都发生了本质的变化。而第四
种形式与第三种形式的惟一区别，只是金现在代替麻布取得了一般等
价形式。金在第四种形式中同麻布在第三种形式中一样，都是一般等
价物。惟一的进步在于：能直接地一般地交换的形式，即一般等价形
式，现在由于社会的习惯最终地同商品金的独特的自然形式结合在一
起了。"③

因此，我们在第三种形式中用商品金代替商品麻布，就得到货币
价值形式。它可以表示为：

---

① 马克思：《资本论》第 1 卷，人民出版社 2004 年版，第 86、107—108 页。
② 《马克思恩格斯全集》第 46 卷上，人民出版社 1979 年版，第 112 页。
③ 马克思：《资本论》第 1 卷，人民出版社 2004 年版，第 87 页。

$$
\left.\begin{array}{ll}
20\ 码 & 麻布\ = \\
1\ 件 & 上衣\ = \\
10\ 磅 & 茶叶\ = \\
40\ 磅 & 咖啡\ = \\
1\ 夸特 & 小麦\ = \\
1/2\ 吨 & 铁\ = \\
x\ 量商品\ A & =
\end{array}\right\}\ 2\ 盎司金
$$

一种商品处于一般等价形式，是因为它自身被其他一切商品当做等价物排挤出来。"从赋予一种特殊的商品以这种特有的性质的时候起，相对形式就获得了固定性，固定在惟一的物品上，并取得了社会的真实性"[1]，或者说，获得"一般的社会效力"。[2] 这就是说，货币价值形式克服了一般价值形式所暴露出来的地域性和不确定性，具有了普遍性、社会性和固定性、确定性。这又体现了从一般价值形式到货币价值形式的发展和进步。

从现实来看，一般等价形式究竟固定在哪一种商品上，这在"最初是偶然的"事情，随着商品交换的发展，这种形式才"固定在某些特殊种类的商品上"。[3] 这种商品就是金和银。马克思说："等价形式同这种独特商品的自然形式社会地结合在一起，这种独特商品成了货币商品，或者执行货币的职能。在商品世界起一般等价物的作用就成了它特有的社会职能，从而成了它的社会独占权。"[4] 最初充当一般等价物的商品，是那些"最能代表财富"、"最经常地作为需求的对象"和最具有特殊的使用价值的商品。作为货币等价物的金和银则恰恰相反，它们是"最不容易直接成为消费品或生产工具的商品"。[5]

---

[1]　马克思：《资本论》（根据作者修订的法文版第一卷翻译），中国社会科学出版社1983年版，第48页。

[2]　马克思：《资本论》，第1卷，人民出版社2004年版，第86页。

[3]　同上书，第108页。

[4]　同上书，第86页。

[5]　《马克思恩格斯全集》第46卷上，人民出版社1979年版，第112—113页。

　　金能够作为货币与其他商品相对立，只是因为它早就作为商品与它们相对立。与其他一切商品一样，它过去就起等价物的作用：或者是在个别的交换行为中起个别等价物的作用，或者是与其他商品等价物并列起特殊等价物的作用。后来，它又逐渐地在或大或小的范围内起一般等价物的作用。只有从它在商品世界的价值表现中独占了一般等价物的地位的时候起，它才成为货币商品；而只是从它已经成为货币商品的时候起，第四种形式才同第三种形式区别开来，或者说，一般价值形式才转化为货币形式。

　　我们现在要问，一般等价物为什么"由于社会的习惯"最终固定在了金银上？社会为什么会有这样的习惯？

　　如前所述，等价物是反映和表现商品价值的"材料"，既然如此，对这种材料本身的要求就不是可有可无的；等价物又是商品价值的"代表"，既然如此，对这个代表的要求也绝不是可有可无的。马克思指出："表现这种象征的材料决不是无关紧要的……一种象征如果不是任意的，它就要求那种表现它的材料具有某些条件。"① 换言之，这种材料必须适合于反映和表现商品的价值，这种代表也必须具备同商品价值相一致的性质。以此来看，"一种物质只有分成的每一份都是均质的，才能成为价值的适当的表现形式，或抽象的因而等同的人类劳动的化身。另一方面，因为价值量的差别纯粹是量的差别，所以货币商品必须只能有纯粹量的差别，就是说，必须能够随意分割，又能够随意把它的各部分合并起来"。② 这就是说，商品价值作为"无差别"、"抽象"、"一般"人类劳动的凝结，要求充当价值表现材料的等价物商品，必须具有"质地均匀"和"易于分割"的特点。而金和银天然就具有这些属性，"金银天然不是货币，但货币天然是金银"这句话，就再恰当不过地说明了金银的自然属性最适合于担任货币的职能。所以，"随着商品交换日益突破地方的限制，从而商品价值日益发展成为一般人类劳动的化身，货币形式也就日益转到那些天

① 《马克思恩格斯全集》第46卷上，人民出版社1979年版，第90页。
② 马克思：《资本论》第1卷，人民出版社2004年版，第109页。

然适于执行一般等价物这种社会职能的商品身上，即转到贵金属身上"。① 货币商品由此诞生。所以，正是由于作为贵金属的金银所具有的"物理—自然"属性同商品价值所具有的"经济—社会"属性，达到了最大程度的"契合"，所以它才最终挤掉其他商品，取得一般等价物的独占权，成为固定地充当一般等价物的商品。

只有作为贵金属的金和银，其"物理—自然"属性同商品价值的"经济—社会"属性才达到了最大程度的"契合"，其他商品都不具备这样的特点。正因为如此，在价值形式的历史发展中，货币等价物以外的其他等价物商品都先后退出历史舞台。在此意义上可以说，价值表现形式从第一种形式向第二种形式，继而从第二种形式向第三种形式，最后又从第三种形式向第四种形式的整个发展过程，也就是商品世界寻找适合于反映和表现自身价值的"经济—社会"属性的物质材料的过程，或者说，就是寻找最符合于商品价值的"经济—社会"属性的代表的过程。当这种材料和代表不能达到以其"物理—自然"属性最大程度地同商品价值的"经济—社会"属性相"契合"的时候，价值形式的发展就不会"停下来"，等价形式就不会固定在某一种商品上。正是经过不断寻找、不断遴选、不断淘汰的漫漫征途，最终才发现金银是反映和表现商品价值的最佳材料，是商品价值的最佳代表，从此确立了它在商品世界中的特殊地位。这似乎有一种黑格尔式的"先验逻辑"的味道，但历史发展的实际进程就是如此，只不过并不存在某种超历史的先验逻辑，存在的只是对历史发展进程的事后的逻辑分析、本质抽象和规律性概括。

三　货币商品的本质规定

对于货币，马克思从未下过任何确定不变的定义。恩格斯在批评彼·法尔曼时指出："这是出自他的误解，即认为马克思进行阐述的

---

① 马克思：《资本论》第 1 卷，人民出版社 2004 年版，第 108 页。

地方，就是马克思要下的定义，并认为人们可以到马克思的著作中去找一些不变的、现成的、永远适用的定义。但是，不言而喻，在事物及其互相关系不是被看做固定的东西，而是被看做可变的东西的时候，它们在思想上的反映，概念，会同样发生变化和变形；它们不能被限定在僵硬的定义中，而是要在它们的历史的或逻辑的形成过程中来加以阐明。"① 恩格斯的看法是深刻的。

"种差加属"这种传统的形式逻辑的定义是僵死的，不能体现事物的变化和发展，只有在它们的历史的和逻辑的形成过程中，才能理解和把握事物的本质规定。货币也不例外。马克思对货币的阐述就充分地体现了逻辑与历史的辩证统一。马克思通过对价值形式及其历史发展进程的细致梳理，揭示了货币商品产生的动因和所经历的各个不同阶段，而货币自身的本质规定就形成并存在于价值的这种表现形式及其历史发展过程中。在此意义上，马克思的货币定义是一种"辩证逻辑"的定义。

由此就不能不提到，在分析货币商品时，黑格尔的辩证法对马克思起了十分重要的作用。对此，马克思非常坦诚地指出："正当我写《资本论》第一卷时，今天在德国知识界发号施令的、愤懑的、自负的、平庸的模仿者们，却已高兴地像莱辛时代大胆的莫泽斯·门德尔松对待斯宾诺莎那样对待黑格尔，即把他当做一条'死狗'了。因此，我公开承认我是这位大思想家的学生，并且在关于价值理论的一章中，有些地方我甚至卖弄起黑格尔特有的表达方式。"在马克思看来，正是黑格尔"第一个全面地有意识地叙述了辩证法的一般运动形式"。可以说，不理解黑格尔的辩证法，就不会理解马克思关于价值形式和货币商品的整个论述。

当然，绝不能把马克思的辩证法完全等同于黑格尔的辩证法。马克思说："我的辩证方法，从根本上来说，不仅和黑格尔的辩证方法不同，而且和它截然相反。"因为，以黑格尔之见，"思维过程，即甚至被他在观念这一名称下转化为独立主体的思维过程，是现实事物

---

① 马克思：《资本论》第 3 卷，人民出版社 2004 年版，第 17 页。

的创造主，而现实事物只是思维过程的外部表现"。马克思的看法则相反，"观念的东西不外是移入人的头脑并在人的头脑中改造过的物质的东西而已"。因此，"辩证法在黑格尔手中神秘化了"，"在他那里，辩证法是倒立着的。必须把它倒过来，以便发现神秘外壳中的合理内核"。① 价值形式的发展和货币产生的整个过程就证明了这一点，即它既不是某种神秘的非物质的主体和力量推动的结果，"正像国家一样，货币也不是通过协定产生的。货币是从交换中和在交换中自然产生的，是交换的产物"。②

借助于黑格尔的辩证法，马克思把货币分析建立在价值形式及其历史发展的基础上，从而在对货币的起源和本质问题的认识上，实现了对古典经济学的超越。与此不同，古典经济学家把货币的产生归结为人们在商品交换中"所遇到的外部困难"或在"技术"上的某些"不方便"。例如：A 需要 B 手中的商品，而 B 却不需要 A 手中的商品，因而无法进行交换；即使说他们手中的商品正好是彼此需要的，但如果在"价值比例"上是不相等的，在此情况下交换也无法完成。因为这些商品是不能分割的。在古典经济学家看来，货币是为了克服这些困难或消除这些不方便而"被巧妙地设计出来的手段"，"却忘记了这些困难是从交换价值的发展、因而是从作为一般劳动的社会劳动的发展中产生出来的"。③

在传统的马克思主义政治经济学教科书中，起初，货币被定义为："固定地充当一般等价物的特殊商品"；后来，一些学者不赞成这一定义，主张"货币是固定地充当一般等价物的一般商品"；再后来，"一般"两个字不见了，货币的定义被修改为："固定地充当一般等价物的商品。"④ 撇开这些定义所牵扯的理论内容不说，单是这

① 参见马克思《资本论》第 1 卷，人民出版社 2004 年版，第 22 页。

② 《马克思恩格斯全集》第 46 卷上，人民出版社 1979 年版，第 112 页。

③ 《马克思恩格斯全集》第 31 卷，人民出版社 1998 年版，第 444 页。

④ 相关内容参见王峰明、牛变秀《超越货币本质"一般论"与"特殊论"的对立》，载《教学与研究》2004 年第 11 期；《再论超越货币本质"一般论"与"特殊论"的对立》，载《探索与争鸣》2006 年第 8 期。

些定义本身，就一个也没有跳出形式逻辑的僵死定义的窠臼。而且，只从形式逻辑来看，这些定义也存在着致命缺陷，它们既没有正确地显示出货币商品的"种差"，也没有正确地显示出货币商品所在的"属"。

在"形式规定"的意义上，与商品、使用价值、交换价值和价值等经济范畴一样，货币商品也是"物质规定"和"本质规定"的辩证统一。前者指的是充当一般等价物的金银的自然的物质存在和物质规定本身，后者指的则是金银作为一般等价物所包含着的经济关系、生产关系和社会关系。马克思把前者叫做货币的"金属存在"，把后者叫做货币的"经济存在"。[①] 这就说明，必须站在人与人之间的生产关系和经济关系的高度，才能正确地理解和把握货币商品的本质。马克思说："金银作为货币代表一种社会生产关系，不过这种关系采取了一种具有奇特的社会属性的自然物的形式。"[②] 货币是作为自然物的金银与特定经济关系和生产关系相结合的产物。有鉴于此，如果非要给货币商品一个形式逻辑的定义，那就可以说：货币是以金银为物质载体的一般等价物。[③] 以金银为物质载体，是货币商品体现的与其他一般等价物商品的"种差"，而一般等价物则是货币商品最靠近的"属"。

（王峰明　清华大学马克思主义学院教授、哲学博士）

[①] 《马克思恩格斯全集》第 46 卷上，人民出版社 1979 年版，第 208 页。

[②] 马克思：《资本论》第 1 卷，人民出版社 2004 年版，第 101 页。

[③] 当然，这里论及的仅仅是货币的本源形式即"金属货币"，随着商品交换和商品经济的进一步发展，不仅发生了货币职能的分化，而且与之相适应，产生了货币的其他各种不同的"文明形式"，如"纸币"和"信用货币"等（参见《马克思恩格斯全集》第 46 卷上，人民出版社 1979 年版，第 63—64 页）。限于篇幅，本文略去了对这部分内容的分析。

第十七讲

马克思的资本观

作为马克思毕其一生进行艰苦卓绝的理论探索的结晶，《资本论》及其"手稿"集中表达了马克思的资本观。它体系博大、内容丰富、思想精深。就其要旨而言，无外乎是对资本主义生产方式进行"人体解剖"，并以此为基础"上求下索"，既找到理解人类社会过去运动轨迹的钥匙，同时把握"预示着生产关系的现代形式被扬弃之点，从而预示着未来的先兆，变易的运动"。① 本文从资本的"本质规定"、"历史作用"和"发展趋势"三个层面对马克思的资本观给予阐发。

一 "资本的真正本性"

1. 资本与价值增殖

资本最初总是表现为一定数量的"货币"，但是作为资本的货币与作为货币的货币有着本质的区别。前者的流通公式是：$G—W—G'$，后者的流通公式则是 $W—G—W$。作为资本的货币，在流通中发生了"价值增殖"，从"G"变成了"G'"即"$G+\Delta G$"。这个增殖额或超过原价值的余额，就是"剩余价值"。

不管其表现形式是货币还是商品，资本总是能够带来剩余价值的价值，或者说，是能够自行增殖的价值。因此，如果说资本是一种商

---

① 《马克思恩格斯全集》第30卷，人民出版社1995年版，第453页。

品或使用价值，那么，"资本商品有一种特性：由于它的使用价值的消费，它的价值和它的使用价值不仅会保存下来，而且会增加"。[①] 如果说资本是一种价值，那么，它"是作为这样一种价值，这种价值具有创造剩余价值、创造利润的使用价值"。[②] "价值在这里已经成为一个过程的主体，在这个过程中，它不断地变换货币形式和商品形式，改变着自己的量，作为剩余价值同作为原价值的自身分出来，自行增殖着。既然它生出剩余价值的运动是它自身的运动，它的增殖也就是自行增殖"。[③]

所以，价值增殖是资本之为资本的本质规定，只要是资本，就必然会发生价值增殖；反之，只要发生了价值增殖，就必然是资本。小商品生产者手中的商品和货币则不然，它们无论如何也不会发生价值增殖。即使在市场上卖得贵了，他所得到的高于商品价值的货币价格部分，也不成其为价值增殖。诚如马克思所说："诚然，在 W—G—W 中，两极 W 和 W，如谷物和衣服，也可能是大小不等的价值量。农民卖谷物的价钱可能高于谷物的价值，或者他买衣服的价钱可能低于衣服的价值。他也可能受衣商的骗。但是这种价值上的差异，对这种流通形式本身来说完全是偶然的……在这里，两极的价值相等倒可以说是这种流通形式正常进行的条件。"[④] 价值增殖是资本流通的实质和内容，否则，从 G 到 G 的流通就成了在"质"和"量"两个方面都完全相同的毫无意义、非常荒唐的行为。

是资本就要增殖，价值增殖是货币转化为资本的标志。从资本流通来看，价值增殖既是资本流通的"客观内容"，也是资本家阶级的"主观目的"。马克思讲："简单商品流通——为买而卖——是达到流通以外的最终目的，占有使用价值，满足需要的手段。相反，作为资本的货币的流通本身就是目的，因为只是在这个不断更新的运动中才有价值的增殖。""只有在越来越多地占有抽象财富成为他的活动的

①　马克思：《资本论》第 3 卷，人民出版社 2004 年版，第 393 页。

②　同上书，第 384 页。

③　马克思：《资本论》第 1 卷，人民出版社 2004 年版，第 180 页。

④　同上书，第 176—177 页。

唯一动机时，他才作为资本家或作为人格化的、有意志和意识的资本执行职能。"① 从资本主义生产过程来看，价值增殖也是资本主义生产的动机和目的所在。马克思讲："资本的增殖是资本主义生产的惟一目的。"② 固然，资本也生产使用价值，但是使用价值的生产绝不是资本主义生产的目的本身。资本主义之所以生产使用价值，是因为使用价值是价值的"物质承担者"，没有使用价值，就没有价值；而没有价值，就不可能实现价值的增殖。"在这里，所以要生产使用价值，是因为而且只是因为使用价值是交换价值的物质基质，是交换价值的承担者。"③ 因此，绝不能把使用价值看做资本家的直接目的，绝不能把资本主义生产"描写成它本来不是的那个东西，就是说，不能把它描写成以享受或者以替资本家生产享受品为直接目的的生产。如果这样，就完全无视这种生产在其整个内在本质上表现的独特性质"。④ 如果说，小私有制条件下商品生产和交换的动机和目的在于"谋生"，即谋求生活资料以维系生计，那么，资本主义私有制条件下商品生产和交换的动机和目的则在于"营利"，即谋取剩余价值或利润以实现价值的增殖。这是具有本质区别的两种经济行为，绝不能混为一谈。

2. 价值增殖与雇佣劳动

但是，流通领域按其性质来说，是不允许进入这个领域的价值发生增殖，从而是不允许剩余价值形成的。从流通过程来看，"无论怎样颠来倒去，结果都是一样。如果是等价物交换，不产生剩余价值；如果是非等价物交换，也不产生剩余价值"。⑤ 剩余价值的形成，价值的增殖，从而货币转化为资本，是不能用流通过程来说明的，因为流通或商品交换不创造价值。所谓的"价值增殖"，必须是价值的生

① 马克思：《资本论》第 1 卷，人民出版社 2004 年版，第 178 页。
② 马克思：《资本论》第 3 卷，人民出版社 2004 年版，第 270 页。
③ 马克思：《资本论》第 1 卷，人民出版社 2004 年版，第 217 页。
④ 马克思：《资本论》第 3 卷，人民出版社 2004 年版，第 272 页。
⑤ 马克思：《资本论》第 1 卷，人民出版社 2004 年版，第 190 页。

产和创造，因而必须与生产过程相联系。

资本主义生产过程之所以会发生价值增殖，就在于包含在工人劳动力中的"过去劳动"和这种劳动力所能提供的"活劳动"，或者说，工人劳动力一天的维持费和劳动力一天的耗费，是两个完全不同的量。前者决定它的交换价值，后者构成它的使用价值。"维持一个工人 24 小时的生活只需要半个工作日，这种情况并不妨碍工人劳动一整天。"① 劳动力在市场上的交换价值和劳动力在劳动过程中的价值增殖，是两个不同的量。资本家购买劳动力时，正是看中了这个价值差额。在现实中，资本家用于购买工人劳动力商品的价值总是小于工人在劳动过程中创造的价值，或者说，在生产过程中，工人不仅为自己生产出劳动力商品的价值，而且为资本家生产出剩余价值，从而实现了价值的增殖。在这里，"劳动力的消费过程，同时就是商品和剩余价值的生产过程"。② 因此，资本主义生产要实现价值增殖，就必须有雇佣劳动存在，就必须发生"雇佣关系"。使商品和货币变为资本的东西，是雇佣劳动。马克思讲："资本主义时代的特点是，对工人本身来说，劳动力是归他所有的一种商品的形式，因而他的劳动具有雇佣劳动的形式。"③

流通领域中商业资本家手中的货币之所以是资本，之所以发生了价值的增殖，正是因为它是生产工人创造的一部分剩余价值的让渡，它发生在生产过程中。正是在这个意义上，马克思说："作为劳动过程和价值形成过程的统一，生产过程是商品生产过程；作为劳动过程和价值增殖过程的统一，生产过程是资本主义生产过程，是商品生产的资本主义形式。"④ 没有价值增殖而只有价值形成，就只是简单商品生产，而不是资本主义商品生产。

价值增殖体现了资本家阶级对雇佣工人的"剥削关系"。马克思指出："在现实的运动中，资本并不是在流通过程中，而只是在生产

---

① 马克思：《资本论》第 1 卷，人民出版社 2004 年版，第 225 页。
② 同上书，第 204 页。
③ 同上书，第 198 页。
④ 同上书，第 229—230 页。

过程中，在剥削劳动力的过程中，才作为资本存在。"① 在此意义上，所谓的价值增殖，就是把雇佣工人在剩余劳动时间里创造的剩余价值，无偿地拿来装进资本家的腰包里。"占有他人劳动的根据和手段，就是这种关系，而不是资本家方面提供的任何作为对等价值的劳动。"② 在资本主义条件下，对工人来说，只有在他们能够为资本家阶级带来剩余价值时才能被雇用，也就是说，只有在他们的皮"让人家来鞣"、让资本家来剥削时才被雇用。不带来剩余价值，不遭受剥削，就不成其为雇佣劳动。

3. 雇佣劳动与生产关系

什么是"雇佣劳动"？马克思指出："雇佣劳动，在这里是严格的经济学意义上的雇用劳动……是设定资本即生产资本的劳动，也就是说，是这样的活劳动，它不但把它作为活劳动来实现时所需要的那些对象条件，而且还把它作为劳动能力存在时所需要的那些客观要素，都作为同它自己相对立的异己的权力生产出来，作为自为存在的、不以它为转移的价值生产出来。"这就是说，雇佣劳动虽然表现为"对象化劳动"即"死劳动"与"活劳动"的交换，前者代表了资本家手中的"资本"，后者则代表了雇佣工人出卖给资本家的"劳动力"商品。但是，仅仅把雇佣劳动理解为"死劳动"对"活劳动"的关系，还是不够的，因为，有些死劳动与活劳动的交换并不属于雇佣劳动范畴。例如，农民把一个走街串巷的裁缝领到自己家里，供给他衣料，要他为自己做衣服。或者病人给一个医生一些钱，要他给自己治病。在这些场合，"双方互相交换的，实际上只是使用价值；一方用来交换的是生活资料，另一方用来交换的是劳动，即他方所希望消费的服务；这或者是直接的个人服务，或者是一方为另一方提供材料等，后者通过自己的劳动，通过自己劳动的对象化，用这些材料等创造出一种使用价值，创造出供前者消费的使用价值"。即使是像

---

① 马克思：《资本论》第 3 卷，人民出版社 2004 年版，第 384 页。
② 同上书，第 398 页。

"短工"这样的"自由劳动者",购买这些人的服务不是为了消费,而是为了生产;但是,"第一,即使规模很大,这也只是为了生产直接的使用价值,而不是为了生产价值;第二,例如,如果说贵族除了自己的农奴,还使用自由劳动者,并把他们创造的一部分产品又拿去出售,因而自由劳动者为他创造了价值,那么这种交换只涉及多余的产品,并且只是为了多余的产品,为了奢侈品的消费而进行的;因而这实际上只是为了把他人劳动用于直接消费或用作使用价值而对这种劳动进行的伪装的购买。"在这两种场合下,"对象化劳动同活劳动相交换,一方面还不构成资本,另一方面也还不构成雇佣劳动"。①

由此可见,"异己的权力"规定对理解资本主义雇佣劳动关系至为关键。雇佣劳动体现的是"死劳动"对"活劳动",或者说物对人的一种支配权。马克思说:"资本关系——一定的社会关系,在这种社会关系中,过去劳动独立地同活劳动相对立,并支配着活劳动。"②这种支配权是单方面的和不平等的。因为,支配的目的就在于实现价值的增殖,而价值的增殖则意味着资本与劳动的交换是一种"虚假"的交换,是在表面看来平等的市场交换掩盖下的事实上的不平等交换。正如马克思指出的,资本主义生产"建立在不通过交换却又在交换的假象下占有他人劳动的基础上"。③如果没有这种不平等的支配权,工人就不会在必要劳动之外为"他人"进行剩余劳动,就不会发生资本的价值增殖。这种"支配权",作为劳动过程中不同于分工和协作的"劳动关系"的"权力关系",就是资本主义生产关系的实际内容。在此意义上,资本是一种社会权力,"这种权力作为物(指'死劳动'。——引者),作为资本家通过这种物取得的权力,与社会相对立"。④如果说,"雇佣劳动"是一种"剥削关系",那么,正是资本主义生产关系,赋予资本不支付任何等价物而把雇佣工人创造的

---

① 参见《马克思恩格斯全集》第30卷,人民出版社1995年版,第455—456、458、462—463页。

② 马克思:《资本论》第3卷,人民出版社2004年版,第449页。

③ 《马克思恩格斯全集》第30卷,人民出版社1995年版,第505页。

④ 马克思:《资本论》第3卷,人民出版社2004年版,第293—294页。

剩余价值据为己有的社会特权。

同商品和货币等经济范畴一样，资本也是一种"形式规定"。一方面，资本必须依托于一定的自然物质存在，它们或者表现为商品，或者表现为货币；或者表现为生产资料，或者表现为劳动力。这些物质存在构成资本的"物质规定"。另一方面，构成资本的"本质规定"的，则在于雇佣劳动这种资本主义特有的生产关系，正是"死劳动"对"活劳动"的支配关系和剥削关系，才使得商品、货币、生产资料和劳动力等成为资本。对资本而言，其形形色色的物质存在和规定只是一具具僵死的躯壳，作为本质规定的生产关系才是赋予其活力、决定其生命的灵魂。李嘉图、西斯蒙第等人"不是把资本看做处在特有形式规定性上的资本，即在自身中反映的生产关系，而只是想到资本的物质实体，原料等等。可是这种物质要素还不能把资本变成资本"。托马斯·霍吉斯金、约翰·布雷等社会主义者也陷入同样的认识误区。当他们说，我们需要的是资本，而不是资本家的时候，"资本被看做纯粹的物，而不是被看做生产关系"。① 因此，必须在生产关系的高度认识和把握资本，把资本归结为其自然的物质存在和物质规定，或者说离开生产关系来谈论资本的本质规定，是一种典型的"拜物教"观念。所谓资本具有"二重性"的观点——即认为资本一方面是一种物质存在，另一方面又是一种生产关系；前者体现了资本的"一般性"并为一切历史形式的社会制度所"共有"，后者则体现了资本的"特殊性"并为资本主义社会所"特有"——就是这样一种极为糊涂的"拜物教"观念。

4. 资本家与劳动者

小私有制生产关系建立在劳动者自己劳动的基础之上，而资本主义私有制这种生产关系则建立在雇用他人劳动、无偿占有和剥削他人剩余劳动的基础之上。不以价值增殖为目的和动机，不雇用他人劳动，不剥削和占有他人的剩余劳动，就不成其为资本家。

---

① 《马克思恩格斯全集》第30卷，人民出版社1995年版，第262、268页。

但需要明确的是：作为资本的"人格化"或人格化的资本，资本家是一种"社会角色"，而不是一个"自然人"。第一，在现实中，作为一个自然人的资本家，并不排除要去完成一部分劳动；就此而言，他是劳动者而不是资本家。一个自然人会担负多种社会角色，资本家只是其中的一种。马克思讲："如果资本家的劳动被看做是同工人的劳动并列并且是在工人的劳动以外的特殊劳动，如监督劳动等等，那么他也会像工人一样得到一定的工资，于是他也就属于工人的范畴，而决不是作为资本家同劳动发生关系了。"资本是劳动的绝对对立面。一个自然人，当他是劳动者的时候，就绝不是资本家；当他是资本家的时候，就绝不是劳动者。第二，随着资本主义生产的发展，资本家最终会被挤对成像土地所有者那样在生产过程以外无所事事的寄生虫。所以，面对资本家为自己行为所作的辩护，马克思指认了如下事实：资本家阶级最终把"监督"和"管理"劳动委托给了他的监工和经理。这就表明，"不管资本家有多大功劳，没有资本家，再生产也能进行，因为工人在生产过程中要求得到的价值只是他们带进的价值，也就是说，为了不断地重新开始生产过程，并不需要资本的全部关系"。① 但是，若没有工人即劳动者，再生产就将因为缺少必要的物质要素而停顿下来。第三，在这个过程中，一个自然人成为资本家的程度与其拥有的资本量成正比，而与其从事的劳动量则成反比。马克思说："一般说来，资本家的劳动和他的资本量成反比，就是说，和他成为资本家的程度成反比。"② 资本量越大，就越不用从事生产劳动，就越是一个资本家，越是合乎"资本家"的概念。小资本家（如小业主）因其资本量较少，需要从事较多的生产劳动，其作为劳动者的程度较大，也较为接近于"劳动者"的概念。以此来看，所谓雇用至少8个人才是资本家或才能成为资本家的说法，是值得商榷的。资本家之为资本家，不取决于雇用人数的多少，而取决于价值增殖的实现。只要发生了价值增殖，就是资本家；至于雇用多

---

① 参见《马克思恩格斯全集》第30卷，人民出版社1995年版，第277页。
② 马克思：《资本论》第3卷，人民出版社2004年版，第274页。

少人才能发生价值的增殖，增殖了多少价值，这是无关本质的事情。

对资本家的这种本质抽象，同样适用于雇佣工人。"单个工人也可以不再是劳动的自为存在；他可以通过继承、偷窃等等得到货币。但是，这时他就不再是工人了。作为工人，他只是自为存在的劳动。"雇佣工人也是生产关系的人格化，受雇于资本家并实现价值增殖，是其担负的社会职能和角色。"如果工人同时又是资本家，那么，他们事实上就不是作为劳动的工人，而是作为劳动的资本家——也就是不以雇佣工人的形式——来和不劳动的资本发生关系。"① 这并非是说，资本家的概念中含有"劳动者"的规定，而是说，一个"自然人"可以兼具"劳动者"和"资本家"的双重身份或"人格"。

二　资本的"文明面"及其"悖论"

1. 资本的文明面

资本具有无限度地提高生产力的趋势，"资本的趋势是……把生产力提高到极限"。这便成就了资产阶级在其不到 100 年的阶级统治中，对于生产力的发展所作出的巨大贡献。对此，马克思给予高度评价，他把资本的这种趋势誉为"资本的文明面"或"资本的伟大的文明作用"。② 那么，在现实中，资本是如何推动生产力向前发展的呢？

（1）通过"简单协作"来发展生产力

资本主义生产的起点是"简单协作"，它把"人数较多的工人"结合起来，"在同一时间、同一空间（或者说同一劳动场所），为了生产同种商品，在同一资本家的指挥下工作"，从而促成了从分散的"单个劳动"向集中的"结合劳动"或"协同劳动"的转变。在这里，虽然分工还不起重大作用，生产方式和劳动方式与行会手工业相

---

① 参见《马克思恩格斯全集》第 30 卷，人民出版社 1995 年版，第 262、283 页。
② 同上书，第 390、406 页。

比也几乎没有什么区别，但是生产力却获得了极大提高。"不仅是通过协作提高了个人生产力，而且是创造了一种生产力，这种生产力本身必然是集体力。"此外，即使许多人只是在空间上集合在一起，并不协同劳动，也会由于生产资料使用方面的节约而使劳动生产力提高。马克思把从协作中产生的生产力叫做"劳动的社会生产力"。①

（2）通过"分工协作"来发展生产力

作为资本主义生产过程的具有特征的形式，则是以分工为基础的协作或工场手工业。由单纯技术的原因所决定，不仅不同的操作需要由不同的工人来完成，而且完成同一种操作所需要的持续时间和工人人数等也绝不是任意的。各种不同操作和完成这些操作的不同工人之间不再是一种简单的空间上的"集合"，而是彼此形成了"有机的关系"。这就是工场手工业的分工协作原则。由于这一原则的建立，与手工业生产相比，劳动的生产力提高了。如："在局部劳动独立化为一个人的专门职能之后，局部劳动的方法也就完善起来。经常重复做同一种有限的动作，并把注意力集中在这种有限的动作上，就能够从经验中学会消耗最少的力量达到预期的效果。"这是劳动方法的完善引起的生产力发展。又如："一个在制品的生产中依次完成各个局部过程的手工业者，必须时而变更位置，时而调换工具。由一种操作转到另一种操作会打断他的劳动流程，造成他的工作日中某种空隙。一旦手工业者整天不断地从事同一种操作，这些空隙就会缩小，或者说会随着他的操作变化的减少而趋于消失。"② 这是工作日中空隙的减少引起的生产力发展。不言而喻，从分工和协作中产生的生产力也是一种"劳动的社会生产力"或"社会的劳动生产力"。

（3）通过"机器的应用"来发展生产力

马克思讲："生产方式的变革，在工场手工业中以劳动力为起点，在大工业中以劳动资料为起点。"这就是说，劳动本身的质的变化，即从简单协作向分工协作的转化，使资本主义生产进入工场手工业阶

---

① 参见马克思《资本论》第 1 卷，人民出版社 2004 年版，第 374、378、388 页。

② 同上书，第 393—394、395、401 页。

段；而劳动资料或劳动工具的质的变化，即从手工工具向发达机器的转化，则使资本主义生产进入机器大工业阶段。机器与手工工具的本质区别在于：手工工具无论在形式上发生多么大的改变，它们总是"人的工具"，也就是说，是依靠人来"使用"和"操作"的；而作为机器的工具则不再是"人的工具"，而是转化为"一个机构的工具或机械工具了"。当然，有机器不一定就有机器生产。只有在出现"发达的机器"即工具机连同发动机构和传动机构都发展为机器，工具机降格为其中的一个"简单要素"①，从而引起生产方式改变的时候，资本主义生产才进入机器生产阶段。机器大工业把手工业工人之间的"简单协作"转化为许多种"独立机器"之间的协作，还把工场手工业工人之间的"分工协作"转化为一种不同于"独立机器"的"机器体系"，从它的发展中更是产生了"自动的机器体系"，使得工作机不需要人的帮助，就能完成加工原料所必需的一切运动，而人只需要从旁边照料。不难想象，机器大工业极大地推动了劳动生产力的发展，生产单位产品所需要的劳动力大大地减少了，或者说，在单位时间里生产的产品数量大大地增加了。马克思把从作为生产资料的机器的变革中产生的生产力叫做"劳动资料的生产力"或"机器即死的生产力"。②

（4）发展生产力的其他途径

第一，无论是简单协作，还是分工协作，都需要劳动力数量的增加。为此，人口的增长就是绝对必要的前提。马克思讲："人口的增加会使劳动生产力增长，因为这会使劳动的更广泛的分工和结合等等成为可能。"③所以，资本主义内在地"要求"人口的增长。而以前的情况则相反，人口的增长要格外地受到来自外部的各种因素的限制。在资本主义生产方式中，人口增长因其为分工和协作提供生命材料而成为生产力发展的重要推动力量。马克思说："人口增长也是一

---

①　参见马克思《资本论》第 1 卷，人民出版社 2004 年版，第 427、429、430、432 页。

②　《马克思恩格斯全集》第 31 卷，人民出版社 1998 年版，第 105、111 页。

③　《马克思恩格斯全集》第 30 卷，人民出版社 1995 年版，第 378 页。

种不费资本分文的生产力。"①

第二，机器大生产是与自然力和科学的应用分不开的。马克思指出："劳动资料取得机器这种物质存在方式，要求以自然力来代替人力，以自觉应用自然科学来代替从经验中得出的成规。"② 这必然会大大地提高劳动的生产力。马克思把从"自然力的应用"中产生的生产力叫做"自然生产力"。他说：在资本主义生产方式中，"作为要素加入生产但无须付代价的自然要素……是作为资本的无偿的自然力，也就是，作为劳动的无偿的自然生产力加入生产的。"③ 当然，这里的自然生产力指的是转化为生产过程的"内在要素"，如劳动资料和劳动对象的"自然"，而不是自在的"大自然"。应用科学力量的情况也是如此。马克思讲："固定资本的发展表明，一般社会知识，已经在多么大的程度上变成了直接的生产力，从而社会生活过程的条件本身在多么大的程度上受到一般智力的控制并按照这种智力得到改造。"劳动生产力是随着科学和技术的不断进步而不断发展的，因此科学力量是生产力。但是，"资本只有通过使用机器（部分也通过化学过程）才能占有这种科学力量"。④ 这也就是说，科学技术只有转化为生产力的要素如机器，才能成为"直接的生产力"。

第三，机器大工业或工厂制度具有"狂热的生产速度和巨大的生产规模"，具有"巨大的跳跃式的扩展能力"⑤，这迫使资本为找到原材料产地和商品销售市场而奔走于全球各地。马克思说："资本的趋势是（1）不断扩大流通范围；（2）在一切地点把生产变成由资本推动的生产。"世界市场由此形成。所以，一方面，资本主义工厂制度对世界市场具有一种天然的依赖性；另一方面，"创造世界市场的趋势已经直接包含在资本的概念本身中"。世界范围内提供更廉价原料的贸易，可以造成生产力的增长，而作为这种贸易的物质前提的交通

---

① 《马克思恩格斯全集》第31卷，人民出版社1998年版，第168页。
② 马克思：《资本论》第1卷，人民出版社2004年版，第443页。
③ 马克思：《资本论》第3卷，人民出版社2004年版，第843页。
④ 参见《马克思恩格斯全集》第31卷，人民出版社1998年版，第102、168页。
⑤ 马克思：《资本论》第1卷，人民出版社2004年版，第441、522页。

运输工具的改善本身，就"属于发展一般生产力的范畴"。① 因此，世界市场的形成极大地推动了生产力的发展。

2. 资本的悖论

马克思指出："资本本身就是矛盾"，"资本是一个活生生的矛盾"。就生产力而言，"资本在具有无限度地提高生产力趋势的同时，又……使主要生产力，即人本身片面化，受到限制"。因为，在资本主义条件下，一切发展都是对立地进行的，"生产力，一般财富等等，知识等等的创造，表现为从事劳动的个人本身的外化；他不是把他自己创造出来的东西当做他自己的财富的条件，而是当做他人财富和自身贫穷的条件"。在此意义上，资本又"具有限制生产力的趋势"。② 资本的这种矛盾性以种种"悖论"的形式表现出来。

（1）协作悖论

从手工业的"简单协作"来看，虽然说，资本主义使人类劳动从单个或独立劳动向结合或联合劳动的转变，但对工人而言，这种联合具有一种"外在性"。因为，"他们的劳动的联系，在观念上作为资本家的计划，在实践中作为资本家的权威，作为他人意志——他们的活动必须服从这个意志的目的——的权力，而和他们相对立"。劳动的结合或联合，不是"劳动"本身的自主联合，而是在资本中介和强制下的联合。由此带来的生产力的发展，一方面被资本家以相对剩余价值的形式无偿地据为己有；另一方面"又因为工人在他的劳动本身属于资本以前不能发挥这种生产力，所以劳动的社会生产力好像是资本天然具有的生产力，是资本内在的生产力"③。从生产力的这种发展中，工人得到的是也只能是劳动时间的延长、劳动强度的增加、劳动环境的恶化和身体条件的每况愈下。这可谓是一种"协作悖论"。

---

① 参见《马克思恩格斯全集》第30卷，人民出版社1995年版，第388、520页。
② 同上书，第405—406、540—542、406页。
③ 参见马克思《资本论》第1卷，人民出版社2004年版，第385、387页。

（2）分工悖论

从工场手工业的"分工协作"来看，"在各种操作分离、独立和孤立之后，工人就按照他们的特长分开、分类和分组。如果说工人的天赋特性是分工赖以生长的基础，那么工场手工业一经建立，就会使生来只适宜于从事片面的特殊职能的劳动力发展起来"。工人由于终生从事同一种简单操作，所以"把自己的整个身体转化为这种操作的自动的片面的器官"。因此，工场手工业"把工人变成畸形物，它压抑工人的多种多样的生产志趣和生产才能，人为地培植工人片面的技巧……不仅各种特殊的局部劳动分配给不同的个体，而且个体本身也被分割开来，转化为某种局部劳动的自动的工具"。在工场手工业分工中，也和在简单协作中一样，执行职能的劳动体是资本的一种存在形式，由许多单个的局部工人组成的社会生产机构是属于资本家的。因此，"由各种劳动的结合所产生的生产力也就表现为资本的生产力"。并且，"总体工人从而资本在社会生产力上的富有，是以工人在个人生产力上的贫乏为条件的"。因为，"工场手工业分工不仅只是为资本家而不是为工人发展社会的劳动生产力，而且靠使各个工人畸形化来发展社会的劳动生产力。它生产了资本统治劳动的新条件……它表现为文明的和精巧的剥削手段"①。这可谓是一种"分工悖论"。

（3）机器悖论

就机器生产而言，它把劳动过程的协作性质变成了一种"由劳动资料本身的性质所决定的技术上的必要"，同时，"主观的分工原则消失了。在这里，整个过程是客观地按其本身的性质分解为各个组成阶段，每个局部过程如何完成和各个局部过程如何结合的问题，由力学、化学等等在技术上的应用来解决"。②换言之，工场手工业的分工和协作尚是一种"劳动"的、"人"的和"主体"的分工和协作，而机器大工业的分工和协作，则完全被技术化或客观化了，变成了一

---

① 参见马克思《资本论》第 1 卷，人民出版社 2004 年版，第 393、404、417—418、422 页。

② 同上书，第 437、443 页。

种"物"的、"技术"的和"机器"的分工和协作，变成了纯粹由技术手段和条件决定的各种工具和机械装置之间的分工和协作。

马克思指出："在工场手工业和手工业中，是工人利用工具，在工厂中，是工人服侍机器。在前一种场合，劳动资料的运动从工人出发，在后一种场合，则是工人跟随劳动资料的运动。在工场手工业中，工人是一个活机构的肢体。在工厂中，死机构独立于工人而存在，工人被当做活的附属物并入死机构。"在手工业中，工人必须精通一种手工业的全部技艺；在工场手工业中，工人尚需掌握一种技艺；而在机器大工业中，工人连一种技艺也没有了，因为，"使用劳动工具的技巧，也同劳动工具一起，从工人身上转到了机器上面"。工人的劳动变成一种"毫无内容"的极低级的熟练劳动。这样，"不仅工人自身再生产所必需的费用大大减少，而且工人终于毫无办法，只有依赖整个工厂，从而依赖资本家"。在资本家面前，工人变得更为软弱无力。他要么忍受恶劣的工作环境和条件，接受资本家的种种苛刻要求，要么就被"抛向街头"[①]，成为失业者和需要救济的贫民。

机器生产迫使"未成年人"和"半成年人"像成年人一样从事劳动，剥夺了他们游戏的时间和受教育的时间，"人为地造成了智力的荒废"；还迫使妇女同成年男子一起从事像成年男子一样的劳动，剥夺了她们哺育幼子和照看家庭的时间，人为地造成"工人子女出生后头几年的惊人的死亡率"。机器生产把工人变成了予取予求、随意欺辱压榨的活的工具。在生产繁荣和市场扩张时期，工人被吸纳进来；在生产衰退和市场紧缩时期，又被无情地推出去。就这样，"机器生产使工人在就业上并从而在生活状况上遭遇的没有保障和不稳定性，成为正常的现象"。这可谓是一种"机器悖论"。对此，马克思指出："因为机器就其本身来说缩短劳动时间，而它的资本主义应用延长工作日；因为机器本身减轻劳动，而它的资本主义应用提高劳动强度；因为机器本身是人对自然力的胜利，而它的资本主义应用使人

---

① 参见马克思《资本论》第1卷，人民出版社2004年版，第483、486—487、494页。

受自然力奴役；因为机器本身增加生产者的财富，而它的资本主义应用使生产者变成需要救济的贫民，如此等等。"①

（4）其他悖论

第一，"人口悖论"。资本一方面鼓励人口生产；另一方面又把一部分人变成"过剩人口"。因为，"资本的趋势"是把绝对剩余价值生产和相对剩余价值生产这两种形式"结合起来"。如果说，前者"要使工作日得到最大程度的延长，并使同时并存的工作日达到最大数量"；那么，后者则"一方面……要使必要劳动时间减到最小限度，另一方面也要使必要工人人数减少到最小限度"。如果说，前者要求"增加劳动人口"，那么，后者则要求"减少相对劳动人口"，尽管劳动人口的绝对数可以保持不变。资本是"这两种矛盾的趋势的统一"。②

第二，"自然悖论"。一方面，资本广泛地开发和利用各种自然力量，例如把土地提供生命食粮的巨大潜力和能量充分地发掘和展示出来；另一方面，它又"破坏着人和土地之间的物质变换，也就是使人以衣食形式消费掉的土地的组成部分不能回归土地，从而破坏土地持久肥力的永恒的自然条件"。资本主义生产发展了社会生产过程的技术和结合，但它同时破坏了作为一切财富的源泉的"土地"和自然环境。这样，"它同时就破坏城市工人的身体健康和农村工人的精神生活"。③ 资本使人的生命源泉近乎枯竭，使人赖以立足的自然基础濒临毁灭，使人的自然"家园"朝不保夕。不仅如此，被工厂生产严重污染了的土地和自然环境，反过来成了使人遭受贫困和疾病折磨，使人难以生存下去，否定人、反对人和敌视人的异物。

第三，"科学悖论"。资本不创造科学，但它为了生产过程的需要，利用科学，占有科学。"这样一来，科学作为应用于生产的科学同时就和直接劳动相分离，而在以前的生产阶段上，范围有限的知识

---

① 参见马克思《资本论》第 1 卷，人民出版社 2004 年版，第 457、460、508、522 页。

② 参见《马克思恩格斯全集》第 31 卷，人民出版社 1998 年版，第 173、179 页。

③ 参见马克思《资本论》第 1 卷，人民出版社 2004 年版，第 579 页。

和经验是同劳动本身直接联系在一起的，并没有发展成为同劳动相分离的独立的力量。"① 资本使科学同直接劳动即工人彼此分离。马克思还对这种"分离"的历史过程作了概括。② 生产过程的科学化和科学与劳动的分离，使得直接劳动"被贬低为只是生产过程的一个要素"。并且，由于"科学并不存在于工人的意识中，而是作为异己的力量，作为机器本身的力量，通过机器对工人发生作用"，所以，"科学通过机器的构造驱使那些没有生命的机器肢体有目的地作为自动机来运转"。在机器体系中，对工人来说，"知识表现为外在的异己的东西，而活劳动则从属于独立发生作用的对象化劳动"。③ 科学也异化为一种与工人相对立、相反对的外在力量。

第四，"世界市场悖论"。一方面，世界市场的形成，打破了人的地域性和民族性限制，扩大了人活动的范围，加强了人与人之间的交往和联系。另一方面，资本又借助于世界市场，培植出一种"中心—外围"式的不平等的世界体系和国际经济政治秩序。作为"工场手工业时期的一般存在条件"，世界市场的扩大与殖民制度相辅相成。机器大工业则"摧毁国外市场的手工业产品，迫使这些市场变成它的原料产地"，并迫使不断过剩的人口流向国外，从而"大大促进了国外移民和外国的殖民地化"。这样，"一种与机器生产中心相适应的新的国际分工产生了，它使地球的一部分转变为主要从事农业的生产地区，以服务于另一部分主要从事工业的生产地区"。④ 由于处于外围和半外围的"农业民族"的产品，只能按照小于个别价值的社会价值或国际市场价值出售，所以他们遭到中心国家的严重盘剥。⑤

总之，在资本主义条件下，"文明的一切进步，或者换句话说，社会生产力的一切增长，也可以说劳动本身的生产力的一切增长，如科学、发明、劳动的分工和结合、交通工具的改善、世界市场的开

---

① 《马克思恩格斯全集》第 47 卷，人民出版社 1979 年版，第 570 页。
② 参见马克思《资本论》第 1 卷，人民出版社 2004 年版，第 418 页。
③ 参见《马克思恩格斯全集》第 31 卷，人民出版社 1998 年版，第 91、93、94 页。
④ 参见马克思《资本论》第 1 卷，人民出版社 2004 年版，第 410、519—520 页。
⑤ 参见《马克思恩格斯全集》第 26 卷 Ⅱ，人民出版社 1973 年版，第 542 页。

辟、机器等等所产生的结果，都不会使工人致富，而只会使资本致富；也就是只会使支配劳动的权力更加增大；只会使资本的生产力增长。因为资本是工人的对立面，所以文明的进步只会增大支配劳动的客体的权力"。① 这是对资本的矛盾和悖论的绝妙概括！

3. 资本悖论与资本主义生产关系

面对资本的种种悖论，面对劳动者在资本主义生产中遭受的种种苦难和不幸，资产阶级经济学家将之归结为物质和技术层面发展生产力绕不开的"短暂的不便"。而工人阶级方面呢？也同样把全部的不满和愤怒都发泄到"机器"身上，他们"反对劳动资料本身，即反对资本的物质存在方式"②，而不是反对这种生产方式本身，不是反对资本主义生产关系。

马克思则立基于资本主义生产方式和雇佣劳动制度，对资本陷于悖论的经济原因进行深度剖析，由此拉开了就文明悖论和现代性问题进行真正科学批判的序幕。

（1）发展生产力本身并非资本的目的所在

马克思指出："资本的文明面之一是，它榨取这种剩余劳动的方式和条件，同以前的奴隶制、农奴制等形式相比，都更有利于生产力的发展，有利于社会关系的发展，有利于更高级的新形态的各种要素的创造。"③ 剥削劳动者的剩余劳动，是一切剥削制度的共性。资本主义制度也不例外。但是，在此之前，剥削者实现剥削的方式，依靠的是"直接"的统治和从属关系，依靠的是赤裸裸的"暴力"；与此不同，资本家阶级则把市场交换和生产力的发展作为实现剥削的方式和手段。④ 所以，资本之所以具有文明作用，之所以传播文明，之所以发展生产力，从根本上讲是因为生产力的发展和文明的进步，有利于资本主义生产目的的实现，即有利于资本从雇佣工人身上榨取剩余

---

① 《马克思恩格斯全集》第30卷，人民出版社1995年版，第267页。

② 参见马克思《资本论》第1卷，人民出版社2004年版，第492—493、508页。

③ 马克思：《资本论》第3卷，人民出版社2004年版，第927—928页。

④ 参见《马克思恩格斯全集》第31卷，人民出版社1998年版，第172页。

劳动和剩余价值，从而达到资本价值增殖的目的。当"社会生产力"得到普遍提高时，资本家阶级会从工人"必要劳动时间"的绝对缩短和"剩余劳动时间"的相对延长中得到"相对剩余价值"。而当某个资本家或资本主义企业通过种种手段和途径，把自身的"个别生产力"提高到社会生产力的水平之上时，他就不仅能够获得上述"普通"或"一般"意义上的剩余价值，而且还能获得高于这个平均水平的"超额"剩余价值。在此意义上，资本家充当了推动劳动生产力发展的"不自觉"的工具，而生产力的发展则充当了资本家阶级实现价值增殖目的的"自觉"的工具。

（2）资本发展生产力的狭隘性和限度

一切都必须绝对地服从和服务于资本实现价值增殖的目的，文明的进步和生产力的发展也不例外。当这种发展和进步不利于资本主义生产目的的实现的时候，它就宁可不要文明，宁可人为地阻止甚至是破坏生产力。以机器的应用为例。

资本家绝不会无原则地采用机器生产，而且资本家采用机器生产的标准不是能否提高劳动生产力，而是能否提高和能在多大程度上提高"资本"的生产力，也即提高生产剩余价值、实现价值增殖的能力。因此，资本主义机器生产的界限与一般采用机器生产的界限是不同的。马克思指出："如果只把机器看做使产品便宜的手段，那么使用机器的界限就在于：生产机器所费的劳动要少于使用机器所代替的劳动。可是对资本说来，这个界限表现得更为狭窄。因为资本支付的不是所使用的劳动，而是所使用的劳动力的价值，所以，对资本说来，只有在机器的价值和它所代替的劳动力的价值之间存在差额的情况下，机器才会被使用。"① 这就是说，只有在机器的价值小于所使用的劳动力商品的价值的情况下，而不是在机器的价值小于机器所节省的价值即社会劳动的情况下，资本家才会采用机器生产。在资本主义条件下，"所使用的劳动力商品的价值"比"机器所节省的价值"要小得多。尽管说只要机器的价值小于机器节省的价值，使用机器生

---

① 马克思：《资本论》第1卷，人民出版社2004年版，第451页。

产就意味着劳动生产力的提高，甚至是一种巨大的提高，但却不一定就意味着可以提高资本的生产力，或可以在较大程度上提高资本的生产力。由此可见，资本应用机器的"界限"是极其狭小的。马克思以机器发展史上的大量事实印证了这种狭小性。①

（3）"文明病"源于资本主义生产关系

文明的进步和生产力的发展，可以是劳动过程的"人—主体"因素变革的结果，如劳动本身的分工和协作，提高了"生产过程的社会结合"程度，从而引起生产力的发展；也可以是劳动过程的"物—客体"因素变革的结果，如"生产资料的规模和效能"的扩大和提高、劳动条件的节约和"自然力"的应用等，引起生产力的发展。但是，这种进步和发展，绝不是由资本本身决定的发展，更不是资本本身的发展。因此，马克思一再强调，要把劳动条件的节约与劳动条件的"资本主义的节约"区别开来，要把"社会内部的分工"与资本主义"工场手工业内部的分工"区别开来，要把"机器"和机器的"资本主义应用"区别开来。②

这样就不难理解，使资本陷于"悖论"，使文明沾染各种"病症"，使生产力变成"破坏力"的祸首，恰恰是资本主义生产关系。就生产力、劳动条件和机器等本身来说，它们不过是一些物质力量、物质条件和物质机构，绝不会患上什么"文明病"，也无所谓"生产"还是"破坏"，更谈不上什么"悖论"。但是，在不同的生产关系中和不同的社会制度下，这些"物质"的东西却可以有、也必然会有各种不同的甚至是截然相反的"应用"，随之而来的便是各种不同的甚至是截然相反的"结果"。机器应用和生产资料的节约所暴露出的"对抗性的和杀人的一面"，并不能让机器和生产资料本身来负责，它是机器的资本主义应用和生产资料的资本主义节约的必然产物。同样，整个社会内部的分工，不论是否以商品交换为中介，是各种经济的社会形态所共有的，而造成人的畸形发展的工场手工业内部

---

① 参见马克思《资本论》第 1 卷，人民出版社 2004 年版，第 451—453 页。

② 同上书，第 416、508、534 页。

的分工，却完全是资本主义生产方式的独特创造。也正是资本主义生产关系的作用，才造成了科学、自然力、社会化劳动等同工人的"分离"和"异化"。马克思说："生产过程的智力同体力劳动相分离，智力转化为资本支配劳动的权力，是在以机器为基础的大工业中完成的。变得空虚了的单个机器工人的局部技巧，在科学面前，在巨大的自然力面前，在社会的群众性劳动面前，作为微不足道的附属品而消失了；科学、巨大的自然力、社会的群众性劳动都体现在机器体系中，并同机器体系一道构成'主人'的权力。"[1]

从更为宏观的角度看，"资本主义生产的始终不变的目的，是用最小限度的预付资本生产最大限度的剩余价值或剩余产品"。[2] 社会生产的"目的"与"手段"的颠倒，"劳动"与"资本"的颠倒，"人"与"物"的颠倒，等等，无不打上资本主义生产关系的印记。如果说，这些颠倒、这种种"人—劳动者"为"物"所支配、宰制、反对和否定的悖论，就是所谓的"现代性问题"，那么，这一问题就是资本主义生产方式所特有的范畴。不站在资本主义生产关系的高度，不站在资本实现价值增殖目的的高度，就无法理解现代性问题，就无法理解资本的种种"悖论"；同时，也就无法找到消解悖论、消除病痛、祛除病根的有效方法和途径，更无法把握资本主义最终走向消亡的深层历史动因。

（4）资本悖论不仅包含着反"人—劳动"的性质，而且包含着一种"自反性"

资本具有"全面地发展生产力"的趋势和要求，因为，生产力的发展有利于资本的价值增殖，有利于资本主义生产目的的实现。这就把资本主义生产方式同以往各种生产方式区别开来。"在所有以前的生产形式下，生产力的发展不是占有的基础，相反，对生产条件（所有制形式）的一定关系表现为生产力的预先存在的限制。"所以，埃及的国王或伊特鲁里亚的祭司贵族把劳动者的"新的活的剩余劳动"

---

① 参见马克思《资本论》第 1 卷，人民出版社 2004 年版，第 487、532 页。
② 《马克思恩格斯全集》第 26 卷 II，人民出版社 1973 年版，第 625 页。

用来或花费来修建金字塔等等，而资本则用来"使对象化的剩余劳动即剩余产品增殖价值"。①但要求总归是"要求"，在生产发展的一定阶段上，发展生产力与资本价值增殖的目的就会发生尖锐矛盾。这时，资本限制生产力发展的一面，资本发展生产力的基础的狭隘性——只是为了实现价值增殖而发展生产力，并且把"物的生产力"的发展建立在"人的生产力"的萎缩的基础上——就会暴露无遗。资本发展生产力的这种矛盾性，不仅包含了资本与"人—劳动"的发展相对的一面，同时包含了促使资本消亡的"自反性"的一面，正是这种自反性最终把资本主义送上历史的断头台。资本的悖论和矛盾使资本走向消亡，资本是在矛盾中消亡的。马克思从"客观规律"——"主体—价值"的层面，或者说价值评价和文化批判的层面是其次——的层面，具体揭示了资本消亡的内在机理。

三　"利用资本本身来消灭资本"

1. 古典经济学的局限

在古典政治经济学家中，李嘉图曾被认为是"社会主义之父"，尽管如此，他也并没有认识到资本主义的历史性和暂时性，而是把资本主义生产方式看成是永恒的和绝对的。这是资产阶级经济学家的通病。马克思则明确宣布："资本并不像经济学家们认为的那样，是生产力发展的绝对形式，资本既不是生产力发展的绝对形式，也不是与生产力发展绝对一致的财富形式。"②他在经济学研究的基础上，从"价值"和"剩余价值"运动的"经济"的层面论述了资本主义生产方式的历史性和暂时性，从而使得早年在《德意志意识形态》和《共产党宣言》中阐释的两个"必然"和两个"决不会"思想，从一

---

①　参见《马克思恩格斯全集》第 30 卷，人民出版社 1995 年版，第 419、608、539 页。

②　《马克思恩格斯全集》第 30 卷，人民出版社 1995 年版，第 396 页。

种"抽象论述"转化为现实的分析，从一种"理论假设"转化为科学的原理。

2. 生产力的发展与利润率的下降

我们看到，劳动生产力的提高是伴随资本主义生产发展的一个不争的事实。劳动生产力的提高"一般是指劳动过程中的这样一种变化，这种变化能缩短生产某种商品的社会必需的劳动时间，从而使较小量的劳动获得生产较大量使用价值的能力"。①

从资本主义商品生产来看，劳动生产力的发展表现在：一方面，资本主义生产赖以进行的物质条件即生产资本，无论是在物质数量上还是在价值数量上，都在增加；另一方面，为实现这些物质资料的再生产和增殖所需要的活的劳动，与这些物质资料相比，无论是在物质数量上还是在价值数量上，都在减少。单从所使用的劳动力来看，劳动生产力的发展表现在：一方面，与所推动的一定物质量的生产资料的价值量相比，劳动力商品的"价值量"在减少；另一方面，与所推动的一定价值量的生产资料的物质量相比，劳动力商品的"物质量"也在减少。

我们知道，用于购买生产资料即原料、辅助材料、劳动资料的那部分资本，在生产过程中并不改变自己的价值量，因此被称为"不变资本"。相反，用于购买劳动力的那部分资本，在生产过程中改变自己的价值，从不变量不断变为可变量，因此被称为"可变资本"。从价值方面来看，资本总是由不变资本和可变资本两个部分构成的，两者之间的比率，或者说，分为生产资料的价值和劳动力的价值即工资总额的比率，就是资本的"价值构成"。从在生产过程中发挥作用的物质方面来看，每一个资本都分为生产资料和活的劳动力两个部分，两者之间的比率，或者说，所使用的生产资料量和为使用这些生产资料而必需的劳动量之间的比率，就是资本的"技术构成"。资本的"价值构成"是由资本的"技术构成"决定的。为了表达二者之间这

---

①　马克思：《资本论》第 1 卷，人民出版社 2004 年版，第 366 页。

种密切的相互关系，马克思"把由资本技术构成决定并且反映技术构成变化的资本价值构成，叫作资本的有机构成"。①

不言而喻，劳动生产力的发展表明，资本的有机构成在提高。马克思说："生产力发展，同时，资本构成越来越高，可变部分同不变部分相比越来越相对减少。"②

劳动生产力的不断发展不仅表现为"单个资本"有机构成的提高，而且也表现为"社会资本"有机构成的不断提高。因为"可变资本同不变资本从而同总资本相比的这种不断的相对减少，和社会资本的平均有机构成的不断提高是一回事"。③ 单个资本有机构成的提高意味着资本的个别利润率的下降，而社会总资本平均有机构成的提高则意味着资本的"一般利润率"或"平均利润率"的下降。④

一般利润率下降表现为，可变资本价值量同不变资本价值量，从而同总资本的价值量相比在不断减少。一般利润率下降同样表现为，生产过程中所使用的工人人数同所使用的机器、原材料和辅助材料的物质数量相比在不断减少。马克思指出：一般利润率的下降，"这只是说，由于资本主义生产内部所特有的生产方法的日益发展，一定价值量的可变资本所能支配的同数工人或同量劳动力，会在同一时间内推动、加工、生产地消费掉数量不断增加的劳动资料，机器和各种固定资本，原料和辅助材料——也就是价值量不断增加的不变资本……而这种发展正好表现在：由于更多地使用机器和一般固定资本，同数工人在同一时间内可以把更多的原料和辅助材料转化为产品，也就是说，可以用较少的劳动把它们转化为产品。与不变资本价值量的这种

---

① 马克思：《资本论》第1卷，人民出版社2004年版，第707页。

② 马克思：《资本论》第3卷，人民出版社2004年版，第277页。

③ 同上书，第236页。

④ 围绕马克思关于资本利润率随着生产力的发展趋向下降的理论，国内外学术界争议颇多。但耐人寻味的是，有什么样的反驳的观点，就同时会出现针对这种反驳进行论证的观点。最切近的例子如，英国著名"左"翼学者克里斯·哈曼在《国际社会主义》2007年夏季号发表的题为《利润率和世界的今天》的文章中，对这一问题既进行了理论分析，也作了经验描述。（中译文见《利润率和当前世界经济危机》，丁为民、崔丽娟译，载《国外理论动态》2008年第10期）本文旨在呈现马克思剖析资本运行轨迹的内在理路，故不拟对相关讨论进行述评。

增加——虽然它只是大致地表现出在物质上构成不变资本的各种使用价值的实际数量的增加——相适应的，是产品的日益便宜。每一个产品就其本身来看，同较低的生产阶段相比，都只包含一个更小的劳动量，因为在较低的生产阶段上，投在劳动上的资本比投在生产资料上的资本大得多"。①

对于一般利润率的下降，需要注意的是：第一，一般利润率的下降是一种"总的趋势"。因为，总是存在着这样或那样的阻碍因素，使得利润率的下降不是"更大"、"更快"，而是变得"缓慢"了。第二，一般利润率的下降，是"劳动的社会生产力的日益发展在资本主义生产方式下所特有的表现"，是"资本主义生产方式的规律"，对资本主义生产方式而言是"一种不言而喻的必然性"。② 原因在于，上述阻挠和延缓利润率下降的原因和因素，同时又是引起利润率下降的原因和因素。还在于，"当一个工人推动的不变资本增加为 10 倍时，要产生相同的利润率，剩余劳动时间也必须增加为 10 倍。这样，即使全部劳动时间，甚至一日 24 小时都被资本占有，也不够用"。③第三，一般利润率的下降，并不意味着"剩余价值率"即剥削率的降低，后者可以保持不变，也可以提高。马克思说："一个同样的或甚至一个不断提高的剩余价值率表现为不断下降的利润率这个规律，换一个说法就是：某个一定量的社会平均资本（例如资本 100）表现为劳动资料的部分越来越大，表现为活劳动的部分越来越小。"④ 第四，一般利润率的下降，也不意味着剩余价值或利润的"绝对量"的减少，后者可以保持不变，也可以不断增加。因为，一般利润率"所以会发生变化，并不是因为活劳动的量减少了，而是因为活劳动所推动的已经对象化的劳动的量增加了。这种减少是相对的，不是绝对的，实际上同所推动的劳动和剩余劳动的绝对量毫无关系"⑤。

---

① 马克思：《资本论》第 3 卷，人民出版社 2004 年版，第 236—237 页。

② 同上。

③ 同上书，第 448—449 页。

④ 同上书，第 240 页。

⑤ 同上书，第 241 页。

3. 资本主义在矛盾中走向消亡

马克思说:"因为资本主义生产就是利润的生产,所以随着利润的下降,它也就失去自身的刺激,失去活生生的灵魂。"① 面对利润率不断下降的总的趋势,如上所述,资本家一方面会采取各种措施来阻挡利润率的下降,延缓这个总的趋势;另一方面还可以通过增加雇佣工人人数或剩余劳动量,从而增加剩余价值或利润的"绝对量"来得到补偿。后者也就是"资本积累",它使得资本总量不断增加,生产规模不断扩大。

但是,不断增加资本总量和扩大生产规模,只是对于那些"大资本"来说才是现实的和可能的,对于大量分散的"小资本"则既不可能也不现实。因为,随着利润率的下降,单个资本家手中为了生产地使用劳动所必需的资本的最低限额会不断增加;超过一定的界限,利润率低的大资本比利润率高的小资本积累得更迅速。这样,就会有越来越多的小资本,由于利润率的下降不能通过利润量的增加来补偿或抵消而被排挤出生产领域,从而形成"资本过剩"。马克思指出:"所谓的资本过剩,实质上总是指利润率的下降不能由利润量的增加来抵消的那种资本——新形成的资本嫩芽总是这样——的过剩,或者是指那种自己不能独立行动而以信用形式交给大经营部门的指挥者去支配的资本的过剩。"② 这些过剩的资本要维持其作为资本的存在,就不得不走上一条冒险的道路,去进行各种投机(如股票投机)和信用欺诈。其结果,就是引发信用危机、金融危机乃至经济危机。

返回来看那些大资本,即便可以凭借不断增加资本总量、扩大生产规模来增加剩余价值或利润的绝对量,但由此会引起资本的不断"积聚",而"这种不断增长的积聚,达到一定程度,又引起利润率重新下降"。③ 由此就形成资本积累与利润率下降之间的恶性循环。

---

① 《马克思恩格斯全集》第 48 卷,人民出版社 1985 年版,第 293 页。
② 马克思:《资本论》第 3 卷,人民出版社 2004 年版,第 279 页。
③ 同上。

"利润率的下降和积累的加速，就二者都表现生产力的发展来说，只是同一个过程的不同表现。积累，就引起劳动的大规模集中，从而引起资本构成的提高来说，又加速利润率的下降。另一方面，利润率的下降又加速资本的积聚，并且通过对小资本家的剥夺，通过对那些还有一点东西可供剥夺的直接生产者的最后残余的剥夺，来加速资本的集中。所以，虽然积累率随着利润率的下降而下降，但是积累在量的方面还是会加速进行。"①

不仅如此，生产规模的扩大、资本积累和积聚会形成同"有效需求"不足之间的尖锐矛盾。这是因为，"进行直接剥削的条件和实现这种剥削的条件，不是一回事。二者不仅在时间和地点上是分开的，而且在概念上也是分开的"。② 剩余价值或利润的取得，与直接的生产过程相联系，一旦可以榨出的剩余劳动量物化在商品中，剩余价值或利润就生产出来了。但是，这样生产出剩余价值，只是结束了资本主义生产过程的第一个行为，即直接的生产过程。它还需要完成第二个行为，也就是把生产出来的商品量全部卖出去，从而"实现"剩余价值或利润。"如果卖不掉，或者只卖掉一部分，或者卖掉时价格低于生产价格，那么，工人固然被剥削了，但是对资本家来说，这种剥削没有原样实现，这时，榨取的剩余价值就完全不能实现，或者只是部分地实现，资本就可能部分或全部地损失掉。"③ 而资本的吊诡之处恰恰就在于商品能否卖出去，生产出来的剩余价值或利润能否顺利实现，"既不是取决于绝对的生产力，也不是取决于绝对的消费力，而是取决于以对抗性的分配关系为基础的消费力"。④ 在资本主义分配关系中，由于受到追求积累的欲望的限制，受到扩大资本和扩大剩余价值生产规模的欲望的限制，使得社会上大多数人的消费缩小到只能在相当狭小的界限以内变动的最低限度。结果是：一方面，资本最大限度地从雇佣工人身上吸收剩余劳动。因此，随着表现为利润率下

---

① 马克思：《资本论》第 3 卷，人民出版社 2004 年版，第 269—270 页。
② 同上书，第 272 页。
③ 同上。
④ 同上书，第 273 页。

降的过程的发展，生产出来的剩余价值的总量会惊人地膨胀起来。另一方面，资本又最大限度地压缩雇佣工人的消费水平，使之保持在一个极其狭小的范围内和极为有限的水平上，根本无力消化已经生产出来的商品量。剩余价值"生产"的条件和"实现"的条件之间的这种矛盾，会随着资本积累和积聚、生产规模和市场的不断扩大而日益增长，在增长的一定点上，就会爆发周期性的经济危机。因此，马克思说："一切现实的危机的最后原因，总是群众的贫穷和他们的消费受到限制，而与此相对比的是，资本主义生产竭力发展生产力，好像只有社会的绝对的消费能力才是生产力发展的界限。"①

　　无论是小资本投机钻营引发的信用危机，还是大资本扩大生产规模引起的生产相对过剩的危机，都不过是客观经济规律在资本主义条件下的一种独特的作用方式和实现形式。无论具有什么样的形式规定，一个社会的经济体系要正常运转，就必须使生产与消费、积累与消费等保持一定的比例关系。通过周期性爆发的经济危机，已经遭到破坏、失去平衡的经济关系可以得到修补和恢复。但是，这种恢复只是暂时的，"危机永远只是现有矛盾的暂时的暴力的解决，永远只是使已经破坏的平衡得到瞬间恢复的暴力的爆发"。② 因为，"力图用扩大生产的外部范围的办法"求得资本主义内部矛盾的解决，不仅于事无补，反而会使矛盾不断积累起来，危机的每一次爆发都在为下一次更加剧烈的爆发准备条件。而在社会生产力发展的一定点上，这种办法——通过资本积累、扩大生产规模，使剩余价值或利润的绝对量增加，以此补偿或抵消利润率的下降对资本主义生产方式的危害和威胁——也变得既不可能又不现实。原因在于，对一种"常态"或"合理"的需求来说，生产满足这种需求的一定使用价值量所需要的"劳动时间"和劳动力的绝对数量，会随着社会劳动生产力的提高而不断减少。这种情况首先出现在"农业"中，马克思指出："在农业

---

① 马克思：《资本论》第3卷，人民出版社2004年版，第548页。
② 同上书，第277页。

中，活劳动要素的减少可以是绝对的。"① 随后，会逐步扩展到其他生产部门，最后在所有的物质生产部门都出现劳动时间和劳动力的绝对数量不断减少的局面。从"世界历史"范围来看，这种情况首先出现在资本主义"中心"国家，随后会逐步扩展到其他"半外围"和"外围"国家，最后在所有国家的物质生产部门都出现劳动时间和劳动力的绝对数量不断减少的局面。资本输出——先是小资本的输出，随后是大资本的输出——以及由此造成的"经济全球化"，正是推动这一过程达到高潮的必要也是必然的中介环节。起初，资本输往国外，"这种情况之所以发生，并不是因为它在国内已经绝对不能使用。这种情况之所以发生，是因为它在国外能够按更高的利润率来使用"。② 因为，不同水平的资本构成，既反映出一个国家中各个相继发展的阶段，也反映出不同国家中同时并存的不同发展阶段。比之于处于较高发展阶段的国家，不发达国家的资本构成水平低，一般利润率也比较高。但是，"这样一来就是又要求资本主义生产方式不发达的国家，按照和资本主义生产方式的国家相适应的程度来进行消费和生产"。③ 其结果，就是把在资本主义中心国家起作用的规律带到整个世界，使它在世界历史范围内发挥作用，使劳动时间和劳动力的绝对数量的不断减少成为世界历史范围内的普遍事实和一般趋势。在此情况下，不仅通过扩大生产规模求得资本主义内在矛盾得以解决的机会没有了，而且通过经济危机求得资本主义各种经济关系暂时恢复平衡的机会也没有了。

若不考虑剩余价值和利润，直接生产过程中劳动时间和劳动力数量的减少，无论是相对减少还是绝对减少，都具有积极的意义，都是社会发展、历史进步和人类解放的基本标志。但是，对资本主义生产方式则不然。"利润是资本主义生产的推动力量，资本所以被生产出来，只是因为它能够和利润一起被生产出来"。④ 于是，剩余价值或

---

① 马克思：《资本论》第3卷，人民出版社2004年版，第293页。
② 同上书，第285页。
③ 同上书，第286页。
④ 《马克思恩格斯全集》第48卷，人民出版社1985年版，第302页。

利润就成了横亘在资本主义生产面前的一条难以逾越的"界限"，一种无法摆脱的"限制"。这种限制使得资本主义生产甚至在社会的需求尚未得到满足之前，就不能再继续下去了，除非它不再为了实现价值的增殖；也使得资本主义生产的"目的"同实现这一目的的"手段"之间不断发生冲突。马克思说："手段——社会生产力的无条件的发展——不断地和现有资本的增殖这个有限的目的发生冲突。因此，如果说资本主义生产方式是发展物质生产力并且创造同这种生产力相适应的世界市场的历史手段，那么，这种生产方式同时也是它的这个历史任务和同它相适应的社会生产关系之间的经常的矛盾。"①这种矛盾和冲突，无外乎是资本主义生产关系即雇佣劳动制度与生产力的发展之间的冲突，无外乎是资本主义生产方式的内在矛盾和冲突。它表明，要发展生产力，就不能保证资本的价值增殖，而这无疑宣判了资本主义生产方式的死刑；反之，要阻止利润率的下降和利润总量的绝对减少，从而保证资本的自行增殖，就必须制止生产力的发展，而这又是历史向前发展所不答应的。所以，"资本不可遏止地追求的普遍性，在资本本身的性质上遇到了限制，这些限制在资本发展到一定阶段时，会使人们认识到资本本身就是这种趋势的最大限制，因而驱使人们利用资本本身来消灭资本"。②

毫无疑问，历史的发展必将冲破资本主义生产关系对社会生产力的限制。马克思说："资本本身在其历史发展中所造成的生产力的发展，在达到一定点以后，就会不是造成而是消除资本的自行增殖。""超过一定点，生产力的发展就变成对资本的一种限制；因此，超过一定点，资本关系就变成对劳动生产力发展的一种限制。一旦达到这一点，资本即雇佣劳动就同社会财富和生产力的发展发生像行会制度、农奴制、奴隶制同这种发展所发生的同样的关系，就必然会作为桎梏被摆脱掉。"周期性爆发的经济危机，"这是忠告资本退位并让

---

① 马克思：《资本论》第 3 卷，人民出版社 2004 年版，第 279 页。
② 《马克思恩格斯全集》第 30 卷，人民出版社 1995 年版，第 390—391 页。

位于更高级的社会生产状态的最令人信服的形式"。① 同时，资本主义的消亡是资本自身运动的必然结果，是一种源自其内部矛盾的自我否定，而不是来自于外部的为他否定。而且，也正是这个辩证否定的过程孕育和培植了新社会生产方式的各种条件。正如马克思所讲的："因而另一方面，越来越多的（个人）失去了生产条件，处于同生产条件的对立之中。资本转化成的普遍社会力量同单个资本家控制这些社会生产条件的私人权力之间的矛盾越来越触目惊心，并预示着这种关系的消灭，因为它同时包含着把物质生产条件改造成为普遍的、从而是公有的社会生产条件。"② "否定雇佣劳动和资本的那些物质条件和精神条件本身则是资本的生产过程的结果。"③ 正是资本家追求利润的这种自觉自愿的主体行为，既为资本主义生产方式的消亡又为新社会生产方式的产生准备了条件。所以，新社会的生产方式绝不是从外面强加给资本主义的某种异物，它就包含在资本主义生产方式的自我否定之中。"在资本对雇佣劳动的关系中……已经自在地、但还只是以歪曲的头脚倒置的形式，包含着一切狭隘的生产前提的解体，而且它还创造和建立无条件的生产前提，从而为个人生产力的全面的、普遍的发展创造和建立充分的物质条件。"④

总之，资本主义极大地推动了生产力的发展，而生产力的发展又把资本主义送上历史的断头台。资本主义的这种历史命运就包含在资本本身的规定中，资本主义的消亡和未来新社会的降生是资本本身发展的必然趋势。

（王峰明 清华大学马克思主义学院教授、哲学博士）

---

① 《马克思恩格斯全集》第 31 卷，人民出版社 1998 年版，第 149 页。
② 《马克思恩格斯全集》第 48 卷，人民出版社 1985 年版，第 339 页。
③ 《马克思恩格斯全集》第 31 卷，人民出版社 1998 年版，第 149 页。
④ 《马克思恩格斯全集》第 30 卷，人民出版社 1995 年版，第 511—512 页。

第十八讲

马克思主义人性和人的本质观

所谓人性和人的本质理论，就是哲学上关于人性和人的本质问题的基本观点。人性，是指人所具有的全部属性，包括人的自然属性、社会属性、精神属性等，而人的本质，则是指人的全部属性中的最重要的、决定人之为人的、决定和影响其他属性的表现和发展的根本性的属性。因此，人性和人的本质实际上是一个问题的两个方面，讨论人性问题，就必然要进一步揭示人性中的根本属性是什么，即人的本质是什么；而讨论什么是人的本质，也一定要从人的全部属性是什么和其中本质属性的地位和作用谈起。

马克思主义关于人性和人的本质理论在马克思主义哲学中的地位和作用非常重要。我们至少可以从以下几方面来认识这一点：第一，人性和人的本质理论是马克思早年形成历史唯物主义思想的重要的理论支撑点。马克思是在批判黑格尔的唯心主义人学理论和费尔巴哈的抽象人本主义思想的过程中形成辩证唯物主义的人的本质理论的。在这些批判中，马克思形成了人的本质是"自由的自觉的活动"、是"一切社会关系的总和"、是"人的需要"的思想。对人的本质的科学理解，使马克思能够正确认识社会生活和社会历史的本质及其发展规律。第二，人性和人的本质理论揭示了马克思主义哲学分析和解决关于人的一切问题的基本方法和思路。马克思的人性和人的本质理论揭示了这样一个分析和解决人的问题的方法和思路：认识人的问题，要从劳动、实践的发展状况、水平出发去说明人们生活于其中的社会、文化及其状况和特点，再从社会、文化出发去说明生活于社会中的人及其特点；解决人的问题，则只有通过劳动、实践改造社会，使生活于其中的人的社会环境发生变化，从而影响人的存在方式和状态。第三，人性和人的本质理论是马克思主义确立其改造社会的价值目标的重要理论依据。在马克思主义哲学看来，研究和运用这一理论的最终目的在于实现人类解放和人的个性自由而全面地发展。马克思主义之所以确立这样的价值目标，是因为从人的本质角度来看，只有使整个社会的全部成员都从私有制所造成剥削和压迫下彻底解放出来，才能实现真正的社会公正与和谐，只有这样，人类的彻底解放和所有人的个性自由而全面的发展才能变成现实。第四，马克思主义关于人性和人的本质理论是用马克思主义观点分析和批判西方人本主义哲学思潮以及其他种种以抽象人性论为理论基础的社会政治学说和其他社会科学理论的重要思想根据。

马克思主义关于人性和人的本质学说的思想内容十分深刻，它对于我们当前的社会实践和理论工作来说具有十分重要的世界观、方法论的意义。

一　马克思关于人性和人的本质理论的经典表述

在《1844 年经济学—哲学手稿》中，马克思批判地吸取了黑格尔关于劳动是人的本质的思想，形成了人的本质是"自由的自觉的活动的"的思想。马克思指出，黑格尔正确地把人的本质看做是一个在劳动中不断形成的过程，认为一个具体的人的形成是他自己劳动活动的产物，因此黑格尔把劳动看做是人的本质。但是黑格尔却从客观唯心主义的观点出发，把劳动看做本质上是一种精神性的活动。黑格尔关于人的本质的观点是对现实的人的本质的唯心主义的、颠倒的表述。马克思批判地吸取了黑格尔的思想，他从现实的人的生存方式出发，指出："劳动这种生命活动、这种生产生活本身对人说来不过是满足他的需要即维持肉体生存的需要的手段。而生产生活本来就是类生活。这是产生生命的生活。一个种的全部特性、种的类特性就在于生命活动的性质，而人的类特性恰恰就是自由的自觉的活动。"①

马克思的这一对人的本质的理论表述提出了如下基本观点：第一，在马克思看来，确定人的本质首先应该是把人看做为一种独特的物种，应该看人们维持自身生命存在的活动方式及其特点，这是人与其他物种的根本区别所在。而人的存在方式的根本特点是生产劳动，是实践。第二，马克思进一步揭示了作为人的存在方式的活动特点与其他物种相比的根本区别，关键在于人的生产活动是"自由的自觉的活动"，即是一种有目的、有意识的改造世界的、创造性的活动。而其他任何物种的活动则不具备这一"自由的自觉的活动"的特征。显然，马克思关于人的本质的这一表述是对人的现实存在状态的深刻揭示，是对人类存在的根本矛盾即人与外部世界的关系的准确把握。他表明人是一种主体性地、能动地、创造性地把握外部世界的特殊存在物。

然而，马克思的这一关于人的本质的表述，并不全面、不完整，仍然存在着一些缺陷或不足。马克思的这一关于人的本质的表述虽然准确地揭示了人的主体性的、能动性、创造性的一面，但是却没有说明人的这种主体性、能动性、创造性之所以产生的原因或根据；同时，马克思也没有说明人作为类所表现出来的受制约性的一面。马克思关于人的本质的表述中的这一缺陷，在另一个关于人的本质的表述中得到了纠正和补充。

马克思在一年以后撰写的《关于费尔巴哈的提纲》中，针对费尔巴哈的抽象人性论观点提出了另一个关于人的本质的著名命题："人的本质不是单个人所固有的抽象物，在其现实性上，它是一切社会关系的总和。"② 马克思关于人的本质的这一提法，批判了费尔巴哈仅仅从生物学意义上的物种的类特征出发去揭示人的本质的错误观点。马克思指出：费尔巴哈"撇开历史的进程，把宗教感情固定为独立的

---

① 《马克思恩格斯全集》第 42 卷，人民出版社 1979 年版，第 96 页。
② 《马克思恩格斯选集》第 1 卷，人民出版社 1995 年版，第 56 页。

东西，并假定有一种抽象的——孤立的——人的个体"，"因此，本质只能被理解为'类'，理解为一种内在的、无声的、把许多个人自然的联系起来的普遍性"。① 马克思所提出的人的本质是"一切社会关系的总和"的思想是人们对人的本质问题在认识上的重要进展。第一，这一理论揭示了人的能动性、创造性、主体性的来源在于人的社会性。人们的劳动、实践活动只能是在一定的社会关系中、以社会交往的形式进行的。人们正是在社会性的劳动中才能够形成思想意识和语言，才能够进而形成人的能动性、创造性和主体性。第二，这一理论同时还指出了人的能动性、创造性、主体性等这些显示了人的自由特质方面的属性，其实是与人的存在的必然性、受制约性方面的属性辩证统一的。也就是说，人的活动是要受外部环境包括自然环境和社会环境制约的，其中更为重要的方面是社会环境，因为人与自然的联系和相互作用是必须通过社会关系来实现的。第三，这一理论揭示了社会环境是具体的人形成、生存和发展的必要条件。正如马克思、恩格斯后来在《德意志意识形态》中所指出的："一个人的发展取决于和他直接交往的其他一切人的发展；彼此发生关系的个人的世世代代是相互联系的，后代的肉体的存在是由他们的前代决定的，后代继承着前代积累起来的生产力和交往形式，这就决定了他们这一代的相互关系。总之，我们可以看到，发展不断地进行着，单个人的历史决不能脱离他以前的或同时代的个人的历史，而是由这种历史决定的。"② 至此，马克思关于人的本质的思想取得了重要进展。

然而，马克思在《1844 年经济学—哲学手稿》和《关于费尔巴哈的提纲》中所表述的关于人的本质问题的思想，仍然并不十分完善、准确，还是有其历史局限性的。因为，当时马克思把国家、社会组织等社会环境要素说成是由人的本质所决定的，他还没有正确地认识到实际上人的本质却是由包括国家、社会组织等社会环境因素决定的。

---

① 《马克思恩格斯选集》第 1 卷，人民出版社 1995 年版，第 56 页。
② 《马克思恩格斯全集》第 3 卷，人民出版社 1960 年版，第 515 页。

在《德意志意识形态》这部标志着马克思主义哲学形成的成熟著作中，马克思和恩格斯一起又对人的本质问题做了新的表述："在任何情况下，个人总是'从自己出发的'，但由于从他们彼此不需要发生任何联系这个意义上来说他们不是唯一的，由于他们的需要即他们的本性，以及他们求得满足的方式，把他们联系起来（两性关系、交换、分工），所以他们必然要发生相互关系。但由于他们相互间不是作为纯粹的我，而是作为处在生产力和需要的一定发展阶段上的个人而发生交往的，同时由于这种交往又决定着生产和需要，所以正是个人相互间的这种私人的个人的关系、他们作为个人的相互关系，创立了——并且每天都在重新创立着——现存的关系。"① 马克思、恩格斯的这一关于"人的需要就是人的本质"的表述内涵十分丰富，是对人的本质问题认识的进一步深化。我们至少可以从以下几个方面来理解其内涵：第一，人的需要是人的生存状态的最深刻的表现形式，人的需要揭示了人与其他物种的根本区别。人的生理需要，表明人是物质的存在物；人的社会交往需要揭示了人又是社会的存在物；人的精神需要更加深刻地揭示了人作为社会存在物的独特的生存方式和与其他物种的根本区别在于人有自我意识和自由意识；而人对在社会生活环境中形成的物质性的需要和精神性的需要结合起来的综合需要则是表明人是主体性的、创造性的和能动性的存在物。第二，人的需要是人进行以生产劳动为主要形式的生命活动的根本动因，进而也是说明人的形成和发展规律的根本因素。事实上，人正是在自身需要的推动下进行以生产劳动为主要形式的生命活动的，同时也正是由于人的这种以生产劳动为主要形式的生命活动推动着人的形成、进化和发展的。第三，人的需要的形成和满足既是受社会关系制约、作用的结果，又是形成和推动社会关系变化、发展的原因，因而人的需要深刻地反映了人的生存状态和本质特征。其实，任何现实的人的需要都是社会历史地形成的，人和人的需要都是社会历史的产物；但是另一方面，任何人的现实的需要得到满足的过程包括生产、分配等各环节在

---

① 《马克思恩格斯全集》第 3 卷，人民出版社 1960 年版，第 514—515 页。

内，都只能是通过既定的社会关系才能得到实现。人们如果要改变需要得到满足的形式，就必须通过对现实的社会关系进行与生产力相适应的变革或改造来实现。社会政治生活中的革命、改革等活动正是人们变革和改造社会关系的实践活动。因此，人的需要及其满足形式的形成、发展深刻地反映了人的生存状态和本质特征。第四，人的需要是人的主体性、能动性和创造性得以产生的根据。其实，人的主体性、能动性和创造性都是人在满足需要的要求推动下形成和发展的，满足需要既是构成人的生命活动的根本动力，又是促进人的主体性、能动性和创造性形成的根本原因。①

综上所述，上述马克思关于人的本质理论的表述，是一个一脉相承、不断发展、逐步完善的过程。至此，我们大致可以在总体上这样理解马克思关于人的本质的理论：人是以实践活动为生命存在方式的，以特定的物质精神需要为具体表现的，以社会交往为根本活动形式的物质生命体。同时，我们还可以概括地把这一观点说成是："人的本质是在一定的社会关系中从事实践活动，即社会性的实践。"②

二　马克思主义关于人性和人的本质思想在当代中国的发展和丰富

马克思的人的本质思想在当代中国的发展主要表现为以下几方面。

1. 阐发了马克思关于人的本质理论的丰富内涵及其方法论意义

对马克思人的本质理论内涵的阐发。如上一节所述，关于人的本质问题，马克思有多种论述，主要有以下三种表述方式：（1）"一个

___

① 参见赵家祥《马克思关于人的本质的三个界定》，《思想理论教育导刊》2005 年第7 期。

② 陈志尚主编：《人学原理》，北京出版社 2005 年版，第 99 页。

种的全部特性、种的类特性就在于生命活动的性质，而人的类特性恰恰就是自由的自觉的活动。"① （2）"人的本质不是单个人所固有的抽象物，在其现实性上，它是一切社会关系的总和。"② （3）"他们的需要即他们的本性。"③ 我国学术界阐发了马克思这些表述之间的关系和内涵。

我国学术界认为，这些表述之间的关系在于：马克思关于人的本质是"自由的自觉的活动"即劳动的提法揭示了人的存在方式是劳动、实践，揭示了人具有能动性、创造性的特点；而马克思关于人的本质是"一切社会关系的总和"的提法，则揭示了人具有社会性的特点，揭示了人具有受社会制约性的方面；而人的"需要即他们的本性"的提法则揭示了人的本质的最普遍的表现形式，揭示了人的本质发展的基本动力和原因。马克思的这三种提法既是他关于人的本质思想发展的不断深化的逻辑历程，又是相辅相成地对人的本质的全面、深刻地揭示。

因此，对马克思关于人的本质的思想要结合上述三种提法完整地理解。也就是说，在马克思看来，人的本质应该是实践性和社会性的统一，能动性和受制约性的统一，是确定性和发展性的统一。于是，完整的人的本质就应该同时具有实践性、社会性、整体性、创造性、历史性等特点。

对马克思的人的本质理论的方法论意义的阐发。我国学者认为，马克思关于人的本质理论在认识和解决人的问题方面具有十分重要的方法论意义。

第一，要从劳动、实践发展的水平出发去了解人的存在和发展的现实状况。

第二，要从社会发展的状况和水平出发去了解人们的存在状况和行为、思想的特点。

① 《马克思恩格斯全集》第 42 卷，人民出版社 1979 年版，第 96 页。
② 《马克思恩格斯选集》第 1 卷，人民出版社 1995 年版，第 56 页。
③ 《马克思恩格斯全集》第 3 卷，人民出版社 1960 年版，第 514 页。

第三，要从人的社会存在出发，包括从人的阶级属性出发去说明具体的、现实的人的思想和行为特点。

第四，要从发展社会生产力、改造社会关系入手去解决现实的人的问题。

第五，要用历史的、发展的观点去探寻认识和解决人的发展问题的思路和措施。

第六，要从人的需要及其发展，以及满足需要方式的发展中去揭示现实的人们的实际生存和发展状况，从而确定促进人的发展的思路和措施。

我国学术界上述这些对马克思关于人的本质理论的内涵和方法论意义的解读，无疑是对马克思这一思想的深入阐发和发挥，是马克思关于人性和人的本质理论在我国的发展和深化。

2. 阐发了人性诸种要素与人的本质的关系

人的本质是通过现实的人性的各种具体方面和要素表现出来的。如，人的生物性、理性、无意识或非理性、需要、自由等都是人性的方面或要素的反映。我国学术界在人学研究中对人性与人的本质的关系进行了研究和阐发。

这些研究和阐发的主要观点大致可以概括为如下几点：

第一，理性是人们在社会实践和社会生活中形成的具有逻辑性、可操作性、可以由语言借助概念、判断和推理等抽象思维形式来表达的精神性的思维活动。理性作为人所独有的特征是由人的本质决定的。人的本质，即人的社会实践、社会关系和人生活于其中的文化环境决定了理性的形成、内容和发展。一般来说，人的思想和行为是受理性支配的，理性深刻地反映了人的本质的内容和特征。

第二，无意识或非理性是人的精神活动中在理性之外的意识活动形式，其特点是没有逻辑性、不可操作、不能用语言借助概念等准确表述、转瞬即逝、变幻不定。无意识和非理性从本质上看同样也是人们在社会实践、社会关系和文化环境中产生的，由人的本质决定的，但是其中人的种种自然属性也对其产生和内容有重要影响。无意识或非理性的精神活动是对理性的必要补充，对人的思想和行为有重要影响，但在人的精神活动中并不是起支配作用的因素，人的理性对无意识或非理性的内容、形成和发展有重要的影响作用。

第三，人的需要作为人的本性、特性是由人的本质的决定的，是人的本质的重要表现形式。人的需要包括人的自然需要和社会需要，但是社会需要是人的主导方面的需要，人的自然需要必然要受社会需要的制约和规定。人的需要是人的一切社会实践的前提和动力，然而人的需要是由实践和人的社会关系即人的本质决定的，实践和社会关系决定了人的需要从动物的本能需要发展为真正的人的需要，同时还决定了人的需要的产生、发展以及得到满足的形式与程度。

第四，追求自由是人的本质的内在要求。人的本质是实践性和社会性，这就决定了人必然要通过实践改造自然和社会获得人对自然和社会的自由。

我国学术界的上述理论研究阐发和深化了马克思关于人的本质的思想。

3. 对马克思关于人的本质异化理论作出了历史唯物主义的解释，坚持了马克思关于人的本质的实践性、社会历史性和阶级性的基本观点

马克思是在《1844年经济学—哲学手稿》中首次提出了人的本质异化思想的。马克思认为，"自由自觉的活动"即劳动是人的本质。但是在资本主义私有制条件下，劳动发生了异化，因而这实际上是人的本质的异化。人的本质的异化主要表现在以下四个方面：（1）劳动者和劳动产品相异化；（2）劳动者和劳动活动相异化；（3）人的类本质和人相异化；（4）人与人相异化。马克思从人的本质异化这一理论出发，论证了资本主义条件下的劳动是一种异化劳动，其原因是资本主义私有制，因此资本主义是一种不人道、不合理的社会制度，必须由社会主义、共产主义公有制来取而代之，而这是一种必然的社会历史过程，即劳动异化的产生、发展和被扬弃的过程。

　　我国学术界在 20 世纪 80 年代初开始的关于人道主义和异化问题的大讨论，提出了对马克思关于人的本质异化理论的理解问题。关于马克思的人的本质异化理论，理论界的分歧主要集中在以下两个方面：一是是否可以用抽象的人的本质异化理论来解释、说明历史？二是社会主义条件下是否存在着异化现象？社会主义是否也会像资本主义一样必然异化或已经正在异化？①

　　在讨论中，理论界逐渐趋于一致的认识是：

　　第一，马克思关于人的本质异化的理论，并不是一个具有必然性、普遍性的历史唯物主义的范畴或规律，而是马克思在唯物主义历史观形成过程中的一个具有特定内涵的理论观点，在马克思的辩证唯物主义世界观彻底形成之后，马克思就从来没有把它作为必然性、普遍性的社会历史范畴或规律来使用。通过对马克思集中论述人的本质异化理论的《1844 年经济学—哲学手稿》的解读，可以看出马克思的人的本质异化理论在内涵上是特指资本主义条件下人的劳动具有"异化劳动"的性质，而由于劳动是人的本质，因而在资本主义条件下就不可避免地会导致人的本质异化现象。马克思实际上是通过对资本主义条件下异化劳动的分析来批判资本主义制度的非人道性、不合理性，从而为得出社会主义变革的必然性的结论作理论铺垫。需要指出的是，由于人的本质异化是一种脱离了对人进行具体的、实践的、社会历史的和阶级的分析的理论，因而是一种具有明显的抽象人性论性质的观点。这说明马克思当时还没有形成完整的、彻底的历史唯物主义思想体系，马克思的思想正处于成熟的过程中，还带有一定的抽象思辨的痕迹。因而后来马克思在形成了完整的、彻底的历史唯物主义思想体系之后，就不再或很少使用"劳动异化"这一理论，特别是不再在具有必然性、普遍性的社会历史范畴或规律的意义上使用这一概念。

　　第二，必须从具体的、历史的社会条件出发去说明中国社会主义条件下还存在人的本质异化现象的原因，这是研究异化问题时坚持辩

---

　　①　参见陈志尚主编《人学原理》，北京出版社 2005 年版，第 118 页。

证唯物主义、历史唯物主义原则所要求的。

在历史唯物主义看来，如果要讨论劳动异化问题，就必须从具体的社会历史条件出发去研究。比如，要讨论中国的社会主义条件下是否存在劳动异化现象这一问题，就必须具体地从中国的现实国情出发来讨论。马克思所指出的资本主义条件下的劳动异化现象，我们当然也可以在中国的社会主义条件下看到。但是，这并不等于说社会主义也是必然导致劳动异化的社会制度。社会主义条件下仍然存在所谓劳动异化现象的原因需要具体分析。理论界一般认为，社会主义条件下的所谓劳动异化现象并不是社会主义本质所必然导致的现象，而是由于以下多方面原因造成的。如：社会主义条件下还存在着不少封建主义、资本主义的残余；在对外开放过程中国外资本主义因素的传入或影响；国内经济制度中还存在着的比例相当大的私有制经济成分；社会主义的政治、法律制度还不够完善；生产力水平尚未发展到可以充分有效地防止和抵御自然灾害，等等。上述种种原因是造成社会主义条件下仍然存在所谓异化现象的客观原因。应该看到社会主义是一个通过完善公有制和加强物质文明、政治文明和精神文明建设，正在克服、消除劳动异化，促使异化劳动不断走向消亡的社会制度。

社会主义条件下的所谓人的本质异化现象与资本主义私有制条件下必然产生的劳动异化现象有本质区别：社会主义条件下的某些人的本质异化现象不是社会主义制度本质所决定的，而资本主义私有制则是劳动异化产生的必然条件；社会主义条件下的异化不是人的本质的全面异化，而是一定范围、一定程度上的异化，而资本主义条件下的人的本质异化却是整个社会的人的本质的全面异化；社会主义制度本身具有克服异化的条件和力量，而资本主义不仅无法克服异化，而且它本身正是异化产生的根本条件和原因。

第三，用劳动异化这一带有明显抽象思辨色彩的观点去说明社会历史问题，显然是不准确、会导致理论矛盾的。

由于异化理论具有明显的抽象思辨性质，因此它一般来说不能科学地解释复杂的社会历史问题。比如，劳动异化理论的潜在逻辑是：

完美的劳动状态—异化—异化的扬弃，即先假设有一个的完美的、非异化的劳动（即自由自觉的活动），然后指出劳动在私有制条件下的异化，最后再说明异化劳动的扬弃或被克服。这是一种明显的黑格尔式的三段式的逻辑思辨，是把思维的逻辑强加给历史唯心主义的做法。事实上，人类劳动本身是一个从低级向高级，从相对的不自由、不自觉到比较自由、自觉的完整的、连续的发展过程。资本主义条件下的异化劳动实际上是人类劳动发展的一个必然环节或阶段，而不能将其看做是奴隶社会、封建社会条件下劳动的异化，因为原始社会、奴隶社会、封建社会条件下的劳动不仅不是完美、自由自觉的，甚至是比资本主义异化劳动更加野蛮、不自由的；同样未来克服了资本主义异化劳动的社会主义、共产主义条件下的劳动也不是对原始社会、奴隶社会、封建社会条件下的劳动的复归，而是对资本主义劳动异化性质的克服和扬弃，是有史以来持续发展着的人类劳动的高级形态。因此，异化劳动不是能够用以科学地解释社会历史问题的一般范畴和规律。

因此，可以说我国学术界上述关于劳动异化问题的理论探讨，是对马克思关于人的本质、劳动异化理论的阐发和发展。[①]

4. 新时期对"以人为本"概念的理论阐释丰富了马克思关于人的本质理论

我国在中国特色社会主义实践中提出"以人为本"的理念，并把它作为科学发展观的核心和各项工作的指导原则。"以人为本"的主要内涵如下：

（1）"以人为本"是以最广大人民的根本利益为本。这就是说，为人民服务、为人民的利益工作是我们做好一切工作的出发点和目的。

（2）"以人为本"体现了立党为公、执政为民的要求。

（3）坚持发展为了人民、发展依靠人民、发展成果由人民共享。

---

① 参见陈志尚主编《人学原理》，北京出版社 2005 年版，第四章。

（4）把促进经济社会发展与促进人的全面发展统一起来。①

我国的中国特色社会主义的"以人为本"的理念坚持了而且同时丰富了马克思的人的本质思想的理论。即认识和解决人的问题要坚持实践的观点、社会性的观点、阶级分析的观点、辩证唯物主义价值论的观点和历史的观点。

第一，"以人为本"中的"人"是明确地指人民，而不是指抽象的"一切人"。而人民这一概念则体现了对人的实践性的规定，即人民，尤其劳动人民是人类实践的主体。

第二，把"以人为本"中的人规定为"人民"体现了对人的社会性和阶级性的规定，即我们的依靠对象和服务对象不仅是社会中占大多数的人，而且是对社会发展起推动作用的人。对社会发展不起促进作用的人和社会集团，则不是我们的依靠对象和服务对象。

第三，坚持了人民是目的和手段相统一的观点。由于人的本质是实践性和社会性的统一，这就决定了人、人民在社会实践中作为目的和手段的统一性或一致性。这是因为，人、人民既是实践的主体，又是社会价值的主体，所以"依靠人民"和"为人民服务"的一致性正是人、人民作为手段和目的的统一性、一致性的具体体现。

第四，坚持了人民是社会价值主体的价值论原则。历史唯物主义主张，在社会生活中，价值的主体性必然体现为人民是一切社会价值的根本意义上的主体。这就意味着，如果任何个人或社会团体的价值与人民的价值相一致，那么就是真正的价值，反之，就不是真正的价值。因此，"以人为本"内涵中的"立党为公"、"执政为民"、"一切从人民的利益出发"的内容，就充分体现了人民是社会价值主体的价值论原则。

第五，坚持了人的发展是一个社会历史进程的思想。科学发展观强调"把促进经济社会发展与促进人的全面发展统一起来"，这是对"以人为本"内涵所具有的辩证性的阐发，它意味着把人的全面发展

---

① 参见中共中央宣传部理论局组织编写《科学发展观学习读本》，学习出版社 2006 年版，第 18—30 页。

这一马克思主义的基本价值目标看做是一个社会进步和人的发展相辅相成、辩证统一的历史过程。也就是说，人的全面发展是以社会发展为条件和前提的，而人的发展反过来会促进社会进步。其实，这是人的实践性、社会性在人的发展问题上的具体表现。

总之，"以人为本"的中国特色社会主义理念坚持和丰富了马克思关于人的本质思想，它在中国社会主义建设实践中发挥着十分重要的指导作用。

三　马克思主义关于人性和人的本质学说的当代意义

马克思关于人的本质理论对指导我们当前的实践活动具有非常重要的现实意义。

1. 认识和解决全部人的问题的基本方法和思路

马克思关于人的本质理论给我们认识和解决全部人的问题提供了科学的基本方法和思路。

首先，马克思主义关于人的本质理论揭示了认识人的问题的科学思路和方法，即"劳动、实践—社会—人"。

在现实生活中，任何现实的人总是作为一个自然因素、社会因素、精神因素的复杂的综合体而存在的。因此认识人的问题通常被认为是非常困难的认知活动。从思想史上看，唯心史观和唯物史观在认识人的方法论问题上通常坚持的是路径相反的思路。

唯心史观从抽象的人性论或先验的人性出发，从中寻找现实的人的具体表现的内在人性根据，企图用内在的人性根据去说明现实生活中人的全部具体表现。例如，用"人性恶"的假设去说明社会生活中的社会矛盾和冲突产生的根源；用"人性善"的假设去说明人们对和谐、平等、博爱的追求，以及社会进步和发展的原因，等等。唯心史观的这一思想必然导致一系列逻辑矛盾和理论谬误。如，究竟

"人性恶"、"人性善"的假设哪个更符合实际？为什么人们的现实表现常常总是善恶交叉、矛盾共存的？什么又是不断发展、变化着的善恶观的评价标准？善恶交叉、矛盾共存的人性未来的发展趋势受什么因素规定和制约？等等。思想史表明，抽象人性论或先验的人性观只要一旦面对现实生活和现实的人，就始终无法摆脱这些问题的困扰和纠缠。

唯物史观从马克思主义哲学的人的本质理论出发，提出了正确认识人的问题的思路和方法，即"劳动、实践—社会—人"的认识方法。关于"劳动、实践—社会—人"的认识方法，我们可以分别从"社会—人"和"劳动、实践—社会"两个阶段来理解。所谓从"社会—人"的认识人的问题的思路是指要对任何现实的人和有关人的问题进行认识，必须从人们生活于其中的社会文化环境和实践活动的特点入手。从马克思主义哲学看来，任何人都是在特定的社会关系和文化环境中，在特定的社会实践活动中逐步形成现实的个人的。世界上根本不存在脱离特定社会关系、文化环境和实践活动而直接由先验的人性因素构成的人。因此，如果要对特定的个人形成正确认识，就必须从认识个人赖以成长的社会关系、文化环境和实践活动入手，从中去找寻这个人成长的发展历程和特点。任何现实个人的思想品德、价值取向、行为方式、生活习惯……都有其形成、发展的社会的、文化的和实践方面的原因。所以，在这个意义上可以说"人是环境的产物"。当然，唯物史观并不是机械的、单向度地看待这个问题的。因为在唯物史观关于人的本质的理论中内在地包含着关于人具有主体性、能动性、创造性的品格的认识。因而，现实的、具体的人的思想品德、价值取向、行为方式、生活习惯等一旦形成，也会对人的社会关系、文化环境和实践活动等产生一定的影响，也会使人在面对外部环境进行认识和实践活动时具有自主判断、选择和决策的能力。因此，人的存在既是受外在社会文化环境决定、制约和影响，又是能动地对待、改造外在社会文化环境的过程，是两方面因素的辩证统一。需要指出的是，由于现实人的全部特点归根结底都是在特定社会文化和实践活动中形成的，因而认识关于人的全部问题的最基本的思路和方法，仍然应该是沿着"社会—人"的路径进行。

所谓"劳动、实践—社会"的认识人的问题的思路和方法，是指人们对产生特定社会文化和实践活动的深层原因或条件的进一步认识，是对人的问题认识的进一步深化。当人们把握了人赖以形成的社会文化和实践活动的特点，从而形成了对特定人的问题的基本认识时，对人的问题的认识还没有完成。因为这时的认识还是不够深刻的，人们还不能说明产生特定社会文化和实践活动的原因或条件，而基于这样的认识，人们是不可能通过改造社会文化环境和实践条件来解决人的问题的。我们知道，特定的社会文化环境和实践活动的形成是以人类劳动、实践发展的特定水平为基础和前提的，要想认识特定社会文化环境和社会活动，只有通过揭示其赖以产生的劳动、实践的发展水平和特点才能做到。于是人们还需要进一步通过对产生特定社会文化和实践活动的劳动、实践的发展水平和特点进行认识，从而使现实的社会文化和实践活动产生的原因或条件得到说明。只有这样人们才能对人的问题形成相对完整、深刻的认识，进而才能为解决这些问题提供认识上的根据。

关于人的问题的认识活动就是这样通过"劳动、实践—社会—人"的思路和方法，不断反复进行，从而得到不断深化的认识的。

其次，"劳动、实践—社会—人"同样也是唯物史观解决人的问题的基本思路和方法。

解决人的问题，从根本上说是人们全部认识活动和实践活动的目的。但是，唯心史观和唯物史观在这个问题上同样存在着重大的观点分歧。由于唯心史观总是试图从先验的人性中去找寻产生人的问题的原因，因而它在解决人的问题时，总是试图把调动抽象的人性因素作为解决人的问题的根本方式或途径。例如，18 世纪、19 世纪的欧洲空想社会主义者认为产生资本主义社会种种弊端的根源在于人性中的劣根性，人性中自私、贪婪的一面是产生种种社会弊端的原因。因此，他们主张通过舆论宣传和榜样示范的力量启发人的理性和良心，启发人性中的善良的一面，来使富人放弃为富不仁，刽子手"放下屠刀，立地成佛"，从而消除资本主义社会的一切弊端。但是历史表明，这种做法只能是可笑的一相情愿，根本不可能有实际效果。

而历史唯物主义认为，由于任何人的问题都是在一定的社会文化环境和实践活动中产生的，因此解决所有人的问题的关键不是从解决人性本身的问题出发，而是应该从作为产生人的问题的原因和条件的社会文化和实践活动出发，通过对社会文化和实践活动进行改造从而使人的问题得到解决。具体说来，解决人的问题同样要坚持"劳动、实践—社会—人"的思路和方法。也就是说，解决人的问题需要首先解决导致这些问题产生的社会文化环境中的问题和实践活动中的问题，才能使人的问题得到解决；但是如果要彻底消除产生类似问题的根源，则应该致力于发展生产力，促使社会文化环境和实践活动的条件和性质发生根本性的变革，才能最终杜绝类似问题的产生。正是基于这种认识，马克思主义主张通过改造不合理的社会制度来解决资本主义社会的种种弊端；主张发展社会生产力来彻底消除导致资本主义产生的社会历史根源。

在当前我国进行中国特色社会主义建设条件下，上述理论具有重要的现实意义。新中国成立以来，我们虽然取得了举世瞩目的重大成就，但是我国目前在物质文明、政治文明和精神文明领域中还存在着许多不尽如人意的方面，距离社会主义小康社会还有较大的差距、为人的个性自由而全面发展提供的条件还十分有限。但是，要解决这些关于人的问题，只有通过进一步加强社会的经济、政治、文化领域的发展，努力消除产生种种人的问题或矛盾的现实社会根源才能实现。从根本上说，促进社会发展的最根本的手段则是大力发展社会生产力，从而推动社会的全面进步。那种脱离对产生种种人的问题的社会历史根源和现实条件的具体分析，抽象地从所谓人的先验本性、天赋人权出发去谈论的人的权力、自由、个性发展等，是无补于解决人的问题的。

2. 确立社会和人的发展目标的理论依据

马克思关于人性和人的本质理论还是我们确立现实社会和人的发展目标的理论根据。我国新时期的社会发展目标应该怎样来确定？要解决这个问题，同样不能从所谓人的先验本性、天赋人权等抽象的人性出发，而必须从人的现实存在状态和人的发展规律出发。社会和人的发展目标是一种价值认识，它体现了特定社会条件下人们对自身的需要、利益、追求等的自我意识。显然，只有正确的社会和人的发展目标才能在实践中得以实现。马克思的人的本质理论是确立正确的社会和人的发展目标的理论根据。

马克思在自己的思想成长历程中就经历了从人的先验本性、天赋人权等抽象的人性出发去确立社会和人的发展目标，到从人的现实存在状态和人的发展规律出发的转变过程。马克思在从革命民主主义者和唯心主义者向共产主义者和辩证唯物主义者转变的过程中，曾经历了哲学观念的一场革命。这场革命可以分为哲学观念、形态的革命和价值追求的革命这样两个方面，前者是指哲学的观念和形态从唯心主义向辩证唯物主义的转变，后者是指哲学的价值取向从体现资产阶级革命的要求向体现无产阶级和全人类的利益和要求的转变。

马克思在自己思想发展的早期，从唯心主义观点出发把哲学革命的价值目标定位为实现人的个性自由的"精神解放"和实现反对封建专制主义和宗教神学的"政治解放"。后来，马克思在形成了辩证唯物主义观点之后，则把哲学的价值取向定位为实现以无产阶级解放为主体的最终实现全人类解放的"人类解放"。马克思的这一价值追求方面的变革，是以其哲学理论上的哲学观念和哲学形态上的变革为前提的。由于马克思早期把人看做是"现成的"、精神性的存在物，把人的本质看做是个人的先验的"精神自由"，而且他还把解决人的问题的根本方式归结为主要是一个理论问题，因此他只能得出争取人的自由和解放本质上是精神解放的结论。但是，由于马克思十分关注现实问题，非常关注现实社会问题和现实的政治斗争，因此他与当年青年黑格尔派的仅仅关注理论斗争的态度不同，而把反对现实社会中的封建专制主义和作为人们精神枷锁的宗教神学看做是哲学的主要任务，因此他的哲学必然要以实现作为资产阶级民主革命形式的"政治解放"为价值目标。后来，当马克思在实践中认识到人不是一种现成的存在物，而是在社会实践和社会文化发展中不断生成的"过程"；

人的本质不是某种先验的或抽象的与生俱来"先验本性"或"天赋权力",而是人的实践性和"一切社会关系的总和";人的问题和其他现实问题的解决并不仅仅是一个理论问题,而主要是一个实践问题;而且由于人是一种社会的、实践的存在物,因而解决人的问题的关键不在于诉诸人的所谓先验的人性要求和"普遍的理念",而在于改造人赖以生存的社会和文化等外在的环境和条件时,他才把自己哲学的价值目标定位为以改造旧的、以私有制为主要政治制度的社会为主要内容,以无产阶级革命为形式的解放全人类和实现人的自由而全面的个性发展。

由此可见,马克思的哲学革命在价值追求方面经历了一个从追求"精神解放"和"政治解放"到"人类解放"的发展过程。与之相应,马克思主义哲学也经历从重视人的个体价值到阶级的价值,再到人民和人类的价值的发展过程。马克思主义哲学以解放全人类为自己的根本价值目标,正是在理论上探索关于人的本质和人类解放的现实道路的过程中不断发展的必然结果。至此,重视现实的人,关心现实的人的前途和命运,关注现实的人的个性的全面发展,一切为了现实的人的解放和幸福,就构成了马克思主义哲学价值目标的根本内容。这表明,在马克思所经历的哲学革命中,价值追求是以真理追求为基础的,价值追求方面的变革是以哲学观念及其形态的变革为前提的。

马克思的上述思想发展历程给我们的启示在于:确立社会发展目标必须要从人们现实生活状况和条件出发,从社会和人的发展规律出发,而不能从抽象的人性出发。这是因为,人的本质决定了人的发展是一个社会发展决定着人的发展,而同时人的发展又促进着社会进步的双向互动、辩证发展的过程,但是从根本上说,社会发展对人的发展是起决定性作用的方面。因此,我们在确定社会和人的发展目标时,必须深刻认识人们的现实社会条件,深刻认识人们的现实社会状况,深刻认识产生于人们现实社会条件的社会需要和要求,深刻认识人和社会辩证发展的客观规律,才能形成客观、准确、符合实际的社会发展目标。历史上我们就曾经由于"左倾"思潮的影响,凭着某种热情和不理智的冲动提出过不切实际的、超越历史条件的社会发展的价值目标，其结果给我们的事业造成了重大损失。当前，我国把社会发展目标定位为 21 世纪中期实现中国特色社会主义的小康社会，这一社会发展目标的提出是力求根据现实的社会条件、力求根据社会和人的辩证发展的客观规律的要求而做出的。

3. 分析和批判西方人本主义思潮和社会政治学说的理论工具

马克思主义关于人性和人的本质理论还是分析和批判西方人本主义思潮和社会政治学说的重要理论工具。

在与西方的文化交流中，不可避免地要涉及对西方思想文化的分析、批判和借鉴的问题。其中西方人本主义思潮关于人的价值、人的发展等观点和管理学、政治学等社会政治学说的观点对我国产生了不小的影响。如何正确认识这些观点，正确分析和评价这些观点，显然是一个十分重要的问题。马克思的人的本质理论对于分析和批判西方人本主义思潮和社会政治学说具有非常重要的方法论意义。

以西方人本主义思潮的人的发展理论为例。萨特和马斯洛的自我实现理论很有代表性。萨特提出的人的自我实现的理论，可以简单概括为：自我设计、自我选择、自我创造。他认为，人的本质是人的"潜意识的存在"；所谓人的发展是人在自己的潜意识的冲动推动下对自身进行自我超越的过程；自我超越是人通过绝对自由的自我设计、自我选择和自我创造来实现的，人的自我超越的过程所形成的轨迹就构成了现实的人生；人应该对自己自我设计、自我选择、自我创造的结果负责，而不能怨天尤人；自我实现的根本方式是人们要时刻反省自己的"潜意识"的内在冲动的要求和指向，并根据这种要求和指向进行自我设计、自我选择和自我创造。

马斯洛的自我实现理论以"需要层次论"而为人们所熟知。马斯洛认为人的本质是人与生俱来的、由基因所规定的一系列的基本需要，即生理需要、安全需要、归属需要、自尊需要和自我实现需要。这是一个由低级向高级递进关系构成的序列，低级需要在得到满足之后，就会自然过渡到比较高级的需要，人的自我发展就是在需要的这种不断地、循序渐进地满足的过程中得到实现的。因此，满足上述循序渐进的需要，实际上是人的自我发展的内在动力。如果人在发展过程中某种需要长期不能得到正常的满足，人就会因此而产生精神的、生理的疾病。所以在马斯洛看来，自我实现的最重要的环节，就是人们必须时刻通过自我认识去了解自己在发展过程中的真实需要，并努力促使需要及时得到满足。

萨特、马斯洛的自我实现理论曾对我国青年成长和学术界产生过不小的影响。虽然，萨特、马斯洛的理论有一定的合理因素或积极方面，但是总的来说在理论上是具有内在矛盾的，在实践中是缺乏现实性的。马克思的人的本质理论可以深刻地揭示其内在矛盾。首先，他们关于人的本质的理解是不正确的，无论是萨特的"潜意识"，还是马斯洛的"需要层次"都不是人的本质，实际上都是需要用人的真正的本质即人的实践性和社会性的因素去说明的人的现实、具体的表现形态。其次，人的自我发展的动力实际上来自人的社会化的发展要求，是人们在社会生活中感受到不断进步着的社会对人们所提出的越来越高的要求，从而产生了向社会要求接近的压力，正是这种压力推动着人们不断地自我发展。脱离人的社会存在去说明人的发展的动因，其实是把人降低到了动物的水平。再次，人的自我实现的主要方式并不是所谓的自我反省或自我认识，由于人是社会的人、实践的人，因此无论是人的自我认识还是人的能力的提高，或是人的价值的实现，本质上都是一个实践的过程。如果脱离实践，就不可能有所谓的自我认识、自我发展和自我创造。最后，自我实现的评价尺度也只能是主要看一个人的实践对社会生活的实际意义。无论是人的才能、价值、发展状态等等，都主要只能以对社会贡献的大小为根据，脱离社会去谈论人的发展或自我实现实际上不可能有一个客观的、实际的标准。

在管理学理论中，人的本质理论具有非常重要的意义。实际上，人的本质理论是全部管理学的哲学人性论基础。西方管理学虽然提出了不少有价值的思想理论，积累了不少管理实践的历史经验，无疑这是值得我们深入发掘的思想资料。但是，由于总的说来西方管理学理论的人性假设都是错误的，因而导致了其理论无法克服的矛盾。比如，所谓西方管理学中的"X 理论"，由于这种理论假设人性是恶的，人的懒惰的、贪婪的、厌恶劳动的，因此这种理论主张对员工的管理主要就是通过对员工的控制、监督、处罚等手段，来迫使员工提高工作效率。虽然这种管理方法一度对提高生产效率起了不小的作用，但是却激化了劳资矛盾，伤害了员工的自尊心，后来则严重地制约了员工生产积极性的进一步提高。而后来出现的所谓西方管理学的"Y 理论"，则假设人性是善的，或至少是倾向于善的，于是这种理论主张对员工的管理应该以鼓励、奖励、为员工发展创造条件等方法为主。这种理论对提高员工积极性是具有一定作用的，这在西方管理实践中得到表现。但是，这种理论的问题在于，在现实中除了对员工需要进行鼓励、奖励以外，是否还需要对员工的进行必要的处罚和监督呢？如果认为员工的人性基本假设是善的或至少是倾向于善的，那么如何解释员工的不良表现呢？显然，我们可以看出上述两种理论在哲学人性假设方面是相互对立和矛盾的。所以，这两种理论都是不彻底、具有内在矛盾的管理学说。

马克思的人性和人的本质理论，主张人的本质是实践性和社会性的统一，这就给管理学提供了正确的人性论基础。人们在生产中的实际表现是由人们的具体的社会文化环境决定的，无论是"善"还是"恶"实际上都是人性的现实表现形式。因此，以正确的人的本质理论为哲学基础的管理方法，应该根据现实的社会文化环境去认识员工的实际表现及其形成的原因，把尊重员工、承认员工的主人翁地位、充分调动员工的积极性作为管理实践的目标或主要任务。因此，不仅科学的管理学应该以马克思的人的本质理论为哲学人性观基础，而且对西方管理学的分析、批判和借鉴也应该以此为基本方法和理论根据。

同样，在政治学理论中，人的本质思想也是建构政治学理论大厦的哲学基础。西方政治学说史上的霍布斯把"人性恶"作为他的社会契约论的理论前提。边沁把"趋乐避苦"看做是人的本性和人的利益的根据，进而提出了他的功利主义政治学说。现代西方政治学说中的存在主义政治学，从人的本质是"潜意识的存在"出发，批判了现代西方工业化社会中人的异化现象，主张人权和法制应该维护人的自由和权力。罗素在他的政治学说中，从人们的本性决定他们更倾向于依"冲动"去行动这一观点出发，认为人类改造政治制度的最高原则应该是促进一切创造性的东西，而减少围绕着占有性的冲动和愿望。自由主义政治学说的早期代表人物格林认为人本质上是一种道德存在物，道德上的自我满足，趋向于至善，是人的本性所决定的人的自我实现的普遍要求。而至善只能是在人们共同享有"共同善"的条件下才能实现。因此，国家的使命正是为了促进人们的共同的善的实现。所以，国家是公共意志的实现，是人们共同的道德意志的实现，是起着维护人们自由的保障作用的机构。

可见，从先验的人性假设出发去阐发自己的政治观点，是西方政治学家的普遍做法。他们之所以这样来表述政治学说，除了他们不具备对人性、人的本质问题的唯物辩证的理解这一世界观、方法论上的原因之外，就是因为他们总是试图从所谓的先验的人性中去找寻能够有助于论证资产阶级本身的利益和要求的理论根据，从而提出符合他们利益和要求的系统的政治学说。因此，分析和批判西方政治学说应该注意分析和批判这些学说的哲学人性观，并从中找到这些理论的内在矛盾和它们的阶级的、历史的局限性。

4. 社会主义精神文明建设的重要理论基础

马克思的人性和人的本质理论，还是当前我们进行社会主义精神文明建设的重要理论基础。

需要指出的是，社会主义精神文明建设的核心内容，归根结底可以归结为是对人民群众进行社会主义的主导价值观教育。主要包括社会主义、共产主义的理想和信念教育、为人民服务的人生观教育、崇尚真理尊重科学的科学观教育、集体主义的道德观教育、真善美相统一的审美观教育等。应该看到，马克思的人的本质理论是对人民群众进行上述价值观教育的重要理论根据。

例如，在对人们进行为人民服务的人生观教育时，只有使人们接受了以下观点，才能使人们树立起正确的人生观：由于人的本质是人的实践性和社会性，因此不能脱离社会、脱离人民群众去谈论人的价值和人生的意义，一个人的价值或人生的意义只能体现在他一生的实践活动对社会、对人民群众的意义中；所以一个人一生的实践活动只有贡献大于索取才是有价值、有意义的人生。再如，在对青年进行集体主义道德观教育时，也只有使人们接受以下观点才能有助于人们自觉地树立起集体主义道德观：由于人的本质是人的实践性和社会性，因此人必须在特定的社会关系中进行活动，所以人的实践活动就必须受到社会生活规律和社会发展规律的制约，人就必须不断地处理个人和他人、个人和社会的利益关系；在一般的社会生活条件下，人们只有做到个人利益服从集体利益，才能使社会生活得以正常地进行；而在社会主义条件下，由于人们之间没有本质上对立的利益冲突，集体的利益通常就是人们个人利益的集中体现，因此人们之间更是应该以互相关心、互相帮助、先人后己的集体主义道德作为自己的行为准则。

由此可见，对人民群众进行社会主义主导价值观教育能否取得成效的关键之一，就是要坚持对人们进行马克思的人的本质理论的教育，人们只有深刻理解了人的本质理论及其意义，才能更好地、更自觉地接受社会主义的主导价值观。

综上所述，马克思的人性和人的本质理论对我们当前的理论研究和实际工作具有十分重要的现实作用。深刻地理解这一学说，自觉地运用它来分析和研究理论问题，自觉地运用它来指导实际工作，具有十分重要的意义。

（吴倬　清华大学马克思主义学院教授、博士生导师）

后　　记

　　清华大学是马克思主义理论与思想政治教育学科创始单位之一，1987 年开始招收研究生，1990 年被国务院学位委员会批准为首批马克思主义理论与思想政治教育学科硕士学位授权点，1996 年被批准为博士学位授权点，并于 2002 年被评为北京市重点学科，2006 年又被国务院学位委员会批准为马克思主义理论一级学科博士学位授权点，2007 年又被国家人事部批准设立马克思主义理论一级学科博士后流动站。二级学科马克思主义基本原理和思想政治教育又在 2007 年和 2008 年先后被评为北京市重点学科。

　　本学科承担的全校本科生思想政治理论课，已有五门被评为国家级精品课程，并获得多项国家和省部级教学成果奖；本学科承担国家社会科学基金和教育部重大课题项目多项，并获得多项科研奖励成果。

　　本书作为清华大学马克思主义理论研究生的辅助教材，主要反映的是"马克思主义理论"的二级学科马克思主义基本原理学科，关于马克思主义基本观点的部分研究成果。本书对马克思主义基本观点研究的特点，一是坚持了科研与教学的有机结合。书中所讲的十八个马克思主义基本观点，也都是教学过程中学生们所关注的重点和难点，进而把教学中学生所关注的问题作为科研的选题，这种科研和教学互应互动的科研成果，增加了教学和学术的含量，促进了教学水平和教学效果的提升。二是对马克思主义基本观点的研究，既扎根于马克思主义经典文本研究，反映实践的发展，又着力于发掘革命导师经典论述的当代意义和价值。

本书的研究成果也是清华大学与北京市教育委员会共建项目的成果，得到了北京市教育委员会共建项目专项资助，对此深表谢忱，也非常感谢中国社会科学出版社，特别是本书编辑李炳青女士的大力支持！特别感谢冯春凤女士和陈彪先生的一贯支持。

赵甲明

2010 年 7 月于清华园